마을학개론

마을학개론

대학과 지역을 잇는 시민정치교육

이태동 외 지음

푸른길

마을학개론
- 대학이 담장을 넘어 지역재생을 이끈다.

    한때 대학문화로 호황을 누리다가 상권 퇴색을 비롯해 수많은 변화를 거쳐 온 신촌. 지금 그곳에서는 도시재생사업을 통해 활력을 불어넣는 도전이 한창이다. 최근 사회적 관심을 받고 있는 도시재생사업은 오랜 시간을 두고 주민을 비롯한 다양한 주체가 같이 소통하며 사람과 지역이 함께 변화하는 것으로, 관의 일방적 기획이 아닌 지역(지역민)의 자발적 부흥이 본질이다. 일부가 아닌 다양한 주체의 참여를 확보하는 것은 성공적인 도시재생을 위한 최소한의 요건이 될 것이다.

    서대문구에는 서울시 자치구 중 가장 많은 9개의 대학이 위치해 있어, 주요 지역자원인 대학과 청년을 제외하고는 신촌의 도시재생을 생각할 수 없다. 그러나 청년이 지역정치에 참여하도록 촉구하는 것은 어렵다. 취업준비를 위한 스펙 쌓기에 골몰해야 하는 현실을 알기에 더욱 그렇다. 이러한 상황에서 자발적으로 도시재생 실천 전략 논의라는 형태로 지역정치에 참여하는 학생들의 모습을 보는 것은 더없이 반가운 일이다.

학생들은 〈마을학개론〉 강의를 수강하며, 지역을 단순히 지나다니는 장소에서 생활 기반 지역으로 새롭게 받아들이고, 마을의 가치에 관심을 가지며, 종국에는 스스로를 지역의 주체로 인식하였다. 책은 신촌을 변화시키려는 긍정적인 시도와 방법(혹은 실험), 가능성을 꼼꼼하게 분석한다. 마지막 장을 덮고 나니, 살아가는 공간에 대한 애정과 고민이 지역을 변화시킬 수 있음을 보여 달라는 숙제를 받은 듯하다. 마을 공동체와 지역사회를 기반으로 하는 시민정치교육에 관심 있는 분들에게 이 책이 좋은 길잡이가 될 것이다.

문석진
서대문구청장

이보다 더 반가울 수가 없다. 기다리던 마을학개론!

서울시의 마을공동체 정책은 '나와 우리가 행복해지는 삶의 방식으로서의 공동체 관계망과 시민 스스로가 공동체적으로 풀어 갈 과제를 찾고 해결해 가는 과정을 통해 사회운영 역량(자치역량)을 갖게 되는 것'에 주요한 목표가 있다. '마을공동체, 마을 만들기'는 넓게는 지역, 좁게는 삶터의 문제를 해결하는 사회운동으로 시작한 역사성을 갖고 있다. 그러나 본격적인 정책지원 영역으로 등장하면서 정책과 제도의 이론적 근거가 취약한 점과 관련 연구가 부족하다는 점이 늘 아쉬웠다.

지난 3년간 서울시 마을공동체지원센터에서 '대학생들의 마을살이 경험을 통한 문제해결 역량'을 키우기 위해 '대학과 지역사회 연계'라는 사업을 진행했다. 이 사업의 설계부터 함께 해 주신 이태동 교수님께서 '마을학개론'을 '지역사회 기반 시민정치교육'이라는 교육이론과 '정치이론으로 본 마을공동체'로 풀어 주셨다. 이론뿐만 아니라 수업과 실천으로 실증한 구체적 사례들도 들어 있어 이 사업은 '빈곤한 마을학문 분야'에 큰 선물이 되었다.

이 책은 학교–학생–지역사회로 연결되어 있는 '공간과 사람', '정치학의 과제를 공동체의 정치'로 접근해 본 시도와 성과들이 생생한 자료와 함께 들어 있어, 학생은 물론 교육자, 마을활동가, 정책연구자, 유관기관 활동가들에게 유용한 연구서가 될 것이다.

    2년간 학교와 인근의 온 마을을 누비고 다닌 교수님과 학생들, 도와주신 마을 활동가들께 한 장 한 장 읽고 공부하겠다는 약속으로 감사의 마음을 전한다.

최순옥

서울시 마을공동체종합지원센터장

마을학개론
: 대학과 지역을 잇는 시민정치교육

　인공지능(Artificial Intelligence, AI) 시대의 정치학 교육은 어떤 모습이어야 하는가? 대학과 지역을 잇는 교육은 왜 필요하고, 어떻게 진행될 수 있는가? 이 책은 연세대학교 정치외교학과에 개설된 〈마을학개론〉 수업을 통해 위의 두 질문에 답하고 있다. 인공지능 시대의 교육은 코딩교육, 창업교육에 국한되지 않는다. 그보다는 배우는 이들을 어떻게 교육, 연구, 실천의 '주체'로 만들어 가는가에 대한 성찰, 방법론, 실행이 교육의 초점이 되어야 한다. 〈마을학개론〉 수업은 지역에 대한 교육, 연구, 봉사를 연계해서 교육 대상자들이 구체적이고 손에 잡히는(Tangible) 사례를 비판적으로 이해하고 공감하며, 문제해결 능력을 향상시키는 데 목적을 두고 있다. 이 책은 2년간 〈마을학개론〉 수업을 진행하면서 쌓아 온 교육과 연구의 결과물이다.
　이 책은 교수들의 학술논문 쓰기와 수많은 행정 업무들, 학생들의 학점과 취업을 위한 경쟁으로 인해 대학과 지역이 서로 고립되고 있는 상황에 대한 안타까움에서 시작되었다. 특히 대학가로 유명했던 신촌은 다양성을 잃고 다른 지역과의 경쟁에서 이기지 못하면서 서서히 쇠퇴하는 지역이다. 이러한 위기를 인식하고 서울시와 서대문구는 도시재생사업을 시작하였지만, 예전 유흥가로서의 명성을 되찾는 것이 도시재생의 목표가 되어서는 안 될 것이다. 특히 이 책은 이 지역의 주체인 대학과 학생들이 어떻게 도시재생의 과정에 함께 참여해서 지역을 바꿔 나갈지를 모색하려고 한다.

이 책은 교수와 대학원생, 마을활동가, 수업을 듣는 학부생이 함께 썼다. 도시재생을 위한 다양한 실험들이 연세로에서, 지하보도에서, 에너지 캠페인에서 벌어지고 있다. 이러한 실험을 분석하고 이해함으로써 공간과 사람, 그리고 공동체의 정치를 이해하려는 것이 이 책의 목표이다.

대학–지역을 잇는 시민정치교육의 지향 및 방법론에 대한 글과 마을공동체를 이론적으로 이해하려는 글, 그리고 다양하고 생생한 대학생들의 사례 분석은 마을공동체 교육을 심화, 확대하려는 대학과 중·고등학교 교육자, 학생, 마을운동가에게 다양한 영감과 함의를 제시할 것으로 기대한다. 마을학개론 책이 나오기까지 많은 분들의 도움을 받았다. 우선, 함께 연구하고 교육에 힘써 준 안정배, 손효동, 최은지 연세대학교 정치학과 대학원 조교들과 수업에 열정적으로 참여하고 원고 작성을 위해 노력해 준 학부생들에게 감사드린다. 표지를 디자인해 준 오랜 친구 인하대학교 강희라 교수에게 고마움을 전한다. 아울러, 시민정치를 활성화하고자 함께 노력하시는 김의영, 강신구, 김동훈, 김주형, 류석진, 류재성, 서정건, 유인태, 조희정 교수님께도 감사의 마음을 전한다. 〈마을학개론〉 수업은 서울시 마을공동체종합지원센터와 서대문구청의 재정적, 행정적 지원으로 더 풍성해졌다. 추천사를 써 주신 문석진 서대문구청장님과 마을공동체종합지원센터의 최순옥 센터장님, 지역활성화과 박홍표 과장님, 조유라 주무관님, 그리고 이은님 선생님께 이 자리를 빌어 감사드린다. 책이 나오기까지 사랑으로 지원해 준 아내 민경, 아들 근휘, 딸 준휘에게 감사한다. 그리고 지금까지 한결같이 이끌어 주신 부모님 (이성배, 박수현)께 이 책을 바친다.

책의 제1장 '마을학개론: 공간, 사람 그리고 공동체를 연결하는 시민정치교육' (이태동)과 제10장 '지속가능한 발전을 위한 도시 에너지 거버넌스 정책'(손효동·이태동), 에필로그(이태동)는 『한국정치연구』(2016)와 『공간과사회』(2016)에 게재된 논문을 바탕으로 했음을 밝힌다.

제1부_ 마을학개론 소개와 이론

제2부_ 공간과 마을학

제3부_ 정책과 마을학

제1부

마을학개론 소개와 이론

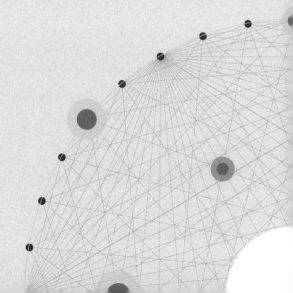

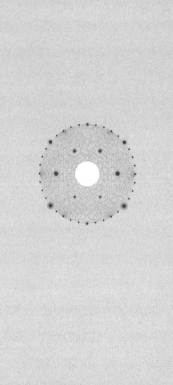

제1장

마을학개론:
공간, 사람 그리고 공동체를 연결하는 시민정치교육

이태동

---

* 이 글은 「한국정치연구」 25권 2호 게재 논문 "지역기반 시민정치교육의 지향, 방법론, 활성화 구조에 대한 연구: '마을학개론' 사례를 중심으로"를 수정·보완한 것이다.

I. 서론

 이 장은 정치외교학과 학부생들을 대상으로 진행한 정치학 교육 수업을 바탕으로 지역사회에 기반한 시민정치교육의 필요성, 지향, 교육방법과 활성화 구조를 살펴보고, 나아가 시사점과 과제를 제시하는 것을 목적으로 한다. 특히 본 연구는 정치학이 당면한 두 가지 문제에 주목한다. 첫째, 정치학을 비롯한 학문을 가르치는 대학과 대학을 둘러싼 지역 간의 긍정적 상호작용의 활성화이다. 대학은 필연적으로 지역사회에 자리 잡는다. 캠퍼스 공간과 건물들, 그 공간을 사용하는 교직원과 학생들도 대학을 둘러싼 지역과 다양한 상호작용을 하고 있다. 지역사회는 대학생들에게 거처를 제공하기도 하고, 그 구성원들의 통학 통로가 되기도 하며, 여가나 유흥을 즐길 수 있는 공간이 되기도 한다. 또한 고등교육에서 지역사회 교육(service learning)을 통해 참여적인 시민을 양성하는 것은 학문적 연구와 교육의 초점이 되어 왔다(Thomson et al. 2011). 그러나 대학과 지역사회가 점차 괴리되어 가는 것에 대한 우려가 존재한다. 대학은 '상아탑'으로 대학 내 연구와 교육에만 전념하게 되고, 지역사회는 대학 구성원을 소비자로 여기는 것에 그치고 있다는 것이다(김민호 2014). 본 연구는 대학 정치학 수업을 통해 대학과 지역사회 간의 간극을 줄여 갈 수 있는 방안을 모색한다.

 둘째, 본 연구는 손에 잡히는(tangible) 정치학 교육의 활성화를 위한 교육목표, 방법론, 구조는 무엇인가를 묻고, 실제 진행된 수업을 한 예로 제시하려고 한다. 〈마을학개론〉 수업은 정치학 교육의 근본적인 목적 중 하나인 시민정치교육의 일환으로, 지역사회에서 벌어지고 있는 정치현상을 연구하고 교육함으로써 대학생들의 시민정치교육을 활성화하려는 목표를 가지고 있다.

 시민정치교육에 대한 많은 언설이 존재하지만, 한국에서 지역사회에 기반한 시민정치교육의 지향, 방법론, 활성화 여건에 대한 규명은 부족한 실정이다.[1] 이에 본 연구는 첫째, 지역사회에 기반한 시민정치교육은 왜 필요한가? 그 지향점은 무엇인가? 둘째, 시민정치교육은 어떤 방식(pedagogy)으로 진행될 수 있는가? 셋째, 지역에 기반한 시민정치교육에 필요한 제반 여건은 무엇인가? 이러한 질문에 대답하기 위해, 필자가 실제로 개설하고 진행한 〈마을학개론〉이라는 수업을 예로 제시하고 분석한다.

정치외교학과 전공수업인 〈마을학개론〉은, 마을과 지역 커뮤니티는 어떤 곳이며 어떻게 바라보고 인식할 수 있는가, 마을과 지역에서 벌어지는 정치, 경제, 사회 문제는 무엇이며 누가 어떻게 풀어 갈 수 있는가 등과 같은 질문에 대답함으로써 신촌 지역을 비롯한 서울시, 한국과 세계 각 지역의 마을과 커뮤니티 공간의 정치를 이해하는 데 목적을 두고 개설되었다. 이 수업은 마을과 커뮤니티에 대한 정치학 이론 및 주제 강의와 대학원생-지역 활동가 멘토들과 함께하는 현장연구(field studies)라는 두 축으로 이루어졌다. 현장연구는 주로 대학교 인근의 서대문구 신촌에서 진행되었다. 학생들은 멘토들과 함께 팀을 구성하여 신촌에서의 도시재생과 공공 공간의 사용, 에너지 캠페인, 사회적 경제에 나타난 정치과정을 이해하고 창의적인 해결책을 모색·발표하여 수업 결과를 공유하였다.

본 연구는 다음과 같이 구성되어 있다. 제2장에서는 시민정치교육에 대한 국내외 문헌을 검토하여, 지역에 기반한 시민정치교육의 필요성, 지향, 방법론, 활성화 구조를 분석틀로 제시한다. 제3장에서는 분석틀을 바탕으로 마을학개론이 실제로 어떻게 진행되었는가를 서술한다. 제4장은 이 글의 제시점들을 정리하고 제도적·정책적 함의를 도출한다.

---

1. 미국정치학회(American Political Science Association, APSA)의 경우, 100년 전 존 듀이(John Dewey) 의 민주주의와 교육(Democracy and Education) 전통에 이어, 1996년 학회장인 엘리너 오스트롬(Elinor Ostrom)이 혁신적인 정치학 교육을 통해 미국의 민주주의를 재활성화할 것을 주장하고 시민교육 태스크 포스팀(APSA Task Force on Civic Education)을 결성하였다(McCartney 2013). 이러한 노력의 일환으로 APSA의 저널인 PS(*Political Science & Politics*)는 'the Teacher'라는 섹션에서 정치학의 다양한 교육방법론(Pedagogy), 특히 시민정치교육에 대한 연구논문을 출판하고 있다(Bennion and Dill 2013). 최근(2015년) 한국정치학회에서도 정치학의 시민정치교육 역할에 대해 논의하기 시작했다.

II. 지역 기반 시민정치교육의 분석틀:
교육목표, 교육방법론, 활성화 구조

1. 시민정치교육의 필요성과 분석틀

시민정치교육은 "청소년과 여성을 포함한 모든 시민들로 하여금 정치현안에 대한 관심을 갖게 하고, 일상생활과 정치이슈를 가깝게 접맥시켜 생활 속의 정치를 실천하고 적극적인 정치참여의 동기를 부여하는" 교육이다(양민석 2014: 408). 여기서 정치현안이란 국제관계, 국내 정치과정, 선거와 같은 전통적·정치적 주제뿐만 아니라 다양한 층위와 분야에서 시민들의 삶과 밀접하게 벌어지고 있는 문제를 의미한다. 시민정치교육을 통해 삶의 문제(일상생활)와 정치문제 사이의 간극을 좁히고, 이를 통해 정치참여의 방법과 정도를 향상시킬 수 있다.

지역에 기반한 시민정치교육은 왜 필요한가? 시민정치교육은 지역과 그 커뮤니티에서 발생하는 정치현상에 대해 실제로 배우고 참여할 수 있는 기회를 제공한다. 이는 단순히 자원봉사나 지역조사 차원의 문제는 아니다. 지역은 시민정치교육의 풍성한 장(場)이 될 수 있다(Thomson et al. 2011). 지역을 시민정치교육의 장으로 삼을 때 몇 가지 장점이 있다. 우선, 실제 자신이 살거나 활동하는 지역의 현안에 대한 교육으로 교육대상과 문제 사이의 거리를 좁힐 수 있다. 즉, 다른 곳, 다른 사람의 문제이기보다 자신이 익숙한 곳, 자신과 자신이 속한 공동체의 문제에 대한 이해를 높일 수 있다는 것이다. 시민정치는 시민 개개인을 둘러싼 환경과 흐름의 이해를 바탕으로 자신의 삶과 자신이 살고 있는 곳의 문제를 인식하고 이를 함께 해결하려는 노력에서 시작한다. 그리고 그곳에서 벌어지는 정치현상을 정치적·사회경제적 맥락과 동시에 이해당사자의 가치, 이해, 권력 관계를 통해 분석할 수 있게 한다(Ehrlich 1999).

아울러 국제·국가적 차원에서 발생할 수 있는 정치의 여러 문제들은 지역사회에서도 미시적으로 나타날 수 있다는 점에서 규모가 작은 정치현상과 과정을 관찰할 수 있다. 물론 지역에서 벌어지고 있는 정치상황을 모두 국제정치나 국가 차원의 정치현상으로 환원하여 평가할 순 없지만, 정치란 삶과 동떨어진 문제가 아니라 일상생활에서 발생하며 일상의 문제들을 해결하는 과정으로 교육되고 연구될 수 있다.

이러한 필요를 가진 지역에 기반한 시민정치교육을 분석하기 위해 본 연구는 시민정치교육의 지향, 방법론, 활성화 조건에 대한 분석틀을 〈표 1.1〉에서 제시한다. 첫째, 교육목표와 지향은 수업목표와 관련된 질문들이다. 특히 시민교육을 진행하는 주체인 교수와 학생이 수업을 통해 지향하는 바가 무엇인가에 대한 고찰이다. 둘째, 교육방법론은 교육목표를 달성하기 위해 교육과정을 어떻게 구성하고 어떤 방법론을 쓸 것인가에 대한 논의이다. 셋째, 시민정치교육의 활성화 구조와 조건에 대한 질문들이다. 강의실 중심의 수업과는 달리, 지역 기반의 시민정치교육이 활성화되기 위해서는 학교 외 주체와의 연계 및 소통이 필요하다.

표 1.1 시민정치교육의 분석틀

구분	구성요소에 대한 질문
교육목표와 지향	지역에 기반한 시민정치교육이 지향하는 바는 무엇인가? -시민교육을 진행하는 교수의 지향은 무엇인가? -시민교육을 수강하는 학생의 지향은 무엇인가?
교육방법론	지역에 기반한 시민정치교육은 어떻게 진행될 수 있는가? -교육은 어떤 단계로 구성되는가? -수업은 어떻게 진행될 수 있는가?
활성화 조건	지역에 기반한 시민정치교육을 활성화하기 위해서는 어떤 구조와 조건들이 필요한가? -교육을 위한 협력구조는 어떤 모습인가? -교육을 위한 소통구조는 어떤 모습인가?

2. 교육목표와 지향

1) 교육자: 연구–교육–봉사의 교집합 지향

시민정치교육은 민주시민으로서의 자질 함양, 지역을 교육의 장으로 활용, 공동체에의 참여 활성화라는 장점을 제공한다(심익섭 2001). 그러나 수업을 개설하고 진행하는 교육주체인 교수가 시민정치교육의 필요성을 느끼지 못한다면 실제 교육이 진행되기 쉽지 않다. 대학교육자의 본연의 임무인 연구, 교육, 봉사의 교집합을 지향하는 교육목표와 커리큘럼을 개발할 때, 시민정치교육이 시작될 수 있다.

교육자가 지역사회에 기반한 시민정치교육을 할 때, 고려할 수 있는 지향으로서의 교육–연구–봉사의 교집합을 〈그림 1.1〉로 개념화했다. 교육과 연구의 교집합 추구는 각 영역의 질적 향상을 가져온다(Thomson et al. 2011). 관련 이론에 대한 깊이 있는 탐구와 경험적 연구들, 최신 연구 동향의 공유는 연구가 수업의 좋은 내용이 될 수 있음을 보여 준다. 특히 지역사회를 연구대상, 교육의 장소로 활용할 때 연구와 교육이 모두 활성화될 수 있다. 지역에 기반한 수업 활동과 내용은 연구의 주제와 내용이 될 수 있기 때문이다. 예를 들어, 지역사회에 기반한

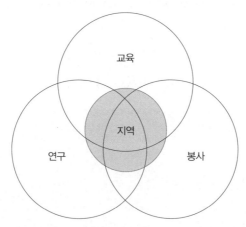

그림 1.1 지역에 기반한 시민정치교육의 지향: 지역–연구–교육–봉사의 교집합

시민정치교육을 진행했을 때, 학생들의 지역정치에 대한 지식, 신뢰, 정치적 효능감, 참여의 동기는 어떻게 변화되는가? 이러한 질문은 학생들을 교육하기도, 실험을 통해 연구하기도 좋은 주제들이다. 다른 정치학 수업과 비교하여, 수업 효과에 대한 실험(experiment)을 설계하고 설문조사 등의 양적 데이터 수집을 비롯해 인터뷰와 포커스 그룹(focus group) 등을 통한 질적 데이터를 수집하여 연구를 진행할 수 있다. 다른 예로 대도시에서의 마을공동체, 지역정치의 발현과 발전, 쇠퇴를 비교 연구하는 주제 또한 지역을 기반으로 하는 연구가 될 것이다. 또한 지역정치의 이론적 맥락, 즉 결사체 민주주의, 오스트롬의 공유제 관리 제도에 대한 연구 등 정치학적 접근을 지역사회 정치를 이해하는 데 활용할 수 있다.

이러한 교육-연구의 교집합에 지역사회에 대한 봉사를 추가해 연구-교육-봉사의 교집합을 추구하는 것이 지역에 기반한 시민정치교육의 지향이다. 지역과 대학이 괴리되어 각각의 영역에만 머무르는 것이 아니라, 지역사회에 기반한 시민정치교육을 통해 지역과 대학 사이에 연결고리가 형성된다. 학생들이 지역에서 현장연구를 진행할 때 지역사회에 관심 있는 젊고 참신한 사람들과 그들의 아이디어가 지역사회에 유입될 수 있다. 이는 기존 지역정치 기구(구청, 구의회, 시청, 시의회 등)뿐만 아니라 지역 시민사회에도 활력을 불어넣을 수 있다. 또한 교수의 봉사 영역을 학내 봉사에서 지역사회로 확장한다는 데에도 그 의미가 있다.

2) 학생: 수업의 객체에서 주체로

자신의 정치적인 의사를 적극적으로 표현할 기회나 장이 많지 않은 소극적 정치행위자인 학생들이 주체적인 정치참여자가 되기 위해서는 대학생들을 대상으로 한 시민정치교육이 필요하다. 오수웅(2015)의 루소의 시민교육 연구에 따르면, 시민교육의 궁극적 목표는 자기충족성과 자기지배권을 가지며 스스로 판단하는 주인(주체화)이 되도록 교육하는 것이다. 학생들은 강의실에서나 지역사회에서 주로 듣고, 받아 적고, 변화를 받아들이는 객체로 머물러 있을 때가 많다. 대학에서의 시민정치교육은 지역사회의 다양한 정치문제에 학생이 주체로서 참여하여 이해관계자들을 파악하고 그들과 상호작용하는 것부터 시작한다. 생활정치, 즉 일상생활과 밀접한 곳의 정치현상을 이해함으로써 이를 바탕으로 지역과 그들의 삶을 더 나은 방향으로 만드는 의견과 대안을 제시할 수 있다. 시민정치교육은 학생들 스스로 자신들의 참여가 정치적으로 의미 있고 실제 정책 결정 과정에 영향을 끼칠 수 있다는 정치적 효능감(political efficacy)을 느끼는 기회를 만들어야 한다(Kahne and Westheimer 2006; Pasek et al. 2008).

3. 교육방법론

지역에 기반한 시민정치교육은 '실천(doing)'을 교육의 주된 방법으로 삼는다. 액션러닝(Action learning)은 실천과 현장 중심적 학습철학에 기반하여 '행함'을 통해 학습하는 방법이다(최명민·김승용 2005). 액션러닝은 "소규모로 구성된 집단이 조직이 직면하고 있는 실질적인 문제를 해결하는 과정에서 학습이 이루어지며, 그 학습을 통해 각 그룹 구성원은 물론 조직 전체에 혜택이 돌아가도록 하는 일련의 과정이자 효과적인 프로그램"으로 정의될 수 있다(마쿼트 2000). 액션러닝의 핵심요소로는 문제, 그룹, 질문, 실행, 학습, 코치가 제시되고 있다. 당면한 문제를 인식하고 해결하기 위해, 그룹을 형성하여 문제에 대한 다양한 의견을 성찰하고 질문한다. 문제는 교수자와 멘토 그룹이 정할 수도 있고, 학습자들이 정할 수도 있다. 교수가 문제를 정하는 경우, 비교적 짧은 학기의 일정 제한과 강의 내용 및 주제의 적합성을 고려할 수 있다는 장점이 있다. 또한 강의와 필드스터디(field study)의 내용 간 일관성을 유지할 수 있다는 점도 학생들의 학습을 돕는다. 학습자들이 주제를 정하는 경우, 교수는 경험과 지식이 풍부한 코치를 배정하여 학습팀 구성원의 문제 접근, 질문, 추진경과를 정리하고 공유할 수 있도록 돕는다.

코치 혹은 멘토는 팀을 이끄는 리더의 역할을 행하기보다는 전체 프로젝트를 조정(coordinator)하고 토론을 촉진하여 관찰자인 동시에 연구자로서 역할을 한다. 또한 교수와 팀 간에 소통의 매개 역할도 하게 된다. 실천은 강의를 통해 배운 질적 연구방법론(인터뷰, 포커스 그룹)과 서베이를 직접 활용하여, 이해관계자와 그들이 문제에 대해 가지고 있는 생각을 파악하는 것으로부터 시작한다. 이를 바탕으로 자신들이 생각하는 문제 해결의 방안을 그룹으로 제시하여 발표하고, 피드백을 받음으로써 공유한다.

이를 순서대로 도표화하면 다음 〈그림 1.2〉와 같다. 사전 준비과정에서는 교수와 멘토 그룹이 수업의 목적과 주제들을 선정한다. 선정 시 세부 과제에 대한 사전 조사가 필수적이다. 만약 대학 이외의 기관과 함께 수업을 준비하는 경우, 어떤 식으로 협력해야 하는가를 조정할 필요도 있다. 두 번째 단계로, 강의실에서의 이론, 주제, 방법론에 대한 강의를 진행한다. 앞서 밝힌 바와 같이 전반적인 문제의식, 이론, 주제, 방법론에 대한 지식을 공유하는 단계이다. 민-관-학 협력과 지원이 있는 경우, 특강을 진행함으로써 각 분야 전문가들의 생생한 경험을 공유하는 것도 학생들의 배움을 증진시키는 방법이다. 세 번째 단계로, 현장연구에서는 학생들이 멘토 그룹과 직접 학습을 진행함으로써 스스로 느끼고 배우는 경험을 극대화한다. 현장연구를 진행하기 전에 현장학습 계획서를 제출하게 하여, 교수와 멘토 학생들 간의 소통을 통해 주제를 명확히 하고 다듬는 과

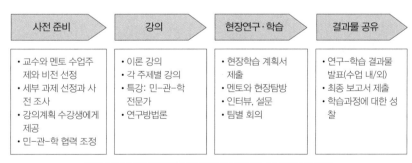

그림 1.2 지역에 기반한 시민정치교육 방법론: 액션러닝의 단계

정이 있어야 한다. 네 번째로, 결과물 공유의 단계에서 팀별 현장연구는 수업 안에서와 바깥에서 발표할 수 있다. 이때도 민-관-학 협력구조를 만들고 조정하여 관계자들의 참석을 독려하면, 대학생의 수업만을 위한 발표가 아니라 지역사회에서 실질적인 변화를 이끄는 장(場)이 될 수 있다. 더불어 대학원생들의 연구 결과는 학술대회나 학술적 워크숍에서 발표하고, 학술논문이나 책의 장으로 출판할 수 있다. 학부 학생들의 연구 결과물도 질적으로 우수한 경우 책의 일부분으로 활용하거나 블로그 등을 통해 공유될 수 있다. 결국 연구와 교육의 궁극적인 목적은 나눔이기 때문이다.

4. 시민정치교육의 활성화 구조와 여건

1) 민-관-학 협력구조

대학이 지역사회에 관심을 가지고 교육과 연구를 진행할 때 필요한 것은 지역사회를 구성하는 여러 성원들과의 협력구조이다. 민-관-학 협력구조는 학습의 질 향상에 있어서나 지역사회에 미치는 영향에 있어서나 중요한 역할을 한다. 우선 연구자 또는 학습자로서 자신의 연구와 교육의 결과가 지역사회와 공유될 수 있다는 사실은 참여 동기와 정치적 효능감을 증진시킬 수 있는 기제이다. 지역사회의 민과 관의 입장에서도, 대학생을 비롯한 대학의 아이디어 제공은 지역사회의 문제 해결을 위해 필요한 요소이다. 즉, 대학과 지역주민, 지자체의 협업구조는 대학의 연구, 교육과 지역의 상생을 도모하기 위해 형성·지속되어야 한다.

2) 수업 내·외부와의 소통구조

시민정치교육을 활성화할 수 있는 구조로 내·외부 간 소통을 들 수 있다. 내부적 소통을 통해 교수와 학생 간, 교수와 멘토 간, 학생과 학생 간의 수업주제에 대한 이해를 향상시킨다. 특히 강의실과 동시에 현장에서 교육이 진행될 때

수업과 관련된 의견을 나누는 것이 중요해진다.

아울러 수업과 수업 외부 간의 소통 또한 필요한데, 시민정치교육의 내용이 특정한 현장에 국한되지 않고 넓게 공유될 수 있기 때문이다. 이때 시민정치교육의 필요성에 대한 공감을 확산시킬 수 있다. 공감 가능한 의사소통의 방식에 의해 사회적 지성이 활성화될 수 있으며, 타인과 지역에 대한 관심으로 확장될 수 있다(김상현·김회용 2014).

III. 시민정치교육 분석: 마을학개론 사례

1. 교육목표와 지향

1) 교수: 교육-연구-봉사의 교집합 추구

본 연구자가 개설하고 진행한 〈마을학개론〉에서는 다양한 층위에서 연구-교육-봉사의 교집합은 무엇일까를 고민하고 실천해 보았다. 우선, 수업설계 시 멘토들은 연구능력이 있는 대학원생과 지역활동가로 구성하였다. 지식의 소비자에서 생산자로 전환하는 교육을 받고 있는 대학원생들에게 지역사회 현장에서 벌어지는 정치과정은 훌륭한 연구주제이다. 대학원생과 지역활동가는 지도교수와의 협의하에 4가지 주제를 선정하였다. 4가지 주제의 세부명칭은 '도시를 바꾸는 대학-신촌 연세로를 중심으로', '신촌의 사회적 경제와 기업', '도시에너지 캠페인과 커뮤니티', '도시 재생과 거버넌스-지하보도 창작놀이센터 참여의 방식과 주체'이다. 각각의 주제는 지역사회에서의 대학의 역할, 지역특성을 반영한 사회적 경제와 기업의 가능성, 도시의 에너지 관련 캠페인 행위자 분석, 공공 공간의 사용을 둘러싼 주체와 거버넌스 구성을 연구하고 있다.

좀 더 구체적으로 살펴보자면, '도시를 바꾸는 대학-신촌 연세로를 중심으로'는 캠퍼스타운에서 실시되고 있는 공간(가로)계획이 관련 주민, 상인, 구청, 시청, 보행자 등의 행태에 어떤 영향을 끼치고, 이해관계자들 사이의 이해가 어떻게 거버넌스를 통해 정책으로 수렴되는지를 살핀다. '신촌의 사회적 경제와 기업' 연구에서는 누가 어떻게 사회적 경제를 만드는가라는 질문에 대학가 주변의 대학생, 청년 들이 사회적 경제 기업을 통해 지역사회의 문제를 해결하며 도시재생에 참여하는 방안들을 고민하고 있다. '도시 에너지 캠페인과 커뮤니티' 연구의 경우 신촌 지역 에누리(에너지를 나누는 이로운 공간) 캠페인의 참여자와 그들의 경제적·정치적 참여동기를 분석하는 것을 목적으로 한다. 에너지 수요 관리 차원에서 도시의 에너지 정치와 정책을 평가 분석하는 것이 주된 내용이다. '도시 재생과 거버넌스—지하보도 창작놀이센터 참여의 방식과 주제' 연구는 공유공간인 연세로 지하보도를 누가·왜·어떻게 사용하여야 하며, 이 과정에서 거버넌스의 주체라고 여겨지는 주민과 학생들이 어떤 역할을 하는지 분석한다. 결국 모든 연구들이 지역에서 벌어지는 공공의 문제에 대한 문제의식을 바탕으로, 정치행위자들이 어떻게 가치의 권위 있는 배분을 이루어내는가라는 정치의 문제를 다루고 있다. 또한 각각의 주제는 지역사회에 대한 이해를 기반으로한 대학원생 및 대학생 교육을 통해 연구 결과(책과 논문)로 구체화되고 있다. 이러한 시도는 김의영(2015) 교수팀이 수업에 참여한 학생들과 함께 출판한 책인 『동네 안의 시민정치』에서도 찾아볼 수 있다.

2) 학생: 객체에서 주체로

마을학개론 수업의 주요한 수업목표는 학생들이 수업을 듣는 객체가 아닌 주체로서 배움을 스스로 주도하게 하는 것이다. 이러한 수업목표의 일환으로 중간고사를 통해 수업을 듣는 학생들에게 지역사회에서 자신의 역할에 대해 생각하고 정리할 기회를 주었다. "대학생들은 어떻게 마을만들기 과정에 참여할 수 있을까? 그리고 어떤 역할을 할 수 있을까?"라는 질문을 중간고사 시험문제로 제시하였다. 수업이 모두 진행된 후 제출된 '신촌, 나 그리고 우리'라는 주제의 쪽글에서 한 학생은 다음과 같이 밝혔다.

"중간시험의 문제는 저를 꽤나 당혹케 했습니다. 마을과 관련하여 대학생의 역할은 무엇일까요. *우리는 주민도 아니고, 기껏해야 몇 년 지내다 가는 떠돌아다니는 이들입니다.* 대학생은 돈도 힘도 권력도 없고, 심지어 집도 없습니다. 우리가 할 수 있는 일은 없어 보입니다. 아니, 그런 줄 알았습니다. 우리가 가진 것은 없지만, 우리는 욕망의 주체들입니다. 이 사회를 변화시키기 위하여 정치체계 내에, 더 작게는 지역사회에 우리의 목소리를 전달하고자 하는, 따라서 정치적 주체로서 인정받고자 하는 욕망이 있습니다. 이 욕망은 언제나 있었는데, 우리는 왜 우리의 목소리를 내지 못했을까요. 아픈 청춘이어서인지, 바쁜 청춘이어서인지 스스로 생각하고, 스스로 나서지만, 혼자서 말했습니다. 이것이 *독백이 아니라 하나의 움직임이 되고 외침이 되려면, 너와 나의 접속은 필수적입니다. 우리 수업 〈마을학 개론〉처럼요.* 이렇게 모인 우리의 미시적 흐름을 통하여 형성되는 지속적인 연쇄작용이 거시구조를 변화시키기를 바랍니다."(저자의 강조는 기울임체로 표시함.)

대학생들의 필드스터디는 학생들을 교육의 대상이 아닌 주체로 만드는 좋은 방법이다. 대학생들은 앞에서 언급한 4가지 주제를 중심으로 팀을 구성하였다. 대학원생들의 이론적 논의에 더하여, 학부 학생들은 창의적이고 현장적인 주제를 과제로 발전시켰다.

예를 들어, 연세로팀은 쉬어가는 연세로, 친환경 캠퍼스타운, 차 없는 거리에 대한 소셜픽션(social fiction)[2]과 휴식을 원하는 학생들의 상상을 담은 친환경 캠퍼스타운의 청사진을 제시하였다. 연세로의 소셜픽션을 제시하기 위해, 연세로팀은 296명이 참여한 설문조사를 진행하였으며, 설문 문항에는 연세로의 이용현황, 연세로의 지향방향 등이 포함되었다. 조사 결과 전체의 55%(163/296)는 "생태친화적인 곳에서 쉼, 휴식을 즐길 수 있는 공간"으로, 29%는 "버스킹, 작은

---

2. 소셜픽션은 공상과학(science fiction)의 과학적 상상력이 실제 실현되었듯이(예로 대륙 간 항공기, 스마트폰 등) 사회적 상상력도 현실화될 수 있다는 것(예로 유누스의 가난한 사람들을 위한 그라민은행, 산티아고 순례자의 길의 상상력을 제주에서 실행한 올레길 등)을 보여 준다(이원재 2014).

공연, 문화, 예술 활동을 할 수 있는 공연 및 축제의 공간"으로 연세로를 바꾸길 원한다는 것을 알아내었다.

사회적 경제팀은 '나와 너를 잇다 〈맛있는 신촌〉'으로 팀 이름을 지어 실제 사회적 기업으로 발전시킬 수 있는 소셜다이닝(social dining) 프로그램 '맛있는 신촌'을 기획·진행하였다. '맛있는 신촌'은 연세대학교, 서강대학교, 이화여자대학교가 모여 있는 신촌 지역의 대학생 16명이 신촌의 체화당 카페에서 음식을 함께 만들고 공통의 관심사를 나누며 함께 식사를 하는 소셜다이닝의 신촌 모델을 시험한 프로그램이다. 이와 더불어 서베이도 진행하였는데, 한 가지 흥미로운 점은 신촌 지역에 결핍된 요소가 공동체나 타인과의 교류 감소, 즉 외로움이라는 것을 발견한 점이다. 대학생들의 놀이문화 또한 결핍된 요소로 지적되었다.

지하보도팀은 '지하보도의 짝을 찾는 연지의 짝'이라는 팀이름하에 대학 앞 지하보도와 관련된 이해관계자를 찾아 인터뷰를 통해 그들의 목소리를 들어 본 후, 지하보도가 어떤 모습으로 바뀔 수 있는가를 탐구하였다. 유휴공간의 공공성에 대한 이론적 논의와 다른 지역의 지하보도 공공디자인 시범사업과의 비교 분석을 바탕으로 연세대학교 앞 지하보도의 공공성 평가의 틀을 도출하였다. 기획과 시행의 공공성에서 주 이용대상이 될 대학생들의 의견수렴이 적절히 진행되지 않았음을 지적하고, 소통을 통해 공동체를 형성할 수 있는 공간이 되도록 공청회 등의 노력이 필요함을 역설하였다.

이러한 연구를 바탕으로 담당교수는 서대문구 도시재생위원으로서 학생들의 아이디어와 요구를 위원회의에서 발표하였다. 아울러 수업에서 구청장 특강에 이은 질의응답 순서를 운영하고, 학생 발표 시 서대문구청 관계자들을 초대하여 아이디어를 알리기도 했다. 수업에서의 노력을 통해 교수와 학생들은 실제로 서대문구가 지하보도의 사용목적과 디자인 등을 결정하는 데 영향을 끼칠수 있었다.

신촌 에너지 공동체팀은 '에너지를 나누는 이로운 공간(에누리)' 프로젝트가 어떻게 진행되었고, 도시 지역의 에너지 캠페인이 어떻게 활성화될 수 있는지를 모색하였다. 에누리 프로젝트가 서울시 원전하나줄이기 정책의 일환으로 진행되었지만(Lee et al. 2014), 신촌에서 에너지를 절약하려는 상인들과 학교의 참여는 저조함을 지적하였다. 서울시 기후환경본부 담당과장, (사)한국로하스 협회(에누리 추진단체), 에누리 프로젝트 참가 상인들(카페 엘피스, 연세대학교 생활협동 조합, 우리은행 신촌지점, 거북골 마을 사랑방)에 대한 심층 인터뷰를 통해 에누리 프로젝트로 인해 감소된 에너지 사용량은 미미한 수준이었으며, 환경친화적인 상점이라는 마케팅 요소는 부족했음을 밝혀냈다. 여기에 그치지 않고 대학 공동체의 에너지 전환에의 참여를 위한 대안으로 기존의 환경-에너지 관련 동아리의 연대와 지속적인 네트워크의 형성을 주장하였다.

지역 필드스터디와 발표는 학생들을 시민정치의 주체로 세우는 효과적인 방안이다. 스스로 문제점을 찾아서 해결책을 모색하는 과정을 배우는 것이다. 사회적 경제팀, 연세로팀, 연세지하보도팀 모두 "무엇이 결핍되었는가?", "무엇이 문제인가?"라는 질문으로부터 필드스터디를 시작하였다. 정치적 객체에서 주체가 된다는 것은 자신이 살고 있는 사회에서 무엇이 부족한지를 자성하고 이를 해결하기 위한 방안을 창조적으로 직접 모색하는 과정이다.

2. 교육방법론

1) 액션러닝과 강의실-현장수업

앞서 밝힌 액션러닝의 단계에 따라 〈마을학개론〉 수업은 사전 준비, 강의, 현장연구-학습, 결과물 공유 순으로 진행되었다. 수업을 진행하기 전에 민-관-학 협력구조를 만들기 위해 관의 대학-지역 연계지원 프로그램 공모에 지원하였다. 지원이 확정된 후, 어떤 수업을 어떻게 진행할 것인지에 관한 내용을 공유하였다. 또한 수업 준비의 일환으로, 학기 초(2주차)에 진행된 현장에서의 필드스터디 소개는 앞으로 어디에서 어떤 주제로 연구하게 될지, 쟁점은 무엇인지를 실제로 볼 수 있는 기회였다. 또한 제시된 주제 중 자신이 속할 필드스터디팀을 결정하는 데 도움이 되는 정보를 제공하였다.

〈마을학개론〉 수업 전반부는 강의실에서 진행되었다. 기본적인 개념과 이론적 논의, 앞으로 다루게 될 주요 주제는 강의실 환경에서 더욱 잘 전달될 수 있다. 강의실에서 진행한 강의는 크게 세 부분으로 구성하였다. 첫 번째는 '마을학개론'의 이론적인 논의이다. 수업명을 '마을학개론'으로 한 것은 아직 학문적으로 충분히 형성되지 않은 '마을학'에 대한 연구와 교육을 진행하기 위해서이다. 또한 마을 및 지역의 문제를 인식하고 해결하기 위해 다학제적 접근(정치학, 정책학, 사회학, 도시공학, 경제학, 경영학, 문화인류학 등)의 강점을 활용하려는 의도 또한 있었다. 그렇지만 정치학 전공과목으로서 지역에 기반한 사람과 사람 사이의 정치적 관계를 중심으로 본다는 점을 명확히 하였다. 이론적 논의도 정치학적 논의가 중심이 되어, 토크빌의 결사체 민주주의의 관점에서 본 시민정치(권효림 2015), 오스트롬의 공유재 관리제도(오스트롬 2010), 지역 거버넌스 이론과 실제(김의영 2015; 이재열 2006) 등에 대해 함께 읽고, 강의하며 토론하였다.

두 번째 강의 내용은 현장연구에서 다룰 주제들이다. 도시의 정치학(Dahl 2005), 도시 공간과 거버넌스(김영 외 2013), 사회적 경제(정건화 2012), 에너지 전환(Lee et al. 2014)에 대한 주제강연과 특강을 진행하였다. 특강에는 구청장, 연구자, 사회적 경제 기업활동가, 신촌 지역활동가, 국제기구 종사자 등이 강사로 참여해 자신들의 경험을 나누는 시간을 가졌다.

세 번째 강의 내용은 학생들이 현장연구를 하기 전에 활용할 수 있는 방법론에 대한 것이다. 사례연구, 인터뷰, 설문조사, 연구윤리 등에 대한 강의는 짧지만 현장연구를 진행하는 데 필요한 방법론적 요소들을 공유하려는 목적을 가지고 진행되었다.

중간고사 이후 수업의 후반부는 '우리의 문제는 현장에 답이 있다(우문현답)'라는 모토로 현장에서 진행되었다. 학기 초에 수업수강생 전체, 지역활동가와 대학원생 멘토, 교수가 앞으로 진행하게 될 필드스터디 주제와 관련된 장소를 방문하였다. 중간고사 이후의 현장연구는 팀원과 대학원생 멘토가 함께 진행하였다. 팀별 멘토는 전반적인 수업방향의 이해를 바탕으로 팀원회의에 참석하고, 대학생들이 만나기 힘든 사람들과의 연락을 돕기도 하면서 학생들의 현장연구를 도왔다. 또한 교수와 팀의 학생들과의 소통의 통로 역할도 하였다. 현장연구 중 담당교수는 수업시간에 학생들과 팀별로 만나며 진행상황과 애로사항을 듣고 함께 해결하려는 노력을 기울였다. 공공기관 사람들을 만나는 경우 대학교 학과의 이름으로 된 공문을 작성, 제공하여 현장연구를 용이하도록 도왔다.

결과물 공유의 일환으로 지역사회에서 프로젝트 발표회를 진행함으로써 지역주민, 구청 및 서울시 관계자, 학생, 교수가 참여하는 연구 결과를 공유하려는 노력을 진행하였다. 이 책은 위 과정의 결과물이다.

3. 지역 기반 시민정치교육의 구조

1) 민-관-학 협력구조

제2장에서 밝힌 바와 같이, 지역사회에 기반한 시민교육은 지식 전달과 토론을 주목적으로 하는 강의실 수업이 아니다. 그렇기 때문에 민-관-학 협력구조와 내·외부 소통구조의 활성화가 필수적이다.

민-관-학 협력구조의 한 파트너로 서울시 마을공동체종합지원센터는 '대학과 지역사회 연계 수업지원' 프로그램을 통해 '마을학개론'을 지원했다. 지원센터는 서울시의 중간지원 조직으로서, 지역자원과 대학 인재가 교류되며 지역과 대학이 함께 상생할 수 있도록 하고, 대학생을 사회혁신 인재로 육성하기 위한 지역 관련 수업을 2015년 1학기부터 지원하기 시작하였다. 수업을 진행하기 위한 특강, 학생 필드스터디에 필요한 운영비와 더불어 수업에 참여하는 멘토와 지역활동가의 활동비가 지원되었다. 아울러 지역과 대학이 교류하는 다양한 사례를 공유하기 위해 마을 소풍과 성과 발표회를 진행하였다. 선정된 수업의 학생들 간 네트워크 형성과 연구/교육 결과물을 발표하고 시상하는 기회도 가졌다. 이러한 지원은 학생들이 자신의 수업에 참여할 뿐만 아니라 비슷하지만 다른 수업들로부터 서로 배우는 교육적 결과를 가져올 수 있다. 또한 발표회를 통한 시상은 학생들의 참여동기를 증진시킬 수 있다.

신촌이 위치한 서대문구도 도시재생사업과 맞물려 지역사회에 대한 대학의 관심과 참여를 독려했다. 〈마을학개론〉 수업시간에 구청장의 특강으로 신촌 도시재생과 연세대학교의 역할에 대한 구청의 생각을 나누는 기회를 가졌다. 학생들도 질문과 답변 시간을 통해 신촌의 전반적인 문제점을 지적하고, 자신이 진행하려는 프로젝트에 대한 의견을 표출하기도 하였다. 서대문구에서는 2015년도 2학기부터 연세대학교, 이화여자대학교, 추계예술대학교, 명지전문대학교와 지역연계 강의사업을 운영하고 있다. 수업 결과물의 공유를 위해 타운홀 미팅을 개최해 구청장을 포함한 구청 관계자, 지역주민, 관련 수업을 수강한 타 대학생들과 공유하는 기회를 가진다.

지역에 따라 민-관이 대학과 협력하려는 의지나 경험은 다를 것이다. 민-관이 대학과 함께하는 프로그램을 제안할 수도 있지만, 대학 혹은 대학에서 수업을 진행하는 교수가 이러한 역할을 해야 할 수도 있다. 민-관-학 협력을 증진하기 위해 개개의 노력도 중요하지만, 한국정치학회 등의 주요 학회나 지역 기반의 시민정치교육을 진행하고 싶어 하는 교수들 간의 네트워크와 영향력도 필요할 것이다.

2) 의사소통 구조

〈마을학개론〉에서는 지역의 주제를 다루는 네 팀 이외에 미디어팀을 만들어 운영하였다. 장래에 신문, 방송, 영상, 인터넷 네트워크 등에서 경력을 가지고 싶어 하는 학생들로 구성된 미디어팀의 역할은 수업 내·외의 소통을 활성화하는 것이다. 수업 내의 소통은 수업게시판, 강의시간, 사회관계망서비스(Social Network Service)를 통해 이루어졌다. 수업 내부만의 소통을 위해서는 수업게시판이 사용되었다. 예를 들어, 구청장의 특강이 있다면 어떤 질문들을 할 것인가를 학생들이 수업게시판에 자유롭게 게재하였다. 각 팀의 프로젝트 진행과정 또한 수업게시판에 게재되었다. 사회관계망서비스는 수업의 활동들을 내·외부에 알리는 역할을 했다. 특히 필드트립(field trip) 동영상 등의 영상을 공유하는 플랫폼으로 사용되었다.[3]

외부와의 소통가능성을 찾는 것도 시민정치교육의 필요성에 대한 공감을 가져올 수 있다. 미디어팀에서 작성한 보도자료를 바탕으로 경향신문과 서울경제의 취재를 통해 "우리가 살고 싶은 마을을 상상했더니 그게 바로 '생활정치'네요"(송현숙 2015)와 "'포기', '달관'은 어울리지 않는 말 … 대학생들이 새로운 신촌 공동체를 꿈꾼다"(정혜진 2015)라는 제목으로 〈마을학개론〉 수업이 기사화되었다. 방송매체에서도 〈마을학개론〉의 시도를 취재하고 대학생들의 의견을 듣는 기회를 가질 수 있었다. 이러한 수업 바깥과의 소통 노력은 미디어 관련 업종에서 종사하고 싶어 하는 학생들에게 실제로 좋은 교육이 되었음과 동시에 시민정치교육이 지역에서 벌어지고 있다는 것을 알리는 기회도 되었다고 평가한다.

소통과 더불어 중요한 요소는 기록이다. 수업의 내용, 특강, 학생들의 쪽글, 인터뷰, 학생들의 수업에 대한 의견 등을 기록하여 남기는 것도 미디어팀의 과제이다. 연구윤리에서 벗어나지 않고, 개인의 사생활을 침해하지 않는 수준에서 수업과 관련된 정보를 공유하고 기록하는 것은 수업 자체의 발전과 수업 간 연계와 소통을 위해 고려해 볼 사안이다.

---

3. 〈마을학개론〉과 관련된 2개의 동영상은 유튜브에서 확인할 수 있다. https://www.youtube.com/watch?v=BeE8kHofqso는 필드트립의 과정을 찍은 것이다. https://www.youtube.com/watch?v=g2tjA8WgnBc 는 수업과정을 좀 더 자세하게 촬영하였다.

IV. 지역 기반 시민정치교육의 평가와 과제

시민정치교육의 활성화를 위해 풀어야 할 몇 가지 과제들이 있다. 우선 '주민'의 정의를 확장할 필요가 있다. 주민(住民)은 주로 그 지역에 사는 사람을 의미한다. 그리고 주소지를 기반으로 공적인 정치행위—주로 투표행위—의 권리가 주어진다. 대학생들은 대학 근처 지역에서 생활만 하고 투표 등의 권리는 본 주소지에서 행하는 경우가 많다.[4]

즉, 정치적 주거지와 생활 거주지가 다른 것이다. 이에 주민의 개념과 분류를 주소주민, 거주주민, 생활주민으로 나누어 지역정치 참여와 교육을 달리할 필요가 있다. 주소주민은 거주지와 법적 주소지가 같은 주민이다. 거주주민은 그 지역에 살지만 법적·정치적 권리는 그 지역에 없는 경우를 말한다. 생활주민은 주소지도 아니고 거주도 하지 않지만, 특정 지역(주로 대학 근처)에서 일정 기간 동안 생활하는 주민이다. 주소주민, 거주주민, 생활주민 모두 지역정치에 영향을 주고받는다. 그러나 주소주민은 자신의 정치적 권리를 지역에서 투표를 통해 추구할 수 있음에 반해, 거주주민과 생활주민은 그럴 가능성과 제도적 뒷받침이 거의 없다. 지역정치에 많은 영향을 받는 거주주민과 생활주민의 정치적 활동을 가능하게 하는 조직과 제도가 필요하다. 특히 투표와 같은 공식적인 정치행위는 아니더라도 생활정치의 장에 거주·생활주민이 참여하는 제도와 틀, 구조를 만드는 것은 지역정치의 중요한 요소로 사료된다.

둘째, 시민정치교육을 활성화시키기 위해 학생들의 문제제기와 해결능력의 향상을 꾀할 필요가 있다. 교수와 학생은 이미 인공지능의 시대에 살고 있다. 이세돌과 알파고의 대결을 통해 인풋(input)을 계산해 아웃풋(output)을 찾아내는 능력은 이미 인공지능이 인간을 초월할 수 있음을 보여 준다. 결국 앞으로는 어떤 인풋을 통해 어떤 아웃풋을 추구하는가의 어젠다 세팅(agenda setting)을 할

---

4. 주된 이유는 장학금이나 기숙사 등의 신청에서 학교나 학교 근처에 주소지를 두면 불리하기 때문이라고 한다.

수 있는 인재를 키우는 것이 교육 전반, 특히 대학 교육의 방향일 것이다. 2015 년 〈마을학개론〉 수업을 처음 진행했을 때는 교수와 멘토 그룹이 전반적인 어젠다를 규정하였다. 2016년 현재 진행 중인 수업에서는 학생들이 스스로 문제를 발견하고 어젠다를 만들어 가는 실험을 하고 있다. 주어진 일을 하거나 강의를 듣고 시험을 잘 보는 데 익숙한 학생들에게는 도전적인 일이겠지만, 자신들이 생각한 문제를 고민하고 탐구하는 좋은 훈련이 될 것이라고 생각한다. 학생들이 제시한 주제는 그들의 삶의 문제뿐만 아니라 사회적 필요를 다룬다.

'장애인과 함께 즐기는 신촌'은 실제 장애가 있는 학생과 이 문제를 함께 해결하려는 학생들이 참여한다. '1인 가구의 사회적 경제'와 '신촌 도시재생을 위한 학생조직'은 학생들이 처한 주거, 경제, 정치 문제 해결의 돌파구를 찾으려고 한다. '신촌 지역 열린 캠퍼스'는 지역과 대학이 공간을 공유하는 모델을 꿈꾼다. 오른 임대료로 다양성이 사라지고 획일화된 도시가 되어 가는 젠트리피케이션의 문제에 대한 고민들도 있다. '신촌의 정체성을 담은 공간'은 어떤 모습일까? '신촌의 광장'은 누가 어떻게 사용하고, 그 결정은 어떻게 내려지는가와 같은 공간의 정치에 대한 관심도 학생 팀 프로젝트로 만들어졌다. 이는 학생들의 비판적·성찰적 사고와 행위가 주제 선정의 과정을 통해 나타나고 있음을 보여 준다. 교수가 제기한 몇몇 문제들이 학생들의 주제 결정 투표에서 채택되지는 않았지만,5 이보다 더 좋은 수는 없다. 학생들의 문제제기가 그들의 필요와 고민으로부터 나왔고, 이것이 지역에 기반한 시민정치교육의 시작이라고 생각하기 때문이다(이태동 2016).

셋째, 시민정치교육을 통해 학생들의 역량 강화와 정치적 효능감을 높이는 것 또한 연구와 교육의 과제이다. 김진경과 황기원(2011)의 연구에 따르면, 현장 중심적 도시대학 교육프로그램은 주민의 역량 강화에 긍정적인 영향을 끼친다.

---

5. 주제 결정 투표는 한 학생이 두 주제를 선택할 수 있게 하여, 학생과 교수에 의해 제시된 16가지 주제 중 8가지 주제를 선택하였다. 선택된 8가지 주제 중 학생들이 1, 2, 3 순위를 정하여, 교수와 조교는 최대한 학생들의 선호를 반영하는 동시에 팀당 학생 숫자를 비슷하게 만들어 팀을 결정하였다.

다음의 학생 쪽글에서도 이러한 단초를 확인할 수 있다.

"15주의 짧은 수업을 통해서 우리는 수업에서 *대학생이 주민이라는 이유*를 깨달았습니다. 왜 우리가 신촌을 위하여 목소리를 내고, 모으고, 전달해야 하는지 우리는 이제 알게 되었습니다. 그리고 저번 쪽글에 신촌에서의 덧없는 허망성쇠에 무기력했다면, 수업을 통해서 *그러한 고리를 끊을 수 있는 역할을 우리가 할 수 있다는 것*을 알게 되었습니다. 많은 것을 깨달았지만, 무엇보다 이 수업을 통해서 즐거웠습니다. *무기력하다고 생각했던 우리들이 작은 흐름을 만드는 것이 즐거웠습니다.*"

수업을 들은 후. 학생 '신촌, 나, 우리' 쪽글(저자의 강조는 기울임체로 표시함).

그러나 지역사회의 문제들을 발굴해 나가지 못하고, 연구와 교육의 접점을 발견하지 못한다면 시민정치교육의 실행은 도전에 직면하게 될 것이다. 아울러 민-관-학의 협력구조와 지원이 작동하지 않는다면 지역에 기반한 교육은 지속가능하지 않게 될 것이다. 또한 학생들이 주체가 되는 수업은 학습과 현장학습에 대한 부담을 늘어나게 한다. 이를 위해 학생들이 주체적으로 참여할 수 있는 다양한 동기(시상, 가능하면 성적 절대평가, 교수/멘토와의 대화 기회)를 제공하고 수업의 결과가 정책에 반영될 수 있는 구조를 만드는 것도 큰 과제이다.

제2장

정치 이론으로 보는 마을공동체:
하버마스, 퍼트넘, 오스트롬을 통해

최은지 · 이태동

I. 서론

'마을'이 새로운 공동체의 형태로 도시에서의 개인화와 파편화를 극복하기 위한 대안적 공동체로 관심을 얻게 되고, 서울시의 주도로 마을공동체 사업과 마을기업 사업 등이 활성화되면서 다양한 곳에서 마을이 생겨나거나 사라지고 정착되기도 했다. 마을만들기 운동이나 사업뿐 아니라 마을공동체에 관한 학문적 연구 또한 다양한 분야에서 이루어져 왔으나, 인터뷰나 설문조사 등 경험적 연구를 통해 분석하는 경향이 주를 이룬다(권효림 2015; 여관현 2013).

마을은 어떻게 형성되었으며, 어떻게 운영되고, 그 역할은 무엇인가? 기존의 연구들과 다르게 이 글은 마을공동체의 형성·운영·역할을 정치학 이론을 통해 연구하는 것에 목적을 둔다. 이는 기존 연구가 마을공동체 만들기 사업이나 마을공동체에 대한 사례연구에 주된 초점이 맞춰져 있다는 한계를 넘어, 마을공동체와 관련된 정치학 이론을 통해 이해하려 한다는 점에서 의의를 갖는다. 마을공동체에 대한 정치이론적 차원의 연구를 위해 마을공동체의 개념을 정리하고, 공적 영역 이론, 결사체 민주주의, 공공재관리제도와 마을공동체의 사례를 통해 그 형성과 운영 및 역할을 차례대로 분석한다.

마을공동체란 일상의 사회적 공간을 공유하는 이들 간의 상호의존적인 생활관계망이다. 이는 커뮤니티이자 네트워크로서 물리적 공간의 제한을 넘어 그 안팎으로 형성된 네트워크까지 포함하며, 사익에 기반하여 자발적으로 네트워크를 형성한다. 마을공동체는 하버마스의 공론장(public sphere)의 기능을 제공한다는 점에서 이론적 의의가 있다. 복수의 개인들이 합리적이고 공개적으로 비판하고 소통하며 공적 영역을 형성 및 유지하고 정치적 행위가 가능하도록 돕는 공론장의 역할은 마을공동체에서도 나타난다.

마을공동체는 형성배경으로 개인의 이익과 필요에 따라 참여나 탈퇴가 가능한 점, 민주적으로 결사한 공동체가 공적인 역할을 할 수 있다는 점에서 토크빌의 결사체 민주주의(associative democracy)의 특성을 띤다. 또한 퍼트넘의 사회적 자본(social capital)인 호혜성(reciprocity)의 규범과 사회적 신뢰는 개인들이 공동의 목적을 달성하기 위한 활동에 참여하는 것을 촉진한다.

마지막으로 마을공동체의 운영과정은 공유지의 비극과 무임승차 문제와 같은 집합행동의 딜레마를 방지·극복하기 위해 자치(self-governance)가 한 방법이 될 수 있다는 오스트롬의 공공재관리제도(Common Pool Resource Institute) 논의를 통해 설명될 수 있다. 마을공동체의 운영과 제도화는 공유재와 공유지 관리를 위해 고안한 제도·규칙과 유사한 배경을 가지며, 이러한 지점에서 오스트롬의 이론적 틀을 공유한다는 점을 발견할 수 있다.

각 장에서는 하버마스의 생활세계와 의사소통적 합리성, 토크빌의 결사체 민주주의와 퍼트넘의 사회적 자본, 오스트롬의 공유재관리제도 이론을 통해 마을공동체의 대표적 사례 중 하나인 성미산 마을의 의의·형성·운영에 대한 간략한 사례 분석을 제시한다.

II. 마을공동체에 관하여

1. 마을공동체란?

공동체는 공통의 생활양식 혹은 공간 안에서 상호교류를 통해 연대감이나 소속감을 공유하고 있는 집단이다. 공동체는 개인이 공동체에 속함으로써 동반성장이 가능하다는 인식을 바탕으로 구성원들 간 상호작용을 통해 연대의식을 가지는 집단이다(이종수 2015). 또한 공동체의 구성요소는 지역의 구성원으로서 느끼는 소속감, 욕구의 충족, 연대의식, 지역사회와의 일체감, 구성원들과의 정서적 친밀감 등으로 분류할 수 있다(여관현 2013: 56). 공동체를 이념, 실체, 실천의 차원에서 나눠 분석한 김미영은 공동체가 상호의존성과 공통의 생활형식에 기반한 동네와 같은 소규모의 집단과 유사하며, 공유된 경험이나 언어, 연고 그리고 공통의 공간적 생활세계에 거주함으로써 소속감을 형성한다고 설명한다(2015: 198).

마을공동체는 공동체의 특성을 가지는 동시에 마을의 특성을 가진다. 산업화 이후 농촌공동체의 형태를 보이던 전통적인 마을은 해체되었고, 중심적인 생활공간으로서의 전통적 마을은 도시로 대체되었다. 도시는 산업화와 더불어 거대해졌지만 삶의 공간으로서는 많은 문제점을 내포하고 있었으며, 마을은 이러한 도시사회에서 생겨난 집단이다(김수영 외 2014: 341; 서울특별시 2014: 5-7). 마을에 대한 명확한 개념 정의는 부재하지만, 본 연구에서는 마을을 일정한 지역사회 안에서 공동의 경험을 바탕으로 긴밀한 생활관계망을 맺고 있는 '포괄적 커뮤니티'라는 측면에서 분석하고자 한다(우기동 2014: 313). 고전적 의미에서의 지역공동체나 과거의 농촌공동체는 '지리적으로 한정된 일정한 공간에서 자신들이 거주하고 있는 장소에 대해 상호간에 사회적, 심리적 유대를 가진 사람들'로 정의된다(김찬동·서윤정 2012: 3). 지역공동체는 '한정된' 물리적 공간과 경계 내에서 거주지로서의 성격이 강조되기 때문에 주거지를 제외한 다른 생활공간에 관한 필요와 욕구를 충족시켜 주기에는 한계가 있을 수 있다. 반면, 마을은 물리적 공간의 경계를 넘어 '네트워크'가 구성되는 집단이기 때문에 주거지를 포함한 다양한 생활공간에서 형성될 수 있으므로 지역공동체에 비해 공간적인 제약에서 자유롭다(위성남 2013: 74).

이처럼 마을을 지역공동체와 구분하여 포괄적 커뮤니티이자 네트워크가 구성되는 곳으로 인식하면 마을공동체의 범위는 확장된다. 특정한 거주지를 경계로 형성된 집단뿐 아니라 직장이나 학교 등 다양한 생활공간과 영역에서의 관계들이 존재하는 곳이 곧 마을이 된다. 도시의 마을에서는 이웃들과 마음을 내서 접속하고, 스스로 선택하면서 관계를 이루어 가야 한다(유창복 2014: 60). 따라서 각 개인은 다수의 생활공간에서 자발적 선택을 통해 네트워크를 형성하고 커뮤니티를 구성할 수 있으며, 복수의 공동체에 속할 수 있다. 또한 생활환경을 주민들이 스스로 구성하고, 마을공동체를 이루어 가며 공동의 문제를 고민하고 해결해 나가는 과정에서 책임감 있게 참여하는 주민들이 생겨나며 마을공동체가 형성된다(여관현 2013: 58).

마을공동체는 시민운동 단체와도 구분된다. 마을공동체는 단순히 친밀감이나 지역적 유대감에 의존하는 것이 아니라 '필요'라는 구체적인 사익을 통해 결사체에 자유롭게 참여하면서 구성된다. 사익보다는 공익을 증진시키며, 민주주의와 같은 추상적 목표를 지향하는 운동을 중심으로 하는 공동체가 아니다. 마을공동체의 유지라는 목표를 두고 상호협력을 유도하는 곳 역시 아니다. 오히려 개인이 합리적으로 공동체 참여를 선택하고, '지지고 볶는 과정'을 함께 견뎌내는 관계이다(유창복 2014: 60). 주민이 열 명이면 마을이 열 개라고 한다. 마을공동체가 조직처럼 특정 목표나 일정을 계획하는 것이 아니라 처음으로 문제의식과 해결의지를 가진 이들로부터 목표가 생겨나고 다른 행위자들이 나타나면서 목표가 수정되고 계획 역시 수정되기 때문이다(유창복 2014: 81). 행위자가 여럿이 되면 민주적인 의사소통 방식을 제도화함으로써 결속을 증가시키고, 현실적인 공론장이 세워지며, 다중 멤버십이 형성됨으로써 사회적 자본이 축적된다(권효림 2015: 165-176). 즉, 시민운동 단체와 같이 공동체가 선재하고 장·단기 목표를 세워 계획을 꾸린다기보다는, 필요나 문제가 발생하면서 공동체를 꾸리고 그 과정에서 계획을 만들어 나가는 쪽이 마을공동체에 가깝다.

정리하자면, 마을공동체는 행위자들이 네트워크에 기반을 두면서도 인정(人情)으로만 연결망을 형성하는 것이 아니라 필요로부터 연결망을 자발적으로 만들어 가는 결사체의 형태를 띤다. 그렇다면 한국의 마을공동체는 어떤 과정을 거쳐 성장해 오고 있는가?

2. 한국의 마을공동체

마을공동체는 일본의 마치즈쿠리(まちづくり) 개념이 수입되어 마을만들기라는 단어로 번역·사용되면서 등장했다. 마치즈쿠리는 일반적으로 '지역공간을

주민들이 스스로 디자인해 나가는 과정'이라고 정의된다. 마을만들기는 인위적인 만듦보다는 함께 고민하고 협동을 통해 해결하는 과정에서의 만듦을 지향한다(김이준수 외 2013: 15).

마을공동체는 1990년대 마을 내에서 공동육아를 위한 어린이집을 만든 성미산 마을에 이어 성대골 마을 등 개인이 원자화된 도시사회에서 마을주민들이 지역적 현안을 해결하기 위해 결사체를 형성 및 유지하는 목적에서 시작되었다. 마을공동체 형성 초기에 제도화가 이루어진 것은 건설교통부(현 국토교통부)에서 2005년 8월과 11월 말 '살고 싶은 도시만들기 추진방안'의 보고를 통해서였다. 이후 2006년 11월부터 '살고 싶은 도시만들기 추진계획'이 마련되었고, 이 계획 안에 '마을만들기 시범사업'이 포함되어 있었다. 2007년부터 2년간 마을만들기를 지원하는 시범사업을 위해 '시범마을'이 선정되었고, 해당 사업은 도시활력증진지역 개발사업 중 하나로 편입된다(한국마을만들기연구회 2012: 80–81). 몇몇 지역 내 결사체들이 마을공동체 운동을 통해 성공을 거둔 후, 마을공동체는 시민참여와 사회적 자본의 측면에서 효과적인 수단으로 여겨져 관심이 증대되었을 뿐 아니라 언론 및 행정에서도 주목을 받았으며, 특히 서울시에서 시행된 다양한 마을공동체 정책을 통해 마을공동체라는 단어가 낯설지 않게 되었다. 서울시에서만도 2014년 말 기준으로 2,100건의 마을공동체 지원사업이 진행되었고, 관 대비 주민참여율이 2012년 14%였던 것이 2015년 4월에는 73%로 증대되었다.[1]

마을공동체 운동은 1980~90년대의 시민운동에 비해 파급력이나 영향력 면에서는 부족하다. 하지만 시행한 지 3년 만에 서울시 56%의 시민이 마을공동체 사업에 대해 들어 봤거나 알고 있다고 답한 수치[2]나 2015년 기준 서울시 내에

---

1. 서울시 마을공동체 종합지원센터, http://www.seoulmaeul.org/ (2015. 12. 16 검색).
2. 일반 시민 800명을 대상으로 한 서울시 마을공동체 지원사업에 대한 인지도 설문조사 결과, '알고 있다'는 응답이 57.6%를 차지했다(최진성. "서울시 마을공동체 총 3264곳 지원⋯민관협력모델 자리매김." 헤럴드 경제. 2015. 9. 16. 2016. 5. 17 검색. http://news.heraldcorp.com/view.php?ud=20150916000442& md=20150917003659_BL).

서 운영되고 있는 마을기업이 114개(서울특별시 사회적경제과 2015: 47)라는 점을 통해서, 행정적 측면에서만이 아니라 일반 대중 사이에서도 마을공동체에 대한 인식과 참여가 증대되었음을 확인할 수 있다.

마을공동체는 형성 초기에 자발적인 결사체들이 마을을 중심으로 구성되고 도시사회의 문제점을 해결하는 성공적 사례들이 생기면서 주목받게 되었다. 이에 따라 행정적 차원에서 마을공동체 사업이 제도화되고 지원이 이루어지면서 마을공동체 사업으로 확장되었다. 이전의 지역공동체와는 달리 단순한 물리적 경계를 기반으로 한 공동체가 아닌 상호간의 필요와 문제 해결을 위해 자발적으로 결사하고 네트워크와 신뢰를 축적해 나가는 공동체이다. 또한 한 가지 이슈에 관한 결사체들이 다양한 이슈의 영역으로 펼쳐짐에 따라 지속적으로 마을공동체 내의 결속력과 자치적인 역량을 강화하고 있다. 최근 서울시를 비롯한 관 차원에서의 지원과 홍보를 통해 일반 대중에게도 보다 익숙한 개념이 되었고, 참여 또한 증가하였다.

III. 마을공동체의 형성과 운영

실체로서의 마을공동체에 관해서는 정치, 사회, 행정 등 다양한 분야에서 인터뷰를 비롯한 경험적 분석을 통해 진행된 기존 연구들이 있다. 또한 성미산 마을 주민들의 이야기를 엮은 책이나 서울시 및 산하기관들을 통해 발행된 여러 마을공동체의 실제적 사례집도 다양하게 출판되어 있다. 그러나 마을공동체의 형성과 운영을 이론적 차원에서 논의한 기존 연구는 부재하다. 본 연구는 마을공동체의 형성과 운영의 과정을 결사체 민주주의, 집합행동의 딜레마 극복, 공론장의 역할이라는 측면에서 토크빌과 퍼트넘, 오스트롬, 하버마스의 논의와 마을공동체의 사례를 통해 이론적으로 고찰해 보고자 한다.

1. 마을공동체의 필요성과 의의: 하버마스의 의사소통적 합리성

현대사회에서 마을공동체는 왜 필요한가? 마을공동체가 현대사회를 살아가는 우리에게 주는 의미는 무엇이며, 어떤 의의를 갖는가? 마을만들기 사업이나 마을공동체 운동은 주민참여를 촉진한다. 또한 국가 주도의 공공성 지향을 보다 낮은 차원에서의 공공성 추구로 전환시키면서도 관과 마을 간의 협력적 거버넌스를 창출해 내는 등(여관현 2013; 유창복 2010; 2014; 박재동·김이준수 2015) 실제적인 차원에서 파편화된 사회를 잇고 민주주의의 질적 성장에 기여하면서 긍정적 영향을 보이고 있다.

그렇다면 이론적 차원에서 마을공동체는 왜 필요한가? 본 연구에서는 하버마스(J. Habermas)의 의사소통적 합리성(communicative rationality)을 통해 마을공동체의 필요성과 그 의의를 찾고자 한다. 하버마스는 사회발전이란 사회 안에서 발생하는 각종 비합리성 또는 불합리성이 제거되는 과정이라고 정의했다. 사회발전은 개인의 개인성 또는 개성의 향상을 통해 가능한데, 개인의 개성이란 개인의 고립적이고 독자적인 산물이 아니라 의사소통 과정과 논증(argumentation) 과정을 통해 발생하는 것이고, 따라서 개성의 발현을 위해서는 타자의 존재가 필수적이다. 타자의 반응과 대답 없이는 진행될 수 없으므로 이를 통해 발현되는 개성도 개인의 독자적인 산물일 수는 없다(하버마스 2006: 43-47; 김동규 2010: 23).

하버마스(2007)는 의사소통을 통해 움직이는 사회영역을 생활세계로, 정치·경제·권력·화폐를 통해 움직이는 사회영역을 체계로 분리한다. 그에 따르면, 체계는 사람들 사이의 관계로 이루어지지 않으며 생활세계에서 생산되는 의미들을 토대로 운영된다. 체계는 생활세계에서 발생된 다양한 의미들을 국가, 시장과 같은 제도나 권력을 통해, 조종수단의 획득 혹은 행사를 통해 운영되는 영역이다.

생활세계(하버마스 2007: 54-57)는 개인과 가족을 중심으로 일상생활이 이루어지는 사적인 영역을 의미한다. 생활세계는 의사소통 행위의 네트워크이자, 전통이나 규범이 공유되도록 하는 조건이다. 따라서 생활세계 안에서 행위자들의 입장과 시각이 구성되고, 복수의 다양한 행위자들을 통해 의사소통과 상호작용이 이루어진다. 생활세계가 합리화되기 위해서는 외부 압력으로부터 독립적인 동시에 내부에서는 구성원 모두가 평등하게 의사소통에 참여할 수 있어야 한다. 이러한 논쟁을 통해 담론의 형성과 제도화를 이끌어 내고 새로운 가치와 규범적인 조정이 이루어지며, 이는 연대성을 지속시키는 원동력이 된다(하버마스 2006: 132-137). 생활세계에서의 개인은 단순한 독립적 주체가 아닌 의사소통을 통해 의미를 공유하고 상호이해와 합의를 만들어 가는 주체이다. 이를 통해 사회통합 및 지식을 보존하고 전달하는 역할을 한다(유정민 2016: 17).

체계와 생활세계의 영역은 분리되어 운영되지만, 체계가 생활세계의 영역을 침범하면 문제가 발생한다. 체계는 정치와 경제, 행정 권력들로 하여금 생활세계를 축소시키고 비인간화와 소외현상, 아노미, 분열 등을 발생시킴으로써 생활세계를 식민지로 만든다. 따라서 생활세계는 식민화를 방지하거나 벗어나기 위해 체계의 권력들에 대한 비판과 저항을 지속해야 하며, 성찰이나 토론, 의사소통적 행위를 통해 생활세계의 근원적인 모습을 되찾아야 한다.

마을공동체는 기존의 정치나 경제 권력과는 분리된 사적인 생활영역이라는 점에서 하버마스의 생활세계의 틀로 설명이 가능하다. 생활영역의 특성상 외부의 압력으로부터 완전히 독립적일 수는 없지만, 마을의 관계망이 미치는 범위 내에서는 비교적 독립적으로 주민들이 자신의 의지와 의견을 피력할 수 있는 평등한 의사소통 체계가 구축되어 있다.

하버마스는 생활세계의 합리성을 담지하는 핵심요인을 체계로부터 독립적인 네트워크와 자발적 결사체로 보았다. 결사체들은 사적 영역인 생활세계에서 등장하여 행위자 자신의 관심과 경험을 보다 공적인 관점에서 해석하고자 하고, 의견을 형성하여 공론장에서 의사소통하고자 하는 이들이다. 이들을 통해 공론장이라는 생활세계만의 공간에서 의사소통 구조가 정착된다. 공론장이 경제주체나 국가기관 및 기구들에 의해 감시되고 지배된다고 할지라도 자발적 결사체들은 공론장 내에서 공공의 이익을 위한 담론들을 생산해 낸다. 공론장에서의 공적 토론은 정체성을 형성하고 연대를 만들어 냄으로써 사회통합의 역할을 한다(하버마스 2007: 467-471).

정리해 보면, 하버마스는 사적 영역인 생활세계 영역이 체계의 권력으로부터 식민지화되지 않기 위해 혹은 식민지화되어 버린 상태를 극복하기 위해서는 생활세계 내의 합리성을 복원해야 하며, 이를 위해 공론장이라는 개념을 주장했다. 공론장의 주된 주체는 네트워크와 자발적인 결사체로 이들은 사적 영역으로부터 등장하여 공공의 이익을 증진시키고 연대를 만들어 내는 주체들이다. 마을공동체 역시 이와 유사하다. 도시 속의 마을공동체는 파편화된 사회를 연결하고 연대를 이끌어 낸다. 이들은 생활영역이라는 네트워크 안에서 위로부터나 외부로부터의 압박이 아닌 자발적으로 결사하여 공공의 문제를 해결하는 공동체이다.

하버마스의 논의에서 나타나는 결사체의 의의는 성미산 마을공동체 사례(유창복 2010)에서도 볼 수 있다. 대표적인 마을공동체로 여겨지는 성미산 마을은 공동육아와 생활조합의 형태를 중심으로 꾸려진 마을공동체였다. 1997년 서울시는 성미산의 배수지 공사 실시계획과 아파트 개발 추진계획을 발표하였다. 성미산을 마을의 상징적 장소로 여기던 마을 사람들은 공익시설의 역할을 함으로써 긍정적인 영향을 줄 수도 있을 배수지 공사를 반대하기로 마음을 모았다. 주민들은 2001년 7월 공동육아협동조합 구성원과 여러 동호회들을 모아 21개의 지역주민 모임을 중심으로 '성미산을 지키는 주민연대'를 조직하여 배수지 공사 및 아파트 개발계획에 대한 반대운동을 시작했다.

서울시가 친생태적인 방향으로 개발을 하겠다고 제안했으나 주민들은 산이 파괴되는 것은 방지나 예방 차원의 문제가 아니라며 지속적으로 반대했다. 성미산 주변 2만여 명의 주민들에게 서명을 받아 내 서울시와 마포구에 주민의견을 내고, 감사원에 감사청구를 하기도 했다. 성미산에서 마을산상음악회를 열기도 하고, 상수도사업본부에서 진행하려던 주민설명회를 수차례 무산시키기도 했다. 2003년 초에는 서울시 상수도사업본부의 기습적 벌목에 대응하여 산에 텐트를 치고 지내며 농성하면서 성미산을 온몸으로 지켜 냈다. 기습적 벌목 시도와 용역들을 고용한 폭력적 행위가 이어지자 마을주민들은 국회의원이나 지방의회 의원들을 찾아가 설득하는 동시에 공청회를 개최하였다. 결국 서울시 상수도사업본부는 건설계획 유보결정을 내렸고, 성미산지키기 운동을 통해 성미산 결사체들은 더욱 다양해지고 확장되었다. 또한 성미산에서의 문제들을 해결하기 위해 다양한 조직을 체계화하고 공식화하는 것을 목적으로 둔 '마포연대'가 결성되었고, 이들은 의정 참여 및 언론, 복지와 교육, 성미산과 환경으로 나뉘어 활동하고 있다.

성미산지키기 사례에서 드러난 바와 같이, 일상생활의 사적 영역, 즉 하버마스의 생활세계를 침범하려는 정치권력에 대항해 육아라는 사적 영역에서 시작해 자발적으로 결사한 성미산 마을 주민들은 공론장을 직접 구성하여 공익을 위한 담론을 통해 심지어는 정치권력에까지도 영향력을 행사했으며, 결과적으로 문제를 해결했다. 이러한 과정에서 연대는 더욱 증대되었으며, 새로운 결사체들을 만들어 냈다.

2. 마을공동체의 형성: 토크빌의 결사체 민주주의와 퍼트넘의 사회적 자본

마을공동체는 정서적 측면과 사람들 간의 유대감을 필요로 하지만, 그 형성에 있어 각 행위자가 필요와 선택에 의해 구성되었다는 측면에서 결사체라고 설명될 수 있다(김의영·한주희 2008; 권효림 2015). 결사체 민주주의와 마을공동체에 대한 기존 연구는 김의영·한주희와 권효림의 연구가 있다. 김의영·한주희(2008)는 특히 '성미산 지키기 운동과 마포연대'가 지역이기주의를 넘어 개방성, 책임성, 공공성 등 결사의 미덕을 발현하고 공적·민주주의적 역할을 수행하고 있다는 점을 보여 줌으로써 결사체 민주주의의 실험이 성공할 수 있다는 것을 인터뷰를 통해 밝히고 있다. 권효림(2015)의 연구 역시 마포파티에 대한 인터뷰를 통해 마을공동체의 결사체 민주주의에 대한 의의와 그 한계를 밝혔다.

결사체 개념은 토크빌(A. Tocqueville)과 매디슨(J. Madison)의 논의에서 시작한다. 양자의 논의를 비교하기 위해 단순화시키자면 매디슨은 결사체의 이기적 속성에 초점을 두어 파벌에서 발생하는 부정적 측면을 어떻게 통제할 수 있는가를 논하는 반면, 토크빌은 결사체의 역할을 활성화시킴으로써 민주주의적 역할을 담당할 수 있다고 주장하면서 긍정적 기능에 초점을 둔다(김의영 2005: 434).

토크빌(1983)은 결사체주의가 형성되는 방식을 결사의 예술(art of association)이라고 칭한다. 그는 미국에서 발현된 민주주의적 특성, 특히 결사체에서 드러나는 특성들에 주목했는데, 미국의 민주주의에서 보장되는 자유와 평등이 다수의 폭정이나 전제정치로 이어지지 않게 하는 방법이라고 생각했기 때문이다. 토크빌이 관찰한 미국의 결사체들은 법이나 공간으로 정해진 결사의 형태를 제외하고도 유사한 정치적 의식이나 주장을 공유하는 사람들, 혹은 도덕이나 종교적 결사체를 비롯하여 공동으로 지향하는 목표를 공유한 이들이 결사를 이루었다. 나이나 지위에 관계없이 결사체를 구성하고, 다양한 규모의 결사체들이 존재했다(1983: 151-152). 자유를 기반으로 다양한 구성원과 규모로 형성된 결사체는 목표를 달성하기 위한 행동과정에서 영향력과 활동력을 증대시킨다(1983: 189-190). 마을공동체 역시 "주민이 열 명이면 마을이 열 개(유창복 2014)"라는 문구에서 드러나듯이 다양한 이슈와 규모로 조직된다. 개개인의 필요와 요구가 다르지만 평등과 자유를 기반으로 하여 공동의 지향목표를 찾고 이를 위한 행동을 협의한다.

결사체들은 자율성을 가지며 자발적으로 조직되어 사회의 다양한 영역에 참여한다. 또한 결사체의 구성원들은 참여할 권리와 탈퇴할 권리를 모두 가진다. 자발적 참여를 선택한 결사체 구성원들은 사회의 다양한 영역에 직접 참여하여 대의민주주의의 한계를 보완한다. 이들은 단순히 정책을 보조하는 역할이 아닌 실질적인 권력 혹은 역할의 위임(토크빌 1983: 190)을 통해 자치의 가능성을 열어 준다. 결사체는 참여민주주의를 이행할 가능성을 보여 줌으로써 대의민주주의 제도에서 나타나는 과도한 자유주의와 개인주의, 정부의 역할과 능력에서의 회의 등에 대한 새로운 대안적 모델이 될 수 있다(김의영 2006: 13).

결사체주의의 중요한 의의는 자의주의(voluntarism)와 자치이다(안승국 1997: 77; 권효림 2015: 157). 앞에서 언급했듯이 결사체들은 참여와 탈퇴를 자발적으로 선택한다. 개인들은 다양한 결사체에 가입할 수 있고, 결사체의 운영에서 발생하는 비용은 구성원들에게 부과된다(안승국 1997: 80). 결사체는 구성원들의 자율성과 창의성을 존중하며, 목표를 위한 수단의 효율성보다는 목적 자체에 대한 타당성에 초점을 둔다(전병재 2002: 65-66).

마을공동체도 자의주의, 즉 자발적 선택에 의한 참여로 꾸려진 결사체이며 가입과 탈퇴가 자유롭다. 구성원들은 자신의 합리적 선택을 통해 결사체에 가입하기 때문에 결사체 운영에서 발생하는 비용은 주로 출자금의 형태로 분담한다. 또한 결사체의 구성원은 자신들의 결사체를 자치의 원리에 따라 운영하며, 각자의 필요에 의해 조직되었기 때문에 동일한 목표를 가진다기보다는 유사한 지향점을 두고 협의와 협력을 반복한다.

성미산 마을의 형성과정을 살펴보면 결사체의 형성과 유사하다는 것을 확인할 수 있다(유창복 2010: 29-47; 2014: 189-199). 성미산 마을은 1994년 연남동에 있던 '우리 어린이집'이 성산동으로 옮겨 오면서 부담 없는 출자금과 지역사회에도 열려 있는 어린이집이라는 원칙으로 공동육아를 시작했다. 부모들은 주로 젊은 맞벌이 부부로, 마을을 만들고자 모인 활동가들은 아니었다. 마을공동체를 형성하는 것이 결사의 목표가 아니라 아이들을 잘 키워 보고 싶은 마음이 결사의 이유였다. 누군가 문제해결이 필요하다는 생각에서 '나서기' 시작하면 같은 고민을 공유한 사람들이 모이고 이들이 결사체를 구성하면서 주민인 동시에 활동가가 된다. 형성된 마을의 결사체는 퍼트넘이 제시한 사회적 자본에 해당하는 관계망과 신뢰 등을 통해 지속적으로 유지되는 동시에 새로운 이슈와 구성원들로 구성된 새로운 결사체를 재생산한다.

이론적 차원에서 결사체의 형성과정은 퍼트넘(2000; 2009)의 논의를 통해 구체화된다. 퍼트넘(2000)은 결사체[3]의 의미와 특성을 설명하고 이들이 집합행동의 딜레마를 어떤 방법으로 극복 혹은 방지하는지에 대한 논의를 전개한다. 결사체의 구성원들은 토크빌의 계몽된 자기이익 개념과 유사하게 '올바르게 이해된 자기이익'을 추구한다. 이는 타인 혹은 공공의 이익에도 충실한 사익의 추구로 이를 통해 공사(公事)에 적극적으로 참여하고, 공공영역의 수호에 힘쓴다 (134). 또한 이들은 모두가 평등한 권리와 의무를 가짐으로써 호혜주의와 협동의 수평적 관계가 잘 발달되어 있으며, 상호연대와 신뢰 및 관용의 정신을 통해 공공이슈에 대한 갈등상황에서도 상대에게 관용을 베풀고 협력할 수 있다(135-136). 이러한 결사체는 경제발전의 결과라기보다는 사회 내 공유규범들의 원인이자 결과이며, 경제성보다는 문화적 차이가 더 큰 상관성을 보인다고 설명한다(퍼트넘 2000: 240, 247; 김의영·한주희 2008: 147).

사회적 자본이란 협력적 행위를 촉진시킴으로써 사회적 효율성을 향상시킬 수 있는 사회조직의 속성인 신뢰나 규범, 네트워크 등을 지칭하고, 대표적으로는 계모임(rotating credit association)을 들 수 있다. 사회적 자본은 사회적 맥락에서 결정되며, 전통적 자본과 마찬가지로 이를 소유한 공동체에서는 재축적이 보다 쉽게 이루어질 수 있다(퍼트넘 2000: 281-283).

퍼트넘은 결사체들이 경제적 위기나 사회적 도전을 극복하는 방식을 통해 집합행동의 딜레마를 이겨 낼 수 있는 방법으로 사회적 자본을 주장한다. 사회적 자본이 부재할 경우 개인은 배신과 무임승차의 유인을 갖게 되고, 상대방 역시 합리적 선택에 의해 배신을 선택할 것이라는 판단을 내림으로써 배신이라는 결

---

3. 퍼트넘(2000; 2009)의 책에서는 시민공동체(퍼트넘 2000)나 클럽 혹은 동호회(퍼트넘 2009)로 서술되어 있으나. 이 글에서는 용어의 혼란을 방지하기 위해 결사체로 서술하고자 한다. 결사체와 퍼트넘의 공동체 개념 간의 차이가 있겠지만, 공공의 이익증진이 아닌 개인의 필요 혹은 요구 차원에서 공동체에 참여한다는 점과 참여와 탈퇴가 자유롭다는 점 등에서는 공통된 특성을 보인다고 판단된다.

과에 이르기 때문이다. 또한 약속 이행에 대한 보장이 없기 때문에 협력 역시 어렵다. 감시의 문제 역시 정확한 정보의 공유와 신뢰할 만한 강제성을 공급받기 어렵기 때문에 성공적 협력의 가능성은 매우 낮다(퍼트넘 2000: 275-276; 2009: 17).

사회적 자본의 요소로는 대표적으로 신뢰와 규범, 네트워크가 있다(퍼트넘 2000: 287-293). 신뢰는 사회적 자본의 가장 중요한 구성요소인데, 상호간 예측 가능성을 높임으로써 협력을 위한 계약 및 감시, 강제 등에서 발생하는 비용을 감소시키고 협력의 선순환을 유도하기 때문이다.

공동체의 규모와 복잡성이 증대되면서 직접적 신뢰가 어려워지는 상황에 대해서는 간접적 신뢰인 호혜성(reciprocity)의 규범과 시민참여(civic engagement)의 네트워크가 있다. 호혜성의 규범은 등가의 항목을 동시에 교환하는 구체적 호혜성(balanced, specific)과 비등가의 항목을 미래의 시점에라도 보상받을 수 있다는 전제로 교환하는 포괄적 호혜성(generalized, diffuse)으로 구분할 수 있다. 포괄적 호혜성의 규범은 장기적이고 반복적인 교환행위를 통해 발달되며, 사회적 자본의 생산적인 요소로 공동체 내의 기회주의를 효율적으로 억제하도록 돕는다. 네트워크는 개인들의 상호 의사소통과 교환관계를 의미하는 것으로, 행위자들의 권력과 지위가 얼마나 동등한가에 따라 수평적(horizontal) 네트워크와 수직적(vertical) 네트워크로 나뉜다. 특히 시민참여의 네트워크는 사회적 자본의 본질적인 형태로, 공동체 내에서 수평적 네트워크가 조밀할수록 시민들의 협력가능성은 증대된다. 네트워크는 배신에 대한 잠재적 비용을 높이고, 행위자 간의 정보의 흐름을 향상시킨다.

성미산 마을의 사례로 돌아가 보면, 공동육아를 위한 어린이집을 다니던 아이들이 초등학교로 진학하자 부모들은 방과후 학교 역할을 하는 교육방을 만들면서 이전의 육아조합의 영역을 확대했다. 또한 공동육아에 참여했던 부모들은 아이의 성장에 따라 필요한 영역들에 관해 생활협동의 형태로 결사체를 결성해 나갔다.

사회적 자본의 영향이 가장 잘 드러나는 문구는 "모여 살다 보면 자연스레 온 갖 주제가 다 나온다"는 부분이다(유창복 2010: 42-45). 공동육아에서 시작했던 성미산 마을공동체는 먹을거리를 다루는 생활협동조합을 만들고, 성미산 지키 기 운동을 진행하면서 나이·지위와 관계없이 수평적 관계와 네트워크를 형성 하고 경험했다. 이렇게 다양한 과정과 사건을 거쳐 축적된 사회적 자본은 성미 산학교를 만들고 고등부로까지 그 영역을 확장시키면서 더욱 증대되었다. 성미 산학교를 초기에 구성할 때는 불안하고 힘들었지만, 시간이 지나면서 서로에 대한 공감과 이해가 생겨났다(유창복 2010: 136-137).

 포괄적 호혜성의 규범과 네트워크의 중요성은 마을의 공유경제와 지속적인 마을살이에서 드러난다. 유창복은 "마을에서 함께 나누며 살아오던 터전을 살 리려면" 공유경제가 필요하다고 주장한다(2014: 146-154). 그는 공유경제의 실 현을 위해 국가나 관 소유의 자산을 마을주민들의 관리하에 둔다거나 개인이 소유한 생활재들을 나누어 사용하고, 필요한 생활재를 함께 생산하는 것을 제 안한다. 생활재란 단순히 소비품뿐 아니라 서비스까지 포함하여 복지문제나 식 품의 문제 등 생활 전반에 걸쳐 필요한 부분을 공동으로 나누고 생산하고 소비 하자는 것을 의미한다. 그는 마지막으로 가장 중요한 것이 공유의 지속성이라 고 설명한다. 생활용품과 서비스 모두 안정성을 갖춰야 하는 경제체제 중 하나 이기 때문에 지속성을 담보할 마을기업을 제안한다. 주민들의 출자를 통해 마 을의 자산을 확보하고, 이를 바탕으로 지속적 관계를 맺어 나가는 것이다.

 성미산 마을공동체의 다양한 결사체 형성과정을 보면 공유경제와 지속성에 서 사회적 자본의 특성이 그대로 드러난다. 필요한 생활재를 공유하고 공동으 로 생산하는 것은 포괄적 호혜성의 규범과 네트워크가 전제되어야 한다. 네트 워크가 있어야 공동과 공유의 문화가 생겨나고, 포괄적 호혜성이 존재해야 절 대적인 물품의 가치나 서비스의 가치를 넘어서 서로의 필요를 이해하고 비등가 의 품목을 공유하는 문화가 정착될 수 있다. 마지막으로 공동출자와 이를 위한 마을기업의 존재는 상호 신뢰 없이는 이루어지기 힘든 부분임을 부인할 수 없

마을학개론

다. 이를 통해 마을공동체가 사회적 자본을 생산하고 축적함을 확인할 수 있다

이후의 저서에서 퍼트넘(2009)은 시민적 참여와 시민적 덕성을 통해 사회적 자본의 획득 및 재생산이 가능하다는 점을 확인한다. 다만 퍼트넘은 시민적 참여와 덕성 모두 구성원 간의 촘촘한 네트워크와 호혜성의 규범이 공유될 때 보다 강력하게 발현되고, 포괄적 호혜성으로 발전되면서 공동체의 경계를 넘어 더 넓은 범위로의 사회적 자본, 특히 신뢰의 작동 가능성을 주장한다(2009: 22). 마을공동체는 사실 문화적 결정론보다는 시민덕성을 통한 사회적 자본의 작동에 가깝다. 하고 싶은 사람이 목표와 일정 없이도 열의만으로 결사하고자 움직이고, 마음 맞는 몇몇이 결사체에 가입하고, 그러다가 효과가 보이거나 실현가능성이 있으면 지속하고 불가능하다면 탈퇴하여 결사체를 해체하고 다른 결사를 또 시작한다(유창복 2014: 79-83). 다양한 마을공동체가 존재하지만 성미산 마을의 경우, 오랫동안 이어져 온 마을의 전통과 그 안에서 형성된 사회적 자본을 통해 이루어진 결사체라기보다는 시민덕성과 참여를 통해 네트워크와 호혜성의 규범이 공유되고 수차례의 상호교류를 통해 신뢰가 축적되어 지속성과 안정성을 얻은 경우에 속한다. 이들에게는 공동체에 선재하는 조건들이 없었기 때문에 역설적으로 공동체의 경계를 넘어 다른 마을공동체와의 연대나 다양한 이슈와 범위로 결사체를 확장시킬 수 있었다.

3. 마을공동체의 제도와 운영: 오스트롬의 공유재-관리제도

오스트롬(1999)은 개인의 합리성으로부터 집합행동의 어려움을 연역해 내는 합리적 선택이론의 연역적 방법론을 비판한다. 경험적 연구를 통해 행위자 차원에서도 집합행동의 딜레마를 협력과 제도화를 통해 극복이 가능하다는 점을 증명한다(김의영 2006: 33). 오스트롬은 자연자원을 관리하기 위한 자치제도에 초점을 두었으며, 국가와 시장을 넘어 다양한 집단과 공동체에서의 공유자원 관리에 대한 제도적 방안들을 분석하고자 했다(1999: 22).

특정 집단이나 공동체가 형성된 이후 운영되는 과정에서는 집합행동의 딜레마가 나타난다. 대표적인 집합행동의 딜레마 혹은 사회적 딜레마라고 불리는 공유지의 비극(The tragedy of commons)이나 죄수의 딜레마(The prisoner's dilemma)는 각 행위자의 합리적 선택이 집합적 혹은 집단적으로는 비합리적인 결과를 가져오는 역설적인 상황을 설명해 준다. 공유지의 비극은 누구나 사용할 수 있는 목초지가 존재한다는 가정하에 합리적인 목장주인의 관점에서 문제를 생각하는 것에서 출발한다. 각 목장주인은 자신의 가축들에게서 직접적인 이익을 얻지만, 만일 자신과 다른 목장주인들의 가축이 무분별하게 혹은 과다하게 공용목초지를 이용할 경우 결국 목초지의 고갈로 인해 손실을 감수해야 한다. 따라서 공유지의 비극이란 각자가 제한된 영역에서 합리적으로 최선의 이익만을 추구함으로써 결국 모두가 폐허화되는 상황을 뜻한다. 죄수의 딜레마 게임은 모든 행위자가 완벽한 정보를 가지고 있으나 행위자들 간의 의사소통이 불가능한 구조에서 진행된다. 행위자들은 상대의 선택을 알 수 없기 때문에 합리적으로 상대의 수와 관계없이 보다 유리할 수 있는 '배신' 전략을 선택하지만, 상대 역시 '배신' 전략을 선택함으로써 최상의 결과인 '협동-협동'에 이르지 못하게 된다.

이와 같은 두 가지 딜레마를 비롯하여 무임승차자 문제나 이행약속, 규칙준수 여부에 대한 감시 등의 문제 역시 집단행동에서 발생할 수 있다. 오스트롬은 이러한 문제해결을 위한 제도들이 완전히 사적이거나 공적인 것이 아닌 두 차원의 성격을 모두 갖는 혼합물이라고 주장한다. 실제 상황에서 공적인 제도와 사적인 제도가 상호의존하고 있다는 것이다(1999: 46). 따라서 개별 참여자들이 공유자원의 환경 속에서 위와 같은 문제를 어떻게 해결하고 새로운 대안을 모색 및 이행하는지에 초점을 맞추었다(1999: 69).

오스트롬은 공유자원을 잠재적 수혜자들이 자원활용의 편익을 누리지 못하도록 배제하는 것이 불가능에 가까울 정도로 비용을 요구하는 규모가 큰 자원이라고 정의했다(1999: 74). 특정한 자원 체계를 다수가 이용하고 있다면 해당

자원 체계는 모든 사용자들에게 편익을 제공하지만, 자원의 단위(resource unit) 까지 공동으로 이용되는 것은 아니다. 이 점에서 공유자원과 공공재가 구분될 수 있는데, 두 개념 모두 자원체계로부터 특정 사용자를 배제하고자 한다면 높은 비용이 든다는 점은 공통적이다. 그러나 공유자원은 공공재와는 다르게 자원 단위의 한계가 존재하기 때문에 남용의 문제나 혼잡을 발생시킨다. 예를 들어, 공유자원이 산림이나 강과 같은 생물학적인 자원인 경우, 자원 단위가 한계에 다다르면 단기적으로는 혼잡이 나타남과 더불어 장기적으로는 공유자원의 생산능력 자체를 훼손시킬 가능성이 존재한다(1999: 79).

이처럼 공유자원은 개인적 차원에서의 합리성 추구가 집합적 차원에서의 비합리적인 결과로 나타날 수 있는 혼잡이나 남용의 문제를 내포하고 있다. 따라서 오스트롬은 집합행동의 딜레마에서 발생하는 세 가지 문제에 주목하는데, 새로운 제도 공급에 관한 문제, 약속 이행에 관한 문제, 그리고 상호감시에 관한 문제이다(1999: 97). 먼저 제도의 공급 문제는 집단 차원에서는 개인이 독자적 행동과 이윤 추구를 하기보다는 호혜적 편익을 취하도록 하는 새로운 규칙을 찾고자 하는 문제를 의미한다(1999: 99). 다음으로는 이행약속의 신뢰가능성의 문제이다. 집단 내의 공유자원 사용자들은 초기에는 모두가 규칙을 지킨다는 전제하에서 자신의 몫과 이에 대한 다른 이들의 동의를 얻기 위해 규칙에 합의한다. 그러나 이탈의 유혹이 발생한다면 행위자들로 하여금 어떻게 약속 이행을 강제 혹은 유도할 수 있을까? 오스트롬은 이에 대해 자발적으로 조직된 집단은 외부의 강제력보다는 상호감시 혹은 자발적 제재가 필요하다고 주장한다. 그러나 상호감시의 문제 역시 약속을 이행할 것이라는 신뢰가 있어야 일어날 수 있다는 새로운 딜레마를 발생시킨다(1999: 102-104).

오스트롬은 몇 가지 규칙들을 준수한다는 조건부적 전략을 통해 제도의 공급과 이행, 그리고 감시의 과정의 불확실성을 극복할 수 있다고 제안한다(1999: 189, 366-367). 먼저, 공유자원을 이용할 수 있는 사용자 집단을 정의하는 것이다. 구성원의 경계 획정은 자원사용자들의 노력을 통해 획득된 편익이 기여가 없는 자들로부터 착취당할 위험을 제거할 수 있도록 돕는다. 둘째로, 제도를 수립하는 것이 현지의 조건 및 특성을 반영해야 한다는 점이다. 각 공동체와 집단만의 고유한 특성과 연계되어 있는 규칙만이 사용 및 공유의 과정을 지속적으로 이행하도록 돕기 때문이다. 셋째로, 제도에 의해 영향을 받는 이들이 제도의 수정과정에 참여하도록 해야 한다는 것이다. 사용자들의 행위가 발생할 경우, 직접 참여를 통해 물리적 환경과 특수한 조건들에 맞춰 제도를 수정해 나갈 수 있으며, 제도 변경에 드는 비용을 낮은 수준으로 유지할 수 있다(1999: 190-194).

오스트롬의 제도 공급의 원칙들과 유사하게 성미산 마을에서 생활협동조합을 꾸리면서 가장 먼저 한 일은 조합원의 범위를 정하는 일이었다. 먹을거리뿐 아니라 생활을 나누는 것이 생활협동조합의 역할이라고 생각했기 때문에 현실적으로 자주 만날 수 있는 구역 내에 거주하는 주민들을 조합원으로 정했다(유창복 2010: 44-45). 경계를 명백하게 세워 가입과 탈퇴를 제한한 것은 아니지만 의사소통과 활발한 참여가 가능한 집단의 경계를 획정했다는 것은 무임승차자의 문제를 완화시킴과 동시에 구성원들의 필요와 의견에 따라 제도의 수정이 가능해짐을 의미한다.

제도를 도입 및 고안하는 과정은 오스트롬의 연구에서 지하수 생산자들의 예시를 통해 잘 드러난다. 그들은 제도 도입을 위해 민간결사체를 결성하고, 소송비용을 들이며, 법안을 제출하고, 관련 단체들로부터의 지지를 확보하기 위해 노력하는 등 큰 투자비용을 감수했다(1999: 277). 이를 위해서는 먼저 토론의 장이라는 구조가 있었는데, 의사결정은 특정 행위자의 독자적 결정이 아닌 구성원 모두가 참여하는 대안에 관한 토의를 통해 결정되었다. 다음으로는 공유자원에 관한 정보를 행위자들이 동시에 획득할 수 있도록 했다. 정보 제공을 위한 비용은 자발적으로 공유했고, 이를 통해 협동적 행동을 통합하여 목표달성을 경험하기도 했다(1999: 279). 이처럼 집단 고유의 특성과 구성원들의 참여를 통한 제도 고안이 목표달성에 이르도록 돕는 대안이 되었다.

제도를 도입하는 것뿐 아니라 집단행동의 딜레마를 방지 혹은 탈피하기 위해서는 감시활동이 필요하다. 오스트롬에 따르면 제도 준수 여부를 감시하는 감시자의 역할은 해당 자원의 이용자 집단 안에서 맡아야 하는데 감시자가 사용자들에 대해 책임이 있어야 하기 때문이다. 감시제도를 통해 발견된 위반자에 대해서는 가중적으로 제재해야 한다(1999: 195). 감시자가 사용자 집단 내부에 있다면 감시비용은 상대적으로 감소한다. 집합행동의 딜레마는 한 번 일어나는 상황을 전제하고 있지만, 현실에서의 집단행동은 대부분 반복적으로 일어난다. 반복적 상황에서 행위자들은 조건부적으로 자신들의 집합적 목표가 달성되고 있으며, 다른 행위자들이 이를 준수한다고 생각할 때 규칙 이행을 약속한다. 따라서 집단 내부의 감시자가 위반자를 발견할수록 자신들의 제도가 감시활동 비용을 줄여 준다고 생각하기 때문에 감시활동의 유용성에 동의하게 된다(1999: 201). 가중적 처벌은 위반의 반복은 제한하고 우연한 위반자를 다시 제도에 순응하게 만들 수 있는 원리를 가진다(1999: 203).

감시의 문제와는 다르게 집합 내의 분쟁은 해결하기 어렵기 때문에 집단의 유지를 위해 갈등해결 장치 또한 필요하다. 갈등해결 장치는 선의의 위반자나 순진한 바보가 발생하지 않도록, 장기적으로 제도를 유지하기 위해서라도 지방수준에서 존재해야 하며, 저렴한 비용으로 접근할 수 있어야 한다(1999: 206). 또한 정부나 공공단체 등 외부의 권위체로부터 압박이나 도전을 받지 않고 집단 내의 사용자들이 스스로 제도를 만들어 낼 수 있는 권리를 보장받아야 한다(1999: 208). 마지막으로 공유자원 체계가 대규모로도 유지되기 위해서는 다수의 층위(지방, 지역, 전국 등)에서의 사용, 공유, 감시, 집행 등을 위한 사업단위가 조직되어야 한다(1999: 209).

마지막 장치와 그 예시를 통해 오스트롬은 규모의 차이가 반드시 집단의 지속성에 영향을 미치는 것은 아니라는 점을 보여 준다. 오히려 제도의 변화과정에서 행위자들은 집단의 규모보다 더 중요한 영향을 미치는 변수들을 꼽는다. 대부분의 행위자는 대안적 제도를 선택하지 않으면 손실을 입을 것이라는 판단을 공유하며, 제도 변화에 따라 유사하게 영향을 받고, 집단 내에서의 활동의 지속성이 높은 가치를 지니며, 낮은 수준의 정보·변경·집행비용을 부담한다. 또한 대부분이 사회적 자본을 공유하고 있으며, 상대적으로 작은 규모와 안정성을 지닌다(1999: 411).

성미산 마을 사람들은 만장일치로 정해진 의견을 시행한다(유창복 2010: 273-284). 내부에 큰 규모로는 학교나 생활협동조합부터 소규모로는 카페, 반찬가게 등 다양한 결사체들이 존재하는 만큼 운영을 위한 회의의 수도 많고 참여하는 행위자도 많지만, 회의를 소통을 이루어 가는 중요한 장치이자 소통의 수준을 알려 주는 지표라고 여긴다(유창복 2010: 274). 이는 다수결이 아닌 만장일치, 혹은 모두의 합의에 이르기까지 진행되는 토론이기 때문에 가능한 일이다. 특히 공동육아협동조합에서는 구성원 모두가 참여하고 합의에 이를 수 있는 대안을 찾기 위해 노력한다. 만장일치를 위한 토론이 진행되다 보면 많은 경우에 상호공감과 이해가 높아지면서 양보와 절충의 해결방식에 다다른다. 그러나 합의가 이루어지지 못할 경우 '각자 하거나, 모두가 하지 않는' 방식을 선택한다. 반대의견이 존재하는 채로 일을 진행하다 보면 결사체의 경계를 획정하거나 모두가 평등하게 참여할 수 있는 규범이 훼손될 위험이 있다.

만장일치의 합의 문화는 모든 구성원의 참여를 독려하는 동시에, 모든 구성원이 합의함으로써 배반의 비용을 높이고 감시비용을 낮추는 효과를 가져온다. 모든 구성원이 합의한 사항은 자신의 참여와 비용에 대한 부담을 약속한 것이며, 각 행위자는 자신이 약속 이행을 하지 않을 경우 지속적인 교환과 소통과정에서 불이익을 당할 가능성이 있음을 인지할 수 있다. 즉, 배반의 잠재적 비용을 높이는 배반자에게는 불이익이 있다는 점을 인지시킴으로써 감시비용을 낮출 수 있다. 만장일치 문화 및 '각자 하거나, 모두가 하지 않는' 문화는 반대의견과 소수의견을 존중함으로써 특정 합의의 도출에 집착하는 것이 아닌 갈등을 예방하는 방식으로 갈등해결 장치로서 작동하기도 한다.

비록 성미산 마을의 예시를 통해서만 이론과 마을공동체 간의 연결고리를 살펴보았으나, 생활세계의 식민화를 방지하고 각 행위자와 결사체를 통한 소통과 연대의 가능성과, 자발적 선택을 통해 결사체를 구성하고 사회적 자본을 통해 협력을 증진해 나가는 결사체주의의 이론틀도 마을공동체와 공유됨을 확인할 수 있었다. 마지막으로 제도 공급과 이행의 문제에도 불구하고 경계 획정과 만장일치의 문화 등이 마을공동체를 협력적이면서도 안정적으로 운영할 수 있는 원리로 공유되었다는 점도 알 수 있었다.

IV. 결론

본 논문은 마을공동체의 역할과 형성 그리고 운영과정을 정치학 이론을 통해 연구하는 것을 목적으로 연구를 시작하였다. 비록 성미산 마을공동체의 사례만을 중심으로 이론과의 연결성을 분석했다는 점에서 한계가 있을 수 있으나, 하버마스, 토크빌과 퍼트넘, 그리고 오스트롬의 이론틀을 마을공동체의 실천적 운영과 문화 및 규범을 통해 이해할 수 있음을 확인하였다.

하버마스의 공론장 개념의 사례로서, 성미산 마을공동체가 성미산 지키기 운동을 진행하는 과정에서 정치권력에 대한 저항이 생활세계에서의 결사체 참여와 네트워크를 통해 어떻게 달성될 수 있는지를 확인할 수 있었다. 성미산 마을 주민들은 사적 영역이었던 마을공동체로부터 시작해서 성미산이라는 상징적 장소를 지켜 내기 위해 결사했으며, 지속적으로 공공의 이익을 위해 투쟁했고 마침내 원하던 결과를 얻어 냈다.

토크빌의 결사체주의와 퍼트넘의 사회적 자본은 마을공동체에서 가장 두드러지게 나타나는 특징 중 하나이다. 마을공동체는 선험적으로 존재한다거나 마을공동체 자체를 달성하고 유지하기 위해 형성되었다기보다는, 각 행위자들의 필요와 이익에 따라 마을공동체를 결사하고 참여하며 활동하는 과정에서 형성된 영역이라는 점에서 결사체적 특성을 보인다. 또한 마을공동체 내부의 다양한 결사의 경험을 통해 사회적 자본이 생산과 재생산 그리고 축적을 지속하면서 협력의 가능성은 더욱 증대됨을 알 수 있다. 단순히 한 이슈에 관한 결사에서 멈추는 것이 아니라 이전의 결사 경험과 사회적 자본을 바탕으로 새로운 이슈의 결사체를 구성하고, 마을 내의 다양한 결사체들을 통해 마을 수준의 사회적 자본 역시 증대되는 선순환의 고리가 형성된다.

마지막으로 마을공동체의 운영방식과 오스트롬의 공유자원 관리방식에서 나타나는 공통점을 발견할 수 있었다. 공유자원의 특성인 무임승차나 혼잡의 문제를 방지하고 구성원들의 참여를 이끌어 낼 수 있는 결사체의 경계 획정이나 모든 구성원의 참여 문화는 마을공동체에서 시행되고 있던 운영원리였다. 또한 감시 및 배반 비용과 같은 약속 이행의 문제를 해결하는 반복적 교환행위를 전제로 만장일치의 제도와 소수의견에 대한 존중을 통해 갈등해결 장치로서의 기능도 있다는 사실을 알 수 있었다.

이전까지는 주로 인터뷰와 같은 경험적 연구들을 통해 연구되어 온 마을공동체를 이론적 차원에서 분석을 시도한 점에 이 논문의 의의가 있다. 그러나 각 사상가들의 주장에 관한 깊은 이해나 분석적 측면에서 한계가 있으며, 성공적 사례로 여겨지는 단일 사례만을 중심으로 마을공동체의 특성을 정의하기에는 무리가 있다. 이러한 한계점들은 차후 연구를 통해 보충하고자 한다.

제3장

지역-대학 파트너십

안정배

이 장은 이 책의 공간적 기반이 되는 서울 신촌의 역사와 현안을 요약적으로 제시하고, 신촌과 같은 도시공간에서 참고할 수 있는 거버넌스 모델을 제시할 목적으로 쓰였다.

이 책의 제1장에서 제시된 것처럼 대학과 인근 지역의 협력에서 요청되는 것은 대학의 역할이다. 특히 지역사회에 대한 봉사 기능이 자리 잡지 않은 국내 풍토에서는 대학이 지역 거버넌스에 효과적으로 참여해 시너지를 만드는 성공적 사례를 만들어 좋은 풍토를 설득력 있게 제시할 필요가 있다. 이를 위해 이 글은 거버넌스 이론의 최신 동향을 정리하고, 지역-대학 파트너십(Community- University Partnership)을 위한 핵심요소들과 외국의 성공사례를 소개하여 다음 장부터 소개되는 현장연구를 이해하는 데 도움이 되고자 한다.

I. 신촌의 역사와 다중이해당사자

1. 신촌의 간략한 역사

신촌이라는 지명은 조선 고종 때 한성부 서부용산방(西部龍山坊) 신촌리계(新村里契)라 부른 데서 시작되었다고 알려져 있다. 일제시대 경성부 축소로 이 지역은 연희면 신촌리라는 이름으로 경기도 고양군에 부속되기도 했다. 연희전문학교와 그 주변의 작은 동네로 구성되어 있던 신촌은 1921년, 경의선 신촌역이 신설되면서 서울 사람들이 모이는 공간이 되기 시작한다.

1960년대에 신촌은 문인들이 모이는 곳으로 알려졌으며, 이화여자대학교 근처에 150여 양장점이 있고 신촌역을 중심으로 술집과 찻집이 모여 있어 세련된 상권의 면모를 갖추었다. 또한 광복(1945년)과 4·19혁명(1960년), 박정희 반대시위(1964년), 한일협정 반대시위(1965년), 부정선거 규탄시위(1967년), 계엄령 반대시위(1980년), 이한열 열사 장례행진(1987년) 등 한국현대사의 질곡을 겪으며 학생, 지식인 중심의 중산층 문화 중심지로 자리매김한다.

1984년 지하철 2호선의 완전 개통(임시 고가차도 폐쇄)과 함께 신촌은 서울의 새로운 대중적 상권으로 등장하게 된다. 이후 신촌 명물거리(1986년)가 만들어지고 신촌문고(1986년)가 개점했으며, 1992년에는 재래시장인 신촌시장 자리에 그레이스백화점이 세워져 운영을 시작했다. 녹색극장(1994년), 그랜드 신촌플라자(1994년), 인터갤러리 아트센터(1996년)가 차례로 세워져 현대적 상권의 면모를 갖추었다.

1990년대까지 서울의 주요 상권으로 이름을 날리던 신촌은 2000년대 중반 이후로 급격한 쇠퇴기를 맞는다. 경제위기와 도시 젠트리피케이션의 팽배라는 기본 환경 위에서 인근 상권(홍대, 합정 등)의 성장에 의한 기존 신촌 소비자들의 이동, 연세대학교의 송도캠퍼스 RC 정책에 의한 신입생 상권 상실 등이 신촌 상권 쇠퇴의 원인으로 지적된다. 한편, 신촌 연세로는 서울의 주요 도심 중 하나이

표 3.1 신촌의 연혁

연대	주요 사건
조선시대	건국 시 새 도읍터 후보로 '새터말'이란 이름으로 불림. 강화, 서강 등 서울 근교에서 큰고개(대현), 애오개(아현)를 넘어 서울로 들어가기 전 막걸리 한 사발 들이켜던 주막거리
1910	이화여자대학교 이전
1914	경의선 철도 통과
1918	연세대학교 이전
1930	신촌로터리 형성
1944	신촌고개 공사, 버스길 형성. 서울 팽창으로 신촌 인근 주택지역 개발
1968	창천 복개공사로 현재의 풍물거리 모습 형성되기 시작
1978	성산대로 개통으로 김포공항 및 강서구와 도심을 이어 주는 교통 체계 성립
1984	지하철 2호선 개통
1980 말	교통량 증가, 대학생 과외 수입 증가에 힘입어 명동에 이어 2대 상업지구로 성장
1992	'그레이스백화점(현 현대백화점)' 개관으로 대규모 상권 형성 시작
1994	여성전용 패션몰 '그랜드 신촌플라자(현 그랜드마트)' 개점
1996	지하 2층 지상 10층 규모 국내 최대 화랑 '인터갤러리 아트센터' 개장
1999	이화여자대학교 부근 80평 규모의 스타벅스 신촌이대점 개점(국내 1호점)
2014	신촌 도시재생사업 시작

자 대표적인 캠퍼스타운인 신촌의 중앙을 관통하는 도로로서, 오랫동안 근처의 대학과 상권을 오가는 유동인구를 수용하고 서울 서부-중앙을 잇는 주요 도로 역할을 담당해 왔다. 그러나 연세로의 왕복 4차선 도로와 비좁은 인도는 차량과 보행자의 쾌적한 이동을 방해해 왔으며, 캠퍼스타운의 중심 거리로서 거리문화 형성에도 장애를 야기했다.

이러한 이유들은 현재의 신촌이 상업기능과 쾌적한 이동로, 캠퍼스타운 기능면에서 모두 실패하고 있음을 보여 주는 것으로 주민과 행인들로 하여금 신촌을 점점 더 매력 없는 장소로 만들고 있으며, 특히 오랫동안 신촌을 중심으로 각종 활동과 문화를 구축해 오던 인근 대학의 학생들로부터 외면받게 하는 요인으로 작용하고 있다.

II. 대중교통전용지구 조성계획과 신촌 재생의 거버넌스

신촌 지역의 상권활성화에 대한 요청을 지속적으로 받아 온 서대문구는 2014년 초 연세로를 대중교통전용지구로 조성하고, 주말에는 차 없는 거리 프로그램을 실시하여 신촌 도심에 광장을 조성하기 시작했다(서대문구청 2014).

서울시의 차 없는 거리 조성정책과 공동으로 추진된 이 사업은 당초 차 없는 거리로 조성될 당시, 입주상인들의 반발로 대중교통전용지구로 우회하여 추진되었고, 공사 초기 사업공간에서 쫓겨나게 된 노점상들과의 갈등을 겪기도 했다. 하지만, 좁아진 차도와 넓어진 인도, 유플렉스 사거리 근방의 공용공간 및 조형물 조성, 주말 차 없는 거리 프로그램으로 인문·사회·문화와 관련된 다양한 이벤트 개최 등 지역 경관의 큰 변화를 가져왔다. 이러한 변화는 연세로를 오가는 차량과 보행자의 행태 변화(차량 서행 및 차로 횡단), 연세로 이용의 변화(거리공연 등)를 불러일으키고, 이에 대한 관계당국, 상권(건물주, 입주상인, 노점상 등), 거주자, 보행자 등 다양한 이해관계자의 대응 및 참여를 요청하고 있다.

일례로 서대문구가 2015년 상반기 내 도시재생의 관점에서 추진하기로 계획했던 연세로 보행자전용거리 조성정책은 지역 상인들의 반발로 현재 무기한 연기된 상태이다. 이는 접근성 강화(차로 복구 및 주차장 건설)와 골목상권 활성화 지원을 통한 상업기능 강화를 우선 가치로 두는 상권의 이해관계가 정책결정과정에 작용한 결과이다. 이러한 이해관계의 갈등은 거리이용 패턴과 이에 따른 이해관계자 대응과 참여에 대한 보다 근본적인 접근과 이해의 필요성을 시사한다.

특히 신촌은 노후한 건물 보수나 교통체계 개편 등의 기존 도시재생 대상지의 전형과는 다른 지역적 특징을 지니고 있으므로, 도심형, 청년중심, 지속가능한 상권 등의 독특한 어젠다에 대한 숙고를 통해 서울 도시재생사업의 새로운 모델을 만들 필요가 있다.

신촌 지역의 다양한 이해관계를 둘러싼 갈등을 해소하기 위한 노력은 이미 여러 방식으로 나타나고 있었다. 우선, 서대문구는 구체적으로 도시재생 MP(Master Planner)와 구청의 주관부서(지역활성화과)를 중심으로 조직하고 있는 '서대문구 도시재생협의회'와 서울시와 공조하여 조직하는 '신촌동 도시재생시범사업 추진을 위한 주민협의체' 등을 통해 참여적 의사결정 체계를 조성하고 있다. 이러한 조직체는 기존 지역의 이해관계를 조정해 오던 주민참여위원회, 주민참여예산위원회 등과 함께 기본적인 지역의 이해관계를 수면 위로 끌어내는 역할을 할 것으로 보인다. 특히 이 도시재생사업에 이제선(도시공학학), 이태동(정치외교학), 조한혜정(문화인류학) 등 지역사회를 연구하는 대학교수들이 적극 참여해 계획의 수립과 추진에 중요한 역할을 하고 있다.

한편, 민간 단위의 주민 네트워크 역시 느슨하지만 지속적으로 조성되고 있다. 신촌 지역에 기반을 둔 주민협의체로 활동해 온 신촌민회는 대중교통전용지구 조성공사가 시작된 2013년 하반기, 세 차례의 신촌재생포럼을 개최해 신촌 지역의 주민, 학생, 예술가, 지역활동가와 함께 신촌 거리의 변화 방향과 참여방안에 대해 논의한 바 있다. 포럼 이후 참여자들은 전환도시, 청년창업 등을 주제로 활동하는 그룹들을 결성하여 꾸준히 신촌 지역의 변화에 참여하고 있다. 이러한 활동은 주로 신촌 지역의 대학을 졸업했거나 재학 중인 젊은 활동가들에 의해 주도되고 있다.

한편, 2015년 상반기에는 서울시 마을공동체지원종합센터의 '대학과 지역사회 연계사업' 프로그램의 일환으로 연세대학교 정치외교학과에 현장 참여연구 수업인 〈마을학개론〉이 개설되어, 지역에 참여하며 학습하는 서비스러닝 방식이 실험되고 있다. 이 수업을 통해 학생들은 최근 신촌의 변화에 대한 연구와 분석, 상상력을 기반으로 하는 소셜픽션 아이디어를 만들어 냈다. 또한 이 수업을 통해 지역사회와 관계를 맺은 일부 학생들은 신촌 도시재생 주민협의체에 참가하기도 한다.

이러한 활동들은 신촌 지역의 주요 변화와 관련 정책이 다양한 이해당사자들의 참여를 이끌어 내고, 이해관계를 수면 위로 끌어올리는 역할을 하고 있음을 보여 주며, 지역 소재 대학이 중요하게 참여하고 있음을 나타내 준다. 또한 이는 신촌 변화의 정당성과 지속가능성을 위해 구성되는 거버넌스의 특징을 설명한다.

III. 도시 거버넌스 모델과 캠퍼스-지역 파트너십

1. 도시재생 거버넌스

거버넌스 이론은 1970년대에 등장해 1990년대 정부 실패 및 민간-시민 영역의 부상과 함께 성장했으며, 2000년대 이후에는 새로운 문제해결을 위한 협력적 해법으로 인식되고 있다(김영 외 2008). 도시 거버넌스는 도시계획의 지향과 추진구조에 따라 〈표 3.2〉에 나타난 것처럼 관리적, 조합주의적, 성장지향적, 복지지향적 거버넌스로 나뉠 수 있다. 전통적 성장관리가 강조되던 1990년대 이전에는 전문가나 정치적 리더십을 강조한 관리적 모델이나 조합주의적 모델

표 3.2 도시 거버넌스의 유형별 특징

특징	관리적	조합주의적	성장지향적	복지지향적
정책 목표	효율	분배	성장	재분배
정책 스타일	실용적	이념적	실용적	이념적
정치관계의 특성	합의	갈등	합의	갈등
공공–산업 관계의 특성	경쟁	조화	상호관계	제한적
공공–시민 관계	배제	포함	제한	포함
최종 행위자	전문가	사회적 리더	산업부문	국가
주요 제도	계약	숙의	파트너십	네트워크
종속적 패턴	긍정	부정	긍정	부정
주요 평가기준	효율	참여	성장	동등

출처: Pierre(1999)

표 3.3 거버넌스 이론의 변천

구분	1970년대	1980년대	1990년대	2000년대
개념 및 초점	• 정부와 동일 • 국가 관리능력 • 공공서비스 공급	• 국제사회의 관심 • 국가 중심 사회통합 • 민관 파트너십 통한 지역활성화	• 시민사회 부상 • 민주주의적 특성	• 새로운 문제에 대한 해결 • 다주체 참여 및 협력
관련 이론	• 국가중심 이론	• 국가중심 이론 • 레짐 이론 • 성장연합 이론 • 네트워크 이론	• 시민사회 및 시장 중심 이론 대두 • 굿 거버넌스 • 인터넷 거버넌스	

출처: 김영 외(2008)

이 주를 이루었으나, 최근에는 시장 중심적 성장을 추구하는 성장지향적 모델이나, 도시문제 해결을 위한 복지지향적 모델이 점차 주목받고 있는 추세이다 (Pierre 1999).

〈표 3.3〉은 거버넌스 이론의 변천을 간략히 요약한 것이다. 1970년대 정부 (government)와 크게 구별되지 않았던 거버넌스 이론은 1980년대 네트워크 이론과 레짐 이론의 성장과 함께 비국가 행위자 등에 주목하기 시작했고, 1990년대부터 시민사회와 시장이 중심이 되어 형성되는 신제도주의 시각의 영향을 받아 더욱 확대되었다. 최근에는 복잡다단한 사회문제 해결을 위한 효과적 정치

형태로서 다주체 참여와 이들의 협력방안이 거버넌스 연구 분야에서 주로 다루어지고 있다.

거버넌스 관련 연구에서 최근 주목할 만한 모델로는 굿 거버넌스(good governance), 다중이해당사자 거버넌스, 그리고 성찰적 거버넌스를 들 수 있다. 굿 거버넌스는 유엔(UN)에 의해 글로벌 프로젝트의 하나로 추진되고 있는 모델로서 합의 지향, 참여성, 법칙 중심, 효과성 및 효율성, 책임성, 투명성, 대응성, 동등성 및 포괄성의 8가지 요소를 제시한다(UN ESCAP 2009). 다중이해당사자 거버넌스는 급변하는 정보사회 환경에서 나타나는 모델로 모든 이해당사자의 참여, 합의기반 의사결정, 공개적이고 투명하며 책임성 있는 의사결정 방식 등을 특징으로 한다(WSIS 2005). 마지막으로 성찰적 거버넌스는 지속가능성 전환(Sustainability Transition) 분야를 중심으로 구축된 거버넌스 모델로서 통합적 지식생산을 바탕으로 반복적이고 참여적인 목표를 형성해 지속적인 협력 체계를 형성하는 모델을 제시한다. 성찰적 거버넌스는 도시의 종합계획이나 다분야의 협력이 필요한 에너지-환경 문제와 같은 종합 인프라계획을 이해하고 평가할 수 있는 분석틀로 최근 주목받고 있다(Voß et al. 2006; 안정배·이태동 2016). 이러한 거버넌스 모델들은 관련 이해당사자들의 동등하고 포괄적인 참여를 통한 합의 지향적 의사결정 과정을 지향한다는 공통점을 보여 준다.

2. 도시재생과 파트너십

도시재생을 위한 거버넌스 모델은 행정학, 도시계획학, 건축학 분야에서 주로 논의되어 왔다. 도시재생을 위한 도시계획을 이해하고 평가할 수 있는 요소는 도시정체성 회복(역사·문화 환경 조성), 도시환경 개선(보행 공간 확충), 도심 상주인구 확보(도심주거 확보 및 복합용도개발 활성화), 도심 경제기반 구축(복합용도개발 활성화 및 소매업 활성화) 등으로 나눌 수 있다(김영환 외 2003).

구체적인 도시재생을 위한 모델들은 핵심 목표 설정에 따라 다양하게 나타난다. 도시계획의 주류적 시각인 성장관리에서는 종합관리를 통한 균형성장, 도심 재활성화, 대도시의 무분별한 확산 억제를 통해 도시를 재생시키고자 하고(김영환 외 2003), 지방 도시를 중심으로 도시의 위상 제고와 더불어 미적·문화적·환경적 가치를 도모하는 모델도 제시되고 있다(계기석 2003). 이러한 시각은 도시의 역사·문화적 정체성을 설정해 재생시키고, 동시에 보행공간, 도심주거 등을 증진시키는 방향의 도시계획을 추진시키기도 한다(김영환 2004). 한편 도시를 부단한 개발의 공간으로 보는 대신, 도시의 생태적 수용성을 고려하여 다양한 수준의 상황을 고려해 도시의 지속가능성을 되살리는 방식으로 도시계획을 추진하고, 이러한 목표가 지속적으로 유지될 수 있는 적극적 거버넌스에 초점을 두는 전환적 도시재생의 관점도 존재한다(안정배·이태동 2016). 〈표 3.4〉는 2000년대 초반 국내에서 진행된 도시재생사업을 전략별로 나누어 분석한 자료다.

이러한 도시재생에 대한 다양한 시각과 전략은 1990년대 이후 공통적으로 다양한 부문과 행위자의 참여를 통한 파트너십을 강조하는 추세를 보이고 있다(표 3.5 참조). 서로 다른 부문 간 협력을 칭하는 파트너십은 유엔의 굿 거버넌스 모델이 강조하는 민관협력(Public Private Partnership)을 통해 본격적으로 확산되기 시작하였다. 민관협력은 파트너들 사이의 자발적이고 상호 발달을 위한 협력을 의미하며, 이를 통해 자원 배분을 최적화하고 공동의 이익 추구를 위한 지속적 연대를 만들어 가는 장점이 있다. 공공과 시민단체 파트너십을 통한 영국의 마을센터관리(Town Centre Management) 모델, 공공과 상업 부문의 파트너십을 통한 영국의 '잉글리시 파트너십', 공공부문, 시민, 상업부문의 협력으로 추진되는 일본의 마을관리조직(Town Management Organization), 지속가능한 도시전환을 위한 공공부문, 시민, 상업 부문의 협력모델인 유럽 전환연구의 전환장(Transition Arena) 모델 등이 그 대표사례라고 할 수 있다(박천보·오덕성 2004; 강준모·박정민 2008; Roorda and Wittmayer 2014). 특히 1990년대 이후, 증가하는 인프라 서비스 요구에 대해 공공 부문의 전통적 제공능력을 보완하기 위해 산업 부문과의 파트너십을 추구하는 것이 최근의 흐름이다.

표 3.4 국내 사례도시별 도심재생 전략 및 추진사업의 종합

도시	원인 및 현상	도심재생 전략	핵심 추진사업
대전	• **물리환경적 요인** -신구 도심 간 공간구조적 기능연계 미흡: 중심지 기능 약화 -혼재된 토지 이용: 주거 상업 → 전환 • **경제적 요인** -사업체 및 종사자의 감소현상 -도심상권(소매업) 쇠퇴현상 • **사회적 요인** -도심 상주인구의 감소 -중심지 기능 약화	• **도시정비관리계획: 정비지구별 관리방안 모색** -중심상업 기능 강화: 중심상업축(대전역 –중앙로 –도청) -역세권을 중심으로 한 도구시분 및 기능 전환 -복합개발 유도: 주가상업 공존의 기능 유도 • **교통개선계획** -녹색교통 체계: 지하철, 버스, 보행 -중앙로 개선계획: 차선 축소, 트랜짓몰, 대중교통 중심 • **도심상권 활성화** -도심전문화 기능의 선별적 강화: 신구 도심 간 차별화 -특별용도지구 지정/활용: 업무개선지구, 기업유치지구 등	• 뉴타운사업 • 도시재개발사업 • 택지개발/구획정리사업 • 도심환경정비사업 • 주거환경 개선사업 • 대단위 아파트건설사업 • 공공시설 이전적지 활용사업 • 대전역세권 개발사업 • 주차시설 확대사업 • 특화거리 정비사업
광주	• **물리적 요인** -비효율적인 토지 이용 -기반시설 미비와 노후화 • **경제적 요인** -도심지역에서 기업의 입지필요성 약화 -대규모 도·소매업 도시외곽 이전입지 • **사회적 요인** -교외입지형 도시 형성(자동차 문화) -도청/시청 이전계획: 박탈감과 심리적 위축	• **물리적 환경 개선** -네트워크화/도심재개발 및 환경 개선 -도심형 산업정비와 신규사업 육성 • **도심경제 진흥** -중추관리기능의 지속적 확대 -도심문화산업의 활성화/도심형 첨단산업의 유치 • **도심문화관광 진흥** -도심산업과 조화될 수 있는 기능 유지	• 복합문화센터 건립 • 현대미술관 건립 • 궁동문화마당 조성 • 첨단문화산업단지 조성 • 디지털콘텐츠센터 건립 • 예술의거리 특화사업 • 충장로 문화특화거리 • 도심활성화 축제개발
천안	• **도심공동화 현상** -대규모 택지개발(신개발지역으로 이주) • **기존 재래시장 및 도심상권 악화** -신개발지역에 대형할인점/백화점 등의 입지 • **도심 지역의 접근성 악화** • **도시구조와 교통 체계 간의 부조화** • **도심 지역의 열악한 주거환경**	• **도심공동화 해소** -상주인구 확보를 위한 주상복합개발 • **도심으로의 접근성 제고** -접근성 강화를 위한 도로정비/개선 • **재래시장 활성화** -상품차별화 및 특화유도/휴게·문화 공간 확보 • **전문상가 활성화** -전문상가의 전체적인 이미지 제고/개별적인 개선정비	• 노인복지센터 • 교육종합센터(학원가 조성) • 벤처지원센터 • 공구종합전시관 건립 • 가로환경정비사업 • 시민체육센터 • 시장특화거리조성사업 • 시장재건축사업
청주	• **도시 공간구조적인 문제** -공간구조 재편이 체계적이지 못함 • **기존 재래시장 및 도심상권 악화** -청주광역권의 상권 확대로 인함 • **도심의 열악한 기반시설 및 주거환경** -지속적인 인구 유입과 생활패턴에 부적합한 도시환경으로 인해 재개발 요구 • **도심 보행환경의 악화** -보행안정성 및 쾌적성 악화	• **역사문화적인 정체성 이용** -문화콘텐츠 개발(인쇄문화, 공예 등)/문화인프라 구축 -보행자공간과의 연계하여 개발/'차 없는 거리'/'문화의 거리' • **복합용도 재개발 및 주상복합주택 건설** -재건축, 재정비, 주거환경 개선 사업들과 연계 -특별용도지구 설정: 주거환경 개선사업지구 지정 • **미래형 도시주거유형 제안: 친환경주거** • **재래시장 활성화** -재래시장 특성과 유형화에 따른 경쟁력 제고 방안	• 직지로 문화의 거리 조성 • 청주공장부지 복합용도 재개발개획 • 수동지구 도시재개발 • 역사문화박물관 조성(에코뮤지엄) • 풍물시장 보행공간화 • 주거환경 개선사업 • 가로시설물 정비사업

출처: 임양빈(200○

표 3.5 도시재생 정책의 변천과정

구분	1950s Reconstruction	1960s Revitalization	1970s Renewal	1980s Redevelopment	1990s Regeneration
주요 전략과 경향	Master Plan의한 도시 노후지역의 재건축, 교외지역의 성장	교외지역과 주변부의 성장, rehabilitation의 초기 시도	renewal과 근린 단위계획에 관심, 주변부 개발 계속됨	대규모 개발 및 재개발 계획, 대규모 프로젝트 위주	정책과 집행이 보다 종합적인 형태로 전환
주요 actors와 이해관계자	중앙과 지방정부, 민간개발업자, 도급업자	공공과 민간부문의 균형과 조화	민간부문의 역할 강화, 지방정부화	민간부문과 특별정부기관이 중심, 파트너십으로 성장	파트너십이 지배적
공간적 차원	지방 및 해당 부지 차원의 강조	지역 차원의 활동 등장	초기에는 지역 및 지방 차원, 후에 지방 차원이 강조됨	80년대 초 해당 부지 차원 강조, 지방 자원을 강조	전략적 관점의 재도입, 지역 차원의 활동성장
경제적 측면	공공부문 투자	민간투자의 영향력 증대	민간투자의 성장	선별적 공공자금을 받은 민간 부문이 주도적	공공과 민간, 자발적 기금 간의 균형
사회적 측면	주택 및 생활수준 향상	사회복지 증진	커뮤니티 위주의 시책에 많은 권한 부여	선별적 국가지원하의 커뮤니티 자활(self-help)	커뮤니티 역할 강조
물리적 강조점	내부지역의 재건과 주변지역 개발	기존 지역의 재건과 병행	노후된 지역의 재개발 확대	대규모 개발프로젝트	신중한 개발계획, 문화유산과 지원 유지보전
환경적 접근	경관 및 일부 조경사업	선별적 개선	혁신적인 사업을 통한 환경 개선	환경적 접근에 대한 관심 증대	환경적 지속성이라는 보다 넓은 개념의 도입

출처: 강준모·박정민(2008)에서 재인용

IV. 지역-대학 파트너십

1. 지역과 대학의 다양한 협력형태

흔히 캠퍼스타운이라고 부르는 대학가 지역은 국내에서는 대학가, 대학주변 지역, 대학마을, 대학도시 등의 용어와 혼용되고 있다. 이에 대해 물리적·공간적 관계를 강조하는 학자들은 캠퍼스타운을 대학이 창출하는 문화가 소속 지역에 중심적으로 영향을 주는 공간범위(Gumprecht 2007)로 이해하거나, 대학의 교육, 연구, 사회공헌 기능과 학생 및 교직원을 위한 생활지원 기능을 담당하는 대학마을 개념으로 파악한다(이창호·이영환 2009). 혹은 대학과 지역의 사회·문화적 연계성을 강조하는 경우, 대학문화의 특성을 도시로 확산시키는 전이공간으로서 대학 특유의 문화를 형성하는 공간(이신범 2000)이나 대학과 지역이 서로 협력하여 상생할 수 있는 지역(서울시 2013)으로 이해하기도 한다.

대학의 지역 참여는 지방정부 활동에 큰 변화를 가져오고 있다(Benson et al. 2000). 특히 대학과 지역의 성공적인 상호협력을 위해서는 상호성의 원칙, 지원 인프라 체계, 강력한 평가 메커니즘, 호의적 리더십, 대학의 지역 침투 의지, 자산 기반 활동 등을 계획단계부터 확보할 필요가 있다(Milner & Hafner 2008).

전통적으로 고등교육이 지역에 참여하는 방식은 대학이 가진 학문적·전문적 지식서비스를 지역사회에 제공하는 것이었다. 예를 들면, 지역주민을 대상으로 하는 교육프로그램 운영, 임상의료 및 비전문 의료지원 프로그램, 대학생의 지역사회 봉사활동, 의료, 법률 등의 분야에서 교수진이 지역주민들에게 전문지식을 제공하는 상담서비스, 대학설비를 사용해 지역주민들에게 문화행사 제공 등이 대학의 주된 지역참여 방식이었다(Bringle & Hatcher 2002).

보다 구체적으로 시민의 사회·정치·문화적 활동에 대한 서비스를 설계해 제공하는 경우도 있었다. 특히 대학은 지역사회에 부족한 문화적·지적·미적·예술적 이익을 제공하는 형태의 서비스를 공급하는 데 관심을 보이고 있고

마을학개론

(Bruning et al. 2006), 시민참여형 교육을 통한 시민정치교육 이론을 개발하고, 이를 서비스러닝 방식으로 제공하기도 한다. 또는 주로 의료 분야에서 지역 기반 참여 연구를 설계해 연구와 더불어 지역사회를 이해하는 기회로 삼기도 한다. 대학의 주된 기능인 연구와 교육에 기반한 이러한 프로그램은 강좌와 학습의 확대뿐만 아니라, 학술활동을 위한 사회참여 확대를 주도하고, 교수진 및 학생이 지역문제에 개입하는 창구를 열어 주며, 지역 내 현장전문가들을 공동 교육자로 활용하기도 하고, 이를 통해 파트너들 사이의 지속적인 대화를 가능하게 하여 성공적 대학-지역 협력에 이르고 있다(Bringle & Hatcher 2002).

최근에는 보다 적극적으로 지역사회의 문제를 대학과 지역이 공동으로 해결하려는 시도들이 나타나고 있다. 펜실베이니아 대학의 커뮤니티 파트너십 센터(Benson et al. 2000), 공공재원을 통한 대학(시카고 소재 일리노이 대학)의 지역사회협력프로그램(김지은 2010) 등이 그러한 사례라고 할 수 있다. 〈그림 3.1〉은 시카고 소재 일리노이 대학이 연방정부를 비롯한 공공기관, 연구를 지원하는 사회재단, 지역사회와 협력적으로 지역사회의 문제를 해결하기 위해 구축한 프로그램의 추진 체계를 보여 준다.

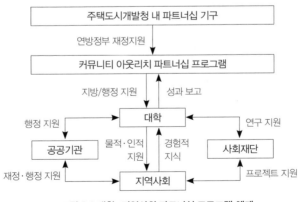

그림 3.1 대학-지역사회 파트너십 프로그램 체계
출처: 김지은(2010)

2. 해외 사례

대학과 지역의 공조를 통한 지역재생과 지속가능한 지역을 만드는 시도는 세계 곳곳에서 진행 중이다. 아일랜드 킨세일 지역의 킨세일 교육대학교 롭 홉킨스 교수는 2005년, 학생들과 수업 프로젝트로 '킨세일 2021: 에너지 하강 실천계획'을 작성하였다(Kinsale 2005). 수업의 결과물이자 학생들이 작성한 이 보고서가 그해 킨세일 지역의회의 사업 프로젝트로 채택되면서 킨세일 지역은 저탄소 지속가능한 지역계획을 추진하기 시작하였다. 롭 홉킨스 교수는 이후 영국 데번주의 토트네스로 이주해 '토트네스 2030: 에너지 하강계획'의 수립을 주도했으며, 현재 전 세계 1,000여 개 지역으로 확산된 토트네스 전환마을(Totnes Transition Town) 운동을 이끌고 있다(Transition Town Totnes 2010).

그림 3.2 롭 홉킨스와 학생들이 작성한 킨세일 에너지 하강계획 '킨세일 2021'

일본 가시와시 도시디자인센터(Urban Design Center Kashiwanoha: UDCK)는 가시와시 정부와 도쿄 대학교 및 지바 대학교의 가시와캠퍼스, 그리고 지역 부동산 체인인 미쓰이부동산의 협력을 통해 지역공동체를 조성하고 싱크탱크를 구축하여, 이들이 시의 정책과 사업프로젝트를 기획하고 조정하고 운영하는 플랫폼 역할을 하도록 하는 사업을 추진하였다. UDCK는 지방자치단체, 기업, 대학, 시민단체들이 수평적으로 협력하는 민관학 연계를 통해 지역인재를 육성하고 의견을 교환하는

마을학개론

그림 3.3 오픈형 데크와 라운지, 사무공간으로 구성된 UDCK의 커뮤니티 공간
출처: UDCK 웹사이트

기본방침으로 대학과 연구기관의 전문적 제안에 근거한 신규 사업을 창출하고, 재생에너지 등을 이용해 캠퍼스타운에 적합한 도시디자인을 담당하였다.

　네덜란드 서부의 중대 규모 도시이자 델프트 공과대학교(Delft University of Technology)가 위치한 델프트는 건물을 정비하고, 기존 도시 시설들 간의 연결성을 강화하는 도심재생사업을 진행하면서 델프트 공과대학교와 긴밀한 협력

을 통해 대학 캠퍼스를 도시재생의 관점에서 재구축하였다. 델프트 공과대학교
는 시 정부와 협력해 캠퍼스를 주민을 위한 공원으로 공개하고, 캠퍼스 공간을
고품질 공공 공간으로 재설계하였다. 또한 캠퍼스 내 공공 공간에 대한 주민 이
용률을 높이기 위해 푸드 트럭 등을 허용하고, 공공-민간 파트너 투자를 통해
협업을 위한 사무공간을 비약적으로 확대시켰다. 이 사업은 대학 캠퍼스가 위
치한 지역의 인구학적 특성을 고려해 학생 및 지식노동자에 특화된 도시 공공
공간을 마련하고, 지역정부와 대학의 협력적 개발을 통해 지식 중심 도시라는
공동의 목표를 조성하였으며, 그러한 파트너십의 결과 델프트가 지식과 기술의
중심지로 발달하는 데 기여할 수 있었다(Heurkens et al. 2015).

　이외에도 뉴햄프셔 대학교와 홋카이도 대학교의 지속가능한 지역을 위한 강
좌 프로그램, 듀크 대학교의 음식물 쓰레기 절감 캠페인, 버클리 대학교의 지역
문제 해결을 위한 연구 클러스터 등 다양한 세계의 대학들이 지역과 협력해 지
역의 재생과 지속가능한 도시의 구축에 참여하고 있다.

그림 3.4 시민공원으로 조성된 델프트 공과대학 캠퍼스

V. 소결: 지역-대학 파트너십의 강화

이 장은 이 책의 공간적 배경인 신촌 발달의 역사와 최근의 도시재생사업과 함께 요청되는 적합한 거버넌스 모델에 대한 논의로 시작해, 부문 간 파트너십이 강조되는 최근의 거버넌스 이론의 경향과 그 일부라고 할 수 있는 지역-대학 파트너십을 제시하였다. 또한 해외에서 실험된 지역-대학 파트너십의 성공 사례를 간략히 소개하여, 다음 장부터 소개될 현장연구를 이해하는 데 용이한 기반을 제공하였다.

신촌은 서울의 주요 도심 중 하나로, 대학과 상권의 발달을 통해 조성된 특징적 공간이다. 1990년대까지 신촌은 상권 개발을 통한 도시의 경제적 가치를 극대화하는 전통적 개발관에 충실한 도심이었다고 할 수 있다. 그러나 1990년대 말부터 상권의 쇠퇴를 경험하면서 최근 도시재생사업을 통해 사회·경제·문화적 재도약을 꾀하는 중이다. 사회 전반적으로 경제적 침체가 지속되는 상황에서 과거와 같은 성장지향적 도시개발은 도시의 경제사회적 수용성을 초과해 도리어 도심의 장기적 불황을 야기할 수 있다. 따라서 장기적 관점에서 지속적으로 관련 이해당사자들이 상호 협력할 수 있는 목표를 설정하고 이를 발달시키면서, 적응적(adaptive)이고 협력적인 거버넌스를 추구하는 것이 현명한 도시재생의 전략일 것이다. 본문에서 살펴본 것처럼 이를 위해서는 각 부문이 공동의 목표 아래 재정적·정치적·일상적 협력 체계를 구축해 상호 기여하는 문화의 조성이 필수적이다.

그간 신촌은 주요 대학이 다수 위치하고 있는 특징을 도시의 개발과 회복에 십분 활용하지 못했다. 그 연유에는 대학이 자신의 사회적 역할 중 한 축인 봉사에 다소 소극적이었던 기존의 국내 풍토가 자리 잡고 있다. 그러나 신촌에서도 일군의 학자와 도시전문가를 중심으로 서비스러닝을 비롯한 대학의 지역사회 기여 방안을 고민하고 실험하는 움직임이 시작되고 있다. 이러한 움직임은 신촌의 도시재생 목표와 접목되어 지역-대학 파트너십의 최근 흐름인 도시문제

해결형 거버넌스에 대한 요청을 증대시키고 있다. 이어지는 장들은 연세대학교 정치외교학과에 개설된 〈마을학개론〉 수업을 통해 그 해답을 찾으려는 시도들이다. 특히 학생들이 지역사회 재생의 주요한 행위자로서 역할할 수 있는 기회와 방법을 찾아가는 현장참여 연구를 통해 도심 캠퍼스타운에서 추구할 수 있는 적합한 거버넌스의 실마리를 찾을 수 있을 것이다.

제2부

공간과 마을학

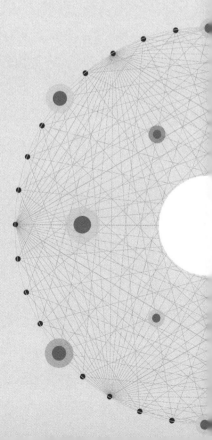

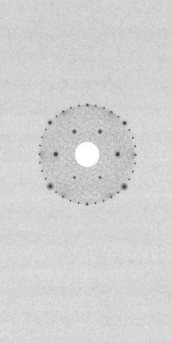

제4장

쉬어 가는 연세로, 머무르는 연세로:
친환경 '캠퍼스타운'으로의 변화를 위한 연세로 소셜픽션

심산하 · 강우형 · 김하은 · 김혜원 · 박서영 · 장경진 · 최준혁 · 허아람

I. 서론

1. 연구 배경 및 목적

신촌은 몇 십 년 전부터 젊음의 거리로 청춘들이 머무는 공간이었다. 이는 연세대학교를 비롯해 이화여자대학교, 서강대학교 등 대학들이 모여 있다는 점과 긴밀한 연관이 있었다. 대학이 커지면서 신촌 또한 커졌고, 학생들이 머물면서 시대의 대학문화를 관통하는 '대학생들의 공간'으로 자리매김해 왔다. 그러나 언제부턴가 신촌은 젊음의 거리, 대학생의 공간이라는 정체성을 점점 상실해 가고 있는 듯하다. 아직 신촌 소재 대학생을 비롯한 많은 방문객들이 드나들긴 하지만 정작 '신촌' 하면 떠올랐던 젊음, 대학의 문화는 찾아보기 힘들어지면서 신촌을 드나들던 유입인구가 홍대앞, 가로수길, 이태원 등 특징 있는 공간들로 빠져나갔다. 현재의 신촌은 그야말로 특징을 찾기 힘든 흔한 번화가의 모습이다.

이러한 문제에 봉착하면서 서대문구는 '신촌 도시재생사업'이라는 이름으로 신촌에 다시 활기를 불어넣을 수 있는 여러 방안을 모색·실천하고 있다. 특히 본 연구의 현장인 '차 없는 거리 연세로' 일대에서 진행되고 있는 사업들을 검토해 보면 크게 3가지(시민 참여형, 문화·예술 육성 및 참여형, 대규모 축제형)로 분류할 수 있다. 시민 참여형 행사는 플리마켓(flea market), 도시캠핑 체험 등이 있고, 문화·예술 육성 및 참여형 사업은 문화발전소 건립, 버스킹 무대, 대규모 축제형의 경우 물총축제, 크리스마스 축제 등이 있다.[1]

이와 같은 관의 노력은 분명 연세로를 비롯한 신촌의 부흥에 긍정적인 영향을 끼칠 수 있다. 하지만 이러한 변화 방향이 신촌의 '지속가능성'을 확보할 수 있을지에 대해서는 의문을 제기하는 바이다. 현재 관 주도 행사의 대부분은 신촌 주

---

1. 서대문구청. 신촌 대중교통전용지구 활성화 TF 회의 자료. 2015. 4. 29.

그림 4.1 '차 없는 거리 연세로' 전경

이용자인 대학생의 관심과 요구가 담겨 있지 않은 일회성 사업으로 이루어져 있기 때문이다. 이와 같이 대학생들의 참여와 관심이 부재한 방향으로 변화가 지속된다면 신촌이 지니고 있던 '젊음, 대학의 문화'를 되찾기 힘들 뿐 아니라 타 번화가와의 차별성도 가지지 못할 것이다.

따라서 본 연구는 신촌 연세로의 '차 없는 거리' 전환에 있어 주 이용자인 대학생의 관심과 이용을 증진시키고자 〈'캠퍼스타운'으로서의 연세로 변화〉를 주제로 연구를 진행하였다. 본 연구를 통해 연구자들은 대학생의 요구를 반영한 '캠퍼스타운'으로서의 연세로 변화 양상을 직접 설계하고 계획하는 경험을 가짐으로써, 궁극적으로 대학과 인접한 지역사회 현안에 지속적으로 관심을 갖고 참여할 수 있는 주체로 성장할 수 있을 것이라 기대한다.

본 연구의 목적은, 첫째, 연세대 학생들을 대상으로 사전조사를 진행하여 현재 연세로에 대한 이용·관심도와 요구를 파악하는 것이다. 둘째, 사전조사 결과를 바탕으로 관련 전문가의 인터뷰를 진행하여 학생들의 요구를 반영한 연세로의 변화에 적용가능한 기술, 사례, 콘텐츠 등을 파악한다. 셋째, 위 내용을 바탕으로 캠퍼스타운으로서의 연세로 변화 양상을 물리적·비물리적 변화로 나누어 소셜픽션을 진행하여, 결과적으로 〈관심·이용 증대→공동체 의식 확보→거버 넌스 참여 증대→관심·이용 증대〉의 선순환구조에 기반한 캠퍼스타운 연세로 의 비전을 제시하는 것이다.

2. 연구 대상 및 방법

본 연구는 연세로와 가장 인접한 곳에 위치한 연세대학교 학생을 대상으로 한 다. 물론 연세로의 변화에는 서대문구청, 연세대학교 외 신촌 소재 대학생, 상인 및 건물주, 주민, 대학 등 다양한 이해당사자들이 존재한다. 그러나 본 연구는 연 세로의 변화에 대한 대학생들의 요구를 알아보는 데 목적이 있으므로 연세로를 가장 많이 이용하는 대학생인 '연세대학교 학생'을 연구대상으로 한정하였다.

연구 이전에 실시한 설문조사와 관련 전문가 인터뷰 외에도 관련 사례연구를 진행하였으며, 이를 바탕으로 '소셜픽션'의 형식을 통해 캠퍼스타운으로서의 연 세로 변화 양상을 구현하였다. 연구 분석틀은 〈표 4.1〉과 같다.

표 4.1 캠퍼스타운으로서의 연세로 연구 분석틀

연구 주체 및 대상		연세대학교 학생
연구방법	사전 설문조사	연세로 이용·관심도 및 요구 파악
	관련 전문가 인터뷰	신촌 소재 대학의 관련 전문가/교수 인터뷰
	소셜픽션	물리적 변화
		비물리적 변화
연구의 지향점	지속가능한 신촌	신촌의 물리적 지속가능성 확보
		대학생의 공동체의식(소속감, 주체의식, 참여욕구) 제고

II. 본론

1. 사전조사 및 선행연구 검토

1) 사전 설문조사 결과 분석

연구에 앞서 연구자들은 연세대학교 학생들의 연세로 이용 현황과 지향점을 파악하기 위해 5월 18일(월)부터 21일(목)까지 구글독스(Google Docs)를 이용한 사전 설문조사를 진행하였다. '이용 현황 및 관심도'(총 191명 참여)와 '연세로의 지향 방향'(총 296명 참여)에 대한 조사가 진행되었으며, 사전 설문조사 기간이 짧아 많은 인원이 참여하지 못했다는 사실과 설문 대상이 임의로 선택되지 않았음을 미리 밝힌다. 설문조사 결과 및 분석은 다음과 같다.

(1) 이용 현황 및 관심도

연세로 주당 방문 횟수(단순 통학 제외)의 경우 '1~2회'가 36%(69/191)로 가장 많았고, '0회' 응답자가 전체의 11%를 차지했다. 이용 시간의 경우 '1시간 미만'이 44%(75/170)로 가장 많았다. 주당 평균 방문 횟수는 3회, 평균 이용 시간은 1.3시간이었다. 연세대 학생이 수업을 위해 주 4회 18시간 학교에 머무른다고 가정할 때, 이에 비해 연세로 이용 횟수와 시간은 비교적 적다. 특히 지금까지 연세로에서 진행된 축제·행사 참여 횟수의 경우, 49%가 '참여해 본 적 없다', 38%가 '1~2회'로 응답한 것을 보면 이러한 축제·행사가 아직 연세대학교 학생들의 관심을 끌어 내지 못하고 있다는 것을 알 수 있다. 또한 연세로가 전면 차 없는 거리가 될 계획이 있다는 사실을 알고 있는 학생은 전체의 37%에 불과했고, 58%가 신촌(연세로)에 소속감, 주체의식, 책임감 등의 공동체 의식을 갖고 있지 못했다. 이 같은 결과는 연세대 학생들이 최근 연세로 변화에 대해 관심을 갖고 참여하지 않고 있다는 것을 나타낸다. 이는 대학생 내부 요인도 있겠으나 대학생들의 관심과 참여를 이끌어 내지 못한 외재적 요인도 부정할 수 없다.

따라서 대학생들의 관심을 끌어 참여를 유도해 내기 위해서는 무엇보다 그들의 요구를 정확히 파악하여야 한다는 결론에 이르렀다.

(2) 연세로의 지향 방향

연세로의 지향 방향은 연구자들의 논의를 통해 ① 버스킹, 작은 공연, 문화·예술 활동을 할 수 있는 공연 및 축제의 공간, ② 파리살롱과 같이 가벼운 대화부터 깊은 토론까지 가능한 공론장으로서의 공간, ③ 생태친화적인 곳에서 쉼, 휴식을 즐길 수 있는 공간, ④ 관심 없음 등 4가지 항목을 선정하였다. 조사 결과 전체의 55%(163/296)가 ③에 공감하는 응답을 하였고, 이어 29%가 ①에 응답하였다. 그러므로 연구자들은 대학생들의 관심과 참여를 증대시키기 위한 '친환경적인 휴식공간'으로서의 연세로 변화를 계획하기로 최종 합의하였다.

2) 선행연구 검토

(1) 도시공간과 사회자본

연세로에 대해 대학생의 관심과 참여가 부재하다는 사실은 연세로라는 공간에 사회자본이 결핍되어 있다는 명제로 치환할 수 있다. 사회자본이란, 사회적 상호작용 또는 관계를 통해 형성되는 자원으로, 그 구체적 구성요소에 대해서는 학자별로 상이하게 제시되고 있으나 참여와 소속감, 신뢰 등이 사회자본을 형성한다는 점은 의견을 달리하지 않는다(김승남 2011). 퍼트넘(2000)은 사회자본 개념을 세분화하였는데, 그중 비교적 폐쇄적인 집단에서 동일한 주체 간에 자주 일어나는 상호작용에 의해 형성되는 사회자본을 '결속형 사회자본'으로, 개방된 집단에서 한 주체가 다양한 주체와 상호작용함으로써 형성되는 사회자본을 '연계형 사회자본'으로 구분하였다. 자포스(Zappos)의 창업자 토니 셰이 (Tony Hsieh)도 라스베이거스로 회사를 옮기며 '우연한 만남의 시간(collisionable hours)'을 중요한 가치로 내세운 것은 퍼트넘의 '연계형 사회자본'과 연결 지어 해석할 수 있을 것이다. 물리적 공간과 사회자본의 관계에 대해, 난 린(2008)은 사회자본은 유형 또는 무형의 공간에서 형성되며, 따라서 공간의 구성에 따라 사회자본의 형성 정도나 그 성격이 변화할 수 있음을 제시한다.

연세로는 도심 가로로 개개인이 머무는 시간이 매우 짧은, 개방된 집단으로서의 성격을 가지고 있다. 이에 연세로는 연계형 사회자본이 형성될 수 있는 조건을 가진 지역이지만, 현재 그러한 자본이 존재한다고 보기 어렵다. 이러한 상태를 보여 주는 예로, 신촌 도시재생사업 정책결정 과정에 대학생이 참여할 수 있는 협의체가 이미 존재하고, 연세대학교 총학생회에서 대학생 측의 대표로 참가하고 있으나 그 실질적인 기여가 미미하다는 점을 들 수 있다. 본 연구는 위 논의를 바탕으로 공간이 사회자본, 즉 참여와 관심에 유의미한 영향을 미칠 수 있다는 전제하에 연세로의 공간구성 변화를 통해 연세대 학생들의 관심과 참여를 증진시킬 수 있는 방안을 모색하고자 한다.

(2) 캠퍼스타운으로서의 신촌

신촌은 서울의 도심이며 상권 중심지이기도 하지만 4개 대학이 모인 대학 중심가이기도 하다. 이에 따라 신촌 일대에는 대학 지원 기능(주거·상권·문화 등)을 갖춘 다양한 시설이 입주해 있으며, 대학문화를 찾아볼 수 있는 서점, 식당, 주점, 레코드 가게가 어렵게나마 명맥을 이어 오고 있다. 따라서 본 연구에서는 연세로를 포함한 신촌 일대가 '캠퍼스타운'이라는 가정 아래 연구를 진행하고자 캠퍼스타운 관련 선행연구를 진행하였다.

'캠퍼스타운'이란 용어는 학자들에 따라 대학가, 대학 주변 지역(또는 공간), 대학마을, 대학도시 등의 용어로 불린다. 검프리헤트 블레이크(Gumprehet Blake 2003)는 "대학이 창출하는 문화가 그것이 속해 있는 지역에 중심적으로 영향을 주는 공간 범위"를 '캠퍼스타운(College Town)'이라 정의하였고, 이창호·이영환(2009)은 "대학의 교육·연구·사회공헌 기능과 학생·교직원을 위한 생활지원 기능이 축적된 지역"을 '대학마을'이라 칭하였다. 위 개념들이 대학과 지역의 물리적·공간적 관계를 언급하고 있다면 이들 사이의 사회·문화적 연계성 또한 포함되어야 한다는 논의가 늘고 있다. 이신범(2000)은 "대학문화의 특성을 도시로 확산시키는 전이공간으로서 대학 특유의 문화를 형성하는 공간"이라 정의하였으며, 서울시의 『지역과 상생하는 대학가(캠퍼스타운) 조성 기본계획』 또한 "대학과 지역이 서로 협력하여 상생할 수 있는 지역"임을 강조했다. 즉, 캠퍼스타운이 대학-지역의 산학협력, 교육·재활 프로그램 제공, 거버넌스 구축 등 지역사회와 여러 사회·문화적 사안을 공유하고 해결하는 시스템을 갖추어야 한다는 것이다. 이는 미국, 유럽 등 한국보다 먼저 캠퍼스타운이 형성된 나라들에서 점점 강조되고 있는 논의로, 캠퍼스타운의 개념이 '대학 지원'에 한정되지 않고 '대학과 지역사회의 공생'이라는 확장적인 의미로 발전하고 있음을 보여 준다.

위 논의에 따르면, 신촌이 점점 '캠퍼스타운'으로서의 정체성과 개성을 상실하고 있다는 것은 지역사회와 대학 구성원이 서로 공생하지 못한다는 문제점을 여실히 보여 주는 대목이다. 그러나 대학은 성장하고 발전할수록 주변 지역의 도움이 반드시 필요하며, 주변 지역 또한 대학이 가진 자원과 역량을 충분히 활용할 필요가 있다. 이에 본 연구는 연세대학교와 신촌을 잇는 연세로 공간 변화에서 연세대학교 학생이 직접 의견을 제안해 보는 프로젝트를 통해 캠퍼스타운 형성 및 발전 과정에 대학생 거버넌스 참여 촉진을 유도하는 첫걸음을 떼고자 한다.

(3) 차 없는 거리

민현석·여혜진(2012)에 의하면, '차 없는 거리'란 자동차 통행을 물리적·시간적으로 제한하여 조성되는 보행자 전용 공간이다. 이는 '자동차'가 아닌 '사람'을 위한 도시공간을 늘리고 나아가 환경오염 및 탄소 배출을 줄일 수 있는 방안으로서 전 세계적으로 각광 받고 있는 도시·환경 정책이다. 우리나라에서는 전국 지자체에서 보행자 전용 거리(구역), 걷고 싶은 거리, 디자인 특화거리, 상징거리 등 다양한 이름으로 조성·운영되고 있다.

연세로의 경우 2012년 7월 서울시 대중교통전용지구 시범지역으로 선정되어 2014년 1월부터 시행되었고, 이와 함께 매주 주말(토 14:00~일 22:00)에는 차 없는 거리로 운영,[2] 각종 행사 및 축제가 진행되고 있다. 문석진 서대문구청장은 향후 연세로를 전면 차 없는 거리로 조성하려는 계획[3]을 갖고 있으나, '신촌상권 살리기위원회'를 주축으로 한 지역상인들은 상권 쇠퇴 등을 이유로 반대하는 입장을 보이고 있다. 이에 본 연구는 연세로가 '전면 차 없는 거리'가 된다는 가정 하에 사전 설문조사를 통해 얻은 연세대학교 대학생들의 요구를 바탕으로, 대학생들의 관심과 이용을 증대시키는 동시에 지역주민과 방문객들의 만족도도 고려할 수 있는 '친환경적인 휴식공간'으로서의 연세로를 제안하고자 한다.

(4) 지속가능성과 공동체 의식

본 연구는 연세로가 지향해야 할 중요한 가치로 '지속가능성'을 제시하려 한다. 지속가능성을 추구하는 방안은 두 가지로 나눌 수 있는데, 첫째는 연세로 공간을 구상하는 데 물리적 측면에서의 지속가능성을 확보하는 방안이다. 둘째는 대학생 참여를 증진시킴으로써 연세로에 대한 공동체 의식이 증진되고, 이에 따라 연세로의 유지·발전에 대한 거버넌스가 이루어져 지속가능성을 확보하는 방안이다. 민현석·여혜진(2012)은 UN의 보고서를 인용하여 차 없는 거리 정책이 시민들의 행동패턴에 다양성을 부여하고 도시공간의 형평성을 제고하여 도시 개발의 지속가능성을 제고하는 기능을 할 수 있음을 제시한다. 본 연구는 연세로 전면 차 없는 거리를 구상하고 캠퍼스타운의 취지에 맞는 공간 구성을 제시함으로써 지속가능성을 확보하는 방안을 모색할 것이다. 포트콜린스 지역(City of Fort Collins 2011)의 보도 계획 연구에서는 보도 계획에 지속가능성이

---

2. 서대문구청. 연세로 대중교통전용지구 시행 보도자료. http://www.sdm.go.kr/admininfo/public/realna metarget.do?mode=view&sdmBoardSeq=153593(검색일: 2017. 3. 24).

3. 뉴시스. 2015. "[인터뷰] 문석진 서대문구청장 "9월에는 신촌 연세로 전면 차 없는 거리""(2015년 2월 18 일). http://www.newsis.com/ar_detail/view.html?ar_id=NISX20150218_0013486453&cID=10801& pID=10800

중요한 요소임을 강조하는데, 지속가능성을 제고하기 위해 고려할 요소로 경제적 측면, 환경적 측면, 인적 측면을 제시한다. 본 연구는 이러한 측면을 고려하여 물리적·비물리적 지속가능성을 확보할 수 있는 연세로의 변화 계획을 구상하고자 한다.

2. 전문가 인터뷰 분석 및 소셜픽션

1) 전문가 인터뷰 내용 정리 및 분석

표 4.2 전문가 인터뷰 참여자 명단

인터뷰 참여자	• 홍익대학교 도시건축대학원 진양모 교수님 • 연세대학교 사회환경시스템공학과 박준홍 교수님 • 연세대학교 도시공학과 김형진 교수님 • 최광빈 노원구 부구청장(전 서울시 푸른도시국장)

(1) 캠퍼스타운이란? / 캠퍼스타운의 조건(요소)

보편적인 캠퍼스타운이란 대학 캠퍼스를 중심으로 교육 지원·학생 편의시설이 들어선 '학교'와 '도시'의 공존을 이루는 지역을 의미하지만, 국내에서는 실제로 대학을 중심으로 형성되기 시작한 공간은 찾아보기 힘들다. 그러나 신촌역을 중심으로 연세대학교, 이화여자대학교, 서강대학교 등의 대학 및 관련 시설이 밀집해 있는 신촌 일대는 국내에서 찾아보기 힘든 새로운 개념의 캠퍼스타운이라고 새롭게 정의 내릴 수 있다는 의견도 있었다. 단, 신촌은 캠퍼스타운의 역할 외에도 서울의 도심, 즉 상권과 관광지로서의 역할도 혼재되어 있다는 측면에서 보편적 의미의 캠퍼스타운과는 다르다. 또한 연세대학교의 경우 주변지역인 신촌과 이렇다 할 협력관계를 맺고 있지 못한 상황이며, 신촌은 이미 충분히 상업화·프랜차이즈화되었다. 이는 결국 지역과 대학의 소통 부재를 야기하며, 지역 발전에 장애가 될 수 있다. 따라서 제대로 된 캠퍼스타운이 되기 위해서는 학생 참여뿐만 아니라 학교의 지속적인 관심과 관여가 필요하다.

(2) 적용 가능한 기술

기존 시설물을 활용하여 친환경적인 기술과 융합할 수 있다. 신촌역 철길 일대에 솔라 패널(Solar panel)을 설치하여 에너지를 재생하는 것이 그 예이다. 또한 차 없는 거리가 되면서 발생하는 교통문제를 해소하기 위해 '트램'과 같은 대안 교통수단이 필요하다. 특히 트램은 보행자와 공존할 수 있다는 점에서 기존 '차 없는 거리'라는 연세로의 취지와 어긋나지 않을 뿐 아니라 신촌만의 문화를 만드는 데에도 기여할 것이다. 배수는 지역재난을 극복하고 물리적 지속성을 유지하는 데 중요한 요소이므로 충분히 고려해야 하는데, 녹지화는 자연의 자정능력을 활용하는 친환경 배수기술임과 동시에 도시의 온도를 낮추는 긍정적 작용을 할 것으로 보인다.

(3) 물리적 변화

① 잔디 녹지공간 조성: 차 없는 거리의 '밟는 잔디'는 대부분 부정적이었다. 유동인구가 많은 연세로에서 밟고 다니는 용도로 잔디를 사용한다면 유지하고 관리하기가 쉽지 않기 때문이다. 만약 잔디를 통해 녹지와 휴식 공간을 조성하고 싶다면 유동인구가 많은 상점 쪽에는 보도를 조성하여 걷는 공간과 녹지를 가시적으로 구분하는 방법을 제안하였다. 이를 통해 유동인구의 편의성도 높이면서 '쉴 수 있는 공간'을 원하는 대학생들의 요구도 충족시킬 수 있을 것으로 보인다.

② 가로수 그늘과 옥상·벽면 녹지화: '연세대 앞 거리=연세로'라는 의미를 부여할 수 있는 방안으로 연세대학교 백양로와 연관 지어 '백양나무 가로수'가 제안되었다. 쉼과 휴식의 거리를 만드는 데 있어 가로수는 자연적이고도 효과적인 방안이다. 이는 그늘이 확보되면서도 대학과 상징적으로 연계될 수 있을 것이다. 또한 건물의 노후 상태를 고려해 부분적으로 벽면이나 옥상 녹화를 진행해 보아도 좋다.

③ 물길: 도심에서 '물'은 큰 규모가 아니더라도 사람들을 끌어들이고 편안하

게 만드는 기능을 한다. 물은 통상적으로 지하철역에 일정량이 저장되어 있으므로 작은 규모의 물길을 트는 것도 좋다.

④ 상징물: 상징물은 무조건 좋다고 생각되는 것이 아니라 신촌 혹은 연세로의 역사와 문화 등을 고려하여 대표성이 있을 만한 것을 설치해야 한다. 그러므로 이 부분은 관련 당사자들의 깊은 논의가 필요하며, 대학생 또한 이에 참여할 필요가 있다.

(4) 비물리적 변화

① 연세로의 정체성 확립 및 아이디어 제안을 위한 학생협의체 구축: 신촌 연세로는 대학생뿐만 아니라 지자체, 지역주민, 상인 등 다양한 이해당사자가 얽혀 있을 수밖에 없는 복합적인 공간이다. 그중 본 연구에서 주목하고 있는 부분은 대학, 특히 연세대학교 학생과의 연계성이기 때문에 이들에게 '연세로'라는 공간에 대해 알리고 관심을 증대시킬 수 있는 움직임이 필요하다. 본 연구자들을 중심으로 시작하여 차후 연세로에 대한 대학생들의 아이디어를 구체화하고 이를 실현할 수 있는 학생협의체를 구축한다면 대학생들의 의견 또한 사업에 반영될 수 있을 것이다.

② SINCE 제도: 캠퍼스타운은 나름의 역사성과 문화를 간직할 필요가 있다. 이를 위해 옛것을 없애기보다는 잘 보존하여 훗날 사람들이 추억할 수 있도록 해야 한다. 신촌의 전통 있는 가게에 'SINCE 0000' 간판을 달아 홍보한다면 그 가게의 역사를 알리고 나아가 신촌의 전통을 지킬 수 있는 지속가능한 재생이 될 것이다.

③ 동문회 기부를 통한 공간 매입: 동문회 기부를 통해 교외에 공간을 매입하여 문화공간이나 박물관 등을 만듦으로써 우선적으로 학생들이 자유로이 이용할 수 있고 나아가 대학과 지역이 공유할 수 있는 공간으로 활용할 수 있도록 한다.

(5) 변화의 효과 및 지속가능성

① 공공 공간으로 활용: 차로 인해 소외되었던 사람들이 다시 길의 주인으로 자리매김할 수 있는 좋은 변화이다. 이면도로를 반드시 고려해야 하지만 가능한 한 차량 출입을 최소화하고 그 길에 사람들이 모여 휴식을 즐기고 대화를 나누는 공간을 조성하는 것은 도심에 '공공 공간'이 만들어질 수 있는 계기가 된다. 특히 대학이 도심에 위치해 있어 쉴 수 있는 공간이 부족한 신촌 소재 대학생에게 연세로의 변화는 대학생들이 연세로를 활용 가능한 공간으로 인식할 수 있는 계기가 될 것이다.

② 학생, '주 이용자'에서 '주체'로: 본 연구는 연세로 공간 변화에 대학생들의 의견을 반영하는 과정을 통해 궁극적으로 대학생이 주 이용자에서 참여주체로 발전할 수 있는 가능성이 충분히 있다고 본다. 즉, 자신의 의견이 반영된 공간을 이용하면서 자연스럽게 그 공간에 대한 관심이 증대되고, 이를 통해 지역에 대한 참여욕구도 증가할 수 있다는 것이다.

③ 신촌만의 정체성 확립: 신촌만의 문화를 만든다면 주 이용자인 대학생뿐 아니라 신촌을 찾을 많은 방문객들에게도 '머물고 싶은 곳'이 될 것이다.

2) 연세로 소셜픽션

연구자들은 사전 설문조사와 관련 선행연구, 그리고 전문가 인터뷰 분석 내용을 바탕으로 캠퍼스타운으로서의 연세로 변화 양상을 물리·공간적 변화와 비물리적 변화로 나누어 소셜픽션을 진행하였으며 이를 〈표 4.3〉에 정리하였다. 물리·공간적 변화의 경우, 잔디와 시설물(가로수, 가로등, 벤치 등), 차광막, 태양광 발전시설물, 옥상·벽면 녹지화 등을 선정하였다. 비물리적 변화의 경우에는 수업 연계 봉사과목 운영, 동문회 기부를 통한 공간 매입, 학생협의체 구축 등을 선정하였다.

표 4.3 연세로 소셜픽션에서 논의된 내용들

물리·공간적 변화	지면	바닥스크린, 잔디, 물길
	시설물	가로수, 가로등, 벤치
	조형물	폭포, 분수, 백양나무, 독수리, 윤동주, 이한열
	차광	차광막
	친환경요소	기찻길 태양광 집열판, 딸기나무, 옥상·벽면 녹지화
	교통시설	트램, 지하트램
비물리적 변화	학내	수업 연계 봉사과목 운영
	학외	동문회 기부를 통한 공간 매입, SINCE 제도, 시간제 차량 운영, 창천 공원에서 공연·축제 진행

※ 소셜픽션 결과에 직접 반영된 항목은 밑줄로 표시하였음

(1) 물리·공간적 변화

선행연구 및 전문가 인터뷰를 기반으로 연구자들의 상상력을 더하여 전면 차 없는 거리 연세로 조감도와 평면도를 〈그림 4.2〉, 〈그림 4.3〉과 같이 그려 보 았다.

① 경의선 철도 굴다리 벽면에 태양광 집열판 설치: 굴다리 벽면은 태양광 발 전에 유리한 위치이므로 집열판을 부착하여 필요한 에너지를 조달할 수 있도록 한다.

② 쉬면서 즐길 수 있는 문화공간 조성: ①에서 만들어진 태양광 에너지를 활 용하여 야간에 조용한 영화를 상영하거나 전시를 할 수 있는 문화공간을 조성 한다. 현재 연세로 보도에 설치된 벤치는 차도와 너무 가까이 있고 그늘이 없어 사람들이 앉아 쉬기 힘든 상황이다. 이와 달리 본 공간은 잔디밭 위에 편안히 쉴 수 있는 벤치와 차광막(street shade)을 설치하여 '쉼과 문화'가 공존할 수 있도록 한다.

③ 옥상·벽면 녹지화: 건물 상태를 고려하여 부분적으로 옥상·벽면 녹지를 조성하도록 한다. 이는 열섬현상을 줄여 건물 소비전력을 절약할 수 있는 효과 가 있으며, 행인들에게는 조금이나마 숲속을 걸어 다니는 듯한 느낌을 줄 수 있

을 것이다.

④ 중앙 광장의 수목: 나무는 유플렉스 앞 넓은 공터에 심을 것을 구상하였다. 신촌에서 가장 많은 사람들이 모여드는 공간으로 상징성을 가질 수 있으며, 자연 그늘을 활용하여 행인들이 나무 주위에 모여 쉴 수 있는 휴식처가 될 것이다.

⑤ 연세로의 지하공간, '독수리둥지': 차가 다니지 않는 연세로에 지하공간을 조성하여 대학생을 비롯한 지역주민들이 사용할 수 있는 공공

그림 4.2 전면 차 없는 거리 연세로 조감도

공간을 만들고 '독수리둥지'라는 이름을 지었다. 연세대학교의 상징 동물인 '독수리'를 활용하여 연세대학교 학생들이 '둥지'처럼 모여드는 공간으로 만들어 보자는 의미이다. 연구자들이 상상한 '독수리둥지'는 대학과 관이 협력하여 조성한 공간으로 대학생들이 우선적으로 사용하는 대신 본 공간의 관리를 학생들이 책임지는 형식으로 운영할 수 있다. 즉, 대학생들은 연세로 공간에 대한 권리와 함께 책임도 지게 되는 것이다. '독수리둥지'는 저렴한 비용으로 지역주민들에게 개방되며, 일부 공간은 방문객들에게도 열린 공간으로 운영된다. '독수리둥지'는 지역에 무관심하던 대학생들에게 '자신들의 공간'이 생겼다는 자부심과 책임의식을 갖도록 하여 대학생과 지역사회의 연계를 긴밀히 하는 '아지트'가 될 것이다.

⑥ 연세로의 지상낙원, '신촌 딸기나무': ⑤의 '독수리둥지' 위에는 태양열 집열판을 미적 조형물로 형상화한 '딸기나무'[4]를 설치하여 '독수리둥지' 사용에 필

---

4. '딸기나무(Strawberry tree)'는 세르비아 벨그라트(Belgrade) 대학 밀로스 밀리사블레비츠(Milos Milisavljevic) 교수가 학생들과 함께 설계한 태양광 발전 설치물로 태양광 발전을 이용하여 전자기기 배터

그림 4.3 전면 차 없는 거리 연세로 평면도

요한 소비전력의 일부를 생산할 수 있도록 한다.

(2) 비물리적 변화

① 수업 연계 봉사과목 운영: 대학이 지역과 가장 쉽게 연계될 수 있는 방법은 역시 '수업'이다. 본 연구의 수업인 〈마을학개론〉 또한 지역사회와 연계하여 진행된 지역사회 경험학습(Community Based Learning: CBL) 과목이다. 이와 관련하여 제안할 아이디어는 바로 봉사과목을 통한 지역사회와의 만남이다. 현재

리 충전과 Wi-Fi가 가능하다. 이 아이디어에 기반하여 '스트로베리 에너지(Strawberry Energy)'라는 회사가 설립됐고, 이 회사는 세르비아 주요 도시 10여 곳에 딸기나무를 설치했다. 딸기나무는 530Wh의 전력을 생산해 낼 수 있다고 한다(출처: 딸기나무 공식 홈페이지 http://senergy.rs/proizvodi/strawberry-drvo/?lang=en).

연세대학교에는 학기마다 열리는 봉사과목이 많지만 지역 도시재생과 관련된 과목은 없다. 만약 전면 차 없는 거리가 된 연세로의 환경미화 활동을 봉사과목으로 계획하여 실행한다면, 대학생들이 대학 주변 지역에 대한 책임감과 주체의식을 자연스럽게 가질 수 있을 것이라 기대한다.

② 학생협의체(단체) 구축: 연세로를 포함한 신촌 도시재생사업에 학생들의 지속적인 참여를 유도하고 의견을 반영하기 위한 학생협의체(단체) 구축을 제안한다. 본 연구의 소셜픽션과 같이 연세로에 대학생들이 머물다 갈 수 있는 쉼의 공간 또는 활동공간이 조성된다면, 지금보다 더 많은 대학생들이 신촌에 대해 애정과 관심을 가질 것으로 예상된다. 이를 계기로 신촌 도시재생사업에 더욱 적극적으로 참여하고 싶은 대학생들이 모여 '연세-신촌 마을학회(가제)'와 같은 학생협의체를 만들어 볼 수 있다. 협의체가 만들어진다면 신촌 도시재생 전반을 학내에 알리고 의견을 수렴하여 이를 표출하는 '거버넌스'로서의 역할을 수행할 수 있을 것이다.

대학이 지역사회와 연계하여 지역재생을 도모하는 해외 사례는 일본 UDCK (일본 가시와노하 지역의 두 대학이 주축이 되어 설립한 지역재생센터로서 에너지 전환 관련 활동을 펼치고 있는 기관),[5] 미국 하버드 대학(지역 청소년 무료교육, 주민 강연), 보스턴 대학(주민재활 프로그램, 공간 개방), 펜실베이니아 대학(지역주민 교육, 가로환경 및 녹지공간 개선)[6] 등 여럿 찾아볼 수 있었고, 국내에서도 대학이 지역에 공간을 개방하거나 지역사회 사업에 참여한 사례를 찾을 수 있었다. 하지만 대학이 아닌 대학생이 주체가 되어 적극적으로 지역재생에 의견을 제안하고 참여하는 사례는 극히 드물었다. 만약 연세대학교에 학생협의체가 생긴다면 이는 대학생이 지역 참여의 주체가 되는 선구적 사례가 될 수 있을 것이다.

---

5. 일본 UDCK 공식 홈페이지. http://www.udck.jp/en/.
6. 전강은. 2012. "대학 캠퍼스의 확장을 통한 도시재생전략에 관한 연구; 지역사회 만들기형을 중심으로." 고려대학교 대학원 건축학과 석사학위 논문.

III. 결론

1. 연구의 종합

전면 차 없는 거리로의 전환을 계획 중인 신촌 연세로는 관 주도의 행사·축제를 주최하면서 '문화와 젊음의 공간'으로의 발전을 꾀하고 있다. 그러나 이러한 정책은 연세로 주 이용자인 대학생의 의견이 반영되지 못했다. 본 연구는 이에 대한 문제의식을 느끼고 주 이용자인 연세대학교 학생들의 의견을 파악하고자 사전 설문조사를 실시하였다. 그 결과, 응답 인원의 과반수가 넘는 대학생들이 '친환경적인 휴식공간'으로서의 연세로를 지향하고 있었다. 이 같은 결과를 기반으로 하여, 관련 선행연구와 전문가 인터뷰를 거쳐 '전면 차 없는 거리 연세로'에 대한 소셜픽션을 실시하였다.

연세로 소셜픽션은 크게 물리적 변화와 비물리적 변화로 나뉜다. 물리적 변화는 1) 경의선 철도 굴다리 벽면에 태양광 집열판을 설치하여 에너지를 확보하고, 2) 확보한 에너지를 이용하여 휴식과 문화가 공존하는 공간을 조성하고, 3) 옥상·벽면 녹지화를 통해 친환경적 방법으로 전력 소비를 줄이고, 4) 중앙 광장에 상징 수목을 심어 친환경적인 휴식공간으로서의 상징성을 부여하고, 5) 지하 공간인 '독수리둥지'를 조성하여 공공 공간을 확보하며, 6) 지상에는 잔디밭과 함께 '신촌 딸기나무'를 설치하여 지하공간에 필요한 일부 전력을 생산하도록 한다.

비물리적 변화는 1) 학내에 연세로 환경미화 등 지역 도시재생과 관련된 봉사 과목을 개설하여 지역에 대한 학생들의 관심과 책임의식을 제고하고, 2) 학생협의체(단체)를 만들어 학생 참여 거버넌스를 구축하며, 3) 동문회와 협력하여 지역 유휴공간을 매입하고 이를 대학에 기부하는 문화를 만들어 대학과 지역사회가 연계될 수 있는 공간을 조성하도록 한다.

2. 시사점 및 연구의 한계

본 연구는 연세로가 '전면 차 없는 거리'로 변화하는 데 있어 대학생들의 의견이 반영된 구체적 안을 제시하고자 하였다. 그러나 대학생들의 요구에 초점을 맞추다 보니 연세로의 변화를 둘러싼 다양한 이해당사자의 의견을 반영하기 위한 노력을 하지 못했다는 한계가 있다. 또한 연구계획 수립이 다소 늦어져 좀 더 많은 대학생들의 의견을 깊이 있게 반영하지 못했다는 아쉬움도 남는다. 기회가 된다면 관련 이해당사자 및 대학생들을 대상으로 본 연구에서 제안한 '연세로 소셜픽션'에 대한 의견을 수렴하여 현재의 문제점을 보완한 '연세로 소셜픽션 ver 2.0'을 그려 보는 후속연구를 진행할 수 있을 것이다.

그러나 이러한 한계점에도 불구하고, 본 연구는 신촌 연세로의 변화에 있어 대학생들의 의견을 반영한 실제적인 공간을 대학생 스스로 구현해 보았다는 측면에서 큰 의의를 가진다. 실제로 연구자들은 본 연구를 계기로 평소 무관심했던 신촌 도시재생사업에 관심을 갖기 시작했으며, 연구자들 중 3명은 신촌 도시재생사업 주민협의체 회원에 가입 신청을 할 만큼 지역에 대한 '참여 욕구'를 갖게 되었다. 이 같은 변화를 볼 때, 본 연구에서 가정하였던 선순환 과정(관심·이용 증대→공동체 의식 확보→거버넌스 참여 증대→관심·이용 증대)이 실제로 실현 가능하며, 궁극적으로 '지역사회 참여 주체'로 성장하는 대학생의 모습을 발견할 수 있었다는 점에서 본 연구의 의미를 두고자 한다.

제5장

연세로 지하도보와 소셜픽션

강승연 · 김민 · 김민혁 · 박석준 · 여세진 · 이예은 · 이지수 · 차소라 · 홍다솜

I. 서론

1. 연구의 배경 및 목적

지난 2013년 8월 1일, 신촌 연세로가 서울시에서는 최초로 '대중교통전용지구'로 지정되면서 다양한 변화들이 있었으며, 그중에는 보행자를 위한 횡단보도 추가 설치도 있었다. 당시 연세대학교(이하 연세대) 정문 앞에는 차량 소통을 원활히 하기 위해 정문 동측(세브란스병원 쪽)에만 횡단보도가 설치되어 있었으나, 정문 서측에도 횡단보도 1개를 추가 설치함으로써 보행편의를 대폭 향상시킨다는 계획이었다. 횡단보도가 1개밖에 없었기 때문에 연세대 정문으로 가기 위해서는 연세로 동측으로만 길을 건너야 하는 불편이 있었고, 학생들이 등·하교하는 시간에는 횡단보도 대기인원이 한꺼번에 몰려 횡단보도를 건너는 데도 어려운 실정이었다. 정문 동측 횡단보도로 우회하기 어려운 보행자들이 선택했던 통행로가 연세대 앞 지하보도였다. 이 지하보도는 서대문구 창천동 56번지 연세대 앞 성산로에 설치된 도로시설물로서 1978년 9월 6일 준공되었다. 구체의 폭은 6.8m, 연장 47m이며, 출입구는 4개, 폭은 3.4m, 연장 60m인 이 지하보도는 2014년 1월 정문 서측 횡단보도가 추가 설치되면서 보행자들의 이용이 급격히 줄어들었고 유명무실한 유휴공간이 되었다.

서대문구청은 서울시 방침에 따라 이 연세대 앞 지하보도에 '창작놀이센터'를 설치함으로써 문화창작 공간이 부족하여 실질적인 창작활동을 할 수 없는 청년 및 예술인들에게 연습 및 공연 공간을 제공하고, 문화예술 전문인력을 발굴·양성하여 신촌을 창의문화도시로 새롭게 조성하고자 한다는 목표를 세웠다. 2015년 1분기에는 주민설명회 및 의견수렴과 정밀 안전진단을 포함하는 용역 발주, 2분기에는 기본설계 및 실시설계, 3·4분기에는 공사 발주 및 시행을 통해 2016년 상반기에는 창작놀이센터를 개소해서 운영한다는 계획이었으나, 서대문구 지역활성화과와의 인터뷰를 통해 공공성 확보 및 이해관계자들의 참여 확보를 위한 작업이 충분하지 않음을 알 수 있었다. 지역주민과 인근 대학 학생, 교수, 상인 들을 대상으로 설명회·토론회를 개최하여 용도 및 주 사용자 선정기준을 마련하고, 서면 설문조사를 통해 사전 홍보 및 의견을 수렴하겠다는 초기 계획들이 제대로 시행되지 않았다. 그로 인해 현재 연세대 앞 지하보도는 공공 참여에 대한 노력이 부족한 상황이며, 지리적·규모적 측면에서 이해관계자가 명확하지 않은 상황이다. 이러한 상황에서 예술인들을 위한 연습 및 공연 공간이라는 콘셉트가 어떠한 공공성을 지니는지에 대한 의문과 어떻게 지속가능할 것인지에 대한 검토가 필요했다. 따라서 본 연구팀은 연세대 앞 지하보도 사업이 어떠한 목적과 방향으로 운영되어야 하는지 그 대안을 제시하기 위해 다양한 주체들의 의견수렴이 필요하다고 판단하여 이해관계자들로 추정되는 이들의 이야기를 들어 보는 과정과 이를 바탕으로 연세대 앞 지하보도의 적합한 방향성을 제시하는 것을 연구의 목적으로 한다.

2. 연구의 대상

연구대상은 크게 물리적인 공간과 관련 이해관계자로 나눌 수 있다. 첫째, 물리적인 공간에 대해 연세대 앞 지하보도의 현재 이용 실태와 사람들이 생각하는 지하보도의 실효성 및 향후 개선방안을 조사한다. 또 지하보도 최초 건설 시의 목적과 기존 유휴공간의 활용에 대한 연구 동향을 살펴봄으로써 연세대 앞 지하보도의 이용이 쇠퇴한 원인을 분석하고 보다 효율적인 이용 방향에 대해 논의하고자 한다. 동시에 연세대 앞 지하보도 공간의 물리적 특성과 한계를 검토하여 현실적인 공간 활용성에 대해 알아보고 이를 위해 유사 사례들을 조사·참고한다. 둘째, 관련 이해관계자에 관해서, 현재 연세대 앞 지하보도를 주로 이용하고 있는 학생들과 인근 거주주민 및 주변 상인들의 다양한 의견을 들어 봄으로써 지하보도 사업을 통해 얻을 수 있는 효용에는 어떤 것들이 있는지 연구하고, 관련된 이해관계를 파악하여 적용 가능한 공공성을 정의하고자 한다.

II. 연세대학교 앞 지하보도의 공공성 평가

연세대 앞 지하보도의 프로젝트에 앞서 본 연구팀은 연세대 앞 지하보도 현황에 대한 공공성 평가를 시행하였다. 유휴공간의 공공성과 관련된 선행 이론과 지하보도 재생의 우수사례를 기반으로 평가의 틀을 구축하였고, 서대문구청의 '연세대 앞 지하보도 창작놀이센터 설치계획' 및 서대문구청 지역활성화과와의 인터뷰를 통해 연세대 앞 지하보도의 현황을 파악하였다.

1. 유휴공간의 공공성 관련 이론 분석

1) 유휴공간의 개념 및 연구동향

유휴공간의 사전적 정의는 '쓰지 아니하고 놀리는 비어 있는 곳'이며, 특성에 따라 존재하고 있으나 활용되지 않는 공간 혹은 활용되고는 있으나 적합하지 않은 공간으로 나누어진다. 이러한 특성에 맞게 기존의 연구들은 유휴공간을 도시공간에서 활용되지 않는 공간, 공간으로서의 기능이 사라져 방치된 공간, 필요에 의해 활용되고 있으나 불필요하게 넓거나 적절하게 활용되지 않는 공간 등으로 정의하고 있다. 본 연구의 대상은 공간의 기능 발휘가 부족해서 활용되지 않고 있는 지하보도이며, 사례연구의 대상 역시 기능이 사라져 방치된 공간이다. 따라서 본 연구에서는 유휴공간의 개념을 '도시의 발전과 환경변화에 따라 기능이 상실되거나 용도가 없어진 공간'으로 한정하며, 본 개념이 김현주·이상호(2011)의 연구로부터 비롯되었음을 밝힌다.

유휴공간에 대한 연구는 유휴공간의 특성, 발생원인, 해외 우수사례, 전반적 계획 혹은 구체적 사례의 활용방안 등 그 범위와 주제가 매우 다양하다. 최근의 연구는 유휴공간을 문화 혹은 지역 커뮤니티공간으로 활용하는 방안과 도시재생의 일환으로서 재활용하는 방안 등의 주제가 두드러지며, 이러한 연구들은 공통적으로 지역의 재활성화와 공공복리 증진을 목표로 민관협력 및 주민 참여의 방식을 통해 유휴공간의 재활용이 이루어져야 한다고 주장한다. 또한 유휴공간이 갖고 있는 공공성 및 공공 공간의 특징을 부각한다.

2) 유휴공간의 공공성

공공성은 "한 개인이나 단체가 아닌 일반 사회 구성원 전체에 두루 관련되는 성질"로 정의된다. '하버마스'는 공동으로 사용할 수 있는, 국가와 사적 영역으로서의 사회를 매개하는 것으로 공공성을 정의하였고, '한나 아렌트'는 공공성을 사적인 소유지와 구별되는 세계 그 자체로 정의하며, 공중 앞에 나타나는 모든 것을 누구나 볼 수 있고 들을 수 있다는 점에서 가장 폭넓은 공공성을 가진다고 말했다. 또한 '사이토 준이치'는 공공성은 닫힌 동일성이 아닌 열린 상호성을 기반으로 한다고 주장한다. 조한상(2009)은 공공성의 3요소를 인민, 공공복리, 공개성으로 정의한다. 이상의 논의를 정리하면 공공성은 여러 사람들에 의해 공유되는 공동성을 갖고, 누구나 접근할 수 있다는 점에서 개방성을 가진다. 이러한 공공성의 특징에 기반하여 최근의 공공성 논의는 공공복리의 증진까지 공공성의 범주로 확대한다.

최근 도시재생 개념의 도입은 유휴공간이 갖고 있는 공공 공간의 특성을 부각하여 유휴공간 재활용의 목표, 과정, 운영, 평가에서의 공공성 확립을 중요한 논의로 발전시켰다. 김현주·이상호(2011), 오준걸·최순섭(2012; 2015)의 연구는 도시재생 개념이 도입되면서 유휴지가 지역 혹은 도시적 요구를 수용하게 되었고, 그 결과 유휴지의 재생이 용도변경에 따른 개발 위주의 사업에서 주민 공공복리 증진과 지역 활성화에 기여하는 공공 공간 창출 사업으로 바뀌었다고 주장한다. 그리고 이러한 변화에 맞추어 유휴지 재생에서 공공성을 추구하는 방안을 제시한다.

그 외의 김종찬(2014), 김자은(2014), 이덕진(2014), 김선아(2012), 임유경(2012), 민철기(2010), 곽수정(2007), 양병일(2001), 오준걸·최순섭(2012; 2015) 등의 연구는 유휴공간의 공공 공간적 성격을 직간접적으로 제시함으로써 유휴공

표 5.1 유휴공간의 공공성 확립 방안에 관한 선행연구

저자(연도)	논문명	유휴공간의 공공성 확립 방안
김현주· 이상호 (2011)	유휴공간 재활용 계획에 나타나는 도시재생 개념의 영향 분석	• 주민 삶의 질 향상 및 지역 이미지, 정체성, 경제 활성화를 위한 공간 창출을 목표로 삼음 • 건축물뿐만 아니라 산업시설, 기반시설 등 선적·면적 공간과 이들의 역사성, 장소성, 미시사적 생활사를 사업대상으로 삼음 • 민관 파트너십에 의한 추진 및 지속가능한 운영을 강조하는 장기 프로세스와 프로그램의 콘텐츠 제공 추구
오준걸 (2012)	도시재생을 위한 브라운필드의 건축기획 특성에 관한 연구	• 유휴지의 정보를 일반에 공개함으로써 공개적 부문과 민간 부문의 협력으로 재생사업 유도 • 대지의 특성에 따라 다양한 방식, 주체, 과정 시도 • 민간을 포함한 대지의 속성에 맞는 주체들이 기획과정에 대한 활발한 논의를 통해 개발 및 수익과 공공의 이익 양쪽을 만족시키는 전략 수립 • 개발정보를 투명하게 공개하며, 개발과정에서 공공과 민간의 참여로 공공성을 유지
오준걸· 최순섭 (2012)	'European Prize for Urban Public Space'의 참가작에서 나타나는 유휴지 활용 공공공간 재생방식	• 시민의 참여를 통한 유휴지, 실행주체, 프로그램의 연계효과 추구 • 유휴지의 계획과 구현방식에서 관습적이고 고정적 방향을 파기함으로써 시민들의 이용에의 집중 추구 • 도시의 부족한 프로그램을 제공하고 도시 전체 공간환경 개선에 기여 • 독립된 프로그램이 아닌, 그 지역에서 필요한 프로그램을 도출하고 적용하려는 개발의 관점이 필요 • 주체들 간의 협력적 관계와 공동의 이익 증진을 목표로 함 • 실행적 정보 공유 중시 • 정성적 분류체계 설정을 통한 유휴지 재생의 중요가치 정의
오준걸 (2013)	공공주체에 의한 국내 유휴공간의 공공적 재생방향에 관한 연구	• 공공성과 이익성의 양립을 추구할 수 있는 용도와 프로그램 선정 • 공공성과 공정성에 기반하여 공공의 참여 유도(이때 공공의 참여와 제어 간의 균형을 강조하며 공공현상 설계 및 공모전을 예시로 제시) • 주변 공간들과의 연속성을 추구
김종찬· 정진우 (2013)	서울시 대형 경기장 외부 유휴공간의 공공성 확보를 위한 공공성 평가 연구	• 유휴공간의 공공성 평가지표 추출: 접근성, 개방성, 쾌적성, 기존 도시와의 연계성 강화를 통한 체류성 증진 • 커뮤니티 장소로서 유휴공간의 활성화 추구 • 인근 주민들과의 지속적인 협의를 통한 공론의 장을 마련하는 방안 고려
김자은· 최재필 (2013)	"공간, 커뮤니티 네트워크"를 이용한 우체국 유휴공간 및 유휴시설 활용방안에 대한 연구	• 도시를 구성하는 요소들을 파악하고, 이들의 교류를 추구하여 상호보완적인 계획 수립
최순섭· 오준걸 (2015)	공공적 유휴공간 재생 계획과정의 특성에 관한 연구	• 도시와 공공적 가치들이 체계적으로 반영될 수 있는 방안 수립 • 유휴지 재생을 통한 지역재생이 가능한 마스터플랜 수립 • 전체 계획에서 주변과 조화 추구 • 공공적 용도 및 도시적 프로그램 설정을 통한 공공적 활동공간의 확장 추구

간의 공공성 확립의 중요성을 주장하며, 그중 일부는 구체적 유휴공간의 공공성 확립 방안을 제시한다. 〈표 5.1〉은 선행 연구에서 제시하는 유휴공간의 공공성 확립 방안을 정리한 것이다.

2. 화전역 지하보도 공공디자인 시범사업 분석

유휴공간의 공공 공간화에 관련된 기존 사례들 중 공공성 실현에서 본 연구팀이 성공적이었다고 평가한 사례로는, 고양시청 '도시주택국 도시재생과'에서 진행한 화전역 지하보도 공공디자인 시범사업이 있다. 화전역 지하보도는 본래 전시공간으로 활용되었으나, 그 이용률 및 활용빈도가 저조하여 단순히 한국항공대학교의 통학로로만 이용되었다. 그러다 2013년 경기도 공공디자인 사범사업 대상지역에 선정되면서 기획방향에 대한 활발한 논의가 시작되었다. 고양시는 〈표 5.2〉와 같이 설문조사, 아이디어 보드, 인터뷰, 워크숍, 주민설명회 등을 통하여 주민·학생과 활발한 소통의 과정을 거쳤고, 그 결과 가장 필요한 공간으로 '깨끗하고 쾌적한 공간', '공연이나 문화를 즐길 수 있는 공간', '주변과 소통하여 알릴 수 있는 공간'으로 의견을 모았다.

이러한 과정을 거쳐 논의된 사항들은 모두 공공디자인 사업에 반영되었다. 캐

표 5.2 화전역 공공디자인 사업 기획 과정

2012. 11.	고양시 담당 팀장 및 담당자 학생지원팀 방문
2013. 3. 6.	사업 선정에 따른 의견조회 공문 접수
2013. 3. 9.	대학의견 제출
2013. 3. 11.	사업 세부계획 보고(고양시에서 경기도로)
2013. 7.	지역주민 대상 설문조사 실시
2013. 8.	항공대학교 교내 구성원들을 대상으로 한 설문조사 실시
2013. 9. 9.	항공대학교 전자관에서 화전역 지하보도 디자인 워크숍 개최
2013. 11. 19.	화전역 지하보도 공공디자인 시범사업의 중간보고회 개최
2014. 7. 9. ~ 2014. 9. 30.	화전역 지하보도 환경 개선사업 실시

노피 조형물 및 통로 디자인은 한국항공대학교를 상징하는 '비행기'가 주요 콘셉트가 되었고, 통로의 곳곳에는 알림판 및 게시판이 설치되어 화전 지역과 한국항공대학교의 소식을 나누는 공간이 마련되었다. 또한 '사랑방' 등 공동체 복원을 위한 공공 문화공간(북카페, 카페테리아, 휴게공간 등)이 조성되었으며, 일부 벽면 디자인은 주민센터와 연계하여 주민들이 직접 찍은 화전 사진과 덕은초등학교 학생들이 직접 그린 그림들로 완성되었다.

사업 결과 화전역 통로 중간에 설치된 '화전 북카페-hahaha'는 고양시 위탁운영을 통해 관리되며 문화공연 및 갤러리 운영을 담당하고 있다. 카페의 공간은 마을주민모임, 스터디모임, 동아리모임 등에 제공되고 있고, 화전 북카페 주체로 이루어지는 문화축제에서는 지역 및 대학 동아리, 학생 단위, 주민 개인 단위, 아트작가 등이 참여하는 아트체험, 음악공연, 사진전시, 플리마켓 등이 펼쳐진다. 고양시는 마을문화프로그램이 정착되면 북카페를 마을거점시설로 마을공동체에 인계할 예정이다.

이와 같은 문화축제는 화전역 지하보도의 새로운 모습 및 기능을 시민들에게 널리 알리고 새로운 공간의 활용에 주민 및 학생들의 활발한 참여를 유도하고자 하는 취지에서 개최된 것이다. 또한 고양시는 새롭게 단장한 지하보도의 공간을 활용해 주민 및 공무원들을 대상으로 하는 '공공디자인 역량강화 교육'을 실시하고 화전 북카페 및 공공디자인 활성화에 대한 자유로운 논의의 장을 열었다. 한편, 고양시는 국토교통부가 공모한 '2015 대한민국 경관대상'에 화전역 지하보도 공공디자인 시범사업을 응모하여, '창의성·공공성·심미성·주민주도성·지속가능성' 등의 평가기준에서 우수한 평가를 받아 우수상을 타는 성과를 거두었다.

3. 연세대 앞 지하보도 공공성 평가의 틀

1) 기획

기획은 유휴공간의 재생과정 계획을 수립하는 단계를 말하며, 목표 수립, 주체 설정, 기획과정의 단계로 다시 세분화할 수 있다. 지역 활성화, 지역 커뮤니티 형성, 주민의 공공복리 증진 등을 목표로 수립하고, 사업에 올바른 참여 주체를 가려내야 한다. 이때 대지의 환경이라는 특성(오준걸 2012)은 참여 주체 및 목표 설정에 좋은 지표가 될 수 있을 것이다. 참여 주체는 지나치게 국가나 개인에게 치우치지 않아야 하며, 공공성 확보를 위한 여러 주체 간의 공론장 형성을 통해 적정한 공공과 민간의 참여가 필요하다.

따라서 공정성과 공개성이라는 가치에 기반하여 다양한 주체들의 참여를 증진할 수 있는 방안을 모색하고, 이를 위한 기제로 재생의 정보를 여러 사람들에게 투명하게 알릴 수 있는 방법을 구상하는 것까지 기획단계에 포함시켜야 한다.

2) 시행

시행의 과정은 기획에 따라 유휴공간을 재생하는 과정을 말한다. 시행의 과정에서 주체들은 상호협력하여 유휴공간의 용도와 구체적인 콘텐츠, 운영방안 등을 결정하게 된다. 용도 설정에서 주체들은 주체들 공동의 이익과 더불어 공공성을 추구해야 하며, 주변의 도시적 맥락을 고려해야 한다. 또한 재생과정뿐만 아니라 차후 운영과정에서도 다양한 주체들이 참여할 수 있는 방법을 모색해야한다. 그리고 이러한 일련의 과정은 일반인들에게 투명하게 공개되어야 한다.

3) 운영

운영의 단계는 재생 이후에 재생된 유휴공간을 운영하는 것을 지칭한다. 재생에 참여하였던 주체들과 더불어 새로운 주체들 역시 운영과정에 참여할 수 있는 방안을 마련해야 하며, 구체적 프로그램 혹은 운영방식에 대한 지속적인 협의가 이루어져야 한다.

4) 평가

평가란 유휴공간의 재생과정과 운영에 대한 평가 및 피드백의 과정을 의미한다. 평가에서는 정량적인 요소와 더불어 정성적(定性的)인 요소도 고려해야 하며, 비단 결과물만이 아닌 재생과 운영의 전 과정에 대한 평가가 필요하다. 평가요소로 개방성, 접근성, 쾌적성(편의성), 연계성(연속성), 창의성, 심미성 등을 비롯한 다양한 요소가 고려될 수 있으며, 평가의 체계 역시 기획단계 이후에도 꾸준한 협의와 수정이 이루어져야 한다.

4. 분석틀에 비추어 본 연세대 앞 지하보도 사업의 현황 및 공공성 평가

서대문구청은 '2015년도 신촌동 문화 융합공간 조성사업'의 일환으로 연세대 앞 지하보도에 창작놀이센터를 설치할 계획을 내놓았다. 1978년 9월 6일 설치된 이래 폭 6.8m에 길이 54m의 이 지하보도는 약 37년간 연세대학교 입구에서 지하 횡단보도의 역할을 해 왔다. 하지만 2014년 1월, 신촌에 대중교통 전용지구가 설치되고 횡단보도가 만들어지면서 지하보도의 이용인구가 급속도로 감소했다. 이제는 유휴공간이 되어 버린 지하보도의 새로운 쓸모에 대해 고민하던 서울시는 서대문구청에 시 지원금 5억 1000만 원을 교부했고, 구청은 지원금을 토대로 '창작놀이센터'를 세우자는 아이디어를 제안·기획하였다. 2015년 5월 현재 진행 중인 지하보도의 정밀 안전진단이 끝나면, 이후 본격적인 '창작놀이센터' 설계에 들어갈 것이라는 입장이다.

1) '기획'의 공공성

'창작놀이센터'가 새로운 공간으로 제안된 배경에는 올해(2015)부터 시작한 신촌 도시재생사업과 변화하는 신촌 상권에 발맞추어 '창작놀이센터'와 '신촌문

114

화발전소'를 향후 신촌 연세로의 전진기지로 활용하자는 구청의 거시적 아이디어가 깔려 있다. 구체적 용도 선정에 관해서는 문화카페, 연습공간, 소공연장, 스터디룸 등 전문가 및 예술인들의 의견을 수렴할 계획이다.

최근까지 정해진 구체적 청사진은 없지만 '문화기능'을 주요 콘셉트로 하는 '창작놀이센터'로 개조하자는 현재의 사업안이 공식적으로 제출되기까지, 아쉽게도 주민과 학생(연세대학교)의 의견수렴 절차는 진행되지 않았다. 심지어 구청의 이러한 계획의 존재를 아는 사람도 거의 없었으며, 이에 대해 공식적인 경로를 통해 정보를 얻은 사람들이라고는 지난 1월 구청의 사업계획안 브리핑을 받은 주민자치운영위원회의 일부가 전부였다. 그나마도 지하보도에 대해 현저히 낮은 접근성으로 인해 사업의 필요성을 느끼지 못하는 부정적인 반응이 대부분이었다. 현재 이들은 긍정도 부정도 하고 있지 않은 상황인데, 구청은 이를 특별한 요구사항이 없는 것으로 받아들이고 있다. 신촌 상인들의 의견수렴 유무에 관해서도, '그들이 별다른 의견을 보이지 않는 상황에서 지하보도의 주 콘셉트가 문화적 기능이 될 것인 만큼 상인들이 특정한 이해관계를 가질 만한 공간이 되지는 않을 것'이라는 입장을 보이고 있다.

2) '시행'의 공공성

대신 구청은 현재 및 향후 지하보도의 주 이해관계자가 연세대 학생들일 것으로 예상하고 있다. 그러나 이 경우에도 역시 본격적으로 이들의 의사를 묻고 반영하려는 구체적 행동은 취하지 않고 있다. 연세대 창업지원센터 측에서 향후 지하보도를 '주민과 학생을 위한 창업문화카페로 썼으면 좋겠다'라는 의견을 구청에 전달한 바 있는데, 이에 대해 구청은 합의 가능성만을 열어 둔 상태이다. 앞으로 사업안에 대한 회의를 할 때, 학생대표 몇 명을 초청하여 함께 진행되는 가능성 또한 열어 두고 있다.

이처럼 연세대 앞 지하보도 개조사업은 아직 기획단계에 머물러 있지만, 홍보 및 소통의 부재로 인해 첫 단추부터 공공성이 결여되고 있다. 이러한 현실적 한계점에 대해서는 관의 책임이 크지만, 한편으로는 마을에 관심이 없는 마을주민과 학생들의 잘못도 있음을 지적할 수 있을 것이다. 그러나 상권 및 역으로부터 접근성이 떨어지는 지리적 특성과, 본래의 기능을 상실하고 찾는 사람조차 없는 연세대 앞 지하보도의 특성상 뚜렷한 이해관계를 가진 사람들이 없어서 참여의 필요성을 느끼지 못하는 게 현실이기도 하다. 사실 개개인으로 따지면 저마다 필요하다고 느끼는 공간들이 존재할 수 있을 것이다. 관에서는 본 사업을 주도하기에 앞서 지하보도의 잠재적 기능들에 대한 예비 수요조사(시장조사)를 할 필요가 있으며, 이를 위해 그들의 계획을 공개적으로 홍보하고 활발한 소통의 장을 마련하려는 노력이 촉구된다. 이러한 절차가 바탕이 되었을 때 비로소 그다음 단계인 '운영'과 '평가'의 공공성을 위한 절차가 진행될 수 있을 것이다.

III. 연세대학교 앞 지하보도 관련 이해관계자 의견수렴

현시점에서 연세대 앞 지하보도에 직접적인 이해관계를 갖는 주체들은 뚜렷하지 않다. 그러나 신촌에 새로운 공간이 창출된다면, 기존에 이를 이용하던 연세대 학생들이나 이 공간이 위치한 신촌 지역의 주민들이 평소 필요하다고 생각하던 공간에 대한 의견이 이 새로운 공간이 발생하는 과정에 반영되기를 바랄 수 있을 것이다. 그러한 측면에서 본 연구팀은 이들을 연세대 앞 지하보도의 잠재적 이해관계자로 설정해 보았다. 이에 따라 이해관계자를 크게 사업을 주도하는 서대문구청, 신촌 거주주민, 주변 상인, 연세대 학생으로 설정하였고 이 범주 내에서 인터뷰 대상을 선정해 의견을 들어 보았다. 비록 인터뷰 대상으로 선정된 주체들이 신촌 지역의 대표성을 지닌다는 명시적 합의가 존재하지는 않지만, 본 연구팀의 논의 끝에 일상적으로 신촌공간을 이용해 왔고 관심을 가져온 주민이라는 점에서 대표성을 지닐 수 있다고 판단하여 인터뷰 대상으로 선정하였다. 서대문구청의 의견은 앞선 지역활성화과와의 질의응답을 바탕으로 한 공공성 평가 항목에서 분석한 바로 대신하였고, 나머지 의견수렴은 크게 인터뷰와 온·오프라인 설문조사를 통해 진행하였다.

1. 인터뷰: 신촌 거주주민, 상인, 연세대학교 학생단체를 대상으로

우선 본 연구팀은 연세대 앞 지하보도, 즉 '연지'의 예상 이해관계자인 신촌 지역주민, 상인, 연세대 학생단체 대표를 대상으로 인터뷰를 진행하였다. 인터뷰는 총 11번 이루어졌으며, 신촌 지역에 거주하는 주민으로 봉원교회 목사, 신촌 거주 학부모, 신촌 거주 연세대 재학생 2명(2년 거주, 4년 거주)을 인터뷰했고, 신촌 인근 상인으로 홍익문고 사장, 신촌번영회 관계자를 만났으며, 연세대 학생단체의 경우는 연세대학교 총학생회, 총동아리연합회, 장애인권동아리 게르니카, 공과대학 비상대책위원회와 접촉하였다.

인터뷰는 신촌에 필요한 공간, 신촌 지역이 가진 문제점, 지하보도에 원하는 공간, 향후 조성될 공공 공간의 운영방식을 묻는 형식으로 이루어졌다. 그 결과 집단별로 다양한 의견을 보여 주었으나, 새로 생길 공간이 신촌의 문화와 지역성을 보여 줄 수 있고, 신촌의 구성원들이 소통할 수 있는 공간이 되기를 바라는 점, 추후 운영에서도 단순히 관이 주도하는 형태가 아닌 다른 신촌의 주체들이 함께 협치하는 방식을 희망한다는 점에서는 유사한 응답을 보였다.

2. 설문조사: 공공 공간에 대한 연세대학교 학생들의 욕구조사

또한 본 연구팀은 '연지'의 최대 사용층이라고 예상되는 연세대 학생을 대상으로 '공공 공간에 대한 연세대 학생들의 욕구조사'라는 주제로 설문조사를 진행하였다. 설문 항목은 크게 5가지로, 학교생활을 하며 새로이 필요하다고 생각하는 공간의 유무, 교내에 부족하다고 생각하는 공간의 유무, 연세대 앞 지하보도를 사용한 적이 있는지의 여부와 그 빈도, 사용하지 않는 이유, 연세대 앞 지하보도에 원하는 공공 공간에 대해 물었다.

조사 결과, 연세대 학생들은 새로이 필요한 공간이나 부족한 공간에 대해 공통적으로 수면·휴식을 위한 공간, 조모임·세미나를 위한 공간을 원하는 것으로 나타났다. 연세대 앞 지하보도의 경우 65%에 가까운 학생들이 한 달에 1~2회 이하 빈도로 이용하는 것으로 나타났는데, 그 이유로는 계단 사용의 불편함, 어둡고 음침한 분위기를 꼽았다. 이러한 응답 추세에 따라 새로이 연세대 앞 지하보도에 원하는 공간 또한 현재의 지하보도 기능은 유치한 채 밝은 분위기로 리모델링, 휴식이나 수면을 위한 공간, 세미나 등을 위해 이용할 수 있는 공간, 카페 등을 원한다는 응답이 주를 이루었다.

3. 소결론

이상으로 관, 학생, 주민, 상인과의 인터뷰와 학생들을 대상으로 한 지하보도 공간 활용 설문조사를 통해 지하보도를 둘러싼 이해관계자들의 의견을 모아 보았다. 서대문구청이 지하보도 공간 활용을 문화 측면으로 한정시켜 실제 수요와 다를 수 있다는 우려가 있었지만, 여러 이해관계자들 역시 문화공간이라는 틀에서 크게 벗어나지 않는 공간을 원했다. 인터뷰 및 설문조사 결과 지하보도가 이를 둘러싼 여러 이해관계자 간의 소통의 장, 공동체를 형성할 수 있는 장소 또는 신촌만의 독특한 문화공간이 되었으면 좋겠다는 의견이 주를 이루었다. 이를 기획·시행할 때 관 주도가 아닌 여러 이해관계자의 의견을 공청회 또는 설문으로 수렴했으면 좋겠다는 의견이 많았다.

현재의 지하보도를 둘러싼 문제점들은 지하보도 자체의 문제점, 신촌 지역의 문제점, 그리고 공공 공간화 과정에서의 문제점으로 나눠 볼 수 있었다. 먼저 지하보도 자체의 문제점으로는 내부의 침침한 분위기와 횡단보도로 인한 낮은 이용률이 있었다. 신촌 지역의 문제점으로는 신촌만의 문화를 드러내는 공간의 부재, 학내·외 학생 자치공간 및 휴식공간 부족, 주민들이 만날 수 있는 공간 부족 등이 있었다. 마지막으로 공공 공간화 과정에서 연세로 개발의 경우처럼 관 주도로 사업이 진행될 시의 부작용에 대한 우려가 있었다.

지하보도 향후 관리에 대해서는 의견이 다소 엇갈렸다. 기획단계 이후에는 관 과 전문가가 참여해 주도적으로 시행·운영해 나가야 한다는 의견과 기획 이후 의 시행·운영 단계에까지도 여러 이해관계자들이 구성한 협의체가 참여해야 한다는 의견이 있었다.

IV. 결론

이때까지 본 팀은 현재 유휴공간이 된 연세대 앞 지하보도에 대한 연구를 위 해 우선적으로 문헌자료를 바탕으로 선행연구와 우수사례 분석을 진행하였다. 그리고 연세대 앞 지하보도를 둘러싼 이해관계자들의 의견을 분석하였다. 먼저 선행연구 및 사례 분석의 단계에서는 선행연구 논문을 통해 유휴공간과 공공성 의 정의를 알아보았으며, 사례연구로 경기도 고양시 한국항공대학교 앞 화전역 지하보도 사례를 연구했다. 선행연구 및 사례 분석을 통해 기획·시행·운영·평 가의 공공성을 유휴공간의 공공성 평가틀로 설정해 보았다.

먼저, 기획의 단계는 유휴공간 재생계획 단계로 공개되었고 관이나 개인에게 지나치게 치우치지 않은 참여가 보장되었는지를 평가한다. 둘째로, 시행의 단 계에서는 구체적 공간 이용 방안, 운영방식에 대해 논의하면서 공공성을 지니 는지 평가한다. 셋째로, 운영단계에서는 실제 운영단계에서 이전 단계에 참여 하지 않은 주체들에 대한 개방성과 지속적인 협의 여부에 대해 평가한다. 마지 막으로, 평가단계에서는 기획·시행·운영 모든 단계에 대한 다양한 측면에서 의 평가가 있어야 한다. 이러한 평가틀을 통해 현재 지하보도를 평가해 본 결과, 홍보 부족과 의견수렴 절차의 결여, 그리고 지하보도를 둘러싼 이해관계자들 의 관심 부족으로 인해 첫 단계인 기획과 시행의 공공성부터 결여되어 있었다.

따라서 앞으로 예비 수요조사의 진행과 지하보도의 공공 공간화에 대한 적극적 홍보, 그리고 민·관이 소통할 수 있는 장을 마련하는 것이 필요하다는 결론을 내렸다.

서대문구청이 지하보도를 둘러싼 뚜렷한 이해관계자가 딱히 없다고 판단함으로써 공간에 대한 의견수렴이 제대로 이루어지지 않았다. 하지만 본 연구에서는 지하보도의 공공 공간화에 대한 홍보와 여러 이해관계자들의 무관심 때문에 가려져 있었을 뿐 이해관계자가 존재한다고 보았으며, 따라서 관, 학생, 주민, 상인을 이해관계자로 규정하고 인터뷰 및 설문조사를 진행하였다. 각 이해관계자들은 공통적으로 지하보도를 문화공간, 소통공간으로 바꾸고, 관과 민이 소통해 기획·시행해야 한다는 의견을 보이는 등 다양한 지하보도 공간 활용 방법을 제공해 주었다. 그리고 서대문구청으로부터 본 연구에서 실행한 조사 결과를 실제로 반영할 수 있다는 구두 합의를 받은 바 있다.

아쉬운 점은 지하보도의 공공 공간화를 추진하고 있는 서대문구청의 소통과 홍보를 위한 노력이 부재하며, 공간 구성을 위한 거버넌스가 전혀 갖추어져 있지 않다는 것이다. 앞서 언급했듯이 이해관계자가 없다는 관의 단정은 신촌 지역 주체들과의 소통을 단절하는 결과를 가져왔다. 그리고 주민협의체의 부족, 충분한 대표성을 지닌 상인회의 부재와 여러 이해관계자들의 무관심은 거버넌스 구성에 큰 걸림돌이 되었다.

본 연구팀은 이 같은 점을 해결하기 위해 공론장이 필요하다는 결론을 내렸다. 공청회 등의 방법을 통해 현재 지하보도와 관련해 관심을 갖고 있는 이해관계자들의 의견을 수렴할 수 있으며, 더 나아가 적극적인 홍보를 통해 지하보도에 대해 관심을 유도하여 관련 주체들이 공론장에 참여하도록 해야 한다. 인터뷰와 설문 결과, 각 이해관계자들이 원하는 변화의 방향에서는 큰 의견 차이가 없었으나 구체적 공간 활용 및 구성에 대해서는 다양한 주체의 합의공간이 필요함을 알 수 있었다. 결과적으로 관, 학생, 주민, 상인의 소통이 가능한 공론장을 구성할 때 공공 공간의 기획·시행 단계에서뿐만 아니라 향후 운영·평가 단계에서 공공성을 확보할 수 있을 것이다.

그러나 본 연구팀의 프로젝트에는 분명한 한계점이 존재한다. 우선 연구팀이 설정한 연지의 이해관계자는 어디까지나 본 팀의 추측과 예상을 통해 설정한 것이기 때문에 이외의 추가적인 이해관계자가 존재할 수 있다. 또한 설문조사는 연세대 학생을 대상으로만 이루어졌으며, 인터뷰 대상도 연세대 학생이 다수를 차지하고 있다는 점에서 의견수렴이 편향되는 한계가 있다. 차후 이러한 한계점을 극복하고 공론장의 범위를 확대하기 위해 보다 다양한 주체들의 의견을 수렴하고 가시화되지 않은 이해당사자들을 밝혀내는 추가적인 작업이 필요할 것이다.

제6장

신촌광장: 주체와 개방성을 중심으로

Chengshuo · 류소현 · 서민근 · 조은철

I. 나갈 채비

1. 신촌광장

서울의 대표적인 상권이자 여러 대학교와 편의시설들이 밀집해 있는 신촌의 중심에 광장이 있다. 연구를 진행한 연세대학교 학생들인 우리는 물론 신촌을 방문하는 사람이라면 지나가고 머무를 수밖에 없는 곳이 바로 신촌광장이다. 많은 사람들은 "신촌에서 만나자"고 하면 "아, 빨간잠망경 앞?" 하고 되묻는다. 이 공간이 신촌을 대표하는 공간, 신촌 하면 떠오르는 공간으로 인식되고 있다는 의미일 것이다. 이렇게 신촌광장이 사람들과 몸과 마음으로 가까운 공간이다 보니, 이 공간을 연구하는 것은 신촌사람들의 생활에 가까이 다가가는 과정이었다.

연구를 위해 신촌광장의 범위를 빨간잠망경 앞 스타광장을 중심으로 동쪽의 명물거리 나무데크와 서쪽의 창천문화공원까지로 설정하였다. 〈그림 6.1〉은 우리가 설정한 신촌광장의 범위를 나타내고 있다. 점선으로 나타낸 부분은 일상적인 시간대의 광장 범위이고, 실선 부분은 주말에 연세로가 차 없는 거리로 전환될 때 광장의 범위가 연세로까지 확장되는 범위이다. 이곳들은 물리적으로 서로 매우 근접해 있고 각각의 널찍한 공간이 조성되어 있어, 신촌의 중심지인 신촌광장으로서의 긍정적인 역할을 기대할 수 있다고 생각했다.

역사책을 들추어 보면, 광장은 어떤 지역의 대표적인 공공장소로서 중요한 역할을 수행해 왔다. 사람들은 광장에 모여 휴식을 취하고 이야기를 나누거나 노래를 부르고 좀 더 나아가 정치적인 목소리를 내거나 중요한 결정을 내리는 등 다양한 활동을 한다. 이러한 광장의 기능은 그 지역의 역사를 기록하고 정체성을 담는 중요한 역할까지로 이어진다. 예를 들어, 과거 그리스의 도시국가 시민들에게 아고라 광장은 모여서 국가의 쟁점들을 논하고 정치적 결정을 내리는 일을 하는 가장 중요한 공간이었다. 또 600년 세종로의 역사를 담아 2009년에

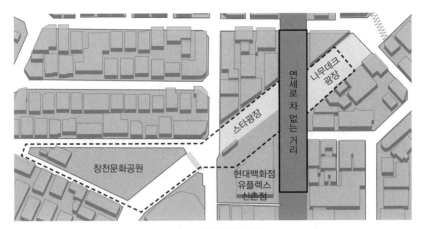

그림 6.1 신촌광장의 범위

지금의 모습으로 조성된 우리나라 광화문광장의 경우, 한국을 대표하는 상징성과 정체성을 담는 공간을 지향하고 있다. 이렇듯 광장은 그 지역의 중심에서 다양하게 중요한 기능을 한다. 그렇다면 신촌을 대표하는 공간인 신촌광장은 어떨까? 신촌광장은 좋은 광장인가?

우리는 이러한 물음에 답하기 위해 어떤 것을 연구해야 하는지 난관에 빠졌다. 눈에 보이지 않는 추상적이고 막연한 질문을 연구하기에는 너무 어려운 일이기 때문이다. 하지만 '신촌광장이 좋은 광장이 되기 위해서는 어떤 광장이어야 하는가?', '좋은 광장은 어떤 광장인가?' 등의 꼬리를 무는 질문들에서 신촌의 광장이 '개방된 광장'이어야 한다는 결론을 내렸다. 광장이 개방되어 있을 때 우리가 생각한 좋은 신촌광장이 조성될 수 있다고 판단했다. 신촌에서 생활하는 학생인 우리의 입장에서 '여러 사람들이 자유롭게 사용할 수 있는 광장'에 더 많은 사람들이 모임으로써, 상권 활성화, 학생들의 자치, 문화적 풍성함 등 신촌이 발전해 나갈 수 있다고 목소리를 모았다.

2. 개방된 광장은 무엇인가

광장의 개방성이란 사람들이 쉽게 광장에 모여 자유롭게 이용하는 것을 의미한다. 우리는 광장의 개방성을 크게 물리적 개방성과 이용적 개방성으로 나누었다. 물리적 개방성이란 사용자가 시각적으로 폐쇄되어 있지 않다고 느끼고 광장에 대한 접근이 물리적 요소들에 의해 방해받지 않는 것을 말한다. 물리적 개방성이 높은 광장은 그 공간을 구성하는 요소들과 외부 요소와의 관계를 통해 사람들이 많이 모일 수 있고 그 공간에 안정적으로 머무를 가능성이 높다. 이용적 개방성은 광장을 사용하는 목적이 강제되거나 제한되지 않고 이용하고 싶은 사람이 광장을 이용할 수 있는 것이다.

물리적·이용적 개방성이 균형적으로 높은 광장은 광장으로서의 중요한 기능을 충실히 수행할 수 있다. '개방성'이 높은 광장은 사람들이 하고 싶은 일을 자유롭게 할 수 있는 '비어 있는' 공간이다. 아무것도 없어서 텅 비어 있다는 말이 아니라 자유롭게 많은 것을 채울 수 있는 잠재성이 다분한 공간이라는 뜻이다. 건축가 승효상은 개방된, 즉 빈 공간이 활성화(lived void)되면 사회적 커뮤니티의 장과 삶의 양식이 담기는 삶터로서의 역할을 한다고 이야기하였다. 그가 말하는 "활성화된 비움"은 구축된 비움의 형식 안에 확정되지 않은 많은 변화나 움직임이 일어나서 잠재되어 있던 공간의 성격이 일어나는 것이다(이승헌 2014). 무질서하고 방만한 사용이 아니라면 지역사람들이 광장에서 하고 싶은 일을 자유롭게 할 수 있을 때, 광장은 궁극적으로 지역만의 이야기를 담은 중심공간이 될 수 있다.

우리는 또 신촌광장이 개방성이 높은 광장이 된다면 신촌의 지역사회와 커뮤니티의 활성화에도 기여할 것이라고 생각했다. 기존의 다른 연구들에서도 공간의 개방성과 커뮤니티 및 지역의 활성화의 관계를 다룬 경우를 찾아볼 수 있었다. 강연주 외(2009)는 아파트 등과 같은 공동주택에서 공간적인 열린 구조와 심리적 개방성 및 접근성이 지역 공동체의식과 밀접한 관계를 형성하고 있다고 밝혔다. 구체적인 평가내용의 측면에서는 우리가 생각했던 틀과 차이가 있지만 물리적(구조적·공간적) 특성과 이용적(심리적·접근적) 특성이 서로 연관되어 있고 광장의 높은 개방성이 지역 공동체와 주민들에게 긍정적인 영향을 가져옴을 지적한 것은 비슷했다.

우리는 '신촌광장이 개방된 광장인가'에 대한 질문의 답을 찾아보고, 신촌광장이 더 좋은 광장이 되기 위한 방향을 생각해 보기로 하였다. 이를 위해 개방성을 판단할 수 있는 틀을 꾸미고 신촌광장에 직접 들어가 어떻게 구성되어 있는지, 어떻게 사용되고 있는지를 관찰하는 참여관찰 연구를 진행하였다. 그리고 광장의 주요한 이용자들의 목소리를 직접 듣기 위해 인터뷰를 몇 차례 진행하였다.

II. 신촌광장 들어서기

참여관찰법은 연구하려는 지역의 한 구성원이 되어 직접 활동에 참여하면서 자료를 수집하는 질적 사회과학 연구방법이다. 주로 사람들의 행동이나 의도와 같이 양적 측정이 어려운 사회현상을 파악하는 데 사용된다. 신촌광장이 물리적으로 어떻게 구성되어 있는지, 누가 쓰고 있는지, 그곳에서 어떤 일들이 벌어지는지를 알기 위해서는 직접관찰이 필요하다고 판단하였다.

대부분의 사회적인 상황은 공간, 행위자, 활동의 3가지 구성요소들로 설명할 수 있다(Spradley 2006). 어떠한 공간에서 어떤 행위자가 어떤 활동을 하고 있는지 파악하는 것은 그 연구대상의 가장 기본적인 뼈대를 세우는 것과 같다. 우리역시 참여관찰 연구를 실시하기 전에 신촌광장의 공간과 행위자, 활동을 중심으로 관찰하고자 하는 연구계획을 수립하였다. 신촌광장의 공간요소는 앞서서 생각한 광장의 물리적 개방성과, 행위자 및 활동은 광장의 이용적 개방성과 연결시킬 수 있었다. II절에서는 광장의 공간, 행위자 및 활동을 어떻게 볼 것인가에 대한 분석틀을 제안한다.

1. 공간

　참여관찰 연구의 첫 번째 단추는 신촌광장의 공간요소를 관찰하는 데서 시작한다. 광장이 외부와 어떻게 연관되어 있고 그 자체의 공간이 어떤 특성을 가지고 있는가 하는 질문은 광장의 물리적 개방성을 판단하는 틀이 된다. 물리적 개방성은 앞서 설명하였듯이, 사용자가 폐쇄되어 있지 않다고 느끼고 공간에 대한 접근이 물리적 요소들에 의해 방해받지 않는 것을 의미한다. 쉽게 풀면 물리적 개방성은 공간이 사람에게 쉽게 다가가는가, 거부감을 느끼게 만드는 요소가 있지는 않은가, 그리고 이용자의 자유로운 활동을 가능케 하는가와 같은, 공간이 열려 있는 것에 관한 성질이다. 다양하게 관련된 행위자들이 자유롭게 활동할 수 있는 좋은 광장은 그 공간이 어디에 어떠한 방식으로 구성되느냐에 많은 영향을 받는다.

　이전의 연구에서 직접적으로 광장의 물리적 개방성을 평가한 경우는 찾을 수 없었다. 따라서 공간의 공공성을 평가하는 연구, 여러 다양한 광장의 물리적 요소들을 평가하는 연구 등을 참고하여 본 연구를 위한 틀로 재구성하였다. 공간요소는 다시 거시적 요소와 미시적 요소로 구분하여 〈표 6.1〉 및 〈표 6.2〉와 같이 관찰한다.

1) 거시적 공간요소
많은 사람들이 광장으로 유입될 수 있는 기제.

표 6.1 거시적 공간요소

목적지	그 지역을 대표하는 장소로 향하는 길의 중심에 위치
상권	사용자 수요 충족 및 외부인 유입 유도
연결된 인도	보행의 편리성 확보
결절점	인도의 교차지역으로 사람들이 모이게 됨
인접한 대중교통 시설	더 많은 시민들이 접근하기에 편리

거시적 공간요소는 외부에서 광장을 바라볼 때 외부의 공간들과 광장이 어떻게 연관되어 있는지를 판단한다. 거시적 공간요소들은 많은 사람들이 쉽게 광장으로 들어올 수 있도록 해 물리적 개방성을 높이는 데 기여한다. 기존의 연구들 중에서 김현주의 석사논문 "가로공간의 인지도 향상을 위한 결절점 계획방법에 관한 연구"(2004)와 오지운의 석사논문 "'장소'로서의 도시 결절점 활용사례 연구"(2013), 그리고 정자영의 석사논문 "지하광장의 공공성 분석과 개선방안 제안: 지하철역과 건물 간 연결통로를 중심으로"(2013)가 거시적 공간요소를 구성하는 데 많은 도움이 되었다. 특히 김현주와 오지운의 논문에서 미국의 도시계획가 케빈 린치(Kevin Lynch 1918~1984)가 1960년에 출간한 *The Image of City*에서 강조하는 결절점(node)의 개념을 소개하고 적용한 부분을 참고하였다.

2) 미시적 공간요소

사람들이 광장에 안정적으로 머무를 수 있고 다른 지역과 연결될 수 있는 기제.

표 6.2 미시적 공간요소

출입구 연결	맞닿아 있는 건물의 출입구가 광장을 향해 있어 직접 연결됨
시각차폐물의 부재	시야를 방해하는 차폐물이 존재하지 않아 사용자가 시각적 폐쇄성을 느끼는 것을 방지
사유화요소의 부재	판매대 및 광고물 등의 사유화요소가 적을수록 시민들의 심리적 부담감 감소
벤치	동선과 겹치지 않는 안락한 공간에 존재
쓰레기통	반드시 하나 이상 설치되어 있어 인접 상권과 연결
ATM	한 대 이상 설치되어 있어 인접한 상권과 연결
표지판	각 가로의 방향에 대한 표지판 설치. 타 지역과의 연결

공간을 세부적으로 구성하는 시설, 인프라 등의 사물들은 미시적 공간요소를 의미한다. 미시적 공간요소가 잘 갖추어진 광장은 사람들이 안정적으로 머무를 수 있고 다른 공간과의 연결이 원활해 물리적 개방성을 높이는 데에 기여한다. 미시적 공간요소를 구성하기 위해 앞에 소개한 김현주와 정자영의 논문에서 언급한 형태적 구성요소를 참고하였다. 우리는 참여관찰 연구를 통해 관찰할 수

있는 광장의 사물들을 중점적으로 고려해 세부 사항을 결정하였다.

2. 행위자 및 활동

개방된 광장은 물리적인 공간에 행위자와 활동의 요소를 더해 완성된다. 공간 내에서도 어떤 사람들이 있고 무슨 행동을 취하고 있는지, 가령 광장 밖으로 이동하기 위해 걷고 있는지 또는 행사에 참여하고 있는지 등은 광장의 역할과 성격을 결정하는 데 중요한 요소가 된다. 따라서 광장의 행위자 및 활동요소를 파악하는 것은 광장의 이용적 개방성을 판단하는 것으로 이어진다. 이용적으로 개방되어 있다고 함은 행위자들이 어떤 강요나 제한 없이 자유로운 의사에 따라 광장의 공간을 사용할 수 있다는 것을 의미한다. 광장의 이용성을 판단하기 위해서는 광장에서 활동할 의사가 있는 '행위자'와 이들이 진행하는 자발적인 '활동'을 면밀히 파악할 필요가 있다.

광장을 이용하는 행위자와 광장에서 일어나는 활동들의 종류와 목적은 시간이 지나도 크게 변하지 않는 공간요소들과 달리 때에 따라 변화한다. 따라서 우리는 광장의 행위자와 활동을 더 자세히 이해하기 위해 요일과 시간을 나누어 관찰하기로 결정하였다. 유의미한 시간 구획을 설정하기 위해서는 활동행태가 두드러지게 다른 시간대를 선정할 필요가 있다. 따라서 주말 오후(2~5시), 주중 오후(2~5시), 주중 밤(7~10시)의 총 3가지 시간대를 선정하였고, 이때의 행위자와 활동을 관찰해 비교해 보기로 했다. 이 시간대들을 선정한 이유는 다음과 같다.

1) 주말 오후에는 서대문구청의 '차 없는 거리' 정책의 시행으로 인해 광장의 범위가 연세로까지 확장된다. 넓어진 광장에서 평소보다 규모가 큰 행사들이 종종 진행된다. 또한 주중에는 관찰할 수 없는 다양한 행위자들이 활동에 참여할 것으로 예상된다.

2) 주중 오후와 밤은 각각 학생들의 수업시간/하교시간이기 때문에 활동의 종

130

류와 참여자가 크게 다를 것으로 예측된다. 특히 하교시간 이후에는 인근 상점들도 이른 오후에 비해 활성화되기 때문에 관찰하기 좋을 것으로 보인다.

위 세 가지 시간대에 속하지 않는 오전 시간은 출퇴근자 등의 통행 외 유의미한 행위를 관찰하지 못할 것이라 판단했기 때문에 관찰에서 제외하였다. 또한 축제가 마무리된 이후의 주말 밤 시간대는 주중 밤의 형태와 크게 다를 바가 없다고 판단했기 때문에 생략하기로 하였다.

그러나 참여관찰 연구만으로는 행위자들이 느끼는 감정이나 공간에 대한 생각을 알아내는 데에 어려움이 있을 수 있다고 생각했다. 참여관찰법은 광장의 사용형태를 바라보는 데 매우 용이하지만 단순히 눈으로 보는 것만으로는 내면의 생각과 같은 주관적인 요소들을 파악하기는 힘들기 때문이다. 따라서 이러한 한계점을 보완하기 위해 참여관찰 연구를 진행하면서 신촌의 주요 구성원이자 광장의 주요 행위자라고 생각되는 학생[연세대학교 버스킹 밴드동아리 로드사이드(Roadside) 회장]과 상인(신촌번영회 사무국장)들을 인터뷰하였다. 이들에게 광장의 사용 경험과 느낌, 사용 시의 어려움, 희망사항 등에 대해 간략히 질문했다.

III. 신촌광장 바라보기

1. 공간

우리는 신촌광장의 공간요소를 관찰하여 물리적 개방성을 판단해 보고자 2016년 5월 25일 수요일 저녁 7시경 광장을 방문하였다. II절에서 제안한 공간요소들을 고려하여 신촌광장을 구성하고 있는 창천문화공원, 스타광장, 명물거리 나무데크광장의 공간요소를 관찰하여 다음의 〈표 6.3〉과 같은 결과를 얻었다. 〈그림 6.2〉에는 지도 위에 해당 공간요소들의 분포를 알아보기 쉽게 표시해 보았다.

표 6.3 신촌광장 공간요소 관찰

공간요소		창천문화공원	스타광장	나무데크광장
거시적 요소	목적지	O	O	O
	상권	X	O	O
	연결된 인도	X	O	O
	결절점	X	O	O
	인접한 대중교통 시설	X	O	O
미시적 요소	출입구 연결	△	O	O
	시각차폐물 부재	X	△	△
	사유화요소 부재	O	X	X
	벤치	O	O	O
	쓰레기통	X	O	O
	ATM	O	O	X
	표지판	X	X	O

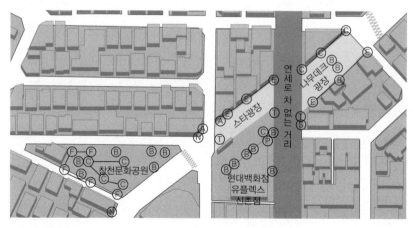

B: Bench(벤치)
S: Sign(표지판)
C: Sight Covering Object(시각차폐물)
P: Privatization element(사유화요소)
T: Trash Can(쓰레기통)

A: ATM
E, N: Connected Entrance(연결된 출입구) Not(연결되지 않은 출입구)
F: Fence(울타리)

그림 6.2 신촌광장의 공간요소

1) 창천문화공원

관찰을 하기 전, 창천문화공원이 신촌광장을 구성하는 세 지역 중 유일하게 '공원'으로 설계되어 비교적 개방적인 공간일 것으로 보았다. 그러나 예상과는 달리 창천문화공원은 물리적 개방성이 다른 공간들에 비해 매우 낮음을 알 수 있었다. 실제로 공간적 요소를 관찰할 때뿐만 아니라 대부분의 시간에 창천문화공원을 이용하는 사람의 수는 다른 공간에 비해 현저히 적은 것을 볼 수 있었다.

거시적 요소를 판단했을 때 창천문화공원은 신촌 지역의 주요 '목적지'인 연세대학교, 세브란스병원, 신촌역으로 향하는 중심에 놓여 있어 '목적지' 항목을 만족시킨다고 판단할 수 있었다. 그러나 그 외의 '상권, 결절점, 연결된 인도, 인접한 대중교통 시설'의 거시적 항목들은 만족시키지 못하고 있었다. 중앙에 놓인 스타광장과 차도를 끼고 떨어져 있어 '상권'에 접근하려는 시민들이 거의 유입하지 못하고 있었다. 이는 '결절점'과도 관련됨을 확인하였는데, 창천문화공원과 접한 인도와 도로는 교차되지 않아 교차점을 만들지 못하며 모두 1차선 혹은 2차선으로 '결절점' 형성이 어려웠다. 또한 '인도의 연결성'을 만족하지 못해 섬처럼 고립되어 있어 창천문화공원에 들어가거나 나오려면 차도를 무단횡단하거나 멀리 돌아 횡단보도를 찾아서 건너야 하는 불편함이 있었다. 가장 인접한 '대중교통 시설'을 이용하려면 유플렉스 앞 스타광장까지 가야 해서 물리적 개방성을 높이는 데 기여하지 못하고 있었다.

미시적 요소의 판단에서 창천문화공원은 공공 공간으로 설계된 만큼 사적인 광고물이나 홍보도구 등의 '사유화 요소'를 가지고 있지 않아 휴식을 취하는 시민들이 부담감을 느끼지 않을 것임을 알 수 있었다. 또한 인도가 연결되어 있지 않아 좁은 차도를 끼고 있기는 하지만, 인접한 상가 1층의 식음업소와 유흥업소 대부분의 '출입구'가 2개 업소만을 제외하고 모두 공원을 향해 설치되어 있어 상가에서 나오는 사람들의 접근을 용이하게 하므로 △를 부여했다. 출입구들은 창천문화공원과 현대백화점의 사이, 혹은 공원과 유플렉스 앞 스타광장 사이를 향해 있었다. 또한 'ATM'이 2대 설치되어 있는 것을 확인하였다.

그러나 공원 둘레의 60% 이상을 둘러싸고 있는 키가 큰 수목들이 '시각적 차폐물' 역할을 하여 사용자들의 시각적 부담감을 높이고 있었다. 나무들 때문에 공원 밖에서 안을 보거나 인근 건물에서 내려다볼 때 공원 내부의 모습을 보기 힘들었다. 4인용 '벤치' 11개와 앉을 수 있는 의자 높이의 가설벽이 17개가 있어 약 120명 이상의 시민이 휴식을 취할 수 있지만 보행 가능한 길을 가로막게 설계되어 있는 경우가 많았다. 또한 공원 둘레의 30% 정도를 쇠울타리와 가설벽이 둘러싸서 차도와의 직접적인 접근을 차단하고 있었다. 이에 더해 '쓰레기통'과 '표지판'은 전무한 것을 확인하였다.

2) 스타광장

신촌광장에서 사람들의 유입이 가장 많은 것으로 보이는 스타광장에 대해서도 거시적·미시적 공간요소를 관찰하였다. 놀랍게도 스타광장은 거시적 공간요소의 모든 항목을 만족시키는 것으로 확인되었다. 스타광장은 신촌광장의 중앙에 위치하고 신촌의 가장 주요하고 큰 목적지인 연세대학교와 세브란스병원으로 향하는 연세로의 중심에 있어 '목적지' 항목에 가장 부합하는 공간이다. 따라서 목적지로 오고 가는 유동인구를 연세로를 따라 발달한 '상권'으로 이동시키는 중심지의 역할을 하고 있다. 또한 연세로와 보행자 전용인도로 연결되어 있어 '연결된 인도' 항목도 완벽하게 만족시키며, 2개의 대로인 연세로와 명물길의 교차점에 위치해 있어 '결절점'의 역할도 한다. '인접한 대중교통 시설'로는 2개의 신촌역 방향, 2개의 연세대학교 방향 버스정류장이 있고 신촌 지하철역 출구가 광장과 바로 연결되어 있음이 관찰되었다.

미시적 요소에서도 스타광장은 대부분의 항목을 만족시켰다. 스타광장은 4면 중 2면이 건물로 둘러싸여 있다. 그중 한 면은 현대백화점 유플렉스 신촌점의 '출입구'로 스타광장과 지상출입구 1개, 지하출입구 1개로 접하고 있다. 맞은편의 소규모 상점과 프랜차이즈 식음업소들 역시 모두 광장과 만나도록 출입구를 설계해 놓아 사람들이 광장과 상점들 사이를 무리 없이 이동할 수 있었다. '벤치'

또한 보행 동선과 겹치지 않는 공간에 위치해 있고 '쓰레기통'과 'ATM'은 인접 지역에 2개씩 설치되어 있어 기준 개수인 1개 이상 있음이 확인되었다. 그러나 거대기업의 백화점이 인접해 있어 대형행사 부스가 광장 한편에 설치되어 철거 되지 않고 거의 상시운영됨으로써 광장을 이용하는 행위자들의 심리적 부담감 과 시각적 폐쇄성을 높였다. 그리고 신촌의 상징이 되어 가고 있는 빨간 잠망경 모양의 조형물, 신촌 플레이버스는 광장을 이용하는 시민들의 시야를 가로막는 '시각적 차폐물'의 역할을 하고 있으나 백화점 건물에 밀착되어 있는 구조여서 시각적 부담감의 정도가 작다고 보아 △점수를 부여했다. '표지판'은 없는 것으 로 확인되었다.

스타광장을 2015년과 2016년 각각 한 번씩 공연장소로 사용한 연세대학교 힙 합댄스 동아리 '하리(HARIE)'와의 인터뷰를 통해 우리가 참여관찰을 통해 확인 한 내용을 다시 살펴볼 수 있었다. 스타광장에서 공연을 한 이유를 묻는 질문에 '유동인구가 많아 관람객이 많고, 장소가 넓어 관람객이 많아도 사람들의 통행 에 큰 지장이 없다'고 답해 스타광장의 물리적 개방성이 높음을 재확인할 수 있 었다.

3) 명물거리 나무데크광장

연세로를 차 없는 거리로 만드는 사업을 통해 조성된 나무데크광장은 사람들 이 머물 수 있는 벤치로 구성되어 있고 보도의 중앙에 위치해 있어 물리적 개방 성이 높을 것으로 생각하고 관찰을 진행하였다.

명물거리 나무데크광장은 신촌역과 연세로라는 '연결된 인도'로 이어져 있어 보행의 편리성이 확보되어 있고 '목적지' 항목도 충족시킨다. 유플렉스 앞 스타 광장과 마찬가지로 '연세대학교'와 '세브란스병원' 및 신촌광장 사이의 '상권', 더 불어 명물거리 위쪽 이화여대 방향 '상권'으로의 연결을 보장하고 연세로와 명 물길의 교차점에 위치해 '결절점'으로서의 역할을 한다. '인접한 대중교통 시설' 에는 2개의 신촌역 방향 버스정류장, 2개의 연세대학교 방향 버스정류장, 그리고 광장과 일부분인 출구가 나 있는 신촌역까지 있어 이 또한 유플렉스와 같음을 알 수 있었다.

유플렉스 앞 스타광장과 마찬가지로 4면 중 2면은 통행로, 2면은 건물로 둘러싸여 있는데, 프랜차이즈 상점으로 둘러싸인 2면의 '출입구'는 모두 광장을 향해 나 있다. '사유화요소'는 행사가 있을 때를 제외하면 거의 존재하지 않는 것으로 조사되었고, 나무데크라는 '시각차폐물'이 존재하지만 높지 않고 시민들의 휴식처로 사용된다는 점에서 물리적 개방성을 크게 떨어뜨리지 않는다고 보아 △를 부여했다. 다만 '벤치'로서 주요하게 기능하는 데크임에도 시민들의 통행을 방해할 수 있는 통로 중앙에 위치해 안락한 느낌은 전혀 주고 있지는 않았다.

공간 부분의 미시적 요소 중 다른 지역과의 연결을 돕는 사물들을 보면, 우선 '쓰레기통'은 1개 입지해 있고 신촌광장의 세 구역 중 유일하게 '표지판'을 갖고 있지만 'ATM'은 없어 완전하지 못한 것으로 측정되었다.

2. 행위자 및 활동

앞서 계획한 바와 같이 본 연구자들은 신촌광장 일대를 세 종류의 시간대로 나누어 각각 약 한 시간 이상 관찰을 해 보았다. 활동과 행위자를 중심으로 이용적 개방성을 측정하기 위해 노력하였다. '어떤 활동이 있는지'를 뜻하는 활동은 활동인구가 많은 순서대로 왼쪽에서부터 총 3순위까지 나열하였다. 또 '누가 행위하고 있는지'를 뜻하는 행위자를 관찰할 때에는 활동을 기획하고 진행하는 '주최', 활동을 기획하거나 제작하는 데에 기여하지는 않았지만 적극적/소극적으로 참여하고 있는 '대상', 그리고 활동에 전혀 참여하지 않고 광장을 지나치는 '무관'으로 나누었다. 다음에 나오는 표들은 관찰한 결과이다.

1) 주말 오후 광장 이용행태(5월 22일 일요일 오후 4~6시)
우리가 첫 관찰을 시작한 5월 22일 일요일에는 날씨가 매우 맑아서 많은 사람들이 광장에 나들이를 나온 모습을 볼 수 있었다. 주말에는 연세대학교 정문과 신촌역 사이를 잇는 연세로가 차 없는 거리로 모습을 바꾼다. 따라서 평일보다 많은 보행자들을 관찰하고 보다 역동적인 활동들을 볼 수 있었다. 우리는 주말에는 신촌광장의 기능이 연세로까지 확장되는 것을 확인하고 신촌광장과 더불어 인근 연세로의 이용행태까지 포함해 관찰하기로 하였다.

오후 4시에 신촌광장에 들어섰을 때 가장 시선을 끈 것은 의자 제작업체 '듀오백'이 주최하고 서대문구청이 후원한 '의자레이싱' 대회였다. 바퀴가 달린 듀오백 의자를 타고 경주를 하는 대회였다. 스타광장과 가까운 연세로에 의자를 타고 달릴 수 있는 레이스가 마련되어 있고 대기장과 운영본부 등도 간이 부스를 세워 운영되고 있었다. 명물거리 나무데크광장에는 파라솔 아래에 듀오백 의자들을 가져다 두어 '시민휴식공간'을 제공하고 있었다.

행사를 주최한 행위자인 듀오백 회사 관계자에게 행사를 왜 하는지, 누가 참여하는지, 어떻게 참여하는지 등 의자레이싱 대회에 대한 사항을 물었다. 그는 듀오백 회사 제품을 홍보하고 마케팅을 하기 위해 유동인구가 많은 신촌에서 행사를 진행하게 되었다고 대답했다. 또한 사전에 의자레이싱 온라인 참가 신청을 받았고, 대부분의 참가자들이 신촌 밖에서 온 시민들이라고 응답했다. 실제로 의자레이싱 대회를 관찰했을 때 직접 참가한 행위자들은 20~30대 남성들이었고 이들의 가족, 연인 등이 대회를 관람하고 있었다. 우리의 예측과는 달리 인근의 대학교 학생들이 행사에 참여하는 모습은 현장에서 거의 찾아볼 수 없었다. 5시에 레이싱 결선이 종료된 후 참여자와 관중들은 대부분 해산해 신촌광장을 빠져나갔고, 듀오백 관계자들은 설치했던 시설물들을 해체하였다.

차가 다니지 않는 연세로를 중심으로 진행된 의자레이싱 행사 이외에도 우리가 관찰할 당시 신촌광장에서는 다른 활동들도 있었다. 현대백화점 유플렉스 앞의 광장에서는 유플렉스 할인행사가 진행되고 있었다. 천막 3개를 설치해 놓고 가판대에서 의류 및 액세서리 종류를 할인해서 판매하고 있었다. 20대에서 50대까지로 추정되는 다양한 연령의 여성들이 주요 소비자였다. 이 할인행사는

표 6.4 주말 오후 광장 이용행태

활동			의자레이싱	할인행사	버스킹 공연
행위자	주최		듀오백 의자회사	유플렉스	팟캐스트(플레이버스)
		후원	서대문구청		고등학교 댄스 동아리
	대상	1위	가족, 커플 등	레이싱을 보러 온 사람들 및 보행자들	
		2위	외부 유입 관광객		
	무관		대중교통을 이용하기 위해 오가는 학생들		

그림 6.3 주말 오후의 한가한 창천문화공원

그림 6.5 주말 오후 연세로로 확장되는 광장의 모습(의자레이싱)

그림 6.4 주말 오후 버스킹이 이루어지는 스타광장

* 이 글에 등장하는 사진은 모두 연구자들이 직접 촬영한 것이다.

의자레이싱 대회가 종료된 5시 이후부터 이어지다가 늦은 저녁에 마감되었다.

의자레이싱 행사가 종료된 이후에는 신촌광장 일대 곳곳에서 댄스 및 음악 버스킹 공연이 진행되었다. 스타광장에 설치된 플레이버스 라디오 담당자들이 초청한 트럼펫 연주자가 연주를 했고, 고등학생 댄스동아리 학생들이 스타광장에서 공연을 준비하고 있었다. 버스킹 공연은 각각 30여 분 정도 진행되었다. 이들을 관람하는 사람들은 나이와 성별이 다양했지만 숫자는 주중만큼 많지는 않았다.

2) 주중 밤 광장 이용행태(5월 25일 수요일 오후 7~8시)

주중 오후 7~8시경에 방문했을 때, 신촌광장이 주로 버스킹이나 기타 문화공연의 무대로 사용되고 있음을 확인하였다. 퇴근 및 귀가를 하는 이동인구도 상당히 많아 굉장히 북적였다. 이날 저녁에는 외국인 버스킹 가수인 '안코드'가 스타광장에서 공연을 진행하고 있었다. 버스킹을 구경하는 인원은 50~60명 정도로 상당히 많았는데 대학생, 고등학생, 직장인 등으로 다양함을 유추해 볼 수 있었다. 30여 분 동안 진행된 공연 직후에 관람객들은 흩어져 주로 교통시설을 이용하기 위해 발걸음을 옮겼다. 이 시간대에는 많은 공연인들이 일대에서 버스킹 공연을 하지만 주로 명물거리 나무데크광장과 스타광장에서 이루어지고 있었다. 창천문화공원 부근에서는 공연을 하지 않고 지나다니는 사람들의 숫자도 현저히 적었다.

버스킹 공연 외에 광장은 주로 휴식·만남·통행의 공간으로 사용되고 있었다. 주중 낮의 한산한 모습과는 매우 대조되는 시끌벅적한 분위기였다. 약속을 위해 일행을 기다리는 사람, 벤치에 앉아 휴식하는 사람, 산책을 하는 사람, 신촌역 출입구 및 백화점 출입구로 이동하는 사람, 주변 상가로 이동하는 사람 등이 있었다. 이들을 대상으로 하는 인근 노점상 및 상인들의 좌판이나 호객행위도 목격할 수 있었다. 우리가 관찰할 때에는 스타광장의 플레이버스 앞에서 원반던지기 게임을 운영하는 좌판이 벌어져 게임에 참여하라고 호객하는 상인들

표 6.5 주중 밤 이용행태

활동			버스킹 공연		휴식	소상행위
행위자	주최		버스커(외부인)	다	커플, 친구 등 소수 무리	인근 노점상 (원반던지기 등)
				소	개인	
	대상	1위	대학생들			커플 등 소수 인원 보행자들
		2위	커플, 고등학생 등		–	
	무관		주로 무리 지은 학생들(동아리, 학생회 등 추정)			

의 모습을 볼 수 있었다.

3) 주중 오후 광장 이용행태(5월 23일 월요일 오후 1~2시)

5월 23일 오후 1시경에 진행된 주중 오후 관찰에서는 날씨가 매우 좋았음에도 불구하고 많은 것을 발견하기 힘들 정도로 한산한 편이었다. 광장에 사람들이 많지 않다 보니 동적인 활동들도 거의 진행되지 않고 대체로 정적인 휴식공간이나 몇몇 사람들의 통행공간으로 이용되고 있었다. 광장을 오가는 소수의 인원들은 광장에서 특정한 활동을 하기보다는 대중교통으로 학교나 세브란스 병원, 상가로 이동하는 행태를 보였다. 이들을 대상으로 한국노인협의회 홍보단과 종교단체 활동가들이 설문을 부탁하거나 말을 거는 모습을 볼 수 있었다. 그 외로는 식사를 할 공간을 찾는 사람들을 대상으로 광장에 접해 있는 춘천닭갈비 등의 상점들이 호객행위를 하는 것을 관찰할 수 있었다.

표 6.6 주중 오후 광장 이용행태

활동		길거리 홍보	휴식	소상행위
행위자	주최	한국노인협의회(NGO)	학생	주변 상점 상인 (춘천닭갈비 등)
		장로교회(종교단체)	인근 상점 상인	
	대상	보행자	–	소수 보행자들
	무관	수업을 들으러 가는 학생 등		

그림 6.6 주중 오후의 한적한 신촌광장

그림 6.7 주중 오후의 한적한 창천문
화공원

IV. 신촌광장 생각하기

Ⅲ절 신촌광장 바라보기에서 살펴본 참여관찰 연구를 통해서 우리는 '신촌광장은 개방된 광장인가?' 하는 질문에 대한 대답을 찾고자 노력하였다. 신촌광장 중 스타광장, 나무데크광장은 몇몇 항목이 부족한 것 외에는 모두 뛰어난 물리적 개방성을 보였지만, 상권 및 결절점 요소 등을 충족시키지 못한 창천문화공원 일대는 물리적 개방성에서 개선할 여지를 가진다. 또한 이용적 개방성의 측면에서는 신촌광장 일대의 전 지역이 낮은 이용적 개방성을 보이고 있다고 판단하였다.

IV절에서는 위와 같이 진행된 참여관찰 연구와 더불어 진행한 인터뷰[1]를 통해 알게 된 사실들에서 주목할 만한 점을 분석해 본다. 인터뷰는 우리가 연구 이전에 신촌광장의 주 사용자로 생각했던 학생들, 특히 동아리 학생들과 상인들을 대상으로 하였다. 신촌광장에서 동아리 공연을 할 수 있는 연세대학교 버스킹 밴드 동아리 '로드사이드' 회장, 춤동아리 '츄러스' 회장, 춤동아리 '하리' 회장과 신촌 일대 상인들의 조직인 '신촌번영회' 사무국장 및 신촌상인연합회 회장을 인터뷰하였다. 인터뷰 대상자들에게는 신촌광장의 사용 경험, 사용 계획, 불편함 등의 내용을 질문하였다. 인터뷰 자료들은 참여관찰 연구에서 관찰한 사실을 좀 더 깊게 보충하는 좋은 자료가 되었다.

1. 물리적 개방성은 이용적 개방성을 가져온다

"광장 바닥이 나무로 되어 있으면 버스킹을 할 때 편해요. 그런 면에서는 창천문화공원은 따로 나무 무대가 마련되어 있어서 좋기는 한데, 사람들이 그쪽으로 많이 다니질 않아서 버스킹이 많지가 않죠. 반면에 이대 쪽으로 가는 길에 있는 나무데크는 사람들이 많이 다니니까 거기서 많이 하구요. 볼 사람들이 많아야 버스킹을 할 수 있는 거니까요."

                              – 연세대학교 버스킹 동아리 로드사이드(Roadside) 회장(2016. 5. 24)

"저희 동아리는 6월 말에 버스킹 공연을 할 계획을 가지고 있습니다. 그래서 장소를 물색해 보았는데, 버스킹의 매력은 관객들과 가까운 거리에서 호흡할 수 있다는 점이라 아무래도 유동인구가 많을수록 좋죠. 그런 면에 있어서는 유플렉스 앞 광장 정도가 적합하다고 생각이 드네요."

---

1. 인터뷰는 연세대학교 학생들의 경우 교내에서 실시하였고, 상인들의 경우 신촌번영회는 신촌동에 위치한 사무실, 신촌상인연합회는 운영하고 있는 점포 내에서 실시하였다. 여기에 제시한 인터뷰 내용들은 사전 동의를 받고 내용을 녹음한 후 다시 정리한 것이다.

첫째, 물리적 개방성은 이용적 개방성에 영향을 준다. 물론 물리적 개방성이 이용적 개방성에 영향을 주는 유일한 원인은 아니지만, 광장의 물리적 요소들이 제대로 갖추어지지 않았을 경우에는 사람들이 자유롭게 광장을 이용하는 데 분명 장애가 된다. 우리는 참여관찰 연구에서 신촌광장을 이루는 스타광장과 나무데크광장이 높은 물리적 개방성을 가지고 있다는 것을 관찰할 수 있었다. 반면 불과 몇 걸음 지척에 있는 창천문화공원의 물리적 개방성은 상당히 저조한 것으로 보인다. 이 같은 점이 문제가 되는 이유는 앞서 여러 학생 동아리들이 짚었듯이, 창천문화공원의 낮은 물리적 개방성이 사람들의 접근을 어렵게 만들기 때문이다. 다시 말해 창천문화공원의 이용적 개방성까지 함께 낮아져 버렸다는 것이다.

2. 학생과 상인 없는 행사, 신촌을 담을 수 없다

"신촌과 연세로는 사실상 학생들과 상인들이 많이 씁니다. 연대, 이대를 중심으로 상권이 형성되다 보니 총 지역주민 2만 명 중 하숙생이 1만 명, 그리고 상인이 4,500명을 차지하고 있기 때문이죠. 그런데 구청은 주민자치위원회를 앞세워 모든 행사를 임의로 결정하고 있습니다. 정작 중요하게 고려되어야 하는 상인이나 학생들의 의견은 무시되고 말이죠."

"과거 대학문화의 메카였던 신촌의 문화를 발굴해 꾸준히 투자해야 하는데 구청과 여러 이익집단들은 이에 대한 감각이 없습니다. 기본적으로 오랫동안 신촌을 지켜 온 유명한 맛집 지도라도 만들어서 홍보를 해야 할 텐데 이마저도 잘되지 않아서 신촌에 놀러 온 사람들이 홍대로 나가 버립니다."

– 신촌 번영회 사무국장(2016. 5. 24)

"자기 관할 내에, 우리 지역 내에 있는 자영업자, 소상공인, 지역주민들의 재산권과 생존권, 일자리를 먼저 보장해 줘야 하는 게 당연한 게 아닙니까. 구청은 그걸 못하고 있는데 왜 지역주민과 상권과 협의를 했다고, 또 상권이 활성화되었다고 하는지 모르겠습니다." — 신촌상인연합회 회장(2016. 5. 20)

두 번째 고려할 점은 연세로가 차 없는 거리가 되어 신촌광장이 확대되는 주말에 주로 열리는 많은 관 주도의 행사들이 신촌의 지역성을 담지 못한다는 점이다. 광장은 지역의 상징과 정체성을 담는 아주 핵심적인 공간이다. 그러나 신촌광장을 가장 주도적으로, 그리고 두드러지게 사용하는 서대문구청의 행사들은 이러한 점에서 내용상 부족함을 보인다. 연구자들이 관찰했던 '의자 레이싱'(5월 22일, 듀오백 주최, 서대문구청 후원) 외에도 최근 개최된 '신촌 왈츠페스티벌'(5월 21일, 서대문구, 인씨엠예술단 주최), '코스프레 컬렉션 인 서울'(5월 21일, 주대한민국일본국대사관 공보문화원 주최) 등의 행사 역시 대학, 젊음과 낭만의 거리 등 신촌의 지역성과는 거리가 멀다. 또한 행사의 목적과 대상을 살펴보면 신촌의 대학생들과 인근 상인, 즉 지역의 행위자들이 크게 고려되지 않고 있다는 것을 발견할 수 있다. 또한 앞서 인터뷰에서 지적한 바와 같이 광장의 행사들은 신촌 상권활성화나 학생자치활동 지원 등 주요 대상자들을 만족시킬 수 있는 긍정적인 결과로 이어지지 못하고 있다. 지역주민과 지역성이 배제된 이런 행사들은 장기적인 정체성 형성을 방해해 신촌을 '아무 행사나 치르는 공간' 정도로 전락시킬 수 있다.

3. 신촌 광장, 관리 기준은 어디에

"버스킹의 암묵적인 규칙 중에 '다른 팀이 먼저 자리 잡고 있으면 기다려야 한다.'라는 게 있어요. 이 때문에 무거운 장비들을 들고 갔는데 먼저 온 분들이 있어서 허탈할 때도 많았구요. 다들 금요일 저녁 때 많이 오는데 겹치면 정말 끔찍합니다.

먼저 버스킹을 하러 오신 사람들이 있는 걸 알 수 있다면 초조하게 기다리지 않아
도 되니까 구청에서 관리하는 신청 절차가 있으면 좋겠어요. 팸플릿이나 안내문
구로 홍보를 해 준다면 더 좋겠죠."   – 로드사이드 회장(2016. 5. 24)

"광장에서 버스킹이 많이 진행되는데 관리가 잘되고 있나요? 버스킹을 허가해 주
는 객관적인 기준은 있나요? 관리 기준에 부합하면 누가 신청을 해도 허가해 줘야
하는데 일일이 주먹구구식으로 진행하고 있습니다."

     – 신촌번영회 사무국장(2016. 5. 24)

세 번째 주목할 만한 점은 신촌광장 사용을 허가하고 관리·지원하는 제도가
유명무실하다는 점이다. 이미 서대문구청과 서울시는 신촌광장 일대를 대관하
는 사이트(UPLAY신촌 웹사이트, 서울시공공서비스예약 웹사이트)들을 운영하고 있
다. 그러나 이들 사이트를 살펴보고 실제 사용대상자들을 인터뷰하면서 이러한
제도가 거의 이용되지 않고, 심지어는 존재조차 알지 못하는 경우가 대부분이
었다. 따라서 현재 버스킹 등을 하려는 사람들은 무작정 찾아가 자리가 나길 기
다리는 방식으로 광장을 이용하고 있는데, 이들은 대기시간을 없애고 여러 사
람이 몰리는 불편함을 방지하는 온라인 사용신청 제도를 희망하고 있다.

4. 활동의 다양성 부족

마지막으로 신촌광장에서 일어나는 활동들이 다양하지 못하다는 점을 지적
하고자 한다. 다양성의 결여는 곧 저조한 이용적 개방성으로 이어지기 때문이
다. 지금까지 신촌광장은 서대문구청 주관 행사 이외에 외부 공연인 및 학생들
의 버스킹, 마술, 드로잉 등 문화행사, 백화점 상인들의 판매행위, 기타 행위자
들의 길거리 홍보행위 등으로밖에 사용되고 있지 않다. 즉, 정당한 이용에 어떠
한 제한이 없어야 하는 광장임에도 불구하고 신촌의 보다 다양한 콘텐츠가 활

용되고 있지 않다는 것이다. 특히 문화, 학술, 교육, 놀이 등 많은 콘텐츠를 가지고 있는 학생들마저도 광장에서 주도적으로 활동하는 경우는 거의 버스킹 공연에 그치고 있다. 따라서 광장을 다양하게 확장해 사용할 수 있는 여지를 보이는 학생들에게도 주목할 필요가 있다. 또한 백화점 상인들을 제외한 지역 소상인들의 경우, 주도적 활동뿐만 아니라 충분한 의견 반영에도 제약이 있어 불만을 가지고 있음을 알 수 있었다.

V. 신촌광장 열기

연세대학교 학생들인 우리는 이 프로젝트를 통해 매일 지나다니는 신촌광장을 정의하고, 광장의 개방성을 판단하기 위한 틀을 제안해 보았다. 물리적 및 이용적 개방성의 틀을 바탕으로 너무나 익숙했던 신촌광장을 새로운 눈으로 관찰하고 관계된 이들의 목소리를 들어 보는 연구를 진행하였다. 이를 통해 신촌광장의 물리적 개방성은 부분적 개선이 필요할 것으로, 이용적 개방성은 많은 노력을 들인 개선이 필요할 것으로 판단하였다. 다음으로 신촌광장의 개방성을 높여 좋은 광장을 만들기 위한 몇 가지 아이디어들을 제안해 본다.

첫째, 낮은 물리적 개방성 때문에 사람들이 이용하는 데 어려움을 겪는 창천문화공원의 환경을 개선하는 것이다. 버려져 제대로 사용되고 있지 않은 넓은 창천문화공원을 친(親)사용자적으로 바꿀 것을 제안한다. 특히 현재 물리적 개방성을 낮추는 큰 요소인 시각차폐물 제거와 인도 연결을 중심으로 우선적인 환경 개선사업이 진행되어야 할 것이다. 또 쓰레기통과 표지판과 같은 인프라 요소를 보강하는 작업도 필요하다.

둘째, 신촌광장을 사용하고 싶은 사람들이 자유롭게 사용할 수 있도록 체계적인 관리와 지원을 하는 것이다. 현재 문제점으로 지적된 공간대관 제도를 통합·활성화하고 사용자들에게 홍보·안내하는 방식으로 개선해야 한다. 또한 보다 다양한 활동들이 이루어질 수 있는 멍석을 깔아 주어야 할 것이다. 이러한 움직임은 현재 감독권을 쥐고 있는 서대문구청 외에 신촌 자치조직의 손에서 이루어질 때 더욱 효과적일 것으로 생각된다.

마지막으로, 가장 뻔하지만 가장 필요한 것은 신촌광장이 나아갈 길의 장기적인 로드맵을 그리는 것이다. 지금처럼 단기적이고 지역성이 부족한 행사들이 아닌, 신촌의 장기적인 정체성과 이를 달성하기 위한 정책, 노력들을 담은 로드맵이 필요하다. 여러 정치적 이유와 경제적 이유 등으로 관련된 이들의 의견을 모으는 과정은 절대로 쉽지 않다. 그러나 장기적인 관점에서 신촌의 발전을 도모하려면 신촌의 중심공간을 위한 이러한 과정은 생략될 수 없다.

이 연구는 시간적·물리적 한계로 참여관찰 연구에서 신촌광장의 매일과 매시간을 기록하지 못했다는 한계점을 가진다. 틈틈이 보충 관찰을 통해 오류를 줄이기 위해 노력했으나 관찰하지 못한 모습이 누락되었을 가능성은 배제할 수 없다. 또한 신촌광장과 관련된 주요한 이해관계자인 서대문구청의 목소리를 직접 듣지 못한 연구의 한계는 관의 어려움 등에 대한 이해 부족으로 이어졌을 수 있다.

그러나 신촌광장의 개방성에 대한 관찰은 신촌의 중심공간을 '광장'으로 재조명하여 개방된 광장이 필요함을 강조했다는 데에 여전히 작은 의미를 가질 것이다. 우리의 연구는 단순한 관찰과 분석에 지나지 않지만 앞으로 진행될 여러 신촌의 개발 및 재생에 대한 연구와 사업들이 '개방된 광장'을 지향점으로 두고 진행되기를 바란다. 개방된 광장을 통해 신촌의 사람들 모두가 즐거운 신촌을 만들 수 있을 것이다.

제7장

무장애(barrier free) 신촌 만들기

김민성 · 박혜연 · 손훈영 · 안지우

I. '누군가'에게는 자유롭지 않은 공간

도시의 번화가는 항상 사람들로 넘쳐 난다. 사람들은 친구 혹은 연인과 함께 자유롭게 번화가를 다니며 각자의 추억을 만든다. 번화가는 우리의 생활공간과는 다른 화려함과 다양한 즐길 거리들을 제공한다. 이로 인해 많은 사람들은 번화가에서 일상생활에서는 느끼지 못했던 재미와 자유로움을 느낄 수 있다. 그런데 이 자유는 모두에게 허락되지 않는다. 휠체어를 탄 장애인에게 번화가는 다수의 장애물들이 존재하는 공간이다. 경사로가 마련되어 있지 않은 건물 입구, 문에 존재하는 작은 턱 그리고 엘리베이터를 타기 위해 올라가야 하는 몇 개의 계단. 이 모든 것은 지체장애인들의 자유로운 이동을 막고 상권과 상점으로의 진입 자체를 불가능하게 만든다. 그렇다면 지체장애인들은 이 공간에서 자유롭게 이동하는 것을 포기해야만 하는가?

물론 해결책이 전혀 없는 것은 아니다. 장애인들이 불편함 없이 진입·이동할 수 있는 공간에 대한 정보가 있다면 장애인들도 이 공간 내에서 자유롭게 상권을 즐길 수 있다. 실제로 서울의 대표적인 번화가인 신촌에서 학생조직을 중심으로 장애인들이 불편함 없이 진입·이동할 수 있는 장소에 대한 정보를 지도상에 표시한 '배리어프리 맵'[1]이 제작되었다. 휠체어를 이용하는 지체장애인들은 배리어프리 맵을 활용하여 진입에 장애가 없는 공간을 손쉽게 찾을 수 있고 그 공간에서 자유롭게 즐길 수 있다. 배리어프리 맵을 실제로 사용하는 학생의 인터뷰를 통해, 장애학생이 포함된 집단의 행사를 잡을 때 배리어프리 맵의 활용으로 모두가 불편을 느끼지 않는 장소에서 행사를 끝마쳤다는 사례를 접할 수 있었다.

배리어프리 맵은 지체장애인들이 진입하는 데 불편함이 없는 장소에 대한 정보를 제공한다는 측면에서 그들에게 선택의 폭을 제시해 주고 이동성을 향상

---

1. 배리어프리(Barrier-Free)는 장애인의 사회적 활동을 막는 모든 물리적·제도적 장벽이 제거된 상태이며, 배리어프리 맵(Barrier-Free-Map)은 배리어프리가 나타나는 공간을 표시한 지도이다.

시켜 준다는 의의를 갖는다. 그러나 배리어프리 맵은 이미 지체장애인의 접근 및 이동이 가능한 공간의 정보만을 제공할 뿐, 상권에서 지체장애인의 근본적 인 접근성을 개선할 수 없다는 한계를 갖는다. 결국 지체장애인의 접근성과 이 동성 향상에 대한 해결책을 배리어프리 맵의 확대와 홍보 등으로 한정 지어서 는 안 된다. 단순하게 '배리어프리 맵'이라는 수단을 강조할 경우 지체장애인들 의 이동성이 배리어프리 맵이 제공하는 공간에 한정될 수 있기 때문이다. 그러 므로 본 연구는 '배리어프리' 자체의 확대를 중심으로 특정 상권에서 장애인 접 근성을 분석하고 지체장애인들의 접근성과 이동성 개선을 위한 방안과 적용방 법을 모색하고자 한다. 그리고 궁극적으로는 장애인을 포함하는 사회적 약자가 전혀 차별을 받지 않는 생활환경 '배리어프리'(김종진 외 2012: 168) 환경 조성 방 법을 모색하고자 한다.

II. '누군가'가 주목한 것

1. 그런데 왜 신촌일까?

이번 연구에서 설정한 주된 목적은 신촌 상업지역을 이용하는 지체장애인들 의 이동성 보장을 위한 정책적 아이디어 모색이다. 그런데 왜 하필이면 신촌일 까? 왜 많고 많은 지역 중에 신촌에서 이 연구를 진행하게 됐을까? 신촌은 서울 에서 손에 꼽는 번화가이면서 연세대학교라는 큰 대학이 자리 잡고 있다. 결 국 신촌은 다른 번화가와는 달리 다양한 문제의식을 가진 대학생집단들이 존재 한다. 또한 각 학생집단은 각자의 문제의식을 바탕으로 활동하고 있으며, 신촌 은 학생들의 문제의식들이 반영될 수 있는 공간이라는 특징을 갖는다. 구체적 인 예로 연세대학교의 장애인권 동아리 '게르니카'의 활동을 들 수 있다. 게르니 카는 휠체어를 이용하는 지체장애인들의 이동성 확보에 대한 관심을 바탕으로

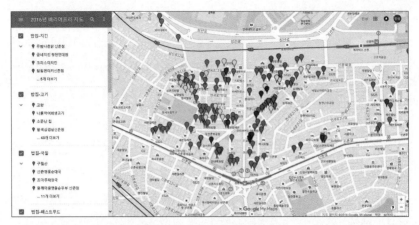

그림 7.1 2016년 신촌 배리어프리 맵

* 연세대학교 장애인권 동아리 '게르니카'에서 제작한 2016년 배리어프리 맵. 이 지도는 신촌 상권에서 지체장
애인의 이동성이 확보된 상점을 표시한 것이다. 지도는 정기적으로 수정되고 있으며, 이 그림은 2016년 5월
기준으로 최종 수정된 지도이다.

지체장애인들이 타인의 도움을 받지 않고 들어갈 수 있는, 즉 '장벽으로부터 해
방된' 상점을 표시한 지도를 제작·배포하는 활동을 펼쳤다. 이 지도는 '무장애
지도', 다른 말로 '배리어프리 맵'이라 불린다. 신촌 배리어프리 맵은 학생조직이
제작한 무장애 지도 중 전국에서 유일하게 학교 외 번화가를 중심으로 만든 지
도이다. 또한 신촌 배리어프리 맵은 학생들에 의해 정기적으로 수정되며 가장
활발하게 사용되는 의의를 갖는다.

　이처럼 신촌은 타 번화가와 달리 학생 혹은 학생집단 그리고 상권 간에 상호
작용이 나타나며, 이로 인한 변화가 활발하게 일어날 수 있는 지역이다. 특히 신
촌은 연세대학교에 재학 중인 학생, 학생들이 자체적으로 꾸려 가는 동아리, 그
리고 연세로/명물길 일대 상인, 이렇게 크게 세 집단 사이의 필요와 요구들이 교
차되며 공간이 채워지고 있다. 어떻게 보면 신촌만큼 다양한 개체 및 집단이 일
정한 공간을 함께 공유하고 또 공간을 변화시키는 곳도 없을 것이다. 그러나 신
촌은 다양한 이해를 가진 집단이 공존하는 만큼 각 집단의 상황과 목소리는 다
르다. 신촌을 이용하는 학생과 신촌에서 상업활동을 하는 상인이 바라보는 신

152　　　　　　　　　　　　　　　　　　　　　　　　　　　　　　　　마을학개론

촌은 다소 차이가 있다. 학생 사이에서도 개개인의 학생과 학생집단 그리고 장애학생들이 신촌에 요구하는 것이 항상 같게 나타나지는 않는다. 그렇다면 신촌의 변화는 누가 이끌 수 있을까?

가장 간단한 방법은 문제 해결을 관에 맡겨 버리는 것이다. 그러나 과연 관이 신촌을 직접 이용하고 구성하는 다른 집단들에 비해 신촌을 가장 잘 안다고 생각할 수 있을까? 특히 상권에서 장애인의 이동성 확보 문제는 직접 상권을 이용하는 장애/비장애 학생의 이해와 서비스 및 시설을 제공해야 할 상인의 이해관계가 얽혀 있는 문제이다. 따라서 우리는 이 문제 해결의 방법으로 관 주도의 일방향적 문제 해결이 아닌, 다양한 집단의 목소리가 반영되어야 진정으로 문제가 해결될 수 있다고 보았다. 그렇다면 이 문제를 해결하기 위해서는 누구의 목소리를 들어 보아야 할까.

2. 누구와 이야기해 보아야 할까?

문제 해결을 위해 우리는 우선 신촌의 주체가 누구일까에 대해 생각해 보았다. 관을 제외하고 신촌을 실질적으로 구성하는 주체를 크게 연세대학교에 재학 중인 학생과 연세로 및 명물길 일대의 상인으로 분류했다. 이 두 집단은 집단의 특성 차이로 인해 신촌에서의 상황과 생각이 다를 것이다. 또한 이 차이를 바탕으로 장애인 이동성 개선에 대한 각 집단의 인식은 신촌의 문제점을 진단하고 신촌을 변화시킬 수 있는 방안을 제시하는 데 주요한 역할을 수행할 것이다.

그림 7.2 신촌의 주체

이번 연구는 '신촌 상권 내에서 장애인의 이동성 개선 향상'이라는 본 연구의 목적에 따라 장애학생의 범주를 '배리어프리' 문제를 보다 직접적이고 절실하게 느끼는 지체장애인학생으로 한정하여 연구를 진행했다.[2] 그리고 비장애학생 집단은 신촌 상권을 이용하는 생활주민 중 대다수를 차지하는 연세대학교 학부생을 대상으로 범위를 한정했다. 마지막으로 상인의 경우, 조사 공간의 범위를 연세로/명물길 일대 상권의 식당, 카페, 주점, 문화시설 등으로 한정했다. 홍익대학교나 이화여자대학교 일대 역시 연세대학교 학생들이 자주 찾는 상권임은 분명하지만, 대부분의 연세대학교 학생들이 주로 이용하는 상권은 대체로 연세로와 명물길 두 도로의 영역 안으로 한정되기 때문이다. 덧붙여 배리어프리 상점과 배리어프리에 해당하지 않는 상점의 분류는 연세대학교 장애인권 동아리 게르니카가 제작한 2016년 배리어프리 맵[3]을 기준으로 했다.[4]

이동성 개선 방안에 대한 설문에 앞서 장애학생, 비장애학생 그리고 상인들이 지체장애인의 이동에 관해 어떠한 인식을 갖고 있는지 설문을 진행했다. 그리고 이와 더불어 비장애학생들이 신촌 상권 이용 시 겪었던 어려움이나 개선 사항 등에 관한 내용도 포함되었다. 마지막으로 신촌 상인들에 대해서는 각자 운영하는 상점의 배리어프리 상황, 배리어프리를 위해 필요하다고 생각되는 시설 그리고 시설을 추가 설치할 때 예상되는 문제점 등을 중심으로 설문을 진행하였다.

3. 결과 분석틀 소개-무엇을 주목해서 보아야 할까?

학생과 상인, 두 주체에게 설문조사를 진행하여 결과를 얻어 냈지만, 이것을

---

2. 지체장애인뿐만 아니라 다른 종류의 장애인 접근성에 대한 연구는 향후 연구과제이다.

3. 게르니카가 제작한 배리어프리 맵은 휠체어를 기준으로 휠체어에 탑승한 사람이 타인의 도움 없이 입장 및 내부 이동이 가능한 상점을 배리어프리 상점으로 선정했다.

4. 본 연구에서 설문에 응한 연세대학교 지체장애인은 총 12명이었으며, 연세대학교 비장애학생은 88명으로 총 100명의 학생들이 이 설문에 응답해 주었다. 신촌 상권 상인은 총 26명이 응답하였는데, 상점 종류는 식

있는 그대로 보는 것만으로는 우리 팀에서 원하는 결과를 발견하기가 어려웠다. 따라서 우리 팀은 설문조사 결과를 분석하기 위한 기준으로서 크게 두 가지 측면을 고려하였다. 하나는 상점 자체의 접근성과 장애인의 이동성을 보장하는 시설 존재의 유무로 분류하는 것이고, 다른 하나는 시설 설치 문제와 보다 직접적으로 연관되어 있는 상인집단이 시설 설치를 고려할 때 이를 어렵게 만드는 원인들을 분류하는 것이었다.

먼저 접근성의 경우 이를 '외부적 접근성'과 '내부적 접근성'이라는 기준으로 나누어 살펴보았다. '외부적 접근성'은 상권에 위치한 개별 매장에 일차적으로 진입하는 데 요구되는 외부 시설이나 구조적 조건으로, 이 설문조사 항목 중에서는 '인도 미확보', '이면도로', '좁은 입구', '경사로' 등의 항목이 해당된다. 이와 같이 '외부적 접근성'에 해당하는 항목은 상권 이용과정에서 매장의 출입 자체에 불편함을 주거나, 심한 경우 접근이 불가능한 경우와 관련된 요소이다. 한편 '내부적 접근성'은 매장 또는 매장이 위치한 건물에 진입한 이후 실제 매장을 이용하는 과정에서 요구되는 내부 시설이나 구조적 조건으로, '엘리베이터', '자동문' 등의 항목이 이에 해당한다.

하지만 앞서 서술한 바와 같이 외부적 접근성이 보장된다고 해서 그것이 무조건 매장의 자유로운 이용으로 이어지지는 않는다. 외부적 접근성이 보장된다 하더라도 내부적 접근성이 보장되지 않는다면 지체장애인들은 실제 매장 이용과정에서 큰 불편함을 겪을 수 있다. 또한 2층 이상/지하에 위치한 매장의 경우 적절한 내부적 접근성이 보장되지 않는다면 외부적 접근성이 보장된다 하더라도 사실상 매장의 이용이 불가능하다. 따라서 외부적 접근성과 내부적 접근성의 구분은 장애인이 상권을 이용하는 과정에서 직면하는 문제에 대해 순차적으로 겪게 되는 어려움을 구분한 것일 뿐, 두 접근성 중 어느 한쪽이 다른 한쪽에 비해 보다 높은 중요성을 갖는 요인은 아니라고 볼 수 있다.

당(13), 주점(10), 카페(3), 문화시설(1)로 구성되어 있다.

또한 상인의 경우, 시설 설치와 직접적인 관계를 맺고 있기 때문에 상인들이 시설 설치과정에서 겪게 되는 어려움의 원인을 보다 일반적인 개념으로 바꿔볼 필요가 있었다. 따라서 상인들이 겪는 어려움을 크게 세 가지로 분류하였다. 첫 번째는 경제적 요인이다. 외부로부터 모든 비용이 지원되지 않는 한 상인들은 각자 자신이 시설에 대한 설치비와 관리비를 부담할 수밖에 없다. 이는 상인들의 직접적인 비용 지출로 이어진다. 두 번째는 공간적 요인이다. 앞선 설문조사에서 볼 수 있듯이 공간적 원인은 다시 설치공간 부족 문제와 영업공간 축소 문제로 나뉜다. 설치공간 부족 문제가 영업장의 기본적인 구조나 규모 자체가 시설을 설치하는 데 제약이 되는 경우라면, 영업공간 축소는 비록 시설 설치는 가능하더라도 시설을 설치하면 실질적인 영업공간 축소로 이어져 잠재적인 경제적 손실에까지 이를 수 있는 경우이다. 마지막으로 사회적 요인이 있다. 위와 같은 두 요인에 따라 제한을 받지 않더라도, 상가에 입주하고 있는 임차인들은 시설 설치과정에서 건물주와의 협의를 필요로 한다. 하지만 임대인과 임차인 사이에는 분명한 권력관계가 존재하고 있으며, 임차인의 설치의사는 임대인의 의사에 의해 거부당할 수도 있다. 임대인과의 불편한 관계는 임차인이 해당 장소에서 안정적으로 매장을 운영하는 데에 부담으로 작용하기 때문에 임차인들은 접근성 개선을 위한 시설 설치 주장을 하지 않거나 소극적인 태도를 취할 가능

표 7.1 설문조사 결과 분석틀

접근성	내부적 접근성	매장 또는 매장이 위치한 건물에 진입한 이후 실제 매장을 이용하는 과정에서 요구되는 내부 시설이나 구조적 조건
	외부적 접근성	상권에 위치한 개별 매장에 일차적으로 진입하는 데 요구되는 외부 시설이나 구조적 조건
시설 설치의 어려움	경제적 요인	시설 설치비/관리비 부담의 문제와 연관
	공간적 요인	영업장의 기본적인 구조나 규모 자체가 시설을 설치하는 데 제약이 발생하는 경우(공간의 부족), 시설 설치는 가능하지만, 설치하면 실질적인 영업공간 축소로 이어져 잠재적인 경제적 손실에까지 이를 수 있는 경우(공간의 축소)
	사회적 요인	임대인/임차인의 권력관계에서 발생하는 시설물 설치에 대한 문제

성이 높다.

장애학생/비장애학생 및 상인을 대상으로 한 신촌에서의 지체장애인 이동성에 관한 인식조사를 토대로, 본 연구는 신촌 지역의 문제를 진단하고 이를 해결할 방안을 모색하고자 한다. 그러나 상인의 경우 대부분의 상인이 임대인의 신분으로 상점을 주체적으로 변화시키는 데 한계가 있다는 특징이 나타난다. 따라서 각 집단의 인식과 더불어 상인들이 장애인 이동성 확보를 위한 시설을 확보하는 데 겪는 어려움에 대해 분석하고 이것이 임대인의 상황과 어떤 연관성이 있는지, 이를 해결하기 위해 어떠한 노력이 요구되는지를 중심으로 분석을 진행하였다.

III. 학생들이 바라본 신촌

학생을 대상으로 한 설문조사는 앞서 설명한 바와 같이 지체장애학생과 비장애학생으로 나누어 실시하였다. 이 두 집단의 설문 결과를 비교 분석하여 유의미성을 도출하고자 하였다. 지체장애학생과 비장애학생은 전체적인 응답 경향에서는 비슷한 모습을 보였지만, 구체적인 응답 비율에서는 다소 차이를 보였다. 특히 장애인 이동성 향상에 필요한 시설에 관한 측면에서는 지체장애학생과 비장애학생의 의견이 상당한 차이를 보인다는 점을 확인할 수 있었다.

먼저 '신촌 상권 이용 시 가장 크게 느끼는 불편함'에 대해 지체장애학생과 비장애학생은 모두 외부적 접근성에 해당하는 요소인 '인도 미확보'와 '이면도로'에 따른 불편함을 주된 이유로 꼽았다. 지체장애학생의 66.7%, 비장애학생의 56.8%가 외부적 접근성을 가장 큰 불편함으로 지적했다. 이는 신촌 상권을 이용하는 과정에서 주 고객층인 학생들이 느끼는 불편함이 내부적 접근성의 부족이 아닌 외부적 접근성의 부족 때문이라는 것을 시사한다. 특히나 지체장애학생 집단이 외부적 접근성 중에서도 입구나 엘리베이터 등과 같은 소규모의 시

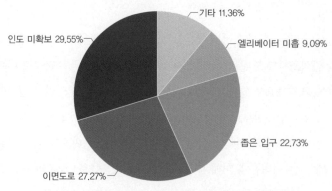

그림 7.3 신촌 상권 이용 시 가장 크게 느끼는 불편함(비장애학생)

설 접근성 문제보다 도로환경과 같은 보다 큰 공간구조의 문제를 지적했다는 점이 주목할 만한 특징이다.

두 번째로 장애인의 접근성 개선을 위해 가장 필요한 부분이 무엇인지 묻는 질문에 대해서는 지체장애학생과 비장애학생 모두 '경사로 설치'가 가장 시급한 항목이라고 응답했다(지체장애학생 66.7%, 비장애학생 31.8%). 인도나 이면도로와 같이 대규모의 구조 변경을 필요로 하는 도로환경 개선 문제를 제외한다면, 두 집단에서 모두 중시되는 외부적 접근성의 문제 중 가장 시급한 사항은 개별 건물에 진입할 수 있는 경사로를 설치하는 것이라고 할 수 있다.

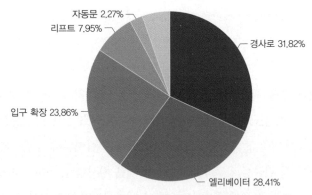

그림 7.4 장애인 접근성 개선을 위해 가장 필요한 항목(비장애학생)

그러나 두 집단 모두 경사로 설치를 가장 중요한 문제로 꼽았다 하더라도, 두 집단의 응답비율 구성을 살펴보면 두 집단의 문제 인식이 완전히 일치하지 않는다는 것을 알 수 있다. 비장애학생의 경우 '경사로 설치'에 대한 응답비율이 가장 높긴 했지만, 그 비율이 31.8%에 불과해 다른 응답항목과 커다란 격차를 보이지는 않았다. 그렇기 때문에 경사로 설치에 대한 비장애학생들의 필요성 인식이 다른 항목의 필요성에 비해 뚜렷한 차별성을 갖는다고 보기는 어려웠다('엘리베이터 설치' 28.4%, '입구 확장' 23.9%). 반면 지체장애학생들의 경우 같은 질문에 대해 응답자의 66.7%가 '경사로 설치'가 필요하다고 응답했다. 이를 통해 실제 이해당사자인 지체장애학생에게 절대적으로 필요한 것은 경사로 설치임을 알 수 있다. 실제로 이러한 시설이나 구조를 이용하는 당사자인 지체장애학생과 이러한 문제를 관찰자 입장에서 바라보는 비장애학생 사이에는 상당한 의견 차이가 있다는 점을 알 수 있다.

마지막으로 비장애학생들이 지체장애학생과 함께 이용하는 시설의 빈도, 그리고 지체장애학생들이 추가적으로 표시한 상권 이용의 어려움을 함께 고려했을 때는 〈그림 7.5〉와 같은 예측이 가능하다. 먼저 비장애학생들이 지체장애학생과 이용한 시설의 빈도는 분류 범주에 관계없이 비교적 균등한 분포를 보이

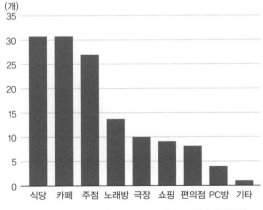

그림 7.5 장애학생과 함께 이용하는 매장 분류(비장애학생)

고 있다. 따라서 지체장애학생들이 신촌의 상권을 이용하는 과정에서 접근성의 정도가 업종에 따라 차등적이지 않은 것으로 보인다. 이 결과를 통해 업종에 따라 상권의 접근성 차이를 분석하는 것이 유의미하지 않을 것이라는 결론을 내리게 되었다. 하지만 지체장애학생의 80% 이상이 상권 이용 시 장소 선정과 출입 과정에서 어려움을 겪는다고 응답한 내용을 함께 고려할 때, 동시에 어떤 업종의 매장이든 어느 매장을 이용할 것인가 결정하는 과정에서부터 커다란 어려움을 느끼고 있음을 알 수 있었다.

IV. 상인들이 바라본 신촌

상인 설문조사 결과는 크게 두 가지 특징을 보인다. 상인들이 장애인 시설을 설치하는 데에서 일관된 응답성향을 보이지 않는다는 점, 그리고 상술한 바와 같이 상인들이 시설 설치를 결정하는 데 겪게 되는 어려움이 크게 세 범주(경제적 요인, 공간적 요인, 사회적 요인)로 분류된다는 것이다.

배리어프리 여부에 관계없이 상인들은 공통적으로 설문 첫 문항("귀하의 사업장 내에 장애인을 위한 시설을 설치하는 것에 대해 어떻게 생각하십니까?")에서 사업장 내 장애인 접근성 개선을 위한 시설 설치 의향을 묻는 질문에 대체로 긍정적인 답변을 내놓았고 보통이라고 응답한 의견은 34.6%였다. 하지만 사업주(상인)로서 접근성 개선 시설물 설치를 통해 겪는 어려움("장애인 이동성 확보를 위한 시설을 설치하는 데 어려움은 무엇입니까?")과 같은 설문문항에 응답한 뒤, 설문 마지막 부분에서 비슷한 질문에 응답했을 때("장애인의 이동성 보장 시설을 추가로 설치할 의향이 있습니까?") 상인들의 응답성향은 전혀 다르게 나타났다. 긍정적인 답변은 11.5%에 불과했고, 보통이라고 응답한 사람이 53.9%, 부정적이라고 응답한 사람도 26.9%에 달했다.

그렇다면 왜 같은 문항에 대해 설문 초반부와 후반부에서 서로 다른 답변이

마을학개론

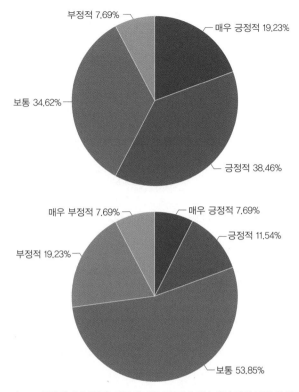

부정적 7.69%

매우 긍정적 19.23%

보통 34.62%

긍정적 38.46%

매우 부정적 7.69%

매우 긍정적 7.69%

긍정적 11.54%

부정적 19.23%

보통 53.85%

그림 7.6 선행(상) / 후행(하) 질문에 따른 접근성 개선 시설 설치 관련 인식비

나왔을까? 상인들이 이 질문에 답하는 과정에서 스스로 어떤 사람인지 판단하는 정체성을 다르게 두었기 때문에 이러한 차이가 발생했다고 볼 수 있다. 전자의 경우, 아직 장애인 시설 설치와 관련하여 어떤 구체적인 문제에 대해 답하기이전에 질문을 접하였다. 하지만 후자의 경우, 시설 설치 등에 수반되는 어려움에 대해 고려하고, 장애인의 접근성 문제를 매장을 운영하는 사업자로서 응답해야 하는 문제로 보게 만드는 질문들에 지속적으로 노출된 뒤 응답하게 되었다. 그렇기 때문에 설문 초반부의 질문은 상인이나 사업자로서 질문에 응답하기보다는 개인으로서 지닌 도덕적·윤리적 관점에 입각해 응답했을 가능성이높으며, 후반부의 경우 개인의 장애인 접근성 개선에 대한 윤리적 관점과 달리

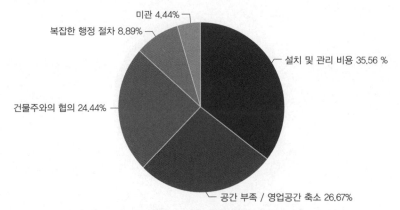

미관 4.44%
복잡한 행정 절차 8.89%
건물주와의 협의 24.44%
설치 및 관리 비용 35.56 %
공간 부족 / 영업공간 축소 26.67%

그림 7.7 장애인의 접근성 개선을 위한 시설 설치에 따르는 어려움

실제 자신의 이해관계에 대한 고려가 이루어지면서 처음 응답과 이후의 응답에 차이가 발생했다고 볼 수 있다.

그렇다면 상인들로 하여금 이렇게 시설 설치를 망설이게 만든 요인에는 어떤 것이 있을까? 앞선 설문 결과와 같이 상인들은 설치/유지비, 공간 문제, 건물주와의 관계 등을 순서대로 그 이유라고 답했다. 〈그림 7.7〉에서도 볼 수 있듯이, 이와 같은 세 가지 요인이 전체 응답의 85% 이상을 차지하는 주요 요인임을 알 수 있다.

이전에 제시한 세 가지의 하위 분석틀에 따라 이 결과를 분석해 보면 다음과 같은 결론을 내릴 수 있다. 첫째, 설치/유지비에 대한 우려가 다른 항목에 비해 비교적 높다는 점에서 직접적인 비용 지출에 대한 상인들의 걱정이 가장 크다. 둘째, 그럼에도 불구하고 상인들은 공간 부족/영업공간 축소의 문제와 건물주와의 협의 과정에서 빚게 되는 관계의 갈등을 우려하는 부분 역시 상당하다는 것이다. 전자의 경우 조사를 통하지 않더라도 쉽게 예측될 수 있는 부분이었지만, 후자의 경우 설문조사 당시 예상했던 것보다 경제적 요인 이외의 다른 요인들, 바꿔 말하면 상인들 스스로 해결할 수 있는 차원 이상의 문제가 더 큰 영향을 미치고 있다는 것을 의미한다. 따라서 시설 측면에 한정해서 보았을 때, 이를

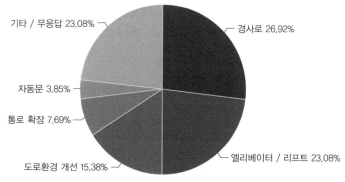

기타 / 무응답 23.08%

경사로 26.92%

자동문 3.85%

통로 확장 7.69%

엘리베이터 / 리프트 23.08%

도로환경 개선 15.38%

그림 7.8 장애인의 접근성 개선을 위해 가장 필요한 항목

성공적으로 개선하고 지속적으로 운영을 가능케 하기 위해서는 상권의 접근성 개선 과정에서 상인들의 의견이 수렴되어야 하며, 상권 접근성 개선의 책임을 상인 개인이나 상인회 차원에만 지울 것이 아니라, 지방자치단체(이하 지자체)를 포함하여 지역 사회공동체가 함께 논의해야 할 공적인 문제임을 보여 준다.

이외에도 장애인의 접근성 개선을 위해 가장 필요한 부분을 묻는 질문에 대해서는 학생집단과 마찬가지로 경사로 설치의 필요성이 가장 중요하다고 응답하였다. 하지만 학생집단과 달리 경사로에 대한 중요성 인식이 그리 높지 않다는 점, 그리고 이러한 외부적 접근성에 해당하는 요소 못지않게 내부적 접근성을 구성하는 요소들의 중요성에 대해 비교적 높게 평가하고 있다는 점을 확인할 수 있었다.

V. 모두의 목소리를 모아서

1. 장애학생과 비장애학생의 생각은 같다－외부적 접근성의 우선적 개선 필요성

상권을 이용하는 소비자 입장에 있는 학생들은 장애 여부를 불문하고 공통적으로 도로환경(인도 미확보, 이면도로)과 같은 외부적 접근성 부족이 상권 이용 시 가장 불편한 부분이었다고 응답했다. 따라서 장애인의 상권 접근성을 개선하는 과정에서 연세로/명물길 상권 일대의 도로를 중심으로 한 공간구조의 개선은 장애인의 생활환경뿐만 아니라 비장애인의 생활환경까지 함께 개선하는 일이라는 것에 의의가 있다. 이러한 결과를 통해 장애인의 이동성 개선이 단순히 장애인의 생활만을 개선하는 것이 아니라 비장애인의 이동성 개선에도 무관하지 않다는 의미를 찾을 수 있다. 비장애인과 장애인이 서로 같은 불편함을 느끼고 있다는 점에서 비장애인과 장애인 모두 상대방의 생활환경에 어떤 문제가 있는지 이해하고, 서로 함께 공유하는 문제의식에 기초해 개선방안을 함께 논의해 나가야 할 것이다.

2. 경사로 설치의 필요성

시설 측면에서는 지체장애학생과 비장애학생, 상인 모두 '경사로 설치'가 접근성 개선을 위해 가장 필요한 부분이라고 공통적인 의견을 표시했다. 경사로 설치가 가장 중요한 문제라는 공통된 의식은 접근성 개선의 문제 측면에서 외부적 접근성 개선이 시급한 문제임을 확인해 주기도 하지만, 실제로는 그보다 더 중요한 의미들이 많이 내포되어 있다.

먼저 경사로는 다른 개선 항목에 비해 상대적으로 낮은 비용으로도 설치와 유지가 가능하다. 따라서 경사로 설치는 건물주(임대인) 또는 1층에 매장을 둔 상인들의 비교적 작은 비용 투자와 협조로 개선될 수 있는 항목이다. 또한 경사로 설치가 세 집단, 특히 지체장애학생에게 절대적으로 중요한 문제라고 인식된다는 점은 현재 신촌 상권에서 지체장애학생들이 상가 등에 일차적인 출입 자체에 상당한 어려움을 겪고 있다는 사실을 보여 주기도 한다. 이와 같이 소규모 시설/구조물의 설치만으로도 상당한 접근성 개선이 이뤄질 것으로 예상되므로 지역 행정이나 학생들의 요구 외에 상인이나 임대인들이 이와 같은 시설 개선에 관심을 가지는 것만으로도 큰 변화를 일으킬 수 있다.

3. 장애학생들의 의견수렴 확대

그럼에도 불구하고 주 연구대상인 지체장애학생들의 의견이 비장애학생 및 상인들의 의견과 상당한 차이를 보인다는 점은 앞으로 문제 해결과정에서 장애학생 측의 의견을 더욱 적극적으로 수렴할 필요성을 보여 준다. 현실적으로 정책을 수립하고 집행하는 사람들이 대부분 비장애인이라는 점을 감안할 때, 이러한 정책 결정자들의 의견은 대체로 비장애학생이나 상인들의 인식과 유사할 것으로 예상된다. 하지만 지체장애학생의 경우 경사로 설치가 다른 개선방안에 비해 절대적으로 중요한 우위를 지니는 반면, 비장애학생이나 상인들의 입장에서 이는 여러 개의 동등하고 유사한 수준의 대안 중 하나에 불과하다. 만약 후자와 같은 인식에서 정책이 수립되어 집행된다면 장애인의 접근성 개선을 위한 대책은 그에 투자된 비용이나 노력에 대비해 제대로 된 효과를 거두기 어려울 가능성이 높다. 따라서 이 결과를 통해 구청이나 구의회와 같은 지역정치 체계는 비장애인과 장애인의 시선이 얼마나 큰 차이가 있는지 인식하고, 비장애학생들만의 의견보다는 표면적으로 잘 드러나지 않는 장애인의 의견을 수렴하여 보다 적절한 정책목표 설정에 나서야 한다.

4. 문제 해결의 핵심은 상인들의 변화!–상인들의 어려움 풀어 주기

하지만 결국 문제 해결에 직접적으로 나서게 되고, 나서야 할 사람들은 상인들이다. 상인들의 적극적인 협조 없이 공공부문의 주도만으로 이러한 문제를 해결하는 것은 한계가 있다. 하지만 신촌 지역의 상인들에게는 설치/유지비와 같은 직접적인 경제적 요인, 시설에 공간을 할당하면서 발생하는 매장 축소 등의 공간적 요인, 그리고 시설 설치나 구조 변경과정에서 요구되는 임대인과의 협의와 같은 사회적 요인 등이 부담으로 다가오고 있다. 이와 같은 요인들은 보편적인 관점에서 장애인 접근성 개선을 위한 시설 설치에 찬성하는 상인들에게 실제 행동을 망설이게 만들고 있다. 이를 고려하여 해결하려는 노력 없이는 지자체 주도의 하향식 의사결정을 통한 강제적이고 비효율적인 행정 집행을 통해야만 문제에 접근이 가능할 것이며, 이는 신촌 지역 공동체에 상당한 사회적 비용 지출을 가중시킬 것이다.

5. 혼자서는 해결할 수 없는 너무 많은 문제들-지자체가 수행해야 하는 역할

앞서 살펴본 대로 도로환경과 같은 보다 거시적인 공간구조를 개선하거나 비용 문제로 시설 설치를 망설이는 상인들에게 폭넓게 인센티브를 부여할 수 있는 곳은 결국 지자체뿐이다. 비단 이와 같은 거시적 차원이 아니더라도, 입구에 경사로를 설치하는 등의 미시적인 문제 역시 상인들의 순수한 선의와 관심에만 의존하는 데에는 한계가 있다. 사실 연구과정에서 직접적으로 다뤄지지 않았지만, 장애인의 접근성 개선을 둘러싼 가장 중요하고 근본적인 문제 중 하나는 바로 장애인의 숫자가 절대적으로 적다는 점이다. 상인들은 장애인들을 높은 비중을 차지하는 고객으로 보지 않기 때문에 이러한 이해관계를 고려하는 한 장애인에 대한 배려는 근본적으로 도덕적 감정에 호소하는 데 그칠 수밖에 없다. 이렇듯 경제적 논리로 쉽게 설득되지 않는 상인들로 하여금 변화에 나서도록 만들기 위해서는 지자체 차원에서 시설 설치에 따르는 비용 부담의 경감이나 '배리어프리'를 통해 얻을 수 있는 새로운 수익 모델을 구축할 수 있도록 지원해 줄 필요가 있다.

6. 어떤 모델을 만들 수 있을까?

다시 돌아와서 배리어프리를 활성화시킬 수 있는 방안 중의 하나로 '배리어프

마을학개론

리 맵'의 확대 및 적용을 들 수 있다. 장애인들이 물리적 장벽 없이 접근 가능한 시설물을 표시해 놓은 지도인 '배리어프리 맵'은 배리어프리에 대한 인식을 환기시키고 물리적 공간의 접근을 더욱 용이하게 할 수 있는 수단으로, 배리어프리 환경 조성에 필요한 요소 중 하나이다. 일본을 비롯한 해외 사례의 경우, 공항, 공원, 대학을 비롯한 공공기관, 그리고 지자체 차원에서 직접 배리어프리에 대해 안내하고 배리어프리 맵을 배포하는 경우가 많다. 즉, 배리어프리에 대한 인식과 배리어프리 맵의 배포가 이미 공공의 차원에서 이루어지고 있다는 것이다.

이와 같은 측면에서 신촌은 매우 유리한 조건을 갖추고 있다고 볼 수 있다. 이미 신촌(연세로와 명물길 일대)은 연세대학교 장애인권 동아리 '게르니카'가 제작한 '배리어프리 맵'이 존재하며 지체장애 학생들을 중심으로 활발하게 사용되고 있다. 또한 이 지도는 넷상으로 작성되었기 때문에 지속적으로 수정 및 보완이 되고 있다. 결국 신촌에서도 일본의 사례와 같이 지자체 차원에서 배리어프리 맵을 홍보 및 배포하고 배리어프리 환경 조성을 병행한다면 배리어프리 맵의 공공화가 가능할 수 있다. 더욱이 배리어프리에 대한 홍보가 강화되고 이를 통해 더 많은 이용자들이 배리어프리 상점을 이용한다면, 상인들이 장애인 이동성 향상을 도울 수 있는 시설을 설치하는 데 도움이 되는 경제적 모델을 제시할 수 있다.

배리어프리 환경 조성의 공공화 실례(實例)로 진주시가 진행하는 '무장애 도시' 사업을 들 수 있다.[5] 진주시는 2012년 7월 전국 최초로 '무장애 도시' 조성을 선언하였다. 「무장애 도시 조성조례 및 시행규칙」과 5개년 기본계획 수립을 통해 입법과 제도적인 기초를 마련하였다. 공공시설물을 신설하고 개·보수할 시에 배리어프리 기준을 의무적으로 반영토록 하였으며, 배리어프리 인증제 및

---

5. 이하 별도의 표기가 없는 한 진주 '무장애 도시'에 대한 내용은 진주시(http://www.jinju.go.kr/main/)의 보도/해명자료, 인터넷 기사 "진주시, 시민중심의 독창적인 '4대 복지 시책' 지속을 추진"(http://www.asiatoday.co.kr/view.php?key=20150623010014100)을 바탕으로 인용·참조하여 작성됨.

인센티브를 도입하여 시설물의 접근성 개선을 촉진시켰다. 지역봉사 단체와 기관과의 MOU를 체결하였고, 읍면동 차원의 무장애도시위원회를 구성하여 시민 차원의 참여도 독려하였다. '사업장 문턱 없애기'라는 시민운동도 전개되어, 상권에서 경사로 설치 등의 무장애 환경 조성이 진행되었다. 더불어 도로의 장애시설물과 비장애시설물을 구분 설계하여 보도의 연속성을 확보하는 등 도로환경도 개선하고자 노력하였다. 진주시의 '무장애 도시'는 시 차원에서의 제도적 노력, 그리고 시를 구성하는 다양한 주체들의 참여 유도를 통해 성공적인 사업으로 거듭나고 있다.

신촌에서의 배리어프리에 대한 필요성 역시 진주시의 사례와 같이 장애인, 비장애인 그리고 상인의 범주를 모두 포괄하는 과정에서 결론적으로 공공(지자체)의 차원을 통해 반영하고 실행할 수 있다. 이러한 점에서 신촌이 속한 서대문구의 차원에서 신촌의 배리어프리 환경의 확대를 제안하고자 한다.

VI. 모두가 자유롭게 접근할 수 있는 신촌을 희망하며

신촌에서 사람들은 각자의 즐거움을 추구하며 다양한 사람들과 많은 추억을 쌓는다. 그러나 이 자유로움과 즐거움은 모두에게 평등하게 제공되지 않는다. 경사로가 없는 계단은 단 2개뿐일지라도 지체장애인들에게는 다른 사람 도움 없이는 오를 수 없는 장애물이다. 이러한 장애물은 결국 지체장애인들이 스스로 즐길 권리를 포기하게 만든다. 이와 같은 문제의식 없이 도시는 절대 자유로울 수 없다.

결국 모두가 자유롭게 접근할 수 있는 신촌을 만들기 위해서는 이동의 제한을 초래하는 장애물들을 신촌 자체에서 최대한 제거하여 배리어프리를 지향해야 한다. 신촌의 배리어프리 환경 확대를 위해서는, 첫째, 장애인·비장애인·상인의 의견을 모두 수렴할 수 있는 협의체를 구성하는 것이 필요하다. 앞서 살펴보았던 설문조사의 결과 분석을 통해, 시설물 접근성 개선에서 중요한 우위를 지니고 있는 지체장애인들의 의견이 배리어프리 환경을 조성하고 배리어프리 맵을 제작하는 데에 반영될 수 있는 소통구조가 필요할 것이다. 둘째, 배리어프리의 실제 환경 조성 및 확대 방안을 모색한다. 설문조사에서 볼 수 있듯이 신촌의 배리어프리 환경 조성을 위해서는 장애인, 비장애인 모두 경사로 설치를 통한 외부적 접근성이 가장 필요하다고 지적하였다. 이러한 개선방안을 신촌 상권에 반영시키는 것이다. 이를 위해 진주시의 사례와 같이 상권 이해관계자들의 자발적 운동을 기획하거나, 지자체 차원에서 상권에 인센티브를 제공하도록 기획할 수 있을 것이다. 나아가 신촌 지역의 활동인구가 배리어프리 환경을 쉽게 파악할 수 있도록 '배리어프리 맵'을 지자체 차원에서 제작·배포할 수 있을 것이다. 결론적으로 배리어프리 환경의 조성은 장애인과 비장애인의 접근성을 모두 개선할 수 있는 방안이 될 것이다. 신촌 상권을 구성하는 상인들 역시 좀 더 높은 접근성을 갖춤으로써 실제적 수익을 얻을 수 있고, 지자체 차원에서의 인센티브가 제공된다면 배리어프리 환경 조성은 더욱 추진력을 얻을 수 있을 것이다.

　본 연구는 신촌이라는 특정 지역에서 지체장애인들의 접근성 및 이동성에 장애가 되는 요인을 분석하고 다양한 집단의 인식조사를 바탕으로 개선방안을 모색했다는 점에서 의의를 갖는다. 그럼에도 본 연구는 설문조사 대상자에 장애인 이동성 향상을 가능하게 할 상점 개선에 최종 결정권을 갖는 건물 소유주 및 임차인을 포함하지 못했다는 측면에서 한계를 갖는다. 또한 배리어프리를 지체장애인의 상황에 한정 지었다는 한계가 존재한다. 물론 기존의 배리어프리 연구가 지체장애인의 이동성 향상을 중심으로 진행되었기에 본 연구도 이를 중심으로 이동성 향상 문제를 바라보았지만, 궁극적으로는 상권 이동에 불편함을 느끼는 모든 장애인의 이동성이 보장되는 배리어프리로 나아가야 할 것이다. 그리고 앞서 설문을 통해 알 수 있었듯이 신촌은 정도의 차이가 존재할 뿐이지, 비장애인들도 인도 미확보 등 이동에 불편함을 느낀다는 것을 알 수 있었다. 결국 모든 사람들이 자유로워지기 위해서는 특정 사람들을 위한 시설 개선을 넘어 궁극적인 배리어프리를 지향해야 함을 알 수 있다. 또한 신촌과 같은 대표적인 번화가가 배리어프리화될 수 있다면 그 파급효과는 더욱 높을 것으로 예상된다. 본 연구의 미흡함을 개선하고 더욱 효과적인 개선책을 제시할 수 있는 후속 연구와 실질적인 정책의 적용을 기대해 본다.

제8장

신촌 젠트리피케이션

이한재 · 장보경 · 정건희 · 백광호 · 윤인영

I. 젠트리피케이션, 넌 누구냐?

1. 혼란, 당신도 마찬가지일걸?

이 주제에 관심을 가지고 모였을 때만 해도, 우리는 모두 젠트리피케이션이 무엇인지 알고 있었다. 심지어 나름대로 비판의식도 있었다. 이를테면 테이크아웃 드로잉의 싸움[1]에서 싸이에게 실망하고, 홍대에서 인디밴드가 쫓겨날까 걱정하고, 가로수길의 몰락을 아쉬워하는, 스스로 꽤나 이 문제에 관심이 있다고 생각하는 사람들이 모였던 것이다. 그러나 안타깝게도 우리가 모인 첫 2주 동안 발견한 것이라고는, 누구도 사실 이것이 뭔지 모른다는 사실뿐이었다.

조원들과 이야기를 해 보면, 우리가 생각하는 젠트리피케이션이 서로 너무나 다르다는 것이 드러나고는 했다. 언제부턴가는 자기가 생각하는 개념을 서로에게 설득하려 했고, 당연히 우리가 도달해야 하는 어떤 '진짜 젠트리피케이션'의 정의가 있을 것이라고 믿었다. 처음 몇 번의 모임 동안 각자 책과 논문을 찾아 읽고 모였으나 연구방향은 물론이고 애초에 젠트리피케이션이 무엇인지도 점점 혼란스러워졌다. 심지어 한글로 된 논문은 몇 개 있지도 않았다. 그러니까 한국에 이 분야의 연구 관련물이 얼마나 없느냐면 과장 조금 보태어 며칠 더 논문을 읽으면 우리가 젠트리피케이션에 관한 한국 연구를 모두 통달한 전문가가 되지 않을까 걱정될 정도였다. 그런데 도대체 젠트리피케이션이 무엇인지는 아무도 확실하게 말해 주지 않았다.

먼저, 논문들은 대체로 도심에 상류층이 유입됨을 이야기하면서 교외화의 반대 개념이라고 이야기한다거나, 도심 재활성화를 이야기했다(신정엽·김감영

---

1. 경리단길에 위치한 예술가들의 카페 '테이크아웃 드로잉'이 이전 건물주와 무기한 계약 연장을 합의했으나, 가수 싸이(박재상) 씨가 이 건물을 인수하면서 이전의 합의를 인정하지 않았다. 양측의 소송과 예술가들의 예술적 대응이 이어지면서 한국사회에 '젠트리피케이션' 담론을 알리는 중요한 계기가 되었다. 테이크아웃 드로잉은 결국 올해 9월까지 건물을 비워 주기로 합의했다.

2014: 2). 그러면서 거의 모든 논문이 영국이나 미국 학자의 연구를 가져오는데, 주로 스미스(N. Smith)가 "잠재적 지대와 자본화된 지대 간에 간격이 가장 큰 도심으로 자본 투자가 이동해서 젠트리피케이션이 발생한다."라고 주장했다거나, 레이(D. Ley)가 "경제가 고차 서비스업 중심으로 바뀌고, 문화와 환경 자원에 대한 수요가 증가하면서 도심으로 고소득층이 이주한다."라고 주장하는 양측의 논쟁을 소개하곤 했다(김걸·남영우 1998: 89). 여기까지도 벌써 한국어가 맞나 싶은데, 삼청동이나 경리단길을 분석한 논문들을 보면 "그 지역은 대형 갤러리와 각종 상업시설로 가득 차게 되어 지역의 성격이 바뀌는 젠트리피케이션 현상이 나타나고 있다(김봉원·권니아·길지혜 2010: 84)", "젠트리피케이션은 도시의 탈공업과 재생산을 수반하는 주위 변화의 과정이다. … 레스토랑, 바, 카페 등이 발생하기 시작한다면 이는 젠트리피케이션의 강력한 표시이다(김민정 2016)."와 같이, 앞의 이야기와는 사실상 완전히 동떨어진 맥락에서 논의를 시작하기도 했다. '아니 그런데 우리가 생각하는 거 이거 맞아? 왜 논문끼리도 다른 개념정의를 내리고 논의를 하지?'라는 의문이 계속 들었다. 조원들끼리 젠트리피케이션을 다르게 정의했다고 했는데, 이것이 오징어와 문어의 차이 정도였다면, 논문들이 다르게 정의하고 있는 젠트리피케이션 개념은 오징어와 코끼리의 차이를 얘기하는 것만큼 달랐다. 그러니까 좁히고 싶었던 우리의 차이는 더 벌어지고, 조모임 테이블에는 어색한 기운이 감돌 수밖에.

2. 누구 잘못도 아니야

그러니까 우리가 생각하는 젠트리피케이션은, 일단 선량하고 사회에 긍정적 영향을 마구 발산하는 예술가와, 이 사람들을 내쫓고 그 자리에 스타벅스를 만들어 한몫 잡아 보려는 사람이, 싸이는 아니더라도 배는 좀 나오고 못되게 생긴 악당이 등장해야 시작되는 것이었다. 그래서 이 착한 놈과 나쁜 놈을 좀 화해시켜 보자는 이야기를 하고 싶었는데, 대체 우리 머릿속의 이것을 설명해 주는 젠

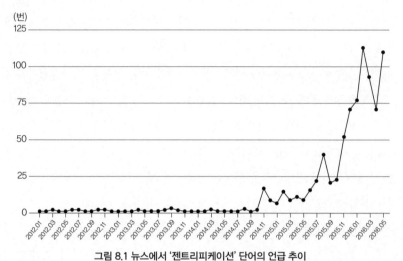

그림 8.1 뉴스에서 '젠트리피케이션' 단어의 언급 추이

출처: 뉴스 빅데이터 분석 시스템, Bigkinds, www.kinds.or.kr

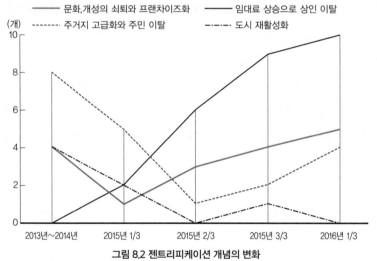

그림 8.2 젠트리피케이션 개념의 변화

출처: 네이버 뉴스 참고

* 젠트리피케이션 검색어 정도의 순으로 정렬하여 50개 기사 조사(중복 허용). 기사를 읽고 의미하는 바를 추정하여 분류.

트리피케이션의 정의는 아무래도 등장하지를 않는 것이다. 그럼 대체 우리는 이 착한 놈 나쁜 놈 시나리오를 어디서 봤나. 바로 신문과 뉴스였다.

이제 범인을 찾았다. 우리는 신문기사에서 젠트리피케이션을 무엇이라고 설명하는지를 조사했다. 일단 흥미로운 첫 발견은, 이 개념이 한국에서 주목 받은 것이 겨우 2014년 이후였다는 점이다. 2014년 이전에는 검색이 되지 않을 정도로 기사가 없었고, 놀랍게도 2년 후인 2016년에는 엄청나게 대중적인 단어가 되어 있었다.

우리는 이것을 시기별로 나눠 조사했는데, 이 단어의 빠른 보급보다 놀라운 것은 이 단어가 의미하는 바가 빠르게 변화했다는 사실이었다. 그러니까 이 단어는 처음 들어왔을 때는 논문에서 보던 영미의 논쟁과 비슷한 맥락에서 주거지 고급화, 상류층의 도심 유입 등을 이야기하는 단어였다. 게다가 처음에는 '상인' 혹은 '상권'에 관련된 의미로는 전혀 사용되지 않고 있었다. 그런데 2년 만에 우리가 조사한 모든 뉴스기사는 젠트리피케이션을 '상인' 혹은 '상권'과 관련된 의미로 사용하고 있었다. 심지어 처음에는 이 단어가 상당히 긍정적인 의미로 재개발 혹은 재활성화와 비슷한 맥락에서 사용되고 있었다. 여기에 본격적으로 부정적인 의미가 씌워지기 시작한 것은 2015년으로, 매우 최근의 일이었다.

3. 중요한 건 그게 아니야

간단히 말해, 주로 주거지와 그 거주민의 계층에 관심을 가지던 개념인 젠트리피케이션이 한국에 들어와서 급격한 변화를 겪고, 지금은 상업지역에서 일어나는 어떤 현상을 지칭하는 말이 된 것이다. 물론 외국에서도 주킨(Zukin) 등 상업지역의 젠트리피케이션에 집중한 연구[2]가 있었지만, 지금 한국의 미디어에

---

2. 주킨 외(Zukin et al. 2009)는 뉴욕에서 일어나는 특별한 현상으로서 '상업화'를 젠트리피케이션의 한 특징으로 이야기하고 있다. 이 상업화는 부티크 등의 특별한 문화가 유입되는 것으로 촉발된다. 이것이 한국적 젠트리피케이션의 맥락과 매우 비슷하기 때문에, 최근 한국의 논문과 기사는 대체로 이를 인용하면서 젠트리피케이션을 분석한다. 그러나 여기서 소상공인과 지소득층을 몰아내는 원흉으로 등장하는 고급문화, 거리의 개성 등은 한국의 언론 및 연구에서는 긍정적인 것으로 묘사되는 경향이 있는 것 같다. 이는 결국 주킨 외(Zukin et al. 2009)의 분석에서 그 개념만을 가져오고 그 맥락에는 반대되는 것이 아닌가 하는 의문이 생긴다.

넘실대는 이 담론은 이를 넘어 다른 차원이 된 것 같다. 그리고 지금까지의 변화를 보건대 앞으로 이 단어가 지칭하는 대상이 또 바뀐다고 하더라도 별로 놀랍지 않다.

오랜 혼란과 괴로움 끝에 우리가 깨달은 것은, 이 개념은 유동적이며 아무도 '정답'을 줄 수 없다는 것이었다. 그렇다고 몇 주간 시간 낭비만 한 것은 아니었다. 우리가 이 개념을 통해 무슨 이야기를 하고 싶었는지, 왜 이것이 중요하다고 생각했는지 분명해졌기 때문이다. 결국 핵심은 이것이다. 상권이 성공하면 정작 그 주역인 상공인들은 쫓겨나고, 건물주의 배만 불리는 것 아닌가? 그리고 성공한 상권에 거대 자본이 진입하면서 지역 커뮤니티와 문화가 사라지는 것이 아닌가?

따라서 우리는 이 유동적인 개념인 젠트리피케이션을 현재 한국에서 받아들이는 두 가지의 중심적인 의미로 정리했다. 젠트리피케이션은 1) 상인의 비자발적 내몰림, 2) 문화의 획일화, 이 두 가지로 정의할 수 있었으며, 두 가지 면을 모두 보아야 이 개념의 현재 모습을 정확히 이해할 수 있다고 결론지었다. 이 두 가지 기준을 중심으로 실제 신촌에서 어떤 일이 일어나고 있는지를 알아보았다.

II. 신촌, 너 괜찮아?

1. '신촌'이 어디지?

신촌 하면 보통 어디를 떠올릴까? 아마 연세대학교 학생들 대부분은 정문 앞 연세로와 명물거리, 그리고 그 뒤쪽 골목들을 떠올릴 것이다. 이를테면 우리가 주로 밥과 술을 먹는 곳을 우리는 신촌이라고 부른다. 임의로 이 지역을 선정하여 지리적 범위를 좁혀 보았다.

한국적 맥락에서의 '상권' 변동이 관심사가 된 우리에게, 이 지역 안에서 상권

592필지
대상지

0 25 50   100 m

그림 8.3 신촌 조사대상지

변동을 보기 위해서는 식음업소가 주요 관심대상이 될 수밖에 없었다. 이 지역 상권 자체가 대부분 식음업소로 이루어져, 이 분야만 분석해도 충분히 신촌 전체를 대표할 수 있을 것으로 보였기 때문이다. 학보의 하나인 『연세』지 2014년 가을호에 의하면 신촌동 전체에 건물 1개당 평균 2.31개의 식음업소가 존재했다고 하니, 신촌은 정말 '먹고 마시는' 동네인 것이다.

2. 임대료

실제로 신촌에 무슨 일이 일어나고 있는지 알아보기 위해 가장 먼저 해야 할 일은 임대료 추이를 살펴보는 것이었다. 젠트리피케이션 담론에서 가장 핵심적인 변수이자 악역은 늘 임대료였기 때문이다.

물론 임대료를 알아보는 것은 그리 간단하지 않았는데, 일단 한 가지 이유는 신촌 지역의 임대료가 오른다고 하더라도 인근 지역의 임대료 상승폭이 더욱 크다면 오히려 상인들은 신촌에 남을 것이기 때문이었다. 즉, 임대료 상승이란 지표도 결국 인근 지역과의 상대적 지표이다. 그렇기 때문에 신촌의 분석 전에 인근 지역의 대표 상권인 홍대 상권과, 서울시 평균 변동추이를 비교하여 신촌의 임대료 상승이 어떠했는지 비교 분석하였다. 우리가 비교대상으로 선정한 홍대입구역, 즉 홍대 상권은 신촌과 불과 1.33km 떨어진, 지하철 한 정거장 거리의 가까운 지역이자 유명한 대학교 상권이다. 따라서 홍대는 신촌의 상권을 살펴보는 데에 의미 있는 비교대상이라 할 수 있다. 그 과정에서 실제 임대료를 지역마다 일일이 알아내는 어려움으로 인해 임대료 대신 공시지가를 살펴보았다. 임대료의 정확한 값이 아니라 '상대적 추이'를 추측하는 데에는 이것이 의미 있을 것으로 보였기 때문이다.

〈그림 8.4〉에서 서울시 평균과 신촌의 공시지가 변동률을 먼저 살펴보면, 최근 7년간 신촌에서의 공시지가 상승은 서울 내 다른 상권과 큰 차이가 없었다. 결국 신촌은 특별한 변화 없이 서울의 거시적 변화와 비슷한 경로를 거쳤던 것 같다. 홍대 상권과 비교하면 이는 더욱 분명하다. 또한 홍대 상권보다 변동률이 높았던 적이 없기 때문에, 신촌의 공시지가 상승은 상대적인 공시지가 하락으로 볼 수도 있다.

공시지가를 통해 조사 기간 동안 신촌에 특별한 변화가 없었으며, 오히려 홍대와 비교해 최근에는 상대적인 지가 하락이 있었음을 알 수 있었다. 그래서 다음으로 진행한 것이 공시지가가 아닌 실제 임대료 추이와 신촌의 폐업 식음업소 숫자의 비교였다.[3]

앞에서 살펴본 바와 같이, 2012년 이후에 신촌은 상대적으로 계속해서 지가가 내려가는 상황이었다. 따라서 일단 폐업점포 수의 증가는 임대료의 상대적 상승 때문이라고 보기 어렵다. 임대료 하락이 있었던 2014년 2분기까지 폐업점포 수가 줄어드는 현상이 보이기는 하지만, 이 하락세가 계속 이어짐에도 불구하고 폐업점포 수는 금방 다시 치솟았다. 심지어 임대료가 최고조에 이르렀던 2013년 3분기에는 폐업점포 수가 줄어들기까지 했다. 임대료 상승과 폐업점포 수의 증가는, 결국 임대료 하락이 단기적으로 폐업점포 수를 줄이는 것 외에는 큰 의미가 없는 것 같았다.

우리가 본 그 어떤 논문이나 기사에서도 임대료는 이 이야기의 악당이었고, 이 악당의 횡포를 확인하기를 기대했기 때문에 매우 당황스러웠다. 이 통계만 보면 임대료가 치솟지 않아도 상인은 내쫓길 수 있고, 임대료가 치솟아도 상인

---

3. 폐업점포 수: 서울 열린 데이터 광장(http://data.seoul.go.kr), '서울시 서대문구 전체 식품위생업소 현황' 자료를 기반으로 구성. 임대료 추이: 부동산114(http://www.r114.com), '상업부동산 분기리포트'를 분기별로 모아 분석함.

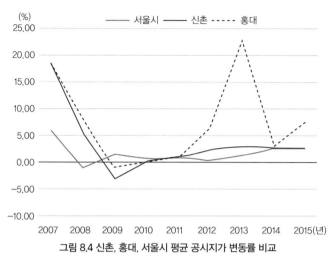

그림 8.4 신촌, 홍대, 서울시 평균 공시지가 변동률 비교

출처: 서울 부동산정보조회 시스템, http://kras.seoul.go.kr/land_info

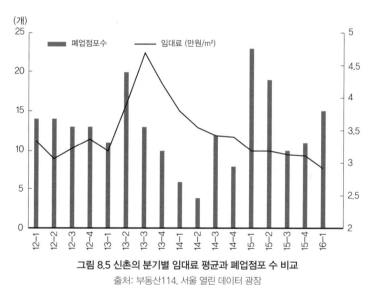

그림 8.5 신촌의 분기별 임대료 평균과 폐업점포 수 비교

출처: 부동산114, 서울 열린 데이터 광장

이 머물 수 있었던 것이다.

　대체 그럼 임대료가 아니라 무엇이 문제인가? 도표와 그래프가 아니라, 실제로 생업을 이어 나가는 상인들에게서 답을 찾아보았다. 신촌에서 오랫동안 장사를 해 온 여러 상인들과 인터뷰를 진행하면서 많은 이야기를 들을 수 있었다.

"월세는 크게 변화가 없어요. 7년 전보다 조금 줄었어요. 정확한 건 말씀 못 드리고요. 많이는 안 줄었어요. … 아무래도 옛날에 비하면 매출이 저조하죠."

– 신촌 마포갈매기 점장(2016. 5. 17)

"1999년부터 이 자리에서 계속 장사를 했는데, (임대료는) 다른 가게에 비해서 많이 안 변했어요. 7~8년 전부터는 그냥 정체되어 있고. 2~3년 전부터는 (상권이) 나아지기 시작한 것 같은데, 그전에는 신촌이 홍대 때문에 죽어가지고 사람이 없었고, 월세를 올려 달라고 하면 그냥 나가 버리고 더 싼 데로 나가니깐 안 올렸죠."

– 신촌 서른즈음에 사장(2016. 5. 17)

이 두 상점은 모두 신촌의 골목 안에 있는 것으로, 신촌 전체 평균으로만 따졌을 때에는 볼 수 없었던 경향을 알 수 있었다. 일단 골목 안에서 임대료는 오랫동안 정체되어 있었고, 오히려 내리기도 했던 것을 알 수 있다. 이는 사실상 이 상권 자체가 침체되어 있는 데에서 원인을 찾을 수 있었는데, 골목 안에 있는 거의 모든 상점에서 2000년대 초반 이후의 상권 하락을 이야기했고, 이것이 임대료를 올릴 수 없는 주요한 요인이 되고 있는 것 같았다.

"6년간 임대료는 약 60%가 올랐어요. 매년 꾸준히 오르고 있는 거죠."

– 신촌 파르미 이탈리아노 점장(2016. 5. 17)

"2000년대에는 수요가 워낙 높아서 임대료가 크게 상승했는데, 그게 쉽게 떨어지지 않아요."

– 신촌 독수리다방 사장(2016. 5. 13)

이 두 인터뷰는 모두 연세로의 아주 좋은 위치에서 오랫동안 장사를 해 온 상점들에서 이루어진 것이다. 아마 신촌 상권의 대표선수를 꼽는다면 빠지지 않을 곳들이다. 이 두 인터뷰에서 모두 임대료의 꾸준한 상승과, 이에 따른 주변 상점들의 꾸준한 교체에 대한 증언을 들을 수 있었다.

이 두 지역의 지리적 차이에 따라 인터뷰의 온도는 매우 달랐는데, 이는 신촌 전체 평균 임대료에서 알 수 없었던 위치와 상황에 따른 차이를 알 수 있게 해주었다. 종합적으로 보면, 결국 임대료의 상승은 '상인의 내몰림'이라는 젠트리피케이션의 요소에 결정적인 요소가 아니었다.

3. 프랜차이즈화

그렇다면 우리가 느끼는 신촌의 위기는 대체 무엇인가. 앞에서 임대료는 주연급 배우가 아니라는 것을 확인했다. 그러면 대체 누가 향음악사를, 록카페를, 독수리다방을 잡아먹는 것일까? 아직 악역 주연의 강력한 후보 '프랜차이즈화'가 하나 더 남아 있다.

"프랜차이즈보다는 개인이 하는 곳이 많았고요. 음악 위주의 상가가 많았어요. 10년 전까지만 해도 그런 가게가 살아 있었어요."　－ 신촌 더 바 직원(2016. 5. 17)

"지금은 일단 가게가 없어진다 그러면 커피숍 프랜차이즈, 아니면 화장품 프랜차이즈 그런 누구나 아는 것들이 들어오죠. 예전엔 많게 잡아도 (비율이) 20% 정도 되나 했다면 지금은 70~80%는 될 것 같아요."

－ 신촌 홍익문고 직원(2016. 5. 17)

신촌의 상인들은 프랜차이즈가 늘어나는 현상을 강력하게 느끼고 있었으며, 일부 업종에서는 이를 직접적인 위협으로 생각하기도 했다. 우리는 '서울시 열린 데이터 광장'에서 제공하는 '서울시 서대문구 전체 식품위생업소 현황' 자료에서 먼저 우리 대상지인 창천동 592개 필지에 관한 데이터만 추려 냈다. 그 후 그 필지들에 대한 2001년 이후의 데이터 1,772개를 추출하여, 대기업 프랜차이즈임이 자명한 업소, 업소명에 '신촌점', '연대점' 등이 들어 있는 업소, 그 외 인터넷 검색을 통해 체인점 및 프랜차이즈임이 확인된 총 392개의 업소를 추려 냈다. 마지막으로 앞의 자료에서 각 업소별로 제공된 '개업 일자', '폐업 일자'를 이용하여 각 분기별로 우리 관심 지역에 존재했던 프랜차이즈의 수와 폐업점포 수를 확인한 후, 같은 시기 같은 장소에 존재했던 모든 식음업체에 대한 비율[5]을 계산하여 〈표 8.1〉과 같은 결과를 얻었다(2012년도 이전 결과는 생략).

〈표 8.1〉과 같이, 프랜차이즈 수는 꾸준히 매우 빠르게 증가하고 있지만 폐업점포 수는 잦은 변동을 보이며 특별한 경향성이 없었다. 앞에서 살펴본 임대료와 폐업점포 수의 추이에서처럼, 프랜차이즈화에서도 일반적으로 임대료가 중요한 변수로 언급된다. 이를 실제로 비교해 보았다(〈그림 8.6〉).

이 불일치는 폐업점포 수의 상황보다 더 심각한데, 〈그림 8.6〉의 그래프에는 2012년부터 표시되어 있지만 프랜차이즈 수는 우리 연구범위인 2001년부터 현재까지 단 한 번도 줄어들지 않고 지속적이고 빠르게 증가해 왔다. 그동안 신촌의 임대료는 상당히 많은 오르내림을 겪어 왔다. 결국 신촌에서 임대료는 프랜차이즈 수의 증감과 아무런 관련이 없었던 것이다.

실제로 신촌이 얼마나 프랜차이즈화되었는지를 보여 주는 〈그림 8.1〉, 〈그림 8.6〉과 공간자료를 결합하여 ArcGIS 지리정보시스템 프로그램으로 지도 위에 나타내 보았다.

〈그림 8.7〉과 같이 시간의 흐름에 따라 빨간색으로 표시된 프랜차이즈 점포 수[5]는 계속 늘어남을 눈으로도 확인할 수 있다. 프랜차이즈화가 진행되기 전인

---

4. 592개 필지에 대한 비율로 계산한 것인데, 한 건물(필지)에 수직적으로 여러 개의 식음업체가 존재할 수 있으므로 실제 비율은 이보다는 약간 낮은 양상을 띨 것이다(혹은 프랜차이즈 수가 실제 총 점포 수와 비례하거나 높으면 같은 비율, 심지어 높은 비율을 띨 수 있을 것이다). 그러나 우리의 목표는 변화비율을 보는 것이므로 분모를 592로 잡아도 큰 문제는 없을 것이라고 판단했다.

5. 기술적인 한계로, 한 건물에 대해 (그것이 몇 개의 식음업체를 가졌든) 각 분석시기마다 한 번이라도 프랜차

표 8.1 신촌 지역 분기별, 프랜차이즈 수와 비율

분기	프랜차이즈 점포 수	비율(%)	분기	프랜차이즈 점포 수	비율(%)
12-1	94	15.88	14-1	157	26.52
12-2	102	17.23	14-2	171	28.89
12-3	106	17.91	14-3	184	31.08
12-4	110	18.58	14-4	195	32.94
13-1	125	21.11	15-1	204	34.46
13-2	135	22.80	15-2	211	35.64
13-3	138	23.31	15-3	214	36.15
13-4	149	25.17	15-4	232	39.19
			16-1	249	42.06

출처: 서울 열린 데이터 광장

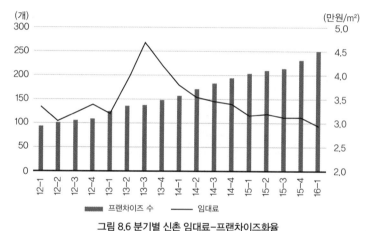

그림 8.6 분기별 신촌 임대료-프랜차이즈화율

출처: 서울 열린 데이터 광장, 부동산 114

2001년의 경우 손에 꼽을 수 있을 만큼 프랜차이즈 수가 적은 반면, 2016년 1분기 현재의 경우 글자를 알아보기 힘들 정도로 많은 점포들이 프랜차이즈화되었

이즈가 존재하면 빨간색으로 표시하였다. 이러한 특성상 시기 내에 같은 건물에서 프랜차이즈 업소가 폐업하고 다른 프랜차이즈 업소가 개업했다면 과소평가가 될 것이다. 또한 프랜차이즈와 일반 업체가 혼재하는 건물에 대해서는 본 지도가 정확하지 않을 수 있다. 최대한 오차를 줄이려고 분석구간을 분기로 했으며, 이 지도는 각 연도별 1분기 현황을 나타낸다. 각 지점에 표시된 업체명은 원본 데이터가 불완전하고 지번, 업소명에 관한 오타가 상당수 있어서 정확하지 않을 수 있다.

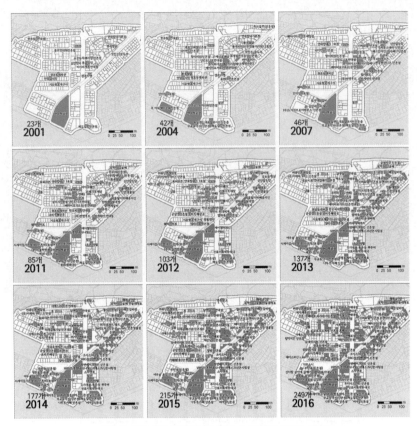

그림 8.7 신촌 지역 프랜차이즈 점포 수의 변화, 2001-2016

다. 특히 연세로의 경우에는 90% 이상의 프랜차이즈화율을 보이고 있는데, 우리 연구대상에서 제외된 옷가게, 화장품가게를 추가한다면 연세로의 거의 모든 필지에 프랜차이즈가 들어서 있다고 말할 수 있었다. 결국 뚜렷한 변화의 방향을 알 수 없는 신촌에서 단 한 가지 분명한 경향은 프랜차이즈화 혹은 몰개성화였다.

앞서 살펴본 신문기사 분석에서 젠트리피케이션을 문화 개성의 쇠퇴와 프랜차이즈화로 보는 기사의 빈도가 높아지고 있음을 확인했으며, 홍익문고 인터뷰와 같이 많은 사람들이 젠트리피케이션의 주요 요소로 프랜차이즈화를 지적

마을학개론

하는 만큼 이러한 신촌 지역 프랜차이즈의 증가와 몰개성화는 자연스럽게 신촌 젠트리피케이션의 확대로 해석할 수 있다.

4. 신촌의 매력과 문화

1) 신촌에 얼마나 찾아오는가?

일단 우리는 신촌의 젠트리피케이션 이야기에서, 주연은 임대료보다는 프랜차이즈라는 사실을 알았다. 그런데 정말로 이 악역이 '악행'을 하고 있는가? 우리는 프랜차이즈화로 인한 신촌의 지역적 매력 감소를 확인하고자 했다.

먼저, 한 지역의 매력은 그 지역의 유동인구, 즉 얼마나 많은 사람이 그곳을 찾는지를 살펴봄으로써 추정할 수 있을 것이다. 이에 따라 신촌의 지역적 매력을 살펴보기 위한 지표로 프랜차이즈화 이후 2010년부터 2014년까지 5개년의 연간 지하철 승하차 인구를 기준으로 신촌역과 홍대입구역의 유동인구를 비교분석해 보았다. 서울시 열린 데이터 광장에서 가져온 자료를 통해 작성한 그래프는 〈그림 8.8〉과 같다.

2010년 신촌역과 홍대입구역의 승하차 인구는 둘 다 4,100만 명 정도로 거

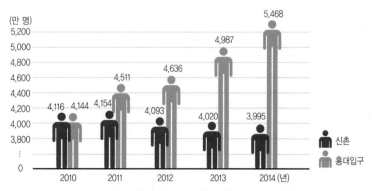

그림 8.8 연간 신촌역/홍대입구역(2호선) 승하차 인구 합계
출처: 서울시 열린 데이터 광장

의 차이가 나지 않지만, 그 후 홍대입구역의 승하차 인구는 매년 가파르게 증가하는 반면, 신촌역은 2011년을 제외하고 점차 감소하는 추세를 볼 수 있었다. 2014년에는 홍대입구역 승하차 인구가 신촌역 승하차 인구의 약 1.4배나 많을 만큼 최근 신촌과 홍대의 유동인구의 격차는 커졌다. 신촌을 찾는 사람이 적어졌다는 것은, 그만큼 신촌의 지역적 매력이 감소했다는 것을 의미한다. 2010년대의 확연한 프랜차이즈화로 인한 신촌 상권의 획일화된 모습이 다른 지역과는 차별화된 신촌만의 매력을 느끼지 못하게 하기 때문으로 추정할 수 있었다. 보이지 않던 악역의 꼬리가 보이는 듯했다.

2) 신촌의 매력이 뭐길래?

홍대의 상권 상승은 그 자체를 '밴드'와 '예술'을 대표로 하는 특유한 문화가 이끌었다. 이처럼 상승이 이어질 수 있었던 것은 이러한 문화적 매력을 지켜 가려는 노력이 크게 기여했다고 볼 수 있다. 홍대 내부에서 상업자본에 따른 홍대 공간의 변화에 대항해 '기억과 분노의 정서'를 바탕으로 서울시와 함께하는 토론회, 연구네트워크 조직, 공간 쉐어 프로젝트 등 거주민 중심의 저항이 일어났다. 이처럼 홍대 주민들이 자생적으로 홍대의 '문화예술생태계'를 지키고자 하는 지속적인 움직임을 보여 줌으로써 홍대의 문화 정체성은 신촌에 비해 명맥을 이어 가는 편이라고 할 수 있다(김수아 2015: 55-57). 그에 비해 신촌에서는 공시지가 및 임대료와 상관없이 프랜차이즈화가 지속되기까지 뚜렷한 저항의 움직임이 없었고, 신촌의 문화 정체성은 빠르게 사라졌다.

"지금은 (신촌이) 너무 일률적이고 평범해졌어요. 여기나 강남이나 다를 바가 없어서. 굳이 여기까지 올 필요가 없죠. 어딜 가도 스타벅스를 먹을 수 있고 하니까요. 개성이 있던 집, 개인이 하던 집들이 없어지고 나니깐 그래요."

– 신촌 카페 미네르바 사장(2016. 5. 12)

"당시(1991년)의 신촌은 시골냄새 나는 도회지, 이런 느낌이었죠. … 도시 속에서 멋쟁이들이 많이 찾는 곳? 이런 개념이었죠. 그때는 아무래도 프랜차이즈나 패스트푸드 이런 데가 없었고 어떻게 보면 다 개인이 장사하셨고 그랬어요. 록카페가 두 가지가 있었는데, 하나는 신나는 록을 틀어 주고 술 먹으면서 그 자리에서 춤추는 곳이 있었고, 약간 댄서블하게 그냥 춤추는 곳이 있었어요. … 록카페가 1990년대 말에 유행했는데 그때가 제일 신촌이 좋았을 거예요. (근데 지금은) 한 마디로 재미가 없다? 매력이 없어졌어요. 옛날엔 정말 재미있었는데, 정말 괴짜들도 많았고 똑똑한 사람들도 많고… 시대가 그렇게 바뀐 거죠."

- 신촌 향뮤직 사장(2016. 5. 17)

"신촌의 문화라고 하면 … 신촌만의 전유물은 아닌데, 훨씬 더 활기찬 게 있었어요. … 놀기 좋고, 싸고, 학생들이 술 먹기 좋은 데요."

- 신촌 독수리다방 사장(2016. 5. 13)

이처럼 신촌은 1990년대 록카페 등 음악을 중심으로 한 문화를 잃었고, 2000년대까지 이어지던 '젊음, 청춘'의 문화 정체성을 지키지 못하고 지역적 매력이 감소되었다는 증언이 많다. 결국 2010년대 들어 더욱 가속화된 문화 획일화에 따라 지역적 매력이 사라져 버린 신촌은 주변 대학교 학생 외에는 더 이상 많은 사람이 찾지 않는 쇠퇴한 상권이 되고 말았다는 것이다.

"(신촌이) 예전의 모습을 찾으려면 지금 같은 형태로는 어렵지 않을까 생각을 해요. 특히 매력이 없어요. … 상인들, 건물주, 지나가는 사람들이 이걸 바꿔 나가야 하는데, 그러한 모멘텀이 지금은 없어요. 현상 유지는 하겠죠. … 그러나 외부에서 유입이 되려면, 신촌만의 매력이 무엇이 있죠?"

- 신촌 독수리다방 사장(2016. 5. 13)

그러나 다행히 2014년 1월부터 서대문구청에서 지정한 '차 없는 거리'의 시행에 따라 길거리 버스킹 공연이 늘어났을 뿐 아니라 신촌 문화기획단체 '무언가'와 신촌번영회 등이 신촌로에서 신촌물총축제, 신촌 옥토버페스트 등 축제를 개최하기도 하고(안선영 2016), 신촌의 문화예술을 담는 웹진 '잔치'(잔치 2016), 신촌 지역 중심 청년들의 대안공동체 및 지역공동체 '신촌대학교'(신촌대학교 2016) 등의 활동가들이 생기는 등 자생적 저항 및 문화 정체성 재창조 활동이 조금씩 늘어나고 있다. 또한 서대문구 및 서울시에서도 2018년까지 100억 규모의 신촌 도시재생 계획을 세우고 있어 앞으로 신촌의 새로운 문화 정체성에 대한 기대가 커지고 있다.

"차 없는 거리가 되면서 확실히 좋아졌어요. 축제도 하고, 깨끗해지고, 사람들도 여기(신촌) 오면 요즘 재밌다고 막 그래요. … 평일에는 버스만 다니고 주말에는 아예 안 다니니깐, 또 인도도 넓어지고 깨끗해지니 편하다는 거예요."

– 신촌 파르미 이탈리아노 사장(2016. 5. 17)

그러나 이러한 긍정적인 기대와 반응은 대로변 상인들을 위주로 나타나고 있는 것이 사실인 듯하다. 차 없는 거리를 계기로 신촌의 거리문화가 살아나고, 많은 축제와 청년문화가 유입되는 것은 분명 좋은 신호이다. 그러나 이것이 신촌 상권의 골목과 대로 간 양극화를 촉진하는 모습으로 나타나는 것은 아닌지 하는 우려가 있다. 차가 다니지 않아서 받는 영향이 골목보다는 대로가 더큰 것으로 보이는데, 골목 안의 상점에서는 이것이 별로 영향이 없다고 이야기한다.

"(상권이 살아난 것은) 아무래도 중앙버스차로 실시하고, 구청이나 이런 데에서 위기의식을 느끼고 이벤트도 많이 하니까요. 근데 그게 가운데(연세로)에 영향을 끼치고 깊숙이 있는 우리까진 잘… 모르겠어요. 그렇게…."

– 신촌 서른즈음에 사장(2016. 5. 17)

결과적으로 신촌에서는 임대료 상승이 문제가 아니라 정체성의 상실에 따라 지역적 매력이 감소되어 사람들이 더 이상 찾지 않는 상권이 되었다는 것이 문제였다. 하지만 다행히도 2016년의 우리는 최근 신촌의 다양한 활동가들에 의한 새로운 문화창조 활동과 지자체의 적극적인 협조 아래 신촌 문화의 재출발 모습을 목격했다. 그저 연세로라는 제한적인 공간의 변화뿐 아니라 신촌 지역 전체의 변화를 이끄는 동시에 신촌의 지역 정체성을 만들고 지키는 것은 결국 신촌 상인, 시민, 지자체 등으로 이루어진 '우리'이다. 공간 역시 사람처럼 시간에 따라, 노력에 따라 계속 변한다. 문화적 측면에서 분명 신촌은 황폐화되었으나, 우리는 동시에 희망을 확인할 수 있었다.

5. 그 외, 새로운 발견

우리는 젠트리피케이션의 범인을 검거하려는 형사와 같은 자세로 이 과제에 임했다. 임대료, 지가, 프랜차이즈, 유동인구라는 중요한 용의자들을 모조리 살펴보았으나 딱히 대단한 혐의가 발견되지 않았다. 이 사이에는 매우 복잡한 관계가 형성되어 있을 뿐 아니라 상점의 위치, 업종, 유행 등 다양한 요인이 개입되어 일관된 경향을 찾기가 매우 힘들었던 것이다. 앞서 언급한 상권의 하락과 문화의 황폐화, 지역별 임대료 추이 같은 것들은 인터뷰가 없었다면 파악하지 못했을 것이다. 우리는 연구 막판이 되어서야 처음의 그 '형사' 자세를 풀고 질문할 수 있었다. "대체 이게 무슨 일이야? 누가 나쁜 놈이야 대체?" 우리는 앞에서 처음 주목했던 용의자들의 혐의점을 나름대로 설명했다. 그러나 이들의 관계에서 더욱 재미있는 사실들을 몇 개 더 발견했다.

1) 연세대학교 1학년생과 차 없는 거리

지가, 임대료, 유동인구, 프랜차이즈. 이름만 들어도 흉악범이다. 정말 젠트리피케이션의 범인이 이 속에 없을 수가 없다. 그런데 인터뷰를 나가서 왜 장사가 안 되나, 왜 망하나, 뭐가 문제인가 물으면 자꾸 엉뚱한 대답이 나오는 것이다. 온몸에 문신이 있는 수상한 아저씨가 아니라, 순박해 보이는 옆집 청년을 자꾸 지목하는데, 그것도 한 번이 아니었다.

"특히 (연세대학교) 1학년이 송도로 간 이후로 그 타격이 좀 있었어요. 여기가 소개팅의 메카였는데 다 가 버리니 매출이 좀 떨어지죠."
– 신촌 파르미 이탈리아노 점장(2016. 5. 17)

"그때는 신촌에 1학년도 있고 좋았죠 뭐. 그때까지만 해도 괜찮았어요."
– 신촌 닭잡는 파로 사장(2016. 5. 13)

"신촌은 차 없는 거리 이후에 상권이 많이 죽었죠. 회사원들은 차를 끌고 많이 안 오니까."
– 신촌 마포갈매기 점장(2016. 5. 17)

이렇게 많은 사장님들이 신촌의 변화 하면 가장 먼저 떠올리는 것이 신촌 차 없는 거리와 연세대학교의 1학년생이 송도로 옮겨 간 일이었다. 이는 위치와 상점의 특성에 따라 다른 영향을 미쳤던 것으로 보인다. 그러나 이는 매우 흥미로운 변수였다. 젠트리피케이션의 원류라 할 수 있는 영국과 미국에서도 공원 조성이나 공공건물의 건설 이후 주변 지역에서 일어나는 젠트리피케이션에 대한 연구가 활발하다. 차 없는 거리나 연세대학교의 학사정책처럼, 젠트리피케이션과는 거의 상관이 없을 것 같은 정책이 어쩌면 임대료나 프랜차이즈 등의 거창한 변수보다 중요한 요인이 될 수도 있다는 깨달음은, 학교나 지자체의 정책 결정에서 고려해야 할 중요한 변수를 하나 더 생각할 수 있게 했다.

2) 누가 사라지고, 누가 남는가
그런데 뚜렷한 프랜차이즈화의 경향을 보이는 신촌에서도, 프랜차이즈에 대한 우리의 편견은 잘 들어맞지 않았다. 강력하고 포악할 것만 같은 문신 아저씨는 사실 배 나온 옆집 아저씨와 별로 다르지 않았다. 대부분의 프랜차이즈 사장님들도 영세 상인이었으며, 많은 경우에는 개인 상점과 프랜차이즈 상점을 오갔던 것으로 보였기 때문이다. 대체 그럼 어떤 아저씨가 살아남는단 말인가?

"신촌이 보면 상권이 엄청 살벌해요. 임대료는 높은데 냉정하고, 쉽게 질리는 무서운 상권이죠. … 오는 손님은 젊어지고, 변화는 빨라지는데 그 변화를 어른들이 따라잡기가 힘들어요."　　　　　　　－ 신촌 파르미 이탈리아노 점장(2016. 5. 17)

신촌 파르미 이탈리아노 점장 같은 경우, 경쟁력과 정체성을 갖추려는 상인들의 노력을 강조하면서, 갈수록 빠르게 변화하는 사람들의 취향을 신촌 지역에 위치한 상인들이 제대로 따라잡지 못하기 때문에 많은 상점들이 망한다고 평가했다. 즉, 신촌 지역이 그 매력을 잃은 것은 빠르게 바뀌는 유행의 흐름에 맞춰 신촌이 제대로 변화하지 못했기 때문이라는 것이다. 그러나 정반대의 의견을 제시하는 상인도 있었다. 다음은 신촌 닭잡는 파로에서 진행한 인터뷰 자료이다.

"상권이 형성되고 나면, … 큰 자본이 들어와서 영세업자를 죽이게 돼요. 그러면 영세업자는 돈이 없으니 허름한 데로 다시 가고 죽어라 열심히 해서 사람들이 다시 모이면 상권이 형성되고 그러고 나면 또 임대료가 올라가요. 그런 메커니즘으로 계속 반복되는 거예요."　　　　　　　－ 신촌 닭잡는 파로 사장(2016. 5. 13)

닭잡는 파로 사장의 경우, 임대료 상승과 그로 인한 대자본의 침투를 신촌 상권 쇠퇴의 가장 큰 이유로 꼽았다. 상인들이 열심히 노력해서 일구어 놓은 결실을 건물주와 대자본이 아무런 노력 없이 뺏어 먹는데, 그런 상황에서 힘없는 상인이 어떻게 살아남을 것이고 그러한 상인들이 사라진 상권이 어떻게 다시 살아날 수 있겠느냐는 것이다.

흥미로운 점은 파르미 이탈리아노는 개인 상점이고, 닭잡는 파로는 프랜차이즈 상점이라는 것이다. 그러니까 '개성을 가진 훌륭하지만 소박한 개인 상점들이 거대하고 포악한 프랜차이즈의 자본력에 밀려 사라지는' 우리가 아는 이야기와 반대였다. 개인 상점 주인이 부적응자의 도태를, 프랜차이즈 사장이 자본의 횡포를 이야기하는 것에서 우리는 다시 한 번 스스로의 편견을 깨달을 수 있었다.

III. 편견을 넘어

1. 우리의 방황이 알려지길

우리의 이야기는 결국 처음부터 끝까지 '그래서 대체 무슨 일이 벌어지고 있는지'에 관한 것이었다. 젠트리피케이션의 개념에서부터 신촌의 임대료와 프랜차이즈 이야기까지 아무것도 분명하지 않고, 아무도 제대로 모르는 이 이야기를 다시 쓰기 위해 이렇게 많이 돌아왔다. 우리가 신촌에서 실제로 본 것은 '임대료 상승 없는 프랜차이즈화'였다. 프랜차이즈화, 문화의 소멸이라는 젠트리피케이션의 전형적인 현상은 임대료 상승이나 임차인의 내쫓김 없이도 매우 빠르고 지속적으로 일어났다. 이는 결국 이러한 상권의 순환과정에 대한 복잡한 이야기가 우리가 들었던 나쁜 놈 착한 놈 이야기와는 많이 다르다는 가르침을 주었다. 떠오르는 상권이 아니더라도, 임대료가 오르지 않더라도, 문화가 소멸되어 프랜차이즈로 뒤덮이는 현상은 별개의 대책이 필요한 것이다.

그러니까 결국 중요한 문제는 무엇이 문제이고, 무엇을 어떻게 막을지를 정하는 가치의 분명한 판단이다. 중요한 문제가 문화의 소멸이라면, 임대료 문제의 해결은 별로 도움이 되지 않을 수 있다. 그런데 큰 문제는 이미 이 불명확한 개념이 너무나 널리 퍼졌고, 서로 다른 맥락과 대상이 모두 이 단어로 표현되면서 엄청난 오해와 엉뚱한 대안으로 돌아오고 있다는 점이다.

2. 서울시의 방황

서울시는 2015년 12월 '서울시 젠트리피케이션 종합대책'을 발표했다. 지자체에서 젠트리피케이션에 대해 이토록 거시적이고 종합적인 검토를 진지하게 진행한 것은 처음인 것으로 보인다. 114쪽에 달하는 이 보고서는 대단히 다양하고 깊은 논의들이 많이 포함되어 있다. 그러나 서울시의 대책 역시 막연한 '나쁜 놈 착한 놈' 이야기에 기반한 것처럼 보이며, 정작 스스로 무엇을 위해 무엇을 지켜야 하는지 모순되는 것 같다.

일단 정책의 목표를 살펴보자. 결국 목표는 지역사회 구성원과의 상생이고, 상권의 획일화가 우려되는 이유는 '상권 쇠퇴'를 불러오기 때문이라고 보고 있다. 그러나 앞에서 말했듯이, 이렇게 '상권 획일화'와 '임차인 보호'를 뭉뚱그려 하나의 목표인 것처럼 이야기하는 것은 매우 부정확하고 위험한 일이다. 예를 들어 홍대의 인디밴드를 위한 공연장 마련은 상생은 지킬 수 있을지 몰라도 문화 획일화를 막을 대책은 될 수 없으며, 이 두 현상이 별개로 일어날 수 있는 만큼 각각에 대한 다른 대책이 필요하기 때문이다.

실제로 서울시의 대책을 살펴보면, 대부분 상생협약 체결 유도, 임차인 보호 조례 제정, 장기 안심상가 운영, 장기 저리융자 등으로 '임차인 지키기'에 관한 것들이다. 그런데 동시에 '지역정체성 보존을 위한 앵커시설 확보·운영' 역시 대책으로 들어가 있다. '지역 정체성 보존'은 대표적인 임대료 상승의 원인이고, 보통은 관련 연구에서 젠트리피케이션의 직접적인 원인으로 거론되는 것이다. 그런데 서울시는 이 두 가지 상반되는 효과를 낳는 정책을 섞어 하나의 현상에 대한 일관된 대책인 것처럼 이야기하고 있는 것이다. 홍대에서 인디밴드를 지키면서 개인 상점을 동시에 지키려면, 인디밴드로 인해 계속해서 임대료(혹은 예상 임대료)가 치솟는 압력을 그대로 두면서도 개인 상점은 실제로 임대료를 더 내지 않아도 되는 시스템을 만들어야 한다. 서울시가 이야기하는 융자나 안심상가, 상생협약의 위력이나 범위가 얼마나 클지 모르겠으나, 이 계속되는 임대

□서울시 정책 방향

- 낙후 지역이 개발되고 발전하는 것은 긍정적일 수 있으나,
- 특정 지역의 개발이익이 지역발전에 직·간접적으로 기여한 지역사회의 구성원(문화예술가, 영세영업자, 원주민 등)이 아닌 건물소유자 및 상업 자본에 모두 돌아가는 것은 우리 사회의 정의 관념에 반하고,
- 상권 획일화에 따른 상권 쇠퇴는 장기적으로 임대인·임차인 모두에게 불리할 수 있으므로, 상생을 위한 대안을 찾아야 하며,
- 용어 자체가 일반대중에게 낯설고, 임대인의 권리도 중요하다는 등의 다양한 의견이 있을 수 있으므로 사회적 공론화 및 공감대 형성이 시급한 과제임

그림 8.9 '서울시 젠트리피케이션 종합대책' 3쪽

출처: 서울시 정보소통광장, http://opengov.seoul.go.kr/sanction/6878659?from=mayor

료 상승 압력을 감당하면서 건물주의 계속되는 자선과 희생을 이끌어 낼 수 있을지는 모르겠다.

그렇다면 대체 무엇을 위해 어떤 정책을 시도할 것인지 분명히 해야 한다. 홍대의 인디밴드를 지킬 것인지, 상인의 생존권을 지킬 것인지는 연관된 문제이기는 하지만, 때에 따라 둘 중 하나를 선택해야 하는 상황이 올 수도 있기 때문이다.

3. 모두의 방황과 그 끝

서울시의 방황에서 알 수 있듯이, 각 시청, 구청, 도청 등에서 이루어지고 있는 젠트리피케이션 대책은 대체로 이와 같은 방황을 겪고 있다. 가장 보편적인 대책인 상생협약에서 알 수 있듯이, 이 정책의 목표가 무엇이고 현재 상황을 어떻게 파악하며 어떤 식으로 막을 것인지 분명한 그림이 있는 경우는 거의 없다.

신촌의 경우, '임대료의 과다한 상승 등에 의한 상인의 비자발적 내몰림'이라는 측면의 젠트리피케이션은 거의 보이지 않았다. 반면 '몰개성화' 혹은 '프랜차이즈화'라는 다른 한 측면은 매우 뚜렷하고 빠르게 진행되고 있었다. 결국 우리

가 발견한 것은 매우 상식적인 사실의 재확인이었을 수도 있다. 임대료의 상승은 '장사가 잘될 때' 이루어지는 것이다. 건물주는 임대료를 아무렇게나 무턱대고 올리지 않으며, 홍대나 이태원처럼 아주 특별한 일이 광범위하게 일어나고 있지 않는 한, 상점의 존폐에는 임대료보다 '장사가 잘되느냐'라는 단순한 명제가 더 중요하다. 결국 신촌과 같이 갑자기 떠오른 것이 아닌, 수십 년간 꾸준히 활성화되어 있던 지역에서, 임대료는 생각보다 단독으로 중요한 요인이 아닐 수 있다. 오히려 신촌과 같은 경우에 문제가 되는 것은 몰개성화이다. 임대료 상승이나 상권의 변화 없이도 누군가에게 이익이 된다면 록카페를 프랜차이즈로 바꿀 것이며, 이미 이 일은 돌이킬 수 없을 정도로 많이 진행되어 있다. 신촌의 젠트리피케이션 문제의 핵심은 오히려 여기에 있을 것이다.

우리는 다스베이더와 볼드모트를 물리치기 위해 프로도를 돕자는 말만 해 왔는지도 모른다. 이 모든 것이 비슷비슷해 보일지 모르겠으나, 볼드모트를 물리치려면 해리포터를 데려와야 한다. 이 소설에 정말 중요할 역할을 해야 할 사람들이 어서 이 이야기를 들었으면 좋겠다. 바라건대 신촌의 상징인 미네르바 카페에서 사장님만 지키는 것이 아니라, 이 카페가 스타벅스로 바뀌지 않도록 하는 데에는 또 다른 힘이 필요할 수도 있다는 점을 함께 이야기할 수 있으면 좋겠다.

제9장

유휴공간을 재생공간으로: 밀리오레와 APM

고우진 · 김나현 · 전승주 · 정다인

I. 서론

1. 연구목적

도시는 사람들이 만든 가장 효율적인 공간이라 할 수 있다. 도시라는 공간 안의 행위자인 인간이 시간에 따라 변화하는 것과 같이 도시도 나이 들고 있다. 초기 도시는 경제적 이득을 효율적으로 취하기 위한 방법으로 CBD(Central Business District)라는 중심부에 집중되어 있었지만, CBD만으로 수용이 안 되는 인구들을 위한 위성도시 등이 개발되면서 도시는 확장한다. 이렇게 도시가 무분별하게 확장되는 과정에서 역설적이게도 원도심의 쇠퇴현상이 일어나는데, 유휴공간은 바로 이러한 과정의 대표적 산물로 볼 수 있다. 신도시 개발로 인한 구도심의 폐가와 폐점포, 지역산업 쇠퇴로 방치된 산업시설을 포함해 특별한 쓰임 없이 방치되고 있는 공간, 적절하게 활용되고 있지 않은 공간, 변화에 따라 기능이 상실된 모든 공간 등이 이 과정에서 대체적으로 나타나는 유휴공간이다.

지속가능한 도시를 만들기 위해서는 유휴공간을 어떻게 활력이 넘치고 유용한 공간으로 활용할 수 있을지에 대한 고민과 연구가 필요하다. 하지만 이에 앞서 우리가 현재 방치되어 있는 '신촌 밀리오레와 에이피엠(APM)의 활성화 방안'이란 주제를 선택하게 된 근본적 이유는 도시 중심부의 좋은 입지에 위치해 있는 두 건물이 아무런 쓰임새 없이 몇 년간 방치되어 온 것이 너무 아까웠기 때문이다. 우리가 연구할 밀리오레와 APM 또한 유휴공간의 흔한 발생요인인 구도심 공동화에서 그 원인을 찾을 수도 있으나(지속성), 운영진의 비민주적인 의사결정 과정과 사업 기획 당시 신촌의 지역성에 대한 오류적 판단이라는 요소가 더해져 기존의 유휴공간과는 차별적인 접근이 필요하다.

이러한 고민을 반영한 우리의 연구명칭은 바로 '허니큐브 프로젝트(Honey-cube Project)'다. 벌집이라는 뜻의 honeycomb와 정육면체라는 뜻의 cube를 합친 이 이름은, 유휴공간이 많은 사람들에 대한 고려와 참여를 통해 하나의 안정된 공간으로 변모한다는 뜻을 가지고 있다. 벌집에는 다양한 역할을 가진 벌들이 존재하지만 그들의 공간은 하나같이 육각형으로 안정적인 형태를 보인다. 또한 장난감 큐브를 보면 동일한 색을 표현할 수 있는 위치를 잡기 위한 과정에서 사용되지 않은 큐브 조각이 없으며, 그 위치를 끊임없이 바꾸어도 언제나 큰 모양은 정육면체를 안정적으로 유지하고 있다. 도시에서 다양한 행위자들이 각자의 역할에 따라 공간을 다양하게 활용하여, 유휴공간이었던 곳이 더 이상 쓸모없는 공간으로 전락하지 않고 안정적으로 유지되는 방법을 모색하고자 하는 것이 우리의 연구목적이다.

2. 연구배경

밀리오레와 APM이 유휴공간으로 전락하게 된 계기로 신촌 지역 자체의 위상이 쇠퇴한 외부적 요인을 꼽을 수 있다. 이를 악화시킨 것은 신촌의 지역성과 행위자들에 대한 이해가 충분히 이루어지지 못한 채 실행된 사업과 이익만을 좇는 운영단의 무리하고 불투명한 경영방식이다.

1) 신촌의 지역적 위상 쇠퇴

1900년에 발표된 '2000년대를 향한 서울시 도시기본계획'에 따르면 신촌은 5부도심(청량리, 영등포, 영동, 잠실, 신촌) 중 하나로 포함되어 있다. 하지만 이후의 도시계획, 이를테면 2005년에 발표된 '2020 서울도시기본계획'에서 신촌이 5부도심(청량리/왕십리, 영등포, 영동, 용산, 상암/수색)에서 제외되었다는 것을 알 수 있다. 또한 2010년에 발표된 '2030 서울도시기본계획'이 3도심-7광역시 중심으로 재편되면서 신촌은 또다시 도심계획에서 제외되었다. 이같이 신촌의 지역적 위상 쇠퇴는 도시 쇠퇴과정에서의 자연스러운 원도심 쇠퇴현상으로 접근할수 있겠으나, 현재 가장 심각하게 대두되는 문제는 젠트리피케이션에 의한 지역의 경쟁력 상실이다.

1990년대는 유흥소비문화의 확산으로 인한 문화생산적 순기능이 자본의 논리에 의해 변형된 시기라고 할 수 있다. 그리고 2000년대에 접어들어 대형 상업자본이 지역에 침투하면서 임대료가 상승하고, 소상공인들이 나가면서 예술가들의 작업장, 소극장과 같은 문화시설 폐업 등 기존에 신촌만의 지역적 특색이라고 할 수 있었던 대학문화가 퇴색되었다. 현재 신촌 지역의 대학생들 이외의 유동인구는 찾아보기 힘들며, 이전에는 서울의 대표적인 유흥가였던 신촌은 이제 그 위상을 홍대와 강남에 넘겨주게 된다. 밀리오레와 APM이 실패할 수밖에 없었던 이유는 이미 그 지역적 위상이 쇠퇴하고 있는 신촌에 무리한 사업목표를 설정했기 때문이다.

2) 동대문 지역적 특성을 신촌에 오적용한 실패

동대문 밀리오레는 주로 야간·새벽 시간대 영업을 통해 주변 동대문 도매의류시장의 유동인구를 대형 쇼핑몰로 끌어들여서 성공한 사례라고 할 수 있다. 하지만 신촌 민자역사가 위치한 이화여대·신촌 상권은 밀리오레의 야간 도매의류시장과 전혀 유사하지 않는 상권이라는 전문가(선종필 상가뉴스레이다 대표)의 해석이 있다. 전문가는 신촌 민자역사 근처의 이화여대 상권의 주요 특성으로 밤 9시만 넘으면 유동인구가 현저하게 줄어들고 밤 10시면 대부분의 점포가문을 닫는다는 점과, 여대 상권의 특성상 대부분의 거주·유동인구가 이른 시간에 귀가를 한다는 점을 언급하였다. 따라서 야간이나 새벽 시간대에 보세 의류를 도매로 떼다가 장사를 하던 밀리오레 개인 사업자들 입장에서는 저녁 일찌감치 손님이 끊기는 이대·신촌 상권은 애초부터 포커싱이 잘못됐다는 분석이다.

3) 이익만을 좇는 무리한 경영

외부적 요인과 더불어 밀리오레와 APM은 각각의 내부문제를 가지고 있어 운영상황을 악화시켰고, 그 결과 유휴공간이 장기적으로 지속되었다고 보인다. 밀리오레의 경우 임대인인 신촌역사와 임차인인 성창F&D 사이에 일어난 각종 법적 문제를 해결하지 못하였고, APM 또한 관리인단이 수많은 소유주들의 의견을 수렴하지 않은 채 의사진행을 해 온 것에서 갈등이 비롯하였다.

2006년 9월 건물을 오픈한 밀리오레 건물은 민자역사인 신촌역사가 건물주이다. 신촌역사는 건물의 1~6층 중 1층부터 4층까지는 밀리오레를 운영하는 '성창F&D'에, 5층과 6층은 영화관 메가박스에 각각 임대하였다. 하지만 밀리오레에 입점한 개인 사업자들이 성창F&D의 사기 분양광고에 속았다며 성창F&D를 상대로 분양금 반환 소송을 걸면서 분쟁이 시작되었다. 이에 대해 대법원에서는 성창F&D가 분양과정에서 '경의선 복선전철화 사업이 끝나면 신촌역으로 전철이 5~10분에 한 대씩 지나간다'는 등의 허위·과장 광고를 했다고 판단하였다.

이와 더불어 성창F&D가 신촌역사에서 임차한 건물을 다시 일반 사람들에게 점포를 빌려주는 '전대' 과정에서도 문제가 발생하였다. 또한 성창F&D가 신촌역사와 계약한 대금 중 일부(보증금)를 지급하지 않은 채로 건물에 입점한 뒤 신촌역사를 상대로 보증금부존재확인 소송과 부당이득금반환소송을 제기하면서 분란은 불거지게 되었다. 이에 맞서 신촌역사 측은 성창F&D가 임차료를 내지 않았다며 소송을 제기해 법정 공방이 붙었다. 그러나 가장 큰 문제는 성창F&D가 무리하게 확장했던 밀리오레 사업이 실패로 끝나는 바람에 분양대금을 반환해 줄 수 없을 정도로 경영 사정이 크게 나빠져 신촌 밀리오레를 살리는 데 힘을 보태지 못한 것이다.

성창F&D는 광주, 부산, 대구 등 전국으로 확장했던 밀리오레사업을 대부분 접고 현재는 신촌과 명동에서만 간신히 명맥을 유지하고 있다. 성창F&D에 점포를 전차한 전차인들은 성창F&D를 상대로 분양대금반환소송을 제기해 2012년 대법원 승소를 받아 낸 상태이며, 경의선 신촌역사 밀리오레 건물은 수년간 지속되는 법정소송 문제로 1층부터 4층까지는 완전히 폐쇄됐고, 5~6층의 영화관만 영업 중에 있다.

APM의 분쟁은 2014년에 대표로 선임되지도 않은 관리단 대표 A씨가 입주해 있던 웨딩홀을 내보내고 재입점자와 단독으로 계약을 하면서 문제가 불거졌다. 이에 서부지방법원에 관리단 대표를 해임해 줄 것을 요청했고, 대표 A씨의 해임이 결정된 뒤 임시 관리인으로는 B 변호사가 선임되었다. 그 후 구분소유주들은 잘못이 바로잡아지고, 곧 총회가 열려 제대로 된 관리단 대표가 선임될 것으로 기대했으나 1년 반이 지나도록 총회는 열리지 않았다. 관리단 대표였던 A씨가 해임된 직후 상가 건물은 제이원텍홀딩스에 임대계약이 체결되어 의혹이 일고 있었으며, 소유자들은 건물 재임대에 대해 알지 못했다. 그런 와중에 제이원텍 홀딩스가 사후 면세점을 운영하겠다며 입점자를 모집하고 있어 계약금을 낸 다수의 피해자가 발생할 것으로 우려되는 상황에까지 이르렀다. 경찰이나 서대문구에 이 같은 사실을 알렸지만 법이나 행정으로는 제재할 수 있는 상황이 아니다 보니 대표성을 띠는 모임을 결성해 불법적으로 이뤄지고 있는 인테리어 공사에 대한 공사금지 가처분신청을 비롯해 해당 업체를 고발하는 과정에서 APM은 유휴공간으로 전락했다.

강한 민사적 요소로 인해 쌍방이 법으로 해결해야 할 부분이 많다는 점과 소유주들이 너무 많다는 점을 이유로 경찰이나 검찰에서도 당장 나서지 못하고 있다. 현재는 구분소유주 20% 이상의 동의를 받아 임시 관리인에게 총회 소집을 요청해 놓은 상태이다. 임시 관리인은 소유주들의 신분증을 3월 초까지 첨부할 것을 요청해 다시 총회를 소집할 예정이다. 총회 소집이 받아들여지면 구분소유주들은 관리단 대표를 선임하기 위한 총회를 열고, 제대로 된 관리단 선정 후 건물을 합리적으로 운영해 줄 수 있는 업체를 선정해 사업 설명을 듣고 운영을 맡길 계획에 있다.

II. 연구방법

도시에서 하나의 공간이 유휴공간으로 전락하는 원인은 다양하겠지만, 우리는 신촌의 대표적 유휴공간인 밀리오레와 APM을 통해, 크게 지역성, 민주성, 사회성, 지속성이라는 4가지 속성의 균형이 깨질 때 활용되던 한 공간이 유휴공간으로 전락한다는 가설을 세웠다. 또한 유휴공간으로의 전락 원인이 위의 4가지 요소가 균형을 이루지 않는 것이라는 가설을 세운 만큼, 유휴공간 재생에 있어서 4가지 요소가 균형을 이룰 때 공간이 재활성화될 것이라고 가정했다. 따라서 유휴공간이 재생공간으로 어떻게 활용될 수 있을지에 대해 알아보기 위해 밀리오레와 APM과 유사한 특성을 지니는 동시에 과거에는 유휴공간이었으나 현재는 활발하게 사용되고 있는 이화 스타트업 52번가와 커먼그라운드를 사례로 선정하여 해석적 연구방법[1]으로 접근하였다.

사례 분석은 4가지 속성인 지역성, 민주성, 사회성, 지속성을 분석틀로 활용하여 이루어질 것이다. 분석틀에 대한 자세한 내용은 본 내용 다음에 이어질 것이다. 분석틀인 4가지 요건에서 밀리오레와 APM은 어떠한 강점과 결점을 가지는지 확인할 것이다. 이를 바탕으로 밀리오레와 APM이 활발하게 사용되기 위한 대안을 제시할 것이다. 또한 사례의 강점은 차용하고 결점은 보완함으로써 위의 4가지 요소를 고루 갖추기 위한 구체적인 방법들을 제시할 것이다. 한편, 구체적인 대안을 제시하기에 앞서 유휴공간의 성공적인 재생 여부를 결정하는 데 이용객의 유무가 가장 중요하다고 판단하였고, 주 이용객이 해당 공간 주변의 행위자들이라는 점을 확인했다.

이화 스타트업 52번가와 커먼그라운드에 관한 조사는 해당 장소에서의 설문과 심층 인터뷰, 그리고 관련 기업 관계자와의 심층 인터뷰로 진행되었다. 설문과 인터뷰 내용을 토대로 두 공간을 앞서 언급한 4가지 속성으로 분석해 보았다.

---

1. 해석적 연구방법은 연구자의 경험, 지식, 직관적인 통찰을 통해 계량화가 어려운 행위자의 동기나 의도 혹은 사회조직과 제도의 의미를 심층적으로 해석하고 이해하고자 한다. 예를 들어 실증적 연구방법이 친구와 함께 놀고 대화하는 시간으로 우정을 측정한다면, 해석적 연구방법은 친구와의 놀이와 대화에 어떤 '우정'의 의미가 있는지 이해하고자 한다. 보편적인 인과법칙을 추구하는 실증적 연구방법과 달리, 해석적 연구방법은 개별 사례에 대한 심층적 이해를 강조하며, 주로 참여관찰이나 면접에 의해 자료를 수집한다.
출처: 네이버 지식백과. "실증적 연구방법–해석적 연구방법"(통합논술 개념어사전. 2007. 청서출판).

1. 분석틀 소개

1) 지역성: 지리적 요소 및 주변 환경과 조화를 이루고 있는지, 지역주민(지역 주거민+생활주민)들에게 유용한지

2) 민주성: 공간이 활성화되는 과정, 혹은 운영 과정에서의 절차적 민주성 여부(다양한 주체들의 협력과 참여, 의견 반영 여부, 주체들 간 힘의 대칭성 등을 지표로 삼는다)

3) 사회성: 인지도(공간이 얼마나 홍보되고 있는가의 여부), 매력도(사람들을 끌 만한 다양한 특징들이 있는지, 혹은 정체성이 뚜렷해서 다른 장소와 차별화되는지)

4) 지속성: 공간의 물리적(계약 기간 등), 규범적 지속성(추구하는 가치의 지속가능성)

이 연구의 분석틀은 공간의 속성에 관한 것이지, 공간 자체가 어떻게 사용되는가 하는 구체적인 대안을 제시하는 것은 아니다. 이에 각각의 가설을 바탕으로 어떠한 공간으로 창출되어야 할지를 알아보기 위해서는 비슷한 공간적 특성을 가졌으나 현재 유휴공간이 아닌 장소의 사례들을 분석해야 할 필요가 있었다.

구체적 대안을 고려함에 있어서 각각의 독립변수가 다 중요하지만, 그중에서도 지역성의 중요도가 다른 요소에 비해 높다고 반영했다. 왜냐하면 유휴공간의 활용 여부를 결정하는 가장 근본적인 요소는 이용객의 유무이고, 주 이용객은 주변 행위자라는 점에서 행위자를 포함한 지역성이 더 고려되어야 한다고 판단했기 때문이다.

이 연구는 4가지 속성의 균형에 따라 어떠한 공간유형으로 구분될 수 있을지에 대해 구체적인 유형 분석이 실행되지 못했다는 한계점이 있다. 즉, 이 가설은 결과적으로 어떠한 공간유형에 가까운지를 규명하지 못했으므로, 공간유형을 구체적으로 규명하기 위해서는 추후 다양한 유휴공간과 재생공간의 사례들을 분석할 필요가 있음을 밝힌다.

III. 연구과정

1. 사례 선정 기준 제시

사례 선정의 기준으로는 밀리오레와 APM과의 유사성을 고려하였다. 대학가 근처의 위치, 역세권, 활발한 상권임에도 불구하고 현재 임대료 상승에 의한 상권 쇠퇴현상을 경험하고 있는 공간이라는 점 등을 기준으로 삼아 사례를 선정하였다. 사례 선정에서의 또 다른 원칙은 반드시 유휴부지 혹은 유휴공간이었다가 어떠한 방식으로든지 현재는 활성화되어 있는 공간이어야 한다는 점이다. 이러한 기준에 따라 조사 사례로는 코오롱 FNC가 건대입구역 6번 출구 로데오거리 쪽의 이전 대한상운 소유의 택시 차고지를 임대해 세운 팝업 컨테이너 쇼핑몰 커먼그라운드와, 상승하는 임대료에 의해 작년까지는 공실이었다가 현재는 청년의 창업거리로 변화 중인 이화 스타트업 52번가를 선정하게 되었다.

2. 사례 소개: 커먼그라운드와 이화 스타트업 52번가

이화 스타트업 52번가 밀리오레와 APM의 미래를 위해 분석되는 사례로 적절한 이유는 그 위치가 신촌 APM에서 밀리오레까지의 길 사이에 위치해 있기 때문이다. 즉, 같은 상권에 위치하고 있고, 유사한 유동인구를 보유하며, 대학가 근처에 위치한다는 것이다. 따라서, 이화 스타트업 52번가에서 반영한 신촌의 정체성, 더 넓게는 해당 지역 대학의 역할이 밀리오레와 APM에 새로운 활력을 불어넣는 데 중요한 시사점을 줄 수 있을 것이다. 또한 국내에서의 유휴공간 활용 사례를 살펴보면 대부분 매입 주체가 정부이거나 대기업이다. 반면에 이화 스타트업 52번가의 경우 학교 측에서 이 공간을 매입해 학생들에게 창업공간으로 제공해 주고 있기 때문에 주목할 필요가 있다.

커먼그라운드 사례에서는 비록 코오롱이라는 대기업이 주체이지만, 자사의 브랜드를 유치하는 대신 비제도권 브랜드와의 상생과 지역사회로의 공헌을 목적으로 삼은 것이 이례적이라고 판단했다. 특히 밀리오레와 APM같이 공간의 규모가 크고, 다양한 이해관계로 얽혀 있는 공간의 경우 거대한 자본력의 개입이 불가피할 것이다. 따라서 만약 밀리오레와 APM에 거대한 자본력의 유입이 불가피하다면, 기업이 어떠한 방식으로 이 공간을 통해 지역상생을 추구해야 하는지에 대한 고찰이 필요할 것이고, 이는 커먼그라운드의 경우를 통해 알 수 있을 것이다.

3. 사례 분석: 분석틀을 사용한 분석과 강점/결점 도출

1) 건대 커먼그라운드

서울특별시 광진구 아차산로에 위치한 건대 커먼그라운드의 부지는 원래 대한상운이 소유하고 있던 택시 차고지였다. 건대입구역에서 그다지 멀지 않지만, 로데오거리 끝에 위치한 데다 방치되어 있었기 때문에 유동인구를 찾아보기 힘들었다. 이 공간이 유휴공간으로 바뀐 시점은 대한상운이 택시 차고지의 위치를 옮기면서부터이다. 택시 차고지를 기점으로 건대의 상권이 멈춰 있었기 때문에, 사람들은 초기에 쇼핑몰 건설에 회의적이었다. 하지만 코오롱 측은 커먼그라운드로 부재한 건대 상권만의 문화를 형성하고자 했고, 이곳에 약 200개의 대형 컨테이너로 공간을 구축해서 자사의 브랜드보다는 작고 강한 비제도권 브랜드들을 유치했다.

(1) 지역성

커먼그라운드가 세워지기 이전에 로데오거리 끝의 상권은 프랜차이즈의 잠식과 유동인구 감소로 방치되어 있는 지역이었다. 하지만 현재 커먼크라운드는 하루 평균 방문객이 1만 명에 달하는 지역 쇼핑문화 랜드마크로 통한다. 유동인구 증가로 인해 한산했던 거리가 활성화되었고, 이는 주변 상점들의 이익에 긍정적인 영향을 미쳤다. 커먼그라운드에서 5분 이내 거리에 있는 민간상점(조마루 뼈다귀감자탕)을 인터뷰한 결과, 매출은 약 5~10%, 유동인구는 약 150% 증가했다는 것을 확인할 수 있었다. 커먼그라운드가 생기기 전후로 변화가 있었느냐는 질문에는 확고하게 "예"라고 응답했다. 해당 민간상점에서 판매하고 있는 메뉴와 커먼그라운드에 주로 찾아오는 젊은 유동인구 간에 불일치가 있어서 유동인구 증가율에 비해 매출 증가는 미비했으나, 커먼그라운드의 존재가 민간상점에 대체적으로 유리하게 작용했고, 이 공간이 유휴부지였을 때보다는 긍정적인 영향이 있다는 점에는 다들 동의했다.

또한 커먼그라운드는 지속가능한 건축공법인 '컨테이너 모듈러(Modular) 공법'을 통해 비용을 절감하고 공사기간을 단축할 수 있었다. 마감과 인테리어만 현장에서 진행했던 덕분에 지난해 10월부터 시작한 공사는 6개월 만에 끝날 수 있었고, 기존 건설현장에서 흔히 나오던 소음과 주민들의 민원을 크게 줄였다.

커먼그라운드는 또한 2015년 2월 24일 광진구청과 지역주민 우선채용 업무협약을 체결함으로써 지역의 일자리 창출에도 기여하였다. '코오롱인더스트리(주)와 함께하는 인재채용박람회'를 광진구청 대강당에서 개최하여 청·장년 구직자들에게 취업기회를 제공했고, 최종적으로 69명의 구직자가 합격하였다. 다만 애초 커먼그라운드 측이 제시한 약 200여 명의 채용 효과보다는 적은 수이다. 일자리 협약의 현행을 코오롱FNC 김주환 과장에게 문의한 결과, 이것은 계속 진행 중이며 광고나 홍보를 위한 목적은 없었다고 밝혔다.

커먼그라운드에는 두 개의 큰 컨테이너 건물 사이에 광장이 있는데, 이 중앙광장에서는 주말마다 커뮤니티 활동이 개최된다. 중앙광장의 커뮤니티 활동은 사회공헌형 활동 위주이다. 2016년 5월에 개최된 '스타워즈 데이'의 전시 수익은 'Make-A-Wish' 한국재단에 기부되어 난치병 아동 소원 성취에 사용되었으며, 청년문제에 대안을 제시하는 '청심환 페스티벌' 주최에는 공간 무상후원이 이루어졌다. 이외의 중앙광장의 여러 활동들은 커먼그라운드 측에서 차별화된 기획의도 및 사회공헌 등을 고려하여 선정한다는 것을 발견할 수 있었다.

주변 환경과의 조화 및 지역주민들에게의 유용성 측면에서는 높은 점수를 확보했으나, 대학가 근처에 있지만 건국대학교와의 연계가 매우 적은 점은 한계로 지적된다. 건국대학교의 '게릴라 가드닝' 활동을 3차례 지원한 것 외에는 직접적인 연계가 이루어지고 있지 않다.

(2) 민주성

커먼그라운드는 비제도권 브랜드와의 상생을 추구한다는 점에서 긍정적으로 평가될 수 있다. CG-way 프로그램과 같이 비제도권 브랜드나 시장상황에 대해 코오롱 직원들이 공부할 수 있는 프로그램이 마련되어 있으며, 입점업체와 원활한 커뮤니케이션을 하기 위한 내부직원 교육프로그램도 진행되고 있다. 커먼그라운드 측은 수익성 낮은 입점상점에 대해서도 압력보다는 해당 상점이 발전할 수 있도록 전문가를 파견한다. 전문가는 상점이 발전할 수 있게 전략 지원 제도를 자문해 주며, 실제로 커먼그라운드에서 일본 가정식을 파는 상점은 이 제도 덕에 매출이 상승했다고 한다.

또한 커먼그라운드 측은 건축과정에서 절약된 비용으로 보증금을 없앴고, 임대료를 매출의 15% 내외로 받는 것으로 입점한 상점들에게 혜택을 제공한다. 이는 코오롱 또한 백화점에 다수 입점해 있는 브랜드이기에 임대업자들이 겪는 임대료 문제에 관해 상당한 공감을 했기 때문에 가능한 것이라고 분석한다.

창의적인 스타트업을 지원한다는 커먼그라운드 측의 주장과는 달리, 조사 결과 커먼그라운드에 입지한 대부분의 브랜드는 탄탄한 입지를 바탕으로 국내에 대리점을 이미 여러 군데 보유하고 있었다. 커먼그라운드점이 1호점인 경우에도 스타트업은 아니지만 해외 브랜드가 국내에 최초 입점한 경우, 주로 온라인 쇼핑몰에서 판매하다가 첫 오프라인 매장을 낸 경우와 여러 유통채널로 판매해 왔지만 단독 오프라인 매장을 커먼그라운드에 낸 경우이다. 완전히 '스타트업'으로 시작한 브랜드는 단 한 군데뿐이었으며, 이 또한 가외에 팝업스토어 형태로 눈에 띄지 않게 설치되어 있었다. 대부분의 경우 코오롱FNC 측에서 브랜드

표 9.1 F&B 분야를 제외한 커먼그라운드 내 브랜드 조사 결과:
조사 불가는 상점의 설문 협조가 이루어지지 않은 경우

커먼그라운드점 이외에 국내 오프라인 매장 보유 브랜드	Dr. Martins, VANS, BCL, LAPIZ SENSIBLE, LATIMERIA, OUTSTANDING, NOVESTA, WAYLON SHOP, DORE DORE, ADVISORY, ROMANTIC CROWN, NEW ERA, SNEAKSOUL, YEON, PARFUMERIE, ABLE, PLATBOON, TOO COOL FOR SCHOOL, ARTSHARE, VAHO, MOCOLOCO, EVAJUNIE, BURU JUDY, SOHOTICA, SCALETTO, ROOM335, HARE, MIXXJ, Carhatt, New Factory Store, Brown Breath, Zero Second, JBANS, APPAREL LOUNGE, BVB, MISTIKOTTITA, THE STUDIO K NAVY, AMONG, FLEAMADONNA, MOSCA, LLUD, SER, ROMAN BASSILY, MIMICAWE
커먼그라운드점이 첫 오프라인 매장인 경우	VARNISH, BUBBLESHACK HAWAII, URBAN GEEK, JUBILER, I AM J, SILK BUTTON, RIETI, DEM PROJECT, DIM.E.CRES.
조사 불가	REVERS, THANKYOU STORE

에 먼저 입점 제안을 했으며, 임대료를 일반 유통채널보다 저렴하게 해 준다는 공식발표와는 달리 상인들은 일반 백화점과 비슷한 수준이라고 주장한다. 임대료 차원에서 현재 팝업스토어 형태로 입점 중인 UrbanGeeks(온라인 유통채널을 가지고 있다가 현재 커먼그라운드에 입점한 지 3개월밖에 되지 않은 신생브랜드) 대표는 "인지도가 낮은 신생브랜드일수록 유리한 임대료 조건을 맞추기는 어렵다."라고 주장했다. 3층에 위치한 음식점도 커먼그라운드 웹사이트에서 볼 수 있듯이 이태원, 가로수길에서 이미 성공이 입증된 브랜드였다. 스타트업, 청년창업 기업은 전무하다시피 했다. 또한 현장조사에서 유일한 스타트업 대표는 입점과정을 "친한 누나가 원래 사용하던 공간이었는데 장사가 안 된다고 해서 내가 받게 됐다."라고 설명하였다. 따라서 신진디자이너와 스타트업을 입점시키는 것이 정기적으로 제도적인 차원에서 이루어지는 것이 아니라, 공실이 나면 입점시키는 비정기적 방식으로, 혹은 단순한 연고적 고리에서 진행되고 있다는 것을 발견할 수 있었다.

커먼그라운드 측에서 진행 중인 CG-way 프로그램이 국내 기업 차원에서 평가될 때는 혁명적이지만, 내부에서 입점절차에 대한 의사결정이 폐쇄적이기 때문에 외부 스타트업은 입점을 위한 특정한 심사기준에 대해 상당한 불확실성을 가지고 있다는 것을 알 수 있다.

(3) 사회성

커먼그라운드의 주체는 이익을 목적으로 하는 기업이기 때문에 공간의 콘셉트가 명확하며, 입점해 있는 브랜드의 경쟁력 또한 높다. 커먼그라운드에는 합리적인 가격대의 옷을 판매하는 경쟁력 있는 디자이너 브랜드만 입점해 있다. 이는 청년을 주 타깃층으로 한 커먼그라운드가 색다른 물품을 찾고 싶어서 편집숍을 향하는 20대의 취향을 잘 반영한 것이라고 평가할 수 있다.

또한 '국내 최대 규모의 컨테이너 박스 건축물'이라는 특수성을 가지고 있기 때문에 지역주민들뿐만 아니라 해외의 관광객들까지도 유치하는 데 성공하였다. 코오롱이 관광객 유치를 위해 큰 노력을 들이지 않았음에도 불구하고 조사 현장에서 이용객들 중 관광객이 큰 비중을 차지했으며, 이들을 인터뷰한 결과 "컨테이너 박스에 쇼핑몰을 만든 창의적인 발상" 때문에 방문했다고 답변했다. 커먼그라운드에 찾아오는 고객들의 주요 교통수단이 상대적으로 불편한 대중교통(지하철)이라는 점을 감안할 때, 커먼그라운드는 먼 곳에 있어도 일반 쇼핑몰과는 차별성이 있기 때문에 방문한다는 것을 알 수 있다.

반면 창의적인 외부와는 달리 내부에는 별다른 차별성이 느껴지지 않는다는 의견도 있었다. 이는 민주성 측면에서 다룬 '비제도권이라고 부르기 힘든 브랜드들의 주요 입점'과 연결되기도 한다. 물리적인 공간으로서의 커먼그라운드의 인지도는 상당히 높으나, 커먼그라운드의 본래 취지가 입점한 브랜드 내에서 인지되고 있는 것 같지는 않았다. 대부분의 매장은 사업장 주인보다는 파트타이머들에 의해 운영되고 있었는데 이들은 커먼그라운드의 신유통채널과 지역상생 목적에 대해서는 무지한 상태였다. 사업적 경쟁력만 부각되었기 때문에 '신진디자이너 육성, 청년경쟁력 높이기'라는 초기 목적의식은 확산되지 않고 있으며, 따라서 이런 목적의식을 일반 소비자들이 인지하기 힘든 상태이다.

(4) 지속성

커먼그라운드는 8년이라는 계약기간 때문에 물리적 지속성 측면에서 제한이 있다. 본래 기업이 유통사업을 할 때는 부지를 매입한 후 건물을 세우는데, 높은 가격의 토지가 회사 측에 부담이 되어 토지를 매입하기보다는 8년 임대를 하기로 한 과정에서 팝업형태인 커먼그라운드가 생겨난 것이다. 커먼그라운드가 컨테이너로 세워진 것도 8년이 지나면 임대기간이 끝나기에 건축비용을 줄이고 해체작업을 용이하게 하기 위해서이다.

규범적 측면에서의 한계는 물리적 지속성의 한계와도 연결되는 부분이다. 코오롱 측에서는 '지역상생'을 내걸었지만 본래의 목적은 보다 더 저렴한 부지를 얻기 위해 침체된 상권을 임대한 것이다. '지역상생'은 커먼의 주목적이라기보다 홍보의 일종으로 진행되는 행태를 보인다. 홍보이기 때문에 이것이 초기에만 활성화되는 단발성이 강하고, 이후에는 지역상생이라고 할 만한 프로젝트가 나오지 않는 상황이다.

또한 일자리 창출과 상권 활성화 측면에서는 지역성을 확보했지만 정작 '공간의 사용 측면'에서는 지역주민들보다는 해외 관광객들이 이용객의 다수를 차지하는 주객이 전도되는 상황에서 '지역상생'이라는 규범의 지속성 측면에 의문이 든다.

물리적 지속성의 한계에 따른 규범적 지속성의 한계는 코오롱 본사에서도 나타나고 있다. 지역상생과 사회공헌을 연구하는 부서는 코오롱인더스트리FNC 부문에서 TF팀으로 운영되고 있다. 이는 커먼그라운드의 주목적을 구상하고 실행하는 조직이 회사 내에 정규조직이 아닌 임시조직으로 이루어졌다는 의미이다.

2) 이화 스타트업 52번가

2010년부터 이화여대는 중국인들의 필수 관광코스가 되면서, 제2의 명동이라 불릴 만큼 사람들로 가득 찼다. 이에 따라 임대료가 상승하면서 이화여대 앞

골목은 거대 자본이 장악한 특색 없는 골목이 되어 버렸고, 뒷골목은 상인들이 높은 임대료를 견디지 못하고 떠나면서 공실률이 70%에 달했다. 이화여대와 서대문구청, 임대업자들이 나서서 신촌동 주민센터에서부터 이화여대 정문까지 이어진 유휴점포 밀집골목을 학생들의 창업공간으로 채우기로 하면서 이화 스타트업 52번가가 시작되었다.

(1) 지역성

이화여대 상권이 활성화되었던 2000년대 초기에도 이 거리는 늘 의류/잡화 점포가 일색인 거리였다. 스타트업이 진입하면서 현재 뒷골목 상권이 대체적으로 의류/잡화로 획일화된 것과는 달리 52번가 골목은 다양하고 차별화된 볼거리를 제공한다. 스타트업의 일부는 사회적 기업으로서 사회 공헌에 이바지하기도 한다. '오티스타'의 수익금은 자폐인의 디자인 교육과 함께 사회 통합 및 자립생활 지원을 위해 사용되고 있다. 또 오티스타는 자폐인 디자이너를 채용해 지역의 사회적 약자를 보호한다는 측면에서도 사회적 기업으로 분류된다. 다만 이 골목에서 유통되는 대부분의 품목들, 예를 들면 어린이용 교구, 갤러리, 도장 등이 주민들의 일상생활과는 직접적인 관련이 없다는 것은 결점으로 지적된다.

이화 스타트업 52번가의 상권 활성화 효과에 관해서는 행위자별로 의견이 분분하다. '인큐베이터52'의 담당교수는 "저희가 들어오고 나서 옆 공실이 순차적으로 계약되었다고 들었고요, 실제로 여기에 있다 보면 임대 알아보러 많이들 왔다 갔다 하고 그래요."라며 이화 스타트업의 지역 활성화 기여 측면을 강조했다. 반면 주변 상인들은 창의적인 요식업계들이 거리에 진출하면서 유동인구가 늘어나고 있던 와중에 스타트업이 들어온 것이라고 주장한다. 민주성 측면에서도 다뤄질 테지만, 요식업을 스타트업에서 배제한 점은 창업자 이외 학생들의 의사를 반영하지 않았다는 점에서 결점이 될 수 있으나, 주변 상권과의 상생을 위해 의도적으로 행해진 것이다.

이화 스타트업 52번가의 가장 큰 강점은 바로 지역의 문제점을 해결하는 데 있어서 대학이 학생들에게 자율성을 부여하는 방식을 활용한 것이다. 6개의 공실에 입점한 창업자들은 다 이화여대 학생들이며, 이들은 대학을 다니면서 축적했던 지역적 지식을 바탕으로 지역에 필요한 것이 무엇인지 궁리하며, 이를 직접적으로 실행하기 위해 개발의 주체로 나섰다. 신촌 지역에는 지역주민 단위, 대학생 단위의 개발적 결사체들만 존재하고 이것이 봉사활동 같은 연계활동 등을 제외하면 연계가 부재했던 과거와는 달리, 지역과 대학 간의 이해관계가 견고해지는 과정을 통해 '사회의 전체적 용량(Putnam)'이 증진되고 있다. 이전의 관 주도의 어젠다와는 달리 임차인과 상생의 필요성을 느낀 임대업자들과 청년문제를 해결하고자 하는 이화여대 측의 합작으로 시작하여, 서대문구청이 조례적 정당성을 부여한 방식은 새로운 민관협력 거버넌스가 구축됐다고 평가할 수 있다.

(2) 민주성

커먼그라운드에는 코오롱FNC와 입점업체를 제외하면 다른 행위자들이 부재했던 반면, 이화 스타트업 52번가의 진행과정에서는 다양한 주체들의 참여가 있었다. 이화여대, 이화여대 기업가센터, 이화여대골목주민연합, 청년창업자, 서대문구청, 창업진흥원, 문화활력생산기지, 더벤처스 등 표면적으로 볼 때 참여해야 할 주체들이 전부 참여한 것으로 보인다. 하지만 현장조사 결과 주변 상인, 창업자 이외의 학생들, 지역주민들의 의사는 이 공간에 반영되지 못하고 있는 현상을 발견할 수 있었다. 4월 4일 이화 스타트업 52번가에 개점한 위샐러듀 부대표는 현재 이화여대와 건물주가 주축이 되어 진행되는 프로젝트에 골목의 기존 상인들은 상대적으로 배제되었다는 측면을 지적하였다.

"공식적인 상인회는 전체적으로 이 프로젝트를 통해 이대를 활성화하는 것에 찬성하지만, 반대하시는 몇몇 분들도 계신다. 이대에서 공식적으로 사업설명회를 주민센터에서 했었는데 그곳에서 반대하시는 분들이 공식적으로 의견을 내셨다.

기존 상인들도 포함시켜서 같이 참여했으면 좋겠다는 의견이었다. 그분들은 이곳 상권이 활성화될 때 오히려 기존 상인분들이 나가게 되는 일을 우려하시기 때문에 … 이화여대가 기존 상인들은 무조건 반대자들이라고 생각하기 때문에 프로젝트의 추진 내용들에 반대하지 않는 다른 상인들에게도 정보전달을 제대로 하지 않고 있다."   − 위샐러듀 대표

따라서 상인회가 공식적으로는 참여를 했지만 협력의 단계까지는 발전하지 못한 것을 알 수 있다. 앤설과 개시(Ansell & Gash 2008)의 협력적 거버넌스 모델에 따르면, 권력과 자원의 비대칭(power/resource asymmetries)이 높을 경우 이해관계자들 사이의 불신과 약한 책무감이 야기될 가능성이 높다. 이 경우에는 지역에 기반한 이해관계자들 중 발전한 '유기적 리더(Organic Leader)'의 역할이 중요하다. 이들이 상대적으로 힘과 정보가 부족한 이해관계자들이 목소리를 낼 수 있도록 제도적 기반을 구축해야 다음의 의사결정 과정 단계로 넘어갈 수 있다. 이화 스타트업 52번가에서는 지역의 유기적인 리더와 정보와 자원이 강한 이해관계자는 단연 이화여대라고 할 수 있다. 물론 아직 한 달밖에 지나지 않았지만, 이들이 협력과정에서 반대하는 이해관계자들과 대면을 하며 이해의 공유를 이루지 못하는 이상 프로젝트의 민주성 측면은 약해질 것이며, 그 결과 실행의 정당성 또한 약해질 것이다.

지역성 측면에서도 다루었지만, 지역주민들은 마트를, 이화여대 재학생들은 이 거리에 요식업이 만들어지길 원하였다. 하지만 창업기업 공모전의 심사를 맡은 문화활력생산기지와 이화여대 측은 창업 분야를 디자인에만 국한시켰다. 또 다른 한계로 지적될 수 있는 점은 심사기준의 불투명성이다. 6개의 스타트업 업체 중 하나인 '아리송' 대표는 물론 공모전을 통하여 선발되었지만 자발적으로 학교의 지원 방법을 찾아본 것이 아니라, 학교 측에서 먼저 입점 제안을 했다고 하였다. 따라서 심사과정에서 중요 이해관계자들의 부재와 이에 따른 심사기준의 불투명성을 살펴볼 수 있다.

214

이화여대와 창업자들 사이의 관계는 비록 자원, 권력의 비대칭성 때문에 자연스레 상하관계를 이루지만 나름의 수평관계를 이루려고 노력 중이다. 현재 입점 중인 학생들이 인테리어 비용을 제외한 모든 부분에서 지원을 받고 있는 것을 미루어 보아 시혜적 측면이 강하다고 할 수도 있겠다. 또한 창업자들은 자신의 사업장을 더 매력적인 공간으로 만들기 위한 요구들을 관련 주체에 정확히 관철시키는 것에 미숙함을 보인다. 하지만 학교로부터 많은 지원을 받고 있는 창업자들이 임대인들과 타협을 할 제도적·물리적 힘이 부족하기 때문에 학교가 나서서 이들에게 힘을 부여(empower)하고 학생들을 대표하는 것은 바람직하다. '아리송' 대표를 통해 학생들이 학교를 매개로 자신의 요구를 관철시키는 모습을 발견할 수 있었다.

"여기 들어오는 라인이 쉽지가 않아요. 사람들한테 알려지지도 않았고. 예전에는 인기 있는 곳이었는데 많이 죽었죠. 그래서 이쪽 라인을 알 수 있도록 표지판을 제작하도록 부탁을 드렸어요. 그래서 표지판이 세워졌고."   – 아리송 대표

현재 스타트업의 수익성이 낮지만 대학 측은 창업점포 쪽에 압력을 넣거나 해당 사업을 중단시키기보다 신뢰를 바탕으로 지속적인 지원을 해 주고 있다. 또한 스타트업을 하는 사람들끼리의 정기적인 모임이 비록 활성화되어 있지는 않지만 존재한다. 이런 모임이 개인의 필요성에 기반하여 집단 공통의 이해로 발전할 수 있다면 더 높은 빈도로, 실질적으로 진행될 것이라고 평가한다.

(3) 사회성

사회성 측면에서 이화 스타트업 52번가는 부족함을 보인다. 52번가 현장에서 만난 대다수 학생들은 이화 스타트업 52번가의 명칭조차 모르고 있었으며, 이 거리를 찾아왔다기보단 주변의 음식점을 찾아온 경우가 많았다. '오티스타'는 이 거리의 가장 큰 문제점으로 대대적인 홍보 부족을 꼽았고, 거리를 방문한

학생들 중 절반이 넘는 인원 또한 '거리의 홍보'를 이 공간에 가장 필요한 요소로 꼽았다. 학교 내에서도 거리 자체에 대한 홍보보다는 창업 프로그램에 대한 홍보가 주로 이루어지고 있었다. 52번가가 학생들의 성공을 기원한다기보다는 학교의 성과 홍보용으로 사용되고 있다는 경향은 익명을 요구한 주변 상인의 인터뷰에서도 지적되었다.

  교구 판매, 갤러리, 도장판매점 등 기존 상점과는 다른 목적으로 구성되었다는 점과 초록색 깃발로 차별성을 드러냈다는 점에서는 특수성을 지니고 있다. 현장에서 10명의 학생들에게 인터뷰를 한 결과, 8명의 학생들이 이 공간이 본래 취지인 '문화공방골목'으로서의 역할을 잘하고 있다고 생각하였다. 하지만 외관적 특이함이 눈에 띄지 않으며, 기존 상점과 구별된다고 해서 많은 사람들을 끌 만한 주제로 구성된 것은 아니었다. 따라서 외관만으로는 그 공간의 목적성이 분명히 드러나지 않고, 이것이 학생들에게 큰 특색 혹은 유인책으로 작용하지 않는 듯하다. 교구를 판매하는 '아리송'을 제외한 스타트업의 제품 가격대는 대학생들에게 합리적이었으나, 이화여대 조형예술학부의 도자예술학과에서 운영

그림 9.1 이화 스타트업 52번가 모습

하는 '인큐베이터52'에서 판매하는 품목들의 가격대는 높았다. '인큐베이터52' 담당교수는 학생들이 선뜻 구매하기 어려운 상품들이 있다는 것을 인정하였다.

> "브로치 같은 것들은 10만 원이 안 넘고요, 앞에 있는 작품들의 경우는 학생들이 구매하기에는 비싸죠. 학생들이 오기도 하고, 그런데 지인 위주예요. 작가의 지인이거나 아님 학교의 교직원들이 와서 사 가요."   – 인큐베이터52 담당교수

(4) 지속성

임대료 동결에 합의한 건물주(이화여대골목주민연합 9명)는 계약일로부터 최장 5년인 임대차 계약기간 동안 차임과 보증금 증액 청구를 유보하기로 서대문 구청과 합의하였다. 하지만 현장에서 일부 건물주들은 "임차료를 올리지 않는다는 내용을 계약서에 명시할 수 없다."고 격하게 반발하였다(송지혜 2016). 이화 스타트업 52번가가 상권 활성화에 실패를 해도 문제지만, 만약 성공하여도 계약기간이 지난 후 임대료가 상승한다면 현실적으로 지속하는 데 어려움이 있을 것으로 예상된다.

아직 두 달밖에 되지 않아 공간의 사업성을 평가하기는 어렵지만, 판매 자체에 초점을 맞추는 창업공간이 아니기 때문에 많은 수익을 내지 못하고 있는 것이 실상이다. 현재 학교 측에서 학생들의 자립을 위해 기업가센터 주관의 컨설팅 수업을 지원하고 있는데, 두 달 동안 총 2회 정도의 수업이 있었다고 한다. 세무교육, 회계와 같은 필수교육과 SNS를 활용한 마케팅에 관한 수업은 '알게 모르게 도움이 된다'고 '지홍' 대표가 말하였다. 하지만 이 외의 강좌들은 필수교육이 아니기 때문에 참여율은 예상보다 저조한 것으로 드러났다. 현재 6개의 스타트업들 전부 보증금 없이 월세, 전기세, 소득세를 지원받고 있는데, 학교와 구청의 지원이 끊겨도 과연 순수익만으로 이러한 비용을 충당할 수 있을지 의문이다. '위샐러듀' 사장은 지원금을 받는 학생들과 생존권이 달린 일반 상인들 간의 성과 자체가 다를 것이라고 보았다. 스타트업이 들어오지 않았어도 52번가 골

목은 자연스레 살아나고 있었고, 오히려 시장의 원리에 따라 경쟁력을 갖춘 상점이 들어오면 맡겨 두는 것이 가장 바람직하다는 의견이다.

"이원일 셰프도 들어오고 우리도 들어가고, 그런 추세였는데 이대가 들어옴으로써 실질적으로 경쟁력 있는 요식업이 들어오지 못하게 됐을 수도 있다고 생각한다. 두려운 것은 결국에 이것이 성과가 없어서 다 철수했을 때, 다시 슬럼가가 되지 않을까라는 우려이다." — 위샐러듀 사장

그럼에도 불구하고 학생들은 본인의 창업을 학교로부터 지원받고 있는 입장

표 9.2 커먼그라운드와 이화 스타트업 52번가의 강점/약점

	커먼그라운드		이화 스타트업 52번가	
	강점	약점	강점	약점
지역성	• 침체된 상권 활성화 • 지역 일자리 창출 • 중앙 광장의 커뮤니티 활동	• 근처 건국대학교와의 연계 부족	• 지역 대학생들의 직접적인 참여 • 새로운 민관협력 거버넌스 구축 • 차별화된 볼거리 제공 • 사회 공헌에 이바지	• 주민들의 일상생활과 관련 없는 품목들의 판매
민주성	• 비제도권 브랜드와의 상생	• 스타트업에게는 적은 기회(대다수의 브랜드는 커먼 그라운드 측에서 평가 후 제안)	• 다양한 주체들의 참여 • 신뢰가 바탕이 된 상호 협력적 관계	• 여전히 배제된 주요 지역행위자들 • 입점 심사기준의 불투명성
사회성	• 명확한 콘셉트 • 20대에게 합리적인 가격 • 건축공법의 특수성	• 창의적인 외부와는 달리 내부에는 별다른 차별성이 느껴지지 않음 • 커먼그라운드의 취지에 대한 인지도 낮음	• 거리의 기존 상점들과 다른 목적으로 구성 • 건물 디자인의 차별성 (초록색)	• 거리의 홍보 부족 • 공간의 불명확한 목적성 • 상품의 높은 가격대
지속성		• 물리적 지속성 -8년의 계약기간 • 규범적 지속성 -지역상생은 주목적이기보다는 일종의 PR	• 임대료 동결(최장 5년) • 학생들의 자립을 지원하는 프로그램	• 계약기간이 지난 후 임대료 상승 우려 • 판매를 위한 창업이 아니기에 낮은 수익성

이기 때문에 학교에 책임을 지고 있으며, 이러한 책임감은 학생들에게 동기를 부여해 수익성을 높이는 데 일조할 수도 있다. 아직 한 달 정도밖에 되지 않아서 이화여대가 구현하고자 했던 가치들의 가시적인 효과가 나타나지 않았다는 점도 성과에 대한 기대를 저버리기에는 아직 이르다는 의견 중 하나이다. 또한 이화여대가 계약은 했지만 아직 개점하지 않은 점포들도 있고, 이화여대 측에서 2차 스타트업 공모전을 진행, 이 프로그램을 확대할 예정이다. 여태까지는 부각되지 않았던 서대문구청의 역할이 부각될 가능성도 높다. 문석진 서대문구청장은 이 거리를 '문화체험 관광형 특화상권'으로 조성하고, 이후 청년몰로 확대할 계획이라고 공표하였다. '문화체험 관광형 특화상권'의 자세한 내막과 이에 따른 혜택들을 창업자들에게 질문하였을 때 대부분 가시적인 혜택은 없었다고 답했지만, 이것이 곧 시행 예정일 것이라고 답하였다.

IV. 결론 및 대안 제시

앞서 분석틀을 설명함으로써 유휴공간 활용에서 지역성, 민주성, 사회성, 그리고 지속성이 매우 중요함을 설명했다. 물론 이 4가지 요소 모두 중요하지만, 본 연구는 구체적인 대안을 제시함에 있어 지역성이 다른 요소들에 비해 더 고려되어야 한다고 보았다. 유휴공간의 성공과 실패에서 가장 기본적인 판단기준은 이용객의 유무이다. 그리고 한 공간의 주 이용객은 해당 지역의 거주민 혹은 생활주민이 될 것이다. 이러한 이유에서 해당 지역의 거주민과 생활주민을 하위요소로 가지는 지역성의 중요도가 높아지는 것이다. 실제로 커먼그라운드와 이화 스타트업 52번가를 유휴공간의 성공적 활용이라고 인식한 반면에 밀리오레와 APM은 실패하였다고 여겼던 이유는 이용객의 유무에 있었다. 따라서 밀리오레와 APM이 성공적인 유휴공간의 활용 사례로 재평가받기 위해서는 이용객이 확보되어야 함은 물론이며, 이를 위해서는 이용객들이 방문하고 싶은 공

그림 9.2 재생공간 활용의 분석틀

간이 되어야 한다고 보았다. 이에 대안 구상에서 이용객들, 즉 그 행위자들의 요구가 무엇인지 가장 먼저 조사하고, 고려하였다.

본 연구의 연구대상인 밀리오레와 APM의 주요 행위자를 인근 주민들, 학생들, 그리고 공무원들이라고 보았다. 이들의 의견은 모두 다양했다. 주민들의 경우, 해당 공간이 대형마트, 백화점, 면세점 등의 공간으로 활용되면 좋겠다고 답변하였다. 거대한 쇼핑단지를 원했던 거주민들과 달리 학생들은 중고서점, 스포츠센터, 창업공간 또는 문화공간과 기숙사 등의 시설을 원했다. 학생들이 주 이용객인 것은 사실이나, 주민들과 공유할 수 있는 공간이 되길 원했다. 마지막으로 공무원은 학생들 및 중국인 관광객의 필요를 고려하여 해당 공간이 호텔 혹은 문화공간으로 쓰이길 바랐다.

인터뷰 결과에서 알 수 있듯이 행위자들 각각의 요구는 모두 다르다. 그렇기에 일방적으로 하나의 요구만을 반영할 수는 없다. 더불어 어느 하나의 요구만 수용한다면 지역성과 더불어 나머지 3가지 요소가 훼손되는 경우도 있었다. 예를 들어, 거주민들이 요구하는 대형마트가 이 공간에 형성된다고 가정하자. 지역주민들은 대형마트의 입점을 환영할 것이다. 하지만 그 앞을 매일 이동하는 학생들과 공무원들에게 그 공간은 무용지물일 가능성이 크다. 또한 주변에 작은 점포들이 많이 존재한다는 점을 고려할 때 대형마트의 입점은 주변 상권을 몰락시킬 위험성을 가지고 있다. 밀리오레와 APM을 지역과 함께하는, 지속될 수 있는 새로운 공간으로 재활용하고자 하는 만큼 다수가 찬성함과 동시에 이용하고 싶은 공간이 되어야 하고, 앞선 4가지 요소 모두가 충족되어야 하기 때문이다. 따라서 각 행위자들의 요구 그대로를 해당 유휴공간에 반영하는 것은 각 행위자들의 요구를 적절히 만족시킴에 있어서, 또 주변 지역과의 조화를 유지하기 위함에 있어서 어렵다는 결론을 내렸다.

 그렇기에 각 행위자들의 요구를 적절히 포함할 수 있으면서도 지역성 이외의 나머지 3가지 분석요소를 충족시킬 수 있는 해결방안은 밀리오레와 APM을 '창업의 공간'으로 활용하는 것이라고 보았다. 하나의 큰 공간을 적절한 크기의 공간으로 나눠 창업공간을 형성하는 것이다. 이와 같은 결론을 내린 가장 큰 이유는 이 공간이 창업지원 공간이 되었을 때 다양한 스타트업의 등장을 바탕으로 많은 행위자들의 요구를 반영할 수 있다고 보았기 때문이다. 또한 지역성을 포함한 4가지 요소들이 모두 훼손되지 않는다는 점도 중요한 이유로 작용하였다. 마지막으로, 앞서 사례로 사용되었던 이화 스타트업 52번가와 커먼그라운드 역시 초기에 창업이라는 큰 주제로 공간 활용이 시작되었다는 점에서, 충분히 현실성 있는 대안이라고 생각하였다. 이때 4가지 요소들을 충족시키기 위한 실질적이고 구체적인 방법들을 찾기 위해 이화 스타트업 52번가와 커먼그라운드의 강점은 차용하고 결점을 보완하는 방식을 채택하였다.

 먼저 지역성에서, 창업이라는 대안 자체가 다양한 주제를 가질 수 있기 때문에 지역의 많은 행위자들을 포용하는 대안이라고 본다. 이때 커먼그라운드는 '지역상생'이라는 타이틀 아래 지역주민 우선채용 및 일자리 창출을 위해 노력하였다. 이화 스타트업 52번가는 기존 상점과는 다른 상품들을 취급하고 있기에 스타트업 상점들이 기존 상점과 경쟁구도를 띠고 있지 않다는 점이 눈여겨볼 만했다. 특히 그 이름에서도 알 수 있듯이 인근 대학교인 이화여대와 서대문구청이 함께 참여하면서 학생들의 창업을 지원하고 있었다는 점도 특별하다고 보았다. 이러한 강점들을 차용하여 밀리오레와 APM도 지역과의 상생을 위해 최대한 지역주민과 생활주민의 참여로 창업공간이 형성될 수 있도록 적극적으로 노력해야 할 것이다. 이때 참여자 간 구성비율에는 거의 차이가 없어야 한다. 각 행위자 집단의 요구가 동일선상에서 만족되어야 하기 때문이다. 또한 '창업'을 하는 만큼, 기존 상품들과는 다른 제품 또는 아이디어를 선보일 수 있도록 하는 것이 중요하다. 이는 주변 상점과의 마찰을 줄이고, 상생을 도모하기 위한 방법이기도 하다. 또한 인근 대학교인 연세대학교, 이화여대, 그리고 서강대학교와의 연계도 적극적으로 고려해 보아야 한다. 해당 구청과의 적극적인 협력과 지원 역시 중요하다고 본다. 이때 그 지원은 재정적인 것과 더불어 커먼그라운드의 CG-way 프로그램과 같이 지역의 트렌드와 행위자들의 변화를 알기 위한 별도의 교육, 혹은 실질적인 창업에 필요한 교육 등도 포함한다.

민주성을 갖추기 위해 커먼그라운드는 입점에서 응모를 받았고 심사를 거쳐 입점시켰다. 기업 측에서 마음대로 브랜드들을 입점시키기보다는 참여 유도 및 조율 등의 과정을 거쳤으며, 따라서 어느 정도의 자율성이 확보되었다. 이화 스타트업 52번가의 운영에서 서대문구청과 학교 사이의 결정이 주가 된 것은 사실이지만, 공모를 통해서 지원 여부를 결정하였을 뿐 아니라 스타트업을 한 사람들끼리의 내부모임이 지속적으로 운영되고 있었다. 이런 강점과 결점으로부터, 입점과정 및 입점 이후 과정에서의 민주성을 위해서는 52번가의 운영진 모임과 유사하면서도 더 확장된 권리와 발언권을 가진 협동조합을 설립하는 것이 효과적일 것이다. 이때 이 협동조합은 학생, 인근 대학의 교수, 주변 상인, 관 관계자 등의 다양한 행위자들로 이루어져야 한다. 이는 운영과정에서의 투명성을 높이고, 힘의 불균형 문제를 해결하여 대칭성을 높이기 위함이다. 협동조합을 통해 동등한 발언권을 바탕으로 서로 논의하고 협의할 수 있는 장이 만들어지고, 모든 진행과정의 투명성이 보장된다면 충분히 민주적인 공간을 운영할 수 있을 것이라고 본다. 투명성을 제고하기 위한 또 다른 구체적인 방법으로는 관계자든지 아니든지 모든 관련인을 포함한 주변인에게 해당 과정을 문서로 공개하는 것 역시 생각해 볼 수 있다.

사회성에서는 인지도와 특화성이 중요하다. 인지도 면에서 커먼그라운드는 기업 차원의 홍보나 다양한 미디어 매체에 공개되면서 건국대학교의 유명한 쇼핑센터로 자리매김하였고 하루 평균 방문객이 1만 명에 달한다고 한다. 이화 스타트업 52번가는 인지도 측면에서 약하다. 워낙 골목에 자리 잡았기 때문에 주변의 음식점을 이용하고 우연히 들른 경우가 대다수였다. 반면에 특화성에서는 커먼그라운드와 이화 스타트업 52번가 모두 강점을 지닌다. 커먼그라운드는 컨테이너 박스 200개로 만든 복합 쇼핑몰인 만큼, 파란색 컨테이너 박스 그 자체가 이용객들에게 좋은 구경거리가 되었다. 또한 신진 브랜드들이 많이 입점해 있는 만큼 합리적인 가격대의 다양한 상품들이 준비되어 있었다. 이화 스타트업 52번가도 사회적 목적을 추구하는 창업자들의 점포가 입점해 있다는 점과 기존 상점들의 상품과는 다른 종류의 상품이 준비되어 있다는 점이 강점이다. 위와 같은 강점과 결점을 고려할 때 밀리오레와 APM은 다양한 주체들이 참여하고 민관협력으로 이루어질 창업공간인 만큼, 이용 가능한 다양한 경로와 매체를 통해 홍보를 지속적으로 해 나가야 한다. 또한 밀리오레와 APM 모두 그 앞에 광장이 있는데, 그 광장을 통해 이벤트성 문화활동을 열면 자연스레 홍보효과가 창출될 것이다. 특화성에 있어서는 다른 기존의 쇼핑몰과는 다르게 건물 앞에 위치하는 큰 광장에서 이벤트 또는 문화공간을 마련하는 방법과 더불어, 커먼그라운드와 이화 스타트업 52번가처럼 색다른 창업 아이템을 도입해야 할 것이다. 만약 상품들이 새롭지 못하다면 기존 상인들과도 마찰이 생길 것이고, 많은 멀티콤플렉스가 즐비한 이 시대에 밀리오레와 APM만의 특색을 만들기에도 어려움이 있을 것이다.

마지막으로, 지속성은 본 연구의 주제가 '유휴공간을 재활용하자'인 만큼 지역성 못지않게 중요한 요소이다. 물리적인 지속성에서 커먼그라운드는 처음에 팝업스토어로 문을 연 만큼 계약기간은 8년에 불과하다. 이화 스타트업 52번가도 건물주들과의 임대료 협의는 5년 계약으로 되어 있어 5년 후의 상황은 미지수이다. 규범적인 지속성의 경우 초기 커먼그라운드는 '지역상생', '신진 브랜드 유치', 그리고 '청년경쟁력 높이기'를 의도했지만 현재로서는 이와 같은 가치 실현이 제대로 이루어지고 있다고 보기는 힘들다. 상점들마다 인터뷰해 본 결과, 공모를 통해 입점한 경우보다는 기업 측에서 먼저 제의하여 들어온, 이미 어느 정도 인지도가 높은 브랜드인 경우가 많았기 때문이다. 이화 스타트업 52번가도 서대문구청에 의해 청년몰로의 확장과 관광거리로의 활성화라는 규범적 목표가 명백하게 존재하지만 이는 논의만 되고 있을 뿐 실질적인 움직임은 미비하다. 밀리오레와 APM이 커먼그라운드와 이화 스타트업 52번가가 가지고 있는 결점을 반복하지 않기 위해서는 창업공간으로 구성해 가는 초기에 해당 공간에 대한 물리적·규범적 차원에서 장기적인 계획과 분명한 목적을 가지고 시작해야 한다. 물리적 지속성에 관해서는 젠트리피케이션이 일어나지 않을 수 있도록 처음 계약에서부터 구체적으로 고려하고 계획해야 한다. 규범적 지속성에 있어서는 밀리오레와 APM에 대한 처음 목적이 지역과 상생하며 행위자들의 만족도를 최대화할 수 있는 창업공간 구성인 만큼, 진행과정에서 단순히 상업적 이익만이 추구되는 방향으로 변모하지 않도록 경계해야 한다.

밀리오레와 APM의 창업공간으로서의 재탄생. 이것이 다소 이상적으로 느껴질 수도 있다. 하지만 창업공간으로 활용되었을 때보다 다양한 행위 주체들을 포용할 수 있고, 이들의 요구를 만족시킬 수 있다. 더불어 협동조합 운영을 바탕으로 하여 민주성이, 다양한 홍보와 특색 있는 구성을 통해서 사회성이 충족될 수 있다. 마지막으로, 공간과 관련하여 장기적인 계획을 수립하고, 공간 활용의 분명한 목표 설정 및 달성 여부에 관한 꾸준한 관리 감독을 통해 지속성 역시 만족시킬 수 있다. 이와 같이 이 공간의 창업공간으로의 변모는 유휴공간의 활용에서 중요한 4가지 요소를 모두 갖추고 있는 최선의 방안이라고 할 수 있다. 앞으로 밀리오레와 APM이 실질적으로 어떻게 변하게 될지는 누구도 예측할 수 없다. 하지만 우리 연구의 대안방향처럼 창업공간으로 활용된다면, 이 공간이 다양한 사람들과 아이디어로 넘치는 생기 있고 활발한 공간으로 재탄생할 수 있을 것이라고 확신한다.

제3부

정책과 마을학

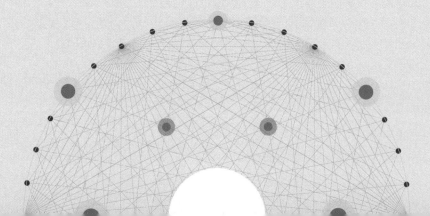

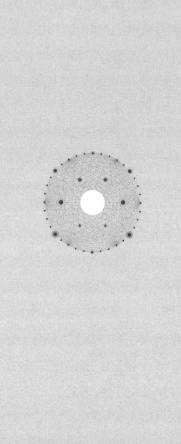

제10장

지속가능한 발전을 위한
도시 에너지 거버넌스 정책

손효동 · 이태동

* 이 글은 「공간과사회」, 26권 4호 게재 논문 "거버넌스 다중이해당사자의 목적 합치성과 참여: 도시 에너지 전환 '에누리' 사례를 중심으로"를 수정·보완한 것이다.

I. 서론

최근 서울시에서 진행하고 있는 '원전하나줄이기' 정책은 도시 내 에너지 수요 관리 및 기후변화 대응 정책으로 도시 에너지 전환 방향을 보여 준다(서울특별시 2012). 본 연구의 관심은 '도시'라는 에너지 다소비 지역에서 어떻게 에너지 수요를 관리할 것인가에 대한 전환의 탐색에서 시작된다. 사례로 살펴본 '에너지를 나누는 이로운 공간'(이하, 에누리) 사업은 전환의 구체적인 시도이다. 에누리 사업은 '공간'을 매개체로 상점과 소비자가 서울시의 원전하나줄이기가 제시하는 에너지 가치에 대한 인식과 실천을 확대하도록 하는 것을 목적으로 한다.

여기서 한 가지 주목할 점은 에누리 사업에는 서울시라는 지방정부뿐만 아니라 상점들, NGO, 학생단체 그리고 일반인까지 다양한 거버넌스 당사자가 존재했다는 점이다. 에너지 절약 사업은 특성상 관 주도로 이루어지는 것이 아니라 다양한 행위자의 참여와 실행을 필요로 한다. 본 연구는 공공관리자의 관점에서 "도시의 에너지 전환(energy transition) 참여자들과 함께 어떻게 정책목표를 효과적으로 달성할 것인가?"에 대한 질문을 던진다(Hoppe & van Bueren 2015). 서울시는 전반적인 에너지 수요관리 및 에너지 전환 프로그램으로 에누리 사업을 진행하였지만, 참여 NGO, 학생단체, 특히 상인과 일반인은 다른 목적으로 해당 캠페인에 참여했을 가능성이 높다. 본 연구는 이 점을 주목하여 2014년에 진행된 에누리 사업과 캠페인을 참여자별로 인터뷰를 통해 분석하고, 도심 상업지역 내에서 이루어진 에너지 프로그램의 거버넌스를 이해하고자 한다. 왜냐하면 다양한 주체들의 이해관계가 담겨 있는 거버넌스는 참여자가 목적을 공유하고 효과적인 프로그램 설계와 운영이 이루어질 때 지속가능하기 때문이다.

에누리 사업을 중심으로 살펴본 도시 에너지 거버넌스의 다중이해당사자에 대한 분석은 '도시 상업지역의 에너지 전환 프로그램의 다양한 이해당사자는 어떤 목적을 갖고 참여하는가?'와 '거버넌스 내 다른 목적(낮은 목적 합치성)은 참여 인식(의지)에 어떻게 작용하는가?'에 대한 연구질문에 답해 준다. 추가적으로 다른 목적을 지님이 프로그램에 대한 각 이해당사자의 만족도에도 영향을 주는지 살펴보고자 한다. 이는 상업지역에서 이뤄진 도시 에너지 전환 프로그램의 성과를 진단하고 추후 성공적인 운영을 위해 필요하다. 거버넌스 프로그램을 운영한다는 것은 그 시작에 있어 다양한 참여자를 모으는 것도 중요하지만, 당사자의 참여를 통해 지속적이고 적극적인 참여로 프로그램을 운영하는 것도 요구되기 때문이다. 또한 전반적인 거버넌스 프로그램의 참여를 분석하는 것은 지방정부와 NGO의 공공관리자에게 프로그램 운영과 디자인에 있어 정책 시사점을 제공한다.

본 연구의 구성은 다음과 같다. 첫째, 기존의 공급 중심의 에너지 정책과 다른 도시의 에너지 수요관리 및 재생에너지 중심의 에너지 전환 정책과 프로그램을 소개한다. 이와 동시에 에너지 전환 정책에서 거버넌스 프로그램이 갖는 의미를 국내외 문헌연구를 통해 살펴 볼 것이다. 둘째, 다중이해당사자(multi-stakeholder) 거버넌스에서의 참여와 그 안에서의 참여 목적합치성이 실제 이해당사자의 참여의지와 만족도에서 중요함을 설명할 것이다. 이후, 도시 에너지 프로그램 참여목적 분석을 위해 다중이해당사자 거버넌스 시각을 바탕으로 프로그램 참여수준에 대한 분석틀을 제시할 것이다. 셋째, 인터뷰를 통해 수집된 질적 사례연구(qualitative case study) 데이터를 중심으로 앞서 제시된 분석틀을 활용하여 에누리 사업 참여자의 목적 합치성을 밝히고, 참여의지와 만족도에 준 영향을 밝힌다. 마지막으로, 다중이해당사자 거버넌스 시각과 인터뷰 자료 분석을 통해 얻어 낸 결과를 통해 시사점을 밝힐 것이다.

II. 도시 에너지 전환 프로그램

한국은 에너지원의 많은 부분을 해외에 의존하면서, 에너지를 많이 사용하고 있는 나라이다. 그렇기에 기존의 한국의 에너지 정책은 석유나 천연가스와 같은 에너지원의 원활한 공급에 초점을 맞추게 되었고, 비교적 최근까지 국가 중심의 에너지 정책이 시행되었다. 하지만 최근 이런 공급 중심의 국가 단위 에너지 정책에 많은 변화가 생기고 있다. 늘어나는 에너지 소비에 효과적으로 대처하기 위해 더 많은 발전소를 건설하기보다는 효율적 에너지 사용이 강조되고 있으며, 이를 위해 많은 이해관계자들이 에너지 정책에 관심을 가지고 참여하고 있다(Kim et al. 2011).

국내 에너지 문제에 많은 사람이 참여하게 된 것은 최근 에너지 분야의 중요성이 증대하고 있으며 신·재생에너지 기술과 스마트 그리드와 같은 전력망 관련 기술의 발달에 기인한 면이 무엇보다 컸다. 기술의 발달은 기존 에너지 소비자들이 에너지 생산자가 되게 만들었고, 에너지 수요관리 정책은 에너지 소비자로 하여금 적극적으로 에너지 절감의 필요성을 인식하고 실천하는 것을 강조하였다.

최근에는 지방정부나 지역 커뮤니티 수준에서도 에너지 정책의 변화가 이루어지고 있다(Lee et al. 2014; Mattes et al. 2015). 특히 도시 에너지 전환 정책은 도시가 갖는 사회·문화·경제의 중심지적 특성과 인적 자원이 집약된 공간이라는 장점을 살려 적극적으로 에너지 전환을 꾀하고 있다. 에너지 전환은 "더욱 지속가능(sustainable)하고 효과적인(effective) 에너지 공급과 사용(provision and use of energy)을 통해 공급주도적, 중앙집중적, 시장의존적 관리에서 수요관리 중심, 지역분산적이며 시민 참여형 지역 에너지 거버넌스를 통해 관리되는 변화"를 뜻한다(Rutherford & Coutard 2014; 이태화 2016). 에너지 전환은 기후변화의 대응, 지역자립의 에너지 구조, 재생에너지를 비롯한 에너지 기술의 발달과 더불어 정책적으로 국가, 지방정부 단위에서 많이 시행되고 있다(Loorbach 2007; 김병윤 2008; 이정필·한재각 2014; 이태화 2016; 안정배·이태동 2016). 지금까지 도시의 에너지 연구들은 다양한 범주화가 가능하지만(Rutherford & Coutard 2014), 본 연구는 사회-정치적 함의를 갖는 도시 에너지 전환 프로그램의 그 운영형태로서 거버넌스와 에너지 전환의 관계에 대해 밝히고자 한다(Hoppe & van

Bueren 2015).

에너지 전환의 움직임으로서 도시 내의 에너지 정책 기조는 거버넌스 프로그램과 함께 작동하는 경우가 많다. 이는 에너지 전환과 커뮤니티의 관계에서 비롯된다. 에너지 전환은 아래로부터(bottom-up) 인식 변화나 참여를 기본으로 하는 경우가 많다. 에너지 전환·자립 움직임은 에너지 자립 마을 등으로 일컬어지는 아래로부터의 변화(이유진·진상현 2015)와 협동조합(윤순진·심혜영 2015) 또는 중간지원조직(고재경·주정현 2014; 강지윤·이태동 2016)을 이용한 전환, 숙의 접근 방식(deliberative approaches) 등과 연관된다(이정필·한재각 2014).

위에서 언급된 에너지 전환의 정의에서도 알 수 있듯이, 도시에서 에너지 전환은 에너지 공급의 변화와 에너지 사용의 변화라는 두 부분으로 나뉜다. 전자의 변화는 도시의 에너지 자립구조를 위해 재생에너지 생산 및 에너지의 효율적 사용으로의 전환과 같은 공급 중심적 기술적(technical) 변화에 방점이 있는 경우가 많다. 둘째, 에너지 전환 중 수요관리(demand-side management)에서 커뮤니티의 참여와 관련 거버넌스의 관리인 문제는 핵심 요소이다. 에너지 수요관리는 국가 단위 차원에서는 부하관리, 전략적 소비 절약을 위한 정책이 주가 되지만, 도시 단위 에너지 전환에서는 개인의 수요관리 참여를 위한 공동체(커뮤니티) 활성화나 개인의 동원(mobilization) 또는 이를 위한 구체적인 인센티브 및 규제가 주된 연구주제가 된다(Carley 2012). 공동체 활성화와 개인의 동원을 바탕으로 하는 거버넌스는 참여와 의사결정 그리고 행태 변화를 기반으로 하는데, 실제 에너지 거버넌스 프로그램 참여는 에너지 전환에 기여한다(박종문·윤순진 2016).

특히 도시의 에너지 수요관리 정책은 도시마다 그 장소적 특성과 이해당사자의 모습에 따라 다양하게 나타나며, 각각의 정교한 정책이 요구된다. 예를 들어 같은 에너지 절약 또는 시민 실천문화 창출을 위한 정책이라 하더라도 그 에너지 전환과 지역 거버넌스(김형양 2006)에 대한 구체적인 방법은 도시 구획별로 다르게 나타난다. 이는 근본적으로 두 구획 간 이해당사자의 차이가 발생하기 때문이다. 대표적으로 도시 대표 구획인 거주지역(이유진·진상현 2015)은 거주민을 중심으로 참여한다면, 상업지역에서는 상점, 고객, 건물주와 같은 새로운 이해당사자가 부각된다. 두 지역의 차이에서 알 수 있는 것은 도시 구획별로 주요 이해당사자가 달라진다는 것이고, 그렇기에 이해당사자 각각의 생각에 맞는 에너지 전환 정책과 이를 확인할 수 있는 관련 실험들이 요구된다. 본 연구의 사례 분석 부분은 기존의 거주지역에서의 거버넌스보다는 상업지역의 거버넌스를 보여 준다는 점에서 의미가 있다.

III. 다중이해당사자 거버넌스에서의 목적 합치성과 참여

다중이해당사자 거버넌스(multi-stakeholder governance)는 다양한 관련 당사자들이 지속가능한 개발을 위한 책임감 있는 사회적·환경적 관리 행위를 실행하기 위해 제안되었다(Vallejo and Hauselmann 2004). 거버넌스에 대한 논의에서는 국제정치 영역에서 지속가능한 개발을 위해 새로운 형태의 글로벌 거버넌스로서 다중이해당사자 협력(partnerships)이 나타났는데, 이는 기존의 국가 중심의 다국가간(multilateral) 협약의 과정을 넘어서는 시민사회, 정부, 민간영역에서의 다양한 행위자의 네트워크/거버넌스 협력의 필요성이 대두되어 왔기 때문이다(Bäckstrand 2006)(c.f. UNDP 2011). 이해당사자(stakeholders)는 일반적으로 특정 결정에서의 이익(interest)에 관심이 있는 개인 또는 그룹의 대표자들을 말하는데, 다중이해당사자 거버넌스 과정에서는 이런 이해당사자들이 다수 존재하고, 그들은 지속가능한 공동의 목표(common call)를 위한 다양한 합의과정과 시행착오를 겪게 된다.

지속가능한 발전과 다중이해당사자 거버넌스에서 행위자의 참여(participation)는 중요한 주제이다(Meadowcroft 2004). 이해당사자이지만 거버넌스 구조 속에서 참여를 하지 않거나, 참여가 미약하다면 공동의 목표 달성은 본질적으로 흔들릴 수 있기 때문이다. 참여는 모든 민주적 구조의 정당성의 기초가 된다. 다중이해당사자 거버넌스에서 참여는 다양한 이해당사자의 각기 다른 목적이 합치하는 거버넌스 구조를 확보함을 통해 가능하다.

〈그림 10.1〉은 다중이해당사자 거버넌스 시각이 제시하는 하나의 분석틀로서 다중이해당사자 간의 목적 합치성(goal consensus) 여부와 프로그램의 영향력이 실제 참여수준에 어떤 영향을 주는지를 살펴본다. 이해당사자 입장에서는 프로그램을 통해서 각자가 참여 당시 생각하였던 본래 동기와 참여목적을 달성할 수 있는 정도를 프로그램에서 파악한 후, 지속적인 관심과 수행을 뜻하는 참여의 의지(willingness)와 프로그램에 대한 참가 정도(commitment)를 결정한다. 하지만 이런 의지와 참가 정도는 단순히 이해당사자의 능력에서만 비롯되는 것이 아니라 프로그램의 영향력에 크게 좌우된다. 프로그램의 영향력이란 다양한 기제(규범, 인센티브, 규제 등)를 통해 프로그램 참여자의 행태를 변화시킬 수 있는 정도를 의미한다. 프로그램 고안자와 관리자의 역량에 영향을 받는 부분이기도 하다. 프로그램을 통해 참여목적을 달성할 능력이 낮은 이해당사자라 하더라도, 프로그램의 영향력이 크다면 참여에 긍정적인 영향을 끼칠 것이다. 〈그

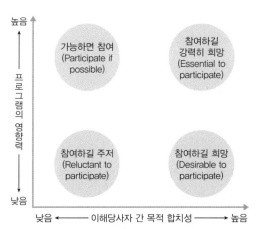

그림 10.1 다중이해당사자의 목적 합치성 및 프로그램 영향력에 따른 참여수준
출처: Vallejo and Hauselmann(2004: 4)의 그림을 바탕으로 저자가 수정·재구성.

림 10.1〉의 구체적인 설명과 적용은 본 논문 뒷부분의 케이스 분석에서 다루어진다.

〈그림 10.1〉의 X축은 다중이해당사자 간 목적 합치성 정도에 따라 이해당사자들의 참여수준에 차이가 있음을 보여 준다. 여기에서 목적 합치성은 프로그램 안에 다양한 이해당사자 간 참여목적의 인식이 일치하는 정도를 나타낸다. 목적 합치성은 특히 이해당사자 각자의 목적이 실제 참여정도에 차이를 줄 것이라는 점을 강조한다는 점에서, 다중이해당사자 거버넌스 운영원리를 이해하는 중요한 요소이다(Bulkeley & Mol 2003). 또한 프로그램의 효율성 측면에서도 목적 합치성이 낮은 경우 거버넌스 운영도 동상이몽격일 수 있다. 이 연구에서 관심을 가지는 참여정도는, 각 이해관계자가 거버넌스 참여를 통해 원하고자 하는 조직의 목표를 달성할 수 있는가 여부에 따라 달라진다(Provan & Kenis 2008: 239-240). 각기 다른 이해당사자들이 인식하는 목적이 서로 다른, 즉 목적 합치성 수준이 낮은 경우에는 거버넌스의 이해당사자는 일반적으로 '참여하길 주저'하게 된다. 그럼에도 프로그램의 영향력이 크다면, 참여자들은 '가능하면 참여'하길 원할 것이다.

Y축은 프로그램의 영향력을 낮음과 높음을 통해 구별하고 있다. Y축은 참여당사자 간 목적 합치성 외에도, 프로그램이 갖는 영향력에 따라 다중이해당사자의 참여정도가 달라질 수 있음을 보여 준다. 프로그램 관리자가 적극적인 제도 설계 및 운영 관리(management) 등을 통해서 프로그램 자체의 능력과 역량을 증가시키면 '참여하길 주저'하던 당사자도 '가능하면 참여'하게 되고, '참여하길 희망'하는 당사자는 '참여하길 강력히 희망'하게 된다. 또한 참여에 대한 전반적인 규범뿐만 아니라, 참여 시 혜택(인센티브) 혹은 미참여 시 불이익(규제)을 규정한다면, 프로그램의 영향력이 커짐을 의미한다. 이는 지방정부와 NGO의 다양한 공공관리자의 역량을 강조하는 지점이다. 프로그램의 영향력을 참여수준을 결정하는 변수로 고려하는 것은 목적 합치성 여부와 함께 이해당사자의 참여수준을 결정하는 다른 수준의 변수가 존재함을 보여 준다.

IV. 사례분석: 신촌의 에누리 사업

1. 에누리 사업 개괄

에누리(에너지를 나누는 이로운 공간) 사업은 2014년 6월에 시작되어 현재도 진행 중인 서울시 신촌의 상업지역에서 펼쳐진 사업이다. 에누리 사업은 서울특별시의 '에너지절약 실천지원 공모사업'을 사단법인 한국로하스협회(Korea LO-HAS Association)가 신청하고, 선정되어 진행되었다.

에누리 사업은 원전하나줄이기라는 에너지 전환 정책의 일부로 시작되었다. 서울시는 해당 사업의 두 가지 측면을 주목했다. 첫째, 도시의 상업지역에서 이루어졌다는 점이다. 서울시는 원전하나줄이기에서 많은 실험을 진행하였고, 가정의 에너지 사용량을 성공적으로 줄였다고 판단했다. 그러나 상업지역의 에너지 전환이 더디게 진행되었다. 이에 서울시는 에누리 사업을 진행해 에너지 소비가 많이 이루어지는 서비스업 중심의 상업지역으로 에너지 전환의 지리적 확장(broadening)을 시도했다.

둘째, 서울시는 에누리 사업이 공간프로젝트라는 점에 주목하였다. 서울시가 에누리 사업의 에너지 거리 조성에 주목한 이유는 해당 시도가 공간을 활용하는 전략, 요소 문화를 중심으로 하기 때문이다. 공간을 통해서는 사람·활동·에너지 생태계가 존재하고, 에너지 문제는 유기적 관계가 형성되는 공동체를 통해 해결 가능하다. 이는 사업의 지속성과 관련이 있기 때문에, 서울시는 한국로하스협회가 제안한 안의 취지에 동감하였다. 공간을 중요하게 여기는 것은 에너지를 나누는 이로운 '공간'이라는 사업명에서도 알 수 있다.

한국로하스협회는 에누리 사업의 공공성과 매출 증대, 소비자 혜택을 강조하였는데, 주된 취지는 '공간'과 관련 있었다. 협회는 단순히 원전하나줄이기에 대한 인식과 실천의 확대를 통한 에너지 수요관리를 위한 절약뿐 아니라, '공간'을 매개로 하여 소비자와 상점이 에너지 거리를 조성하도록 이끄는 것을 에누리 사업의 취지로 삼았다. 이는 신촌 '에너지거리조성을 위한 업무협약'이라는 양해각서의 제목에서도 알 수 있다(한국로하스협회 2014a).

구체적인 에누리 사업의 내용은 다음과 같다. 시작단계로서 한국로하스협회는 신촌 상업지역에 에누리 공간을 선정하여 현판을 부착하고 이후 에너지 진단을 하였다. 이는 서울시의 에너지 정책과 연계되어 진행되었다. 그 후 연중 과제로서 상점 내의 백열등 이용, 개문영업 금지, 대기전력 감축을 목표로 실시하였다. 하지만 위의 활동보다 에누리 사업은 도시, 특히 서비스업 중심의 상점에서 전력 사용이 가장 많은 여름철에 할인혜택과 방문객의 에너지 절약을 유도하는 방식(방문객의 가정 내 전기절약 인증샷, 여름철 장소 공유를 통한 에너지 절약 등)을 통해 에너지를 함께 '나누'는 측면에 방점을 두었다. 이는 원전하나줄이기 동참을 원하는 '에누리인(人)' 선정, 에너지의 날 행사, 도심 내의 캠페인 등과 함께 도시의 상업지역에 '에너지' 가치에 목적을 둔 에너지 네트워크 형성과 관계있기 때문이다(한국로하스협회 2014b).

에누리 사업은 서울시의 신촌이라는 공간에서 진행되었다. 신촌 지역은 서울시의 다른 도심지역과 비슷한 특성을 지니고 있어 실험공간이 될 수 있고, 어느 정도 대표성이 있다. 실제 서울시는 앞으로의 정책을 통해 다른 도심지역의 확대 적용을 고민하고 있었다. 추가적으로 신촌 지역은 주변에 큰 3개의 종합대학(연세대학교, 이화여자대학교, 서강대학교)이 있는데, 실제 한국로하스협회는 그들의 역할을 기대하며 실제로 연세대학교와 이화여자대학교의 총학생회를 협약 시에 중요 행위자로서 생각하였다. 그들을 통해 상가를 가장 많이 이용하는 학생들에게 영향을 주어 적극적으로 참여를 이끌어 낼 수 있다고 협회는 판단했던 것이다.

본 연구의 사례 분석은 도시의 구획상 상업지역에 해당하는 장소에서의 거버넌스를 본다. 거주지역을 중심으로 하는 에너지 전환 정책은 거주민의 프로그램 참여목적이 주된 관심사가 되지만(Alyett 2013), 상업지역은 상점으로 대표되는 주체의 참여와 전환에 대한 의지가 더욱 요구된다. 전자 지역에서는 당사자의 에너지 전환에 대한 인식의 부재가 큰 문제가 되지만, 후자의 경우 인식의 부재뿐만 아니라(McMakin et al. 2002) 다른 가치와의 충돌까지 고려되어야 한다는 점에서 더 복잡성을 띤다. 즉, 상업지역에서 프로그램 주최·주관자로서 거버넌스 참여자의 목적과 상점과 같은 프로그램 참가자로서 거버넌스 참여자의 낮은 목적 합치성이 더 나타나며 사회-경제적 동기는 더욱 복잡하게 작용하는 것이다.

2. 다중이해당사자 거버넌스로서의 에누리 사업

앞에서 자세하게 언급된 에누리 사업은 에너지 전환의 구체적인 프로그램으로 볼 수 있으며, 다양한 행위자가 참여했다는 점에서 다중이해당사자 거버넌스 시각에서 살펴볼 수 있다. 구체적 분석을 위해서 에누리 사업의 이해당사자인 한국로하스협회, 서울시, 신촌 상점을 대상으로 인터뷰가 실시되었다. 인터뷰는 총 8회에 걸쳐서 진행되었는데, 각각 주최·주관자 입장인 서울시와 한국로하스협회에 한 번씩, 사업의 참가자로 볼 수 있는 서로 다른 상점 6곳의 인터뷰가 진행되었다. 2014년 8월 현재 에누리 사업에 참여 중인 상점은 77곳인데, 그중 서로 다른 상점 6곳의 에너지 가치 인식 정도의 차이가 있을 것으로 생각되는 곳을 선정하여 실시하였다.

예상 결과는 서울시는 에너지·기후변화 도시 에너지 전환 정책인 원전하나줄이기 사업의 하나로서 에누리 사업을 이해하고 참여하고 있으며, 한국로하스협회는 에너지 공간의 확대라는 신촌 지역에서의 시스템 변화의 기반을 다지려고 거버넌스에 참여하고 있다는 것이었다. 상점들은 그 본 목적이 마케팅 효과와 같은 상점의 직접적 이익이지만, 추가적으로 환경가치, 공동체 인식, 사회적 참여와 같은 공익적인 가치를 상점 자체가 얼마나 담고 있는가에 따라, 그 목적의 방점이 달라질 수 있다고 판단하였다. 즉, 경제적/마케팅 효과를 부로 보고 공익적 가치를 주로 두어 참여한 상점들도 있을 것으로 판단하였다. 이에, 기존에 에너지와 공동체 인식을 많이 담고 있는 체화당, 거북골 마을사랑방과 사회적 가치를 담고 있는 협동조합으로서 연세대학교 생활협동조합을 인터뷰 대상으로 포함·선정하였다. 에누리 사업의 대상 선정은 다른 비슷한 에너지 전환 프로그램의 참여목적에서처럼, 처음에는 가치를 공유하고 있는 지인 소개를 통해 참여하므로(Mattes et al. 2015), 대부분의 상점은 에너지 가치에 대한 인식의 공유가 어느 정도 있을 것으로 판단했다. 질문 선정 단계에서 그 목적은 크게 4가지(① 에너지 가치 및 인식 공유, ② 에너지 절약, ③ 공동체 가치 및 인식 공유, ④ 마케팅 효과) 범주 안에 복합적으로 존재할 것으로 판단하였다. 이후 연구 인터뷰 질문들을 통해 에누리 사업의 평가 및 만족도를 살펴보았다. 이는 앞 〈그림 10.1〉에서 제시된 분석틀을 사용할 때, '이해당사자 간 목적 합치성'과 참여의지와 만족도 관계를 파악함에 있어 필수적인 과정이다.

상이한 이해당사자의 프로그램 참여목적은 '에누리 사업을 무엇이라고 생각하시나요? ─취지를 중심으로,' '에누리 사업에 참여한 이유는 무엇인가요? ─참여 동기/목적을 중심으로'의 질문을 통해 파악하였다. 반면, 에누리 사업의 지속적인 참여의지와 만족도를 파악하기 위해 '에누리 사업이 성공적이었다고 생각하시나요?', '에누리 사업에 계속 참여할 것인가요?'를 질문한 후 구체적인 추가 질문을 통해 프로그램의 현재 참여정도 파악과 함께 참여를 저해하는 요인을 중심으로 참여의지와 만족도를 살펴보았다.

사업에 참여하였다고 하더라도 실제 프로그램에 대해 기대하는 목적과 그에 따른 참여의지는 다르다. 또한 이에 따른 만족도도 다르다. '에누리 사업에 대한 참여의지 및 만족도'는 '에누리 사업에 대한 참여목적을 중심으로 하는 인식'을 우선 봄을 통해, 다중이해당사자의 목적 합치성 여부를 파악하였다. 만약 합치성의 여부가 낮다면, 서로 다른 참여목적과 실제 사업을 통한 해당 이익의 달성 여부가 에누리 사업의 평가와 참여의지 그리고 실제 만족도와 지속성에 영향을 줄 것을 밝히려고 하였다. 커뮤니티 및 지역 동원(community/local mobilization)을 위한 참여의지는 참여여부보다 지속성의 측면에서 더 중요하기 때문이다(Xu 2007).

인터뷰의 질문에 대한 참여자의 대답을 분석한 결과는 다음과 같다. 우선 '이해당사자의 참여목적에 대한 인식'의 결과는 큰 그림에서는 연구 전 예상과 일치하였지만, 세부적으로는 연구 전 예상과 상이하였다. 〈그림 10.2〉는 에누리 사업의 다중이해당사자인 서울시 지방정부, 한국로하스협회, 신촌의 상점을 중심으로 하는 에누리 사업에 대한 인식의 분석 결과를 개괄적으로 담고 있다.

〈그림 10.2〉에서 보면 에누리 사업 다중이해당사자의 참여목적은 인터뷰 질문 설정에서와 같이 크게 4가지(① 에너지 가치 및 인식 공유, ② 에너지 절약, ③ 공동체 가치 및 인식 공유, ④ 마케팅 효과) 범주 안에서 복합적으로 나타났다. ①은 에누리 사업을 통해서 지역 내 전반적인 환경 보호 및 지속가능성과 관련된 에너지 가치를 공유하며 확대하는 것을 의미한다. ②는 사업 참여를 통해 실질적인 에너지 절약 실천을 하며 결과를 얻는 것을 말한다. ③은 거버넌스 운영에서 비롯되는 구성원 간의 연대 추구를 의미한다. ④는 사업 참여를 통해 실제로 직간접적으로 조직에 경제적 도움을 주는 것을 포함한다. 위의 분석은 지속가능한 개발을 위해 사용하는 다중이해당사자 거버넌스 시각을 통해 가능한 분류화 과정이었다.

구체적으로 서울시의 경우 원전하나줄이기를 목표로 하였기에 ① 에너지 가

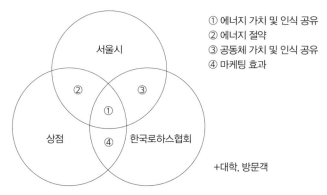

그림 10.2 에누리 사업의 거버넌스 다중이해당사자의 참여목적

* 인터뷰를 바탕으로 저자 직접 작성. 그림 안에서의 참여자별 다양한 목적은 참여자의 우선순위 목적을 담고 있지는 않음.

치 및 인식 공유와 ② 에너지 절약의 목표를 중심으로 참여목적을 설정하였으며, 부수적으로 ③ 공동체 가치 및 인식 공유의 목적도 갖고 있었다. 다만 ③에 대해서는 용어 사용에서 조심스러운 입장이었다. 서울시 인터뷰에 의하면, 에누리 사업은 원전하나줄이기 아래에 시행된 사업의 일부이며, 사업의 목적상 에너지 자립마을 사업과 같이 '공동체사업' 기준에는 부합하지 않지만, 궁극적으로는 사람·활동·에너지 생태계가 존재하고, 에너지 문제는 유기적 관계가 형성되는 공동체의 한 모습을 만들 수 있다고 보았다. ④ 마케팅 효과에 대해서는 어떠한 언급이 없었다.

한국로하스협회의 경우 에누리 사업을 ① 에너지 가치 및 인식 공유를 기반으로 하는 ③ 공동체 가치 및 인식 공유를 지닌 사업으로 보았다. 특히 한국로하스협회는 그 단체의 성격상 단순히 에너지·환경적 가치를 중요하게 생각하는 것뿐만 아니라 지속가능한 라이프스타일을 강조하기에 공동체적 가치에 방점을 두었다. 특히 인터뷰에 의하면 한국로하스협회는 사업 구성단계에서, 신촌이라는 지역 공동체에 대한 고민이 있었다고 밝혔다. 지역성을 바탕으로 상점이 밀집해 있고, 젊은 층이 모이는 대학가인 신촌인 소비 지향적인 장소로 쓰이면 아쉽다는 인식을 한 것이다. 이에 사업의 지속성을 고려하기 위해 대학가와 상점을 기초로 두었다. 그렇기에 상점의 참여를 이끌어 내기 위해 ④ 마케팅 효과도 상점의 입장에서 고민하였고, 이를 에누리 사업 프로그램의 목적으로 밝혔다.

한국로하스협회는 에누리 사업의 목적이 공공성과 매출 증대, 소비자 혜택이라는 점을 강조하였는데(한국로하스협회 2014b), 공공성은 크게 에너지 가치 공유와 공동체 가치의 공유로 나눌 수 있고, 매출 증대와 소비자 혜택은 가게의 마케팅 효과와 관련이 있을 것이다. 물론 협회는 에너지 감소량 결과 분석을 하는 등 ② 에너지 절약도 염두에 두었다. 하지만 이는, 에너지 절약을 일차적 목적이 아닌 ①과 ③의 결과로서 인식한 것이었다. 1차 목표는 에누리 공간이라는 에너지 인식을 지닌 공간과 공동체의 확대라는 사회적 시스템을 만드는 것이었다.

상점의 경우 ① 에너지 가치 및 인식 공유를 기반으로 하여 ④ 마케팅 효과와

② 에너지 절약을 사업의 목적으로 두었다. 한 가지 흥미로운 점은 연구질문 설정단계에서, 공익적 가치를 담고 있는 상점의 경우 ① 에너지 가치 및 인식 공유를 ② 에너지 절약과 ④ 마케팅 효과보다 더 중요하게 생각할 것으로 보았지만, 연구 전 예상과는 상이한 결과가 나타났다는 것이다. 공익적 가치를 담고 있는 상점이라 하더라도 역시 마케팅 효과나 에너지 절약을 통한 경제적 이익에 더욱 방점을 둔 것이다. 물론 두 목표가 항상 상충되는 것은 아니지만, 뒤에서 자세하게 언급되듯이 이런 목표에 대한 인식은 직접적으로 참여수준과 만족에 영향을 주었다.

"취지나 가치에 공감하기 때문에 이번 에누리 사업에 참여하게 되었어요. 요즘 환경문제가 심각하잖아요. … 그래서 에누리 에너지를 나누고 절약하는 등의 일은 굉장히 좋은 일이라고 생각하고, … 사업을 하는 입장에서도 보면 에너지 비용이 들어가기 때문에 에너지를 절감하기 위한 많은 노력들은 항상 해야 한다고 생각해서 참여하게 되었어요."
　　　　　　　　　　　　　　　　　　　　　　　　　　　－ 홍익문고(2015. 5. 21)

위의 인터뷰와 같이 대부분의 상점들은 인터뷰 초반의 질문인 목적과 취지를 중심으로 질문된 '에누리 사업을 무엇이라고 생각하시나요?'의 물음에 대해서는 에너지 가치를 고려한 프로그램으로서 파악하고 그것을 참여목적으로 밝혔다. 하지만 전체 인터뷰를 종합한 결과 지속적 참여를 위해서는 마케팅 효과나 에너지 절약을 통한 경제적 이득이 중요함을 알 수 있었다.

"형식적이지 않고 현실적으로 실현 가능한 정책을 실행해야 할 것 같습니다. … 또한 에너지(사용)을 줄인다면 이로 인한 경제적 효과도 함께 있어야 할 것 같아요."
　　　　　　　　　　　　　　　　　　　　　　　　－ 우리은행 신촌지점(2015. 5. 27)

"많은 사람이 동참할 계기를 만들어야 하고 말로만 하는 것보다는 (에너지 절약을 실천할 수 있는 경제적) 유인책도 있어야 하지 않을까요?"

- 홍익문고(2015. 5. 21)

위에서 언급한 바와 같이 '에누리 사업이 성공하기 위해서, 가장 중시해야 할 가치가 무엇이라고 생각하시나요?'에 대해서는 ② 목적 역시, 경제적 이익을 위한 노력으로 생각하거나 그 자체를 에너지 가치와 연관지어 생각하기보다는 목적 자체로 판단하였다. 같은 범주에 대해서도 다른 면을 강조하고 있었던 것이다. '에너지 절약'은 특히 같은 범주 내 목적의 낮은 합치성을 단적으로 보여 준다. 물론 대부분의 상점들은 연구질문 설정에서 고려된 크게 3가지 ①, ②, ④ 안에서 참여목적을 지니고 있었다. 하지만 에누리 사업 프로그램의 참여목적을 ③ 공동체 가치 및 인식 공유로 인식한 경우는 그 수가 부족하였다. 다만, 상점 인터뷰 대상 중 그 공간유형이 독특한 거북골 마을사랑방이나 체화당에서는 ③ 공간 네트워크에 대한 인식을 공유하였다.

"처음에 로하스가 에누리 프로젝트 작업을 시작할 때 그 팀과 함께 만나게 됐고, 당연히 체화당은 그런 공간 네트워크가 있으면 한다고 생각하고 있었습니다. … 평소에도 에너지 관련 공간 네트워크가 있어야 한다고 생각하고 있었구요. … 체화당 자체도 실은 그러한 고민을 하고 있는 공간이기도 합니다. … 서울시 '원전하나줄이기'에서 에너지 자립마을 프로젝트의 거점공간으로 선정되기도 했었습니다."

- 체화당(2015. 5. 27)

프로그램의 참여목적을 묻는 것과 더불어, '에누리 사업의 참여의지 및 만족도'를 위한 인터뷰 질문에 대한 분석은 에누리 사업 참여목적을 통해 밝힌 이해당사자별로 다른 에누리 사업의 다른 목적의 방점이 실제 다중이해당사자의 참여정도와 프로그램의 만족도에 어떤 영향을 주는지를 보여 주었다.

지금까지 에누리 사업 초기의 주관 측인 한국로하스협회의 고려에도 불구하고 마케팅 효과는 효과적으로 적용되지 못하였다. 효과적이지 못한 이유는 사업이 아직 시작한 지 얼마 안 되었고, 협회 역시 1차 목표를 공간확대로 삼은 이유 등 다양하게 존재한다. 하지만 상점들은 대부분 실제 참여의지를 보이지 않고 있다. 이는 사업에 대한 주최 측과 상이한 참여목적과 그 사업 안에서 그들의 목적을 달성할 능력이 낮음을 인식한 것에서 비롯되었다. 이와 더불어 일부 상점들은 인터뷰를 통해 상점 간의 공동체 형성 자체에 대해 회의적이거나, 구체적인 프로그램의 부족, 가시적 효과의 부족 등이 앞으로의 참여정도에도 영향을 줄 것 같다고 말하였다.

"(에누리 사업은) 에너지 사용을 줄이려는 것으로 알고 있어요. … 다른 가게는 모르겠지만 우리 가게는 효과가 없었어요. … 에누리의 가장 핵심적인 가치는 (단순히) 에너지 사용 줄이기에 있었던 것 같아요." — 엘피스(2015. 5. 2)

실제 엘피스는 에누리 사업이 경제적 효과와 마케팅 효과가 없다는 이유로 참여하기를 그만두었다. 그들 역시 에누리 사업이 에너지 절약 및 에너지 가치에 목적이 있었다는 것을 언급하였지만, 그런 참여목적에도 불구하고 실제 에너지 절약과 같은 경제적 효과나 마케팅 효과가 없었다고 판단한 것이다. 대부분의 상점들 모두 처음에 참여하기로 결정했더라도 실제로 진행에서는 낮은 참여의지를 보여 주었다. 또한 체화당과 거북골 마을사랑방과 같이 공간 네트워크에 대한 인식을 공유한 상점 역시 앞으로 적극적으로 참여하는 것을 주저하였으며, 상이한 목적을 줄이려고 하는 시도가 앞으로의 적극적인 참여에 중요하다고 밝혔다.

즉, 본 연구 III절의 〈그림 10.1〉에 적용해서 생각해 보면, 여전히 대부분의 상점은 프로그램 거버넌스 안에서 참여목적 합치성이 낮은 정도로 인식하며, 상점에 대한 프로그램의 영향 역시 낮은 '참여하길 주저(reluctant to participate)' 상태이다. 반면에, 서울시와 한국로하스협회는 이해당사자 간 목적 합치를 높게 인식하지만, 프로그램의 영향력은 낮은 범주인 '참여하길 희망(desirable to participate)'의 상태이다.

또한 '에누리 사업이 성공적이었다고 생각하시나요?', '왜 그렇다고 생각하시나요?'의 질문은 다중이해당사자의 상이한 만족도를 보여 주었다. 인터뷰들에 의하면, 주최 측에 속하는 서울시와 한국로하스협회는 각각 '시도 자체는', '출발 자체는'이라는 수식어를 붙이긴 했지만 스스로 성공했다고 파악했다. 에누리 사업의 시작 자체가 그들의 에누리 사업 목적을 어느 정도 달성했다고 보았기 때문이다. 반면에, 상점의 경우 6곳 모두 성공이라고 직접적으로 규정하지 않았다. 대부분의 경우 판단을 유보하였고, 우리은행의 경우에는 '실패'하였다고 언급하였다. 우리은행의 경우 실패의 이유로 실제 홍보와 서울시의 참여가 부족했다고 지적하였다. 이는 근본적으로 에너지 절약의 성공 여부로 에누리 사업의 성공 여부를 판단했기 때문이라고 생각된다. 즉, 마케팅 효과가 아니더라도 에너지 절약 자체를 에너지 인식 및 공유의 결과로 파악하기보다는 단순히 사업의 목적 자체로 삼았던 것이다.

에누리 사업은 에너지 전환 정책의 일환으로 지속성의 측면에서 공동체 형성이 무엇보다 중요한데, 참여 상점들의 목적에서는 찾기 힘들었고 이는 실제 단기적인 결과에도 영향을 준 것이다. 공공조직의 거버넌스 프로그램을 평가하기는 매우 어렵다. 하지만 매코널(McConnell 2010)이 정의한 정책 성공(policy success)의 정의에 의하면, 명시적으로 공표한 목표 달성 여부와 동시에, 해당 프로그램에 대한(다른 참여자 또는 외부의) 평가 역시 중요한 요소로 여겨진다. 이런 점에서 본다면 에누리 사업은 완전한 실패로 보기는 어렵지만, 완전한 성공으로 보기에도 어렵다고 할 수 있다.

V. 결론 및 시사점

2014년 여름철에 시작된 에누리 사업은 거시적인 에너지 정책이 아닌 에너지 전환의 시도로서 의미 있었다. 도시 상업지역이라는 공간에서 '에너지 저소비 실천 시민문화 창출'의 일환으로서 그 시도 의의에도 불구하고, 현재까지 시행 착오를 겪는 중이다. 본 연구는 이해당사자의 동학을 효과적으로 보여 주는 도시 에너지 거버넌스 다중이해당사자 분석을 통해, 이해당사자별로 다른 참여목적이 지니는 영향을 그 원인으로 지적하였다. 해당 분석은 이에 머무르지 않고, 앞으로 관련 사업 진행에 시사점을 제공한다.

본 분석은 상점들로 대표되는 '참여하길 주저' 상태에 있는 이해당사자가 '가능하면 참여', '참여하길 희망'하거나 '참여하길 강력히 희망' 상태로 변화하기 위한 방안을 제시해 준다. 다중이해당사자의 거버넌스 참여를 통한 에너지 전환의 효과를 향상하기 위해서 크게, 1) 이해당사자 간의 목적 합치성을 높이는 것과 2) 프로그램의 영향력을 증대시키는 방안을 제시한다. 1)의 과정은 크게 각각 이해당사자에 따라 3가지 방안이 존재한다. 우선, 서울시는 참여 이해당사자의 에너지 공간 관련 마케팅 목적을 더 고려해야 한다. 큰 방향에서의 에너지 전환과 정책적 일관성은 중요하지만, 각 참여자의 이익과 목적을 고려하는 정책적 유연성이 필요하다. 둘째, 한국로하스협회의 경우, 참여자들의 실질적인 에너지 절약 방안을 제시하는 것이 상점의 목적을 달성하는 데 도움을 줄 수 있다는 점을 상기할 필요가 있다. 서울시와 상점이 원하는 에너지 절약에 대한 강조를 프로그램에 적극적으로 반영할 때, 목적 합치성이 늘어나고 그로 인한 만족도도 높아질 수 있는 것이다. 셋째, 상점의 경우, 자신의 이익을 에너지 절약과 마케팅을 통해 극대화하려는 목적도 중요하지만, 에너지 공동체로서의 가치를 공유하는 것이 장기적인 측면에서 도움이 될 수 있음을 알아야 할 것이다.

이는 참여 소극적 이해당사자(상점)의 목적의 변화 장려를 통해 가능하다. 구체적으로 에너지 절약을 전반적인 에너지 전환과 연결 짓는 교육이나 인식 변화 시도를 통해 현재 에누리 사업에서 마케팅 효과나 에너지 절약 자체를 목적으로 하는 상점의 사업목적을 변화시킬 수 있을 것이다. 하지만 이런 방안은 현실적으로 아주 어렵다. 상점들은 아직 에너지 전환 정책에 익숙하지 않으며, 에너지 전환 정책과 마케팅 효과는 항상 상충되는 것은 아니지만, 경제적 이해관계는 쉽게 변화하기 힘들기 때문이다. 그렇지만 상점 간의 공동체 형성 노력은 여전히 가능하다(McKenzie-Mohr 2000). 이는 에너지 전환과 공동체의 관계를 생각할 때 중요하다.

프로그램의 영향력을 증대시키는 방안은 실제 경제적 효과와 마케팅 효과라는 목적을 중심으로 에누리 사업 프로그램에 참가하고 있는 상점들의 이해관계를 유지하면서 프로그램 내에 상점의 목적에 부합하는 다양한 시도를 통해 프로그램의 영향력을 변화시키는 것이다. 인센티브나 규제를 통한 정책을 통해서 변화를 이끌어 낸다는 측면이다. 실제로 인터뷰에서 다양한 프로그램의 부재는 개선방안으로 제시되었는데, 이와 같이 프로그램 차원에서의 개선은 현실적이며 바로 적용 가능할 것이다.

부가적으로 주최 측의 다양한 프로그램 개발 외에도 참여자의 기존 프로그램 홍보 및 자발적 노력을 통해 프로그램의 영향력을 증대시킬 수 있다. 인터뷰에 의하면, 프로그램에서 제공된 혜택을 적극적으로 이용하려는 상점들의 시도가 부족하였다. 일부 에너지 가치 및 인식을 공유하는 상점들에서도 주체적인 의지를 갖고 에누리 사업을 적극 이용하려 하지 않았다. 실제 에너지 관련 이슈 프로그램을 진행하는 예산이 편성되어 있었으나, 참여자들 중에서 이용한 행위자는 거의 없었다.

또한 에누리 사업과 같은 여러 가지의 에너지 전환 실험들이 서울시와 신촌지역 내에 이루어진다면 궁극적으로 도시와 지역 전체가 에너지 가치와 커뮤니티 만들기 정신을 확립되는 데에 도움이 된다. 에너지 전환에 대한 인식의 바탕이 지역 내에 확산된다면 상점을 비롯한 모든 이해당사자들이 그 정책에 참여할 수밖에 없는 구조가 되고, 실제적으로 여러 실험의 상승작용과 개인들의 참여를 통해서 모두에게 이득이 되는 구조가 되는 것이다. 이는 장기적이고 규범적인 프로그램의 영향력이라고 할 수 있다. 신촌의 예를 통해 보면 에너지 전환 인식 확산은 실제 시 및 구 정책을 통해 상점에게 직접적 지원이 늘어날 수 있음을 의미한다. 에너지를 주제로 하는 브랜드화가 신촌 지역 내에 가능하다면, 상점의 마케팅 효과와 같은 현재의 고민 역시 긍정적으로 해결될 수 있다.

연구에서는 특히 에누리 사업에 참여하고 있는 각기 다른 이해당사자(지방정부, NGO, 상점)의 낮은 목적 합치성이 참여수준과 인식에 어떤 영향을 주는지 살펴보았다. 실제로 사례 분석 결과, 프로그램에 참여하고 있는 이해당사자의 목적에 대한 '동상이몽(同床異夢)'은 실제 프로그램에 대한 참여의지뿐만 아니라 만족도에 부정적으로 영향을 주었다. 거버넌스 이해당사자로서 지방정부와 NGO의 공공관리자는 거버넌스의 형성뿐 아니라 효과성과 지속적인 운영이라는 궁극적인 정책목표를 위해 신경을 써야 한다는 점에서 본 연구에서 제시하는 다양한 방향의 소극적 참여자의 참여 장려 방안을 고려할 수 있을 것이다. 특히 상점 안에서도 구체적으로 목적 합치가 안 되는 부분이 있다는 점을 고려할 때, 목적 합치성을 높일 수 있는 참여목적 당사자-맞춤형(tailor-made) 프로그램이 제시된다. 또한 하나의 프로그램 목적을 홍보하고 통일성 있게 진행하는 중요성에 대해서도 생각하게 한다.

본 연구의 시도는 추가적으로 크게 두 측면에서 공헌점이 있다. 첫째, 에너지 전환에서 상업지역에서의 거버넌스를 살펴봄으로써, 특히 상업지역에서 펼쳐지는 도시 에너지 전환 프로그램 과정을 보여 주었다는 점이다. 서울시 원전하나줄이기 정책의 에너지 사용량과 변화 가능성 측면에서 봤을 때, 많은 가능성과 어려움이 혼재되어 있는 상업지역의 에너지 전환 시도를 실제적으로 탐색했다는 점에서 본 시도는 하나의 실험 분석으로 의미가 있다. 에누리 사업의 연구는 도시 에너지 프로그램을 상업지역에 적용함으로써, 그 전반적인 과정을 보여 주었다. 둘째, 다중이해당사자 거버넌스 시각을 통해 에너지 전환 시도를 분석하였다는 점에서 의의가 있다. 이런 분석은 신촌 지역 에누리 캠페인 전반에 대한 성과 진단 및 시사점 제공의 판단근거가 되었다. 해당 시도는 단순한 사례 진단을 넘어서, 다중이해당사자 거버넌스 시각의 적용과 유사 에너지 전환 사업에서 시사점을 줄 수 있을 것이다.

최근 공동체를 강조하는 지방정부 정책의 기조는 에너지 전환을 위한 다양한 거버넌스 프로그램과 관련이 깊다. 본 연구에서 이 부분에 대해 자세히 다루지는 못하였으나 향후 두 영역을 동시에 고려하는 제도 설계 및 운영, 이해당사자의 참여방안 등은 상업지역을 포함한 다양한 지역에서 상승작용의 가능성을 담고 있다.

제11장

맛있는 신촌:
신촌의 사회적 경제 모델

고현창 · 김민정 · 김현정 · 남정권 · 박영서 · 이규철 · 장도경 · 채웅준 · 하지영

I. 서론

1. 프로젝트 배경

　최근 들어 양극화, 노동시장 문제, 공동체의 와해 등 빠르게 증가하고 있는 사회문제에 대한 해결책으로서 사회적 경제가 주목을 받고 있다. 현 정부는 국정목표인 '일자리 중심의 창조경제'에서 협동조합, 사회적 기업 등 사회적 경제 활성화를 국정과제로 제시하였고(국무조정실 2016), 국회에서는 '사회적 경제기본법'에 대해 논의를 하는 등의 모습을 보이고 있다(뉴스핌 2015). 지역에서는 지역주민을 중심으로 한 마을공동체의 형성과 지자체의 지원을 통해 지역 내 사회적 경제를 활성화하기 위하여 지속적으로 노력하고 있다.

　본 연구가 배경으로 하고 있는 신촌 지역도 서대문구의 정책적인 지원하에서 사회적 경제 활성화를 위해 다양한 활동들을 벌이고 있다. 주말마다 '연세로'에서 사회적 기업들이 참여하여 열리는 장터가 대표적 사례라 할 수 있다. 이처럼 최근 들어 사회적 기업, 협동조합, 마을기업들을 육성하기 위한 정책적 지원이 활발하게 이루어지고 있다. 하지만 사회적 경제에 관련된 활동들 중 일부는 내재적인 한계점으로 인해 장기적으로 지속되기 어렵다는 평가도 받고 있다.

　지역 내 사회적 경제의 지속가능성을 담보해 주는 것은 사회문제에 대해 관심을 갖고 동일한 문제의식을 가지며 문제해결에 동참하는 사람들 간의 '관계망'이다. 이러한 관계망은 사회적 경제 생태계 형성의 첫 번째 단계로서 기능한다. 또한 사회적 경제 활성화와 관련해서 '해결해야 할 사회문제에 대한 명확한 인식'과 더불어 또 하나의 중요한 요소라고도 할 수 있다. 하지만 신촌은 이 관계망 형성과 관련한 활동이 현재 미흡한 상황이다.

　따라서 신촌의 사회적 경제를 활성화하기 위한 현재의 활동을 보완하고, 지속가능성을 담보하기 위해서는 지역 내 '관계망'을 형성해야 한다. 이러한 관계망을 형성하는 데 우선적으로 고려할 요소는 관계망을 형성하는 주체가 누구인가

하는 것이다. 이와 관련해서는 다른 지역과 구분되는 신촌의 가장 큰 특징인 '대학생'과 관련지어서 살펴볼 필요가 있다.

신촌의 상권은 연세대학교, 이화여자대학교, 서강대학교를 배경으로 형성되어 있으며, 신촌을 주된 생활공간으로 하고 있는 대학생의 수 역시 매우 많다.[1] 하지만 지나치게 상권 중심적인 문화나 지역주민과 학생 간 관계망의 부족 등으로 인해, 신촌 지역 대다수의 대학생들은 신촌을 자신들이 구성원으로 속한 지역으로 인식하기보다는 일시적으로 향유하고 스쳐 지나가는 공간으로 인식하는 모습을 보이고 있다. 아이러니하게도 신촌을 다른 지역과 차별화하는 요소는 대학생이지만, 정작 대학생은 지역과 유리된 모습을 보이고 있는 것이다.

위와 같은 문제의식하에서 본 연구는 '신촌 지역 내 대학생 간의 관계망 형성'을 목표로 진행하였다. 이러한 관계망은 사회적 경제 활성화의 초석으로서 역할을 할 것이다. 또한 대학생은 관계망에 대한 경험을 통해 지역과 자신을 연결지을 수 있는 '기억'과 지역문제에 대한 '참여의식'도 형성할 수 있을 것으로 기대된다.

2. 연구방법

본 연구에서는 신촌 대학생 간의 관계망을 형성하기 위해 다음과 같이 연구를 진행하였다. 우선 선행연구, 논문 및 문헌 검토를 통해 다소 모호한 사회적 경제의 의미를 명료하게 하였다. 그리고 연구의 배경이 되는 신촌 지역의 현황을 파악하기 위해 사회적경제발전소, 신촌민회, 서대문구청과의 인터뷰를 진행하였다. 다음으로는 서베이를 통해 신촌 대학생들의 결핍이 무엇인지, 그들이 느끼고 있는 신촌의 사회적 문제는 무엇인지를 도출하였다. 이후 파악한 정보들을 토대로 관계망 형성에 대한 소셜픽션을 진행하였다.

---

1. 서강대학교 8,337명, 연세대학교 3만 6,706명, 이화여자대학교 2만 5,395명(네이버 기관단체 사전, 2013년 기준). 신촌이 위치한 서대문구 내에 자리한 대학교의 수는 11개로 전국에서 가장 높은 수준이다.

II. 신촌 지역 연구

1. 신촌의 사회적 경제

최근 신촌에서는 사회적 경제 장터 '신촌풀장'을 포함하여 '신촌문화마켓', '신촌 지역 협동조합 사회적 경제 교실' 등 사회적 경제에 대한 시민들의 공감대를 넓히기 위한 움직임들이 이어지고 있다. 이는 기초 단위의 사회적 경제 역량 강화를 위해 서울시에서 추진하고 있는 지역생태계 구축사업의 일환으로 이해할 수 있다. 그러나 여전히 신촌의 사회적 경제는 입지를 확보하는 데 어려움을 겪고 있다. 이는 신촌의 이웃 지역인 마포구와 비교하였을 때 보다 명확히 이해할 수 있다. 2014년을 기준으로 서울의 사회적 경제 조직은 총 2,128개이며(서울특별시 사회적경제지원센터 2014), 이 중 마포구에 위치한 조직은 무려 157개에 달한다. 특히 마포구의 사회적 경제는 '늘장', '따뜻한 남쪽'과 같이 주민들의 자유로운 참여와 지속성을 담보한 마을시장의 형태로 형성되고 있다. 이와 같은 구조는 전통적으로 지역시장이 발달했던 마포구의 지역적 특성과 연계된 것이라고 볼 수 있다. 반면에 신촌이 속한 서대문구의 사회적 경제 조직은 95개에 불과하며, 운용에서도 지역적 특성은 배제된 채 강력한 관 주도로 진행되어 단발적인 행사성에 그치는 경우가 허다하다. 또한 '(신촌)사회적 경제 연구소'와 '서대문 사회적경제 하모니센터'가 잇달아 폐쇄되면서 신촌 지역의 사회적 경제를 연구하는 대안기관들이 존재하지 않는 상황이다.

현재 신촌의 사회적 경제 조직은 협동조합, 사회적 기업, 마을기업의 세 가지 형태로 나타나고 있으며 각각 9개, 4개, 1개의 조직이 속해 있다(서대문사회적경제하모니센터 2014). 이는 서대문구 전체 사회적 경제 조직 수의 15%에도 미치지 못하는 수치로 절대적 개체수가 적은 만큼 다양한 분야에 접근하지 못하고 있는 상황이다.

〈그림 11.1〉은 콘텐츠에 따라 신촌의 사회적 경제 조직을 재분류한 것이다.

이를 보면 신촌에는 즐길/배울 거리, 일자리 및 직업 외 다른 분야의 사회적 경제 조직이 전혀 없음을 확인할 수 있다. 특히 신촌의 사회적 경제 생태계에는 타지역과 달리 먹을거리, 윤리적 소비와 같은 개인이 일상에서 쉽게 접할 수 있는 사회적 경제 콘텐츠가 전무하였다. 보다 세밀하게 분석을 해 보았을 때 일자리 및 직업 관련 협동조합이 상당수를 차지한다는 것을 알 수 있다. 이때 일자리 및 직업 조직은 일자리 제공형이 아니라 '한국사진가협동조합'과 같이 동 직종인들의 복지를 위한 형태로 나타났다. 즐길/배울 거리의 경우 협동조합, 사회적 기업, 마을기업 세 형태에서 모두 접근하고 있는 콘텐츠였으나 평생교육·특수교육 분야에 치중되어 있었다.

위의 분석을 토대로 살펴본다면 신촌의 사회적 경제 생태계에서 대학생이 철저히 소외되고 있음을 알 수 있다. 청년층의 대학생이 주체로서 참여할 수 있는 사회적 경제 구조는 즐길/배울 거리, 먹을거리, 윤리적 소비 정도로 이해할 수 있다. 그런데 먹을거리와 윤리적 소비 분야는 신촌에 전혀 존재하지 않는 실정이다. 또 즐길/배울 거리의 경우 상대적으로 높은 수치를 보여 주고 있으나, 세부적으로 파악하였을 때 노인 및 장애아동의 교육콘텐츠라는 점에서 대학생이 참여할 수 있는 교육·문화예술체험의 구조와는 다른 형태임을 확인할 수 있다.

이와 같은 사항을 종합하였을 때 현재 신촌의 사회적 경제는 열악한 환경에 놓여 있으며, 이를 극복하고 형성된 구조 속에서도 대학생이 주체로서 참여할 수 있는 모델은 전혀 존재하지 않는다는 결론을 도출할 수 있다.

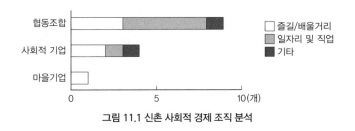

그림 11.1 신촌 사회적 경제 조직 분석

2. 신촌의 대학생

사회적 경제의 지속가능성을 담보해 주는 것이 관계망이라면, 이 관계망을 가능하게 하는 요건은 지역성이다. 지역성이란 지역을 활동의 근간으로 이해하는 것으로 호혜성, 자발성과 함께 사회적 경제의 3대 가치로 일컬어진다. 지역이라는 실체적 공간을 공유하고 있을 때 심리적 유대감과 물리적 필요성에 의해 개인 간의 관계망 형성이 보다 용이하게 이루어지게 되기 때문이다. 사회적 경제에서 지역성의 함의는 곧 주민(住民)으로 연결될 수 있다. 주민이란 일정한 지역에 살고 있는 사람을 지칭하는 말로서 지역을 기반으로 한 타인과의 관계 형성을 통해 스스로의 욕구를 충족해 나가는 이들이다. 이때 주민을 정의함에 있어서 정주한다는 사실은 상당히 중요한 조건이 된다. 일정한 곳에 자리 잡는다는 것은 지역성으로 이어지고, 이는 곧 안정적인 관계망 형성으로 귀결되기 때문이다. 본 연구에서 살펴보고 있는 신촌은 2만 1,000여 명의 주민이 생활하고 있는 다소 큰 도시이지만 주민등록상 세입자를 포함한 비정주인구 비율이 무려 80%에 달하는 지역이다. 다시 말해 현재 신촌 주민의 상당수는 삶의 터전을 계속해서 옮겨 가고 있으며, 신촌은 스쳐 지나가는 한 지역에 불과하다는 것이다. 따라서 신촌에서는 전형적인 주민, 즉 온전한 관계망을 형성하며 살아가는 사람들의 집단을 발견하기 어렵다.

그러나 비록 주민은 아닐지라도 자의적으로 또는 타의적으로 신촌을 자신의 생활권으로 상정할 수밖에 없는 제3의 집단이 존재한다. 바로 대학생이다. 신촌은 연세대학교, 서강대학교, 이화여자대학교 등 여러 대학이 위치해 있는 지역이다. 세 대학의 재학생만 고려하여도 약 7만여 명의 대학생이 신촌에서 생활한다는 점을 알 수 있다(네이버 2013: 서강대학교, 연세대학교, 이화여자대학교). 대학생 평균 재학기간을 기준으로 보았을 때 이들은 보통 5년 남짓을 신촌에서 생활하게 되는데, 임차가구의 평균 거주기간이 3년 6개월이라는 점을 고려하면 이는 결코 짧지 않은 기간이다(이근형 2014; 신상호 2015). 즉, 대학생은 행정상 주민으로 인정되지는 않지만 상당 인구가 상당 기간 동안 신촌에 머물며 먹고 자고 소비한다는 점에서 신촌은 대학생의 생활세계가 된다.

이는 곧 신촌이 대학생 일상에서의 결핍을 충족시켜 나가는 기반이 된다는 것을 의미한다. 개인의 삶의 양식에서 결여되어 있는 부분을 채워 나가는 생활정치의 무대로서 신촌이 자리해야 한다는 것이다. 그러나 앞서 살펴보았듯이 사회적 경제 생태계로부터의 배제로 인해 신촌의 대학생들은 이곳에서 자신들의 결핍을 충분히 채워 나가지 못하고 있다. 이러한 구조적 차원의 문제는 단순히 대학생들이 자신의 삶에서의 결핍을 충족시키지 못한다는 점에서 그치지 않는다. 이는 사회적 경제가 지닌 본연의 선순환적 작용으로부터 비롯되는 것이다. 사회적 경제는 개인이 미처 인지하지 못한 결핍을 해결하여 자신의 허기와 포만감을 이해할 수 있도록 도와준다. 만약 사회적 경제의 토대가 제대로 마련되어 있지 않아 포만감의 경험이 부재하게 된다면, 개인은 자신의 허기를 해결하고자 하는 노력의 필요성을 깨닫지 못하게 되어 주체적인 결핍의 해결이 이루어지지 못하게 된다.

따라서 본 연구팀은 대학생이 신촌의 지역성을 대표할 수 있는 집단이라는 점, 그러나 정작 이들은 스스로를 지역으로부터 배제해 왔다는 점에 착안하여 대학생이 주체가 되는 사회적 경제 모델을 구상하고자 한다. 다음 장에서는 이를 위한 선행연구로 신촌 지역 대학생의 결핍을 파악할 것이다.

III. 신촌 대학생의 결핍

본 프로젝트에서는 신촌 지역의 대학생들을 대상으로 신촌 지역 대학생들에게 적합한 관계망의 모델을 제시하고, 나아가 신촌 지역 대학생들을 위한 사회적 경제 모델을 구상하고자 한다. 이에 대한 실마리를 얻기 위해 신촌 지역 대학생들의 결핍을 분석하고자 하였으며, 결핍을 파악하기 위해 신촌 지역 대학생들을 대상으로 설문조사를 진행하였다.

1. '결핍'에 대한 정의

보고서를 진행하기 이전에 결핍의 의미를 정의하고 넘어가고자 한다. '결핍'이란 '일상생활에 필수적인 요소임에도 불구하고 일상생활을 영위함에 있어 필요하다고 느끼지 못하거나 혹은 결여되어 있음을 느끼기 힘든 상태'로 정의될 수 있다. 이는 앞서 언급한 허기와 포만감의 연장선상에 놓인 것으로 기아상태에 비유하여 이해해 볼 수 있다. 만약 개인이 극심한 굶주림에 처하였다고 하여도 이 상태에서 벗어났던 경험, 즉 배부름의 경험이 선재하지 못한다면 현 상태에 대한 정확한 이해가 결여되어 이를 극복해야 할 필요성을 느끼기는 어려워진다. 다시 말해, 결핍이란 일상생활 속에서 필수적인 부분이 결여되어 있으나 충족된 경험이 없었기 때문에 자신이 결핍된 상태인지 인지하지 못하는 상태라고 할 수 있다. 신촌의 대학생들을 위한 사회적 경제 모델을 구상함에 있어 결핍의 충족이 중요한 이유는 대학생들의 무의식 속에 잠재하는 결핍을 충족시켜줌으로써 효용의 극대화를 기대할 수 있으며, '기억의 원형' 형성을 통한 지속가능성을 확보할 수 있기 때문이다. 여기서 기억의 원형이란 결핍 충족의 경험으로 설명될 수 있으며, 자신의 결핍을 파악하고 이를 충족시키는 과정을 거친 사람들은 지속적으로 자신의 일상생활 속에서 결핍 상태를 지속적으로 충족시켜나가려는 상태가 된다. 나아가 이러한 결핍 충족의 경험이 충족된 사람들은 자신의 주변 환경 또한 변화시키려는 상태, 즉 '미시적 전염'이 이루어져 신촌 지역의 지속적인 관계망 형성이 이루어지며, 이는 사회적 경제 모델의 지속가능성을 확보하는 데 중요한 요소로 작용한다.

마을학개론

2. 신촌 대학생의 결핍 분석

1) 사회적 결핍

신촌에 거주하는 1인 가구의 62.41%가 20대로 이루어져 있으며, 이를 통해 신촌의 대학생들의 주거 형태는 대부분 1인 가구 형태로 이루어져 있음을 알 수 있다. 특히 자취나 하숙 등 1인 가구 형태의 대학생들이 겪는 어려움 중 하나가 사람과의 교류 감소, 즉 '외로움'인데 대학생이 많이 생활하는 신촌 또한 그 문제로부터 자유롭지 못한 것으로 보인다. 따라서 신촌 대학생들에게 교류에 대한 갈망이 있을 것이라 예상되었다.

이를 파악하기 위해 신촌 대학생들에게 교류에 대한 설문조사를 실시하였다. 설문조사 결과, 새로운 사람들과의 만남, 동일한 관심 분야를 지닌 이들과의 네트워크 형성에 대한 수요가 높았다는 점이 눈에 띄었다. 신촌에서 어떠한 종류의 관계망 형성을 원하느냐는 질문에 대해 공통된 관심사 네트워크라고 답한 학생들이 40%, 새로운 친구(타대생, 타과생 위주)라고 답한 학생들이 39.4%로 각각 1, 2위를 차지하였다. 학생들은 특히 본인이 관심 있는 취미활동을 매개체로 한 교류, 관계 맺음에 대한 욕구가 많았으며, 소통할 수 있는 관계망과 대상을 원하고 있음을 알 수 있었다. 이러한 결과는 현대의 대학생들이 타대생 혹은 타과생과 교류하기 위해서는 동아리 혹은 대외활동 등에 가입하여 많은 비용을 지불해야 한다는 현실적인 관계 맺음의 어려움과 관련이 있어 보인다. 또한 이와 관련하여 교류할 대상이 없어 혼자 학교생활을 영위하는 대학생들, 흔히 '아웃사이더'들이 사회적으로 점점 더 많아지고 있다는 사실도 주목해 볼 만하다. 특히 최근에 인간관계에서 소외감을 느껴 자발적 아웃사이더들이 증가하고 있는 추세로 봤을 때 부담 없이 맺을 수 있는 인간관계에 대한 갈망이 대학생들 사이에서 어느 정도 내포하고 있음을 유추해 볼 수 있다. 따라서 이를 종합해 봤을 때, 신촌 지역의 대학생들은 관계 맺음의 어려움, 나아가 사람과의 교류 자체에 대한 결핍을 겪고 있음을 알 수 있다.

2) 문화요소의 결핍

신촌 지역 대학생들을 대상으로 '신촌에서 가장 필요하다고 생각되는 것은 무엇입니까?'(중복선택 허용)라는 질문에 50.6%의 학생들이 신촌만의 놀이문화가 부족하다고 대답하였다. 또한 현재 신촌에서 시행되고 있는 거리축제 등에 대해 질문하였을 때 만족 이상이라고 답한 대학생들은 38.9%에 불과하였다. 추가적으로 만족하는 이유에 대해서는 35.5%의 학생들이 신촌의 문화적 역량이 강화되기 때문이라고 답하였으며, 불만족하는 이유에 대해서는 42.9%에 해당하는 학생들이 행사의 단발성 때문이라고 응답하였다. 연세로 문화축제 등에 대한 평가에서 유추해 보면 신촌 대학생들은 신촌만의 문화적 역량을 제고하고자 서대문구청이 시행하는 연세로 축제의 취지에 공감하고 있었으나 지속적이지 못하고 특색 없는 문화요소에 대해 불만을 느끼고 있음을 알 수 있었다. 따라서 이를 보완하기 위해 신촌 대학생들이라면 누구나 누릴 수 있는 독창적인 문화요소가 필요하다.

3) 신촌 대학생들의 결핍 종합

설문조사 결과, 현재 신촌의 대학생들은 신촌 지역에서 생활하는 타대생과 연계된 교류 및 특색 있는 문화가 부재하다는 점에 공감하고 있었다. 이를 바탕으로 대학생들을 위한 사회적 경제 모델을 구상함에 있어 다음 두 가지를 고려할 것이 요구된다. 먼저 취미를 공유할 공동체나 소통할 대상에 대한 결핍, 즉 인적 교류에 대한 결핍을 충족시킬 수 있는 소통할 대상의 충족과 부담 없이 교류할 수 있는 네트워크의 형성이 이루어져야 할 것이다. 또한 신촌 지역의 대학생이라면 누구나 향유할 수 있는 특색 있는 문화를 형성할 수 있어야 한다. 따라서 신촌 대학생이기에 누릴 수 있는, 특색 있는 대학생들의 관계망을 형성할 수 있는 사회적 경제 모델을 구상하여야 한다.

Ⅳ. 소셜픽션

무함마드 유누스(Muhammad Yunus)는 "과학이 공상과학 소설(Science Fiction)을 닮아 가며 세상을 변화시킨 것처럼, 소셜픽션을 써서 사회를 변화시키자"고 말하였다. 본 연구에서 제시하는 소셜픽션의 궁극적인 목표는 신촌의 파편화된 개인을 연결 지어 대학을 넘어 함께 공유하고 있는 '신촌'이라는 지역에 애정을 가진 '주민'을 형성하는 데에 있다.

1. 소셜다이닝

소셜다이닝(Social Dining)이란 SNS를 통해 관심사가 비슷한 사람끼리 만나 식사를 즐기며 인간관계를 맺는 것을 말한다. 고대 그리스의 식사 문화인 '심포지온(Simposion)'에서 유래했으며, 소셜다이닝이 유행하게 된 데에는 증가하고 있는 1인 가구를 이유로 꼽을 수 있다. 지난 4월 서울시가 발표한 '통계로 본 서울 가족구조 및 부양 변화'를 보면, 2015년 서울시 1인 가구 수는 약 98만 가구에 달하며, 이 중 20~30대 1인 가구는 약 46만으로 서울시 1인 가구의 절반에 해당되는 것으로 나타났다.

소셜다이닝의 인기 요인으로는 1인 가구가 증가하면서 1인 가구가 지니고 있는 근본적인 외로움을 해소할 수 있는 창구의 필요성과 1인 가구가 늘어났음에도 이들이 마음 편히 식사할 공간이 여전히 부족한 우리나라의 외식문화를 꼽을 수 있다. 소셜다이닝의 경우 강제성이 없고, 혼자서도 아무런 부담 없이 참석할 수 있다는 특징을 지니고 있기 때문이다.

소셜다이닝의 주 참여 층은 20~30대 1인 가구로 신촌 인접 지역인 홍대에서는 이미 활발하게 진행되고 있다. 이를 통해 신촌에서의 소셜다이닝 성공가능성을 점쳐 볼 수 있는데, 신촌은 20대 1인 가구가 신촌 인구의 상당수를 차지하고 있으며, 지역적 특징 역시 홍대 못지않은 상권과 교통편을 지니고 있기 때문에 신촌 지역에서의 소셜다이닝의 전망은 밝다고 볼 수 있다. 홍대에서 진행되고 있는 소셜다이닝 중 대표적인 것은 유명 만화가 메가쇼킹의 남동생이 운영하는 '쫄깃센터'이다. '쫄깃센터'는 회원제로 운영되며 비회원에게는 1만 원, 회원에게는 월 3만 원에 '쫄깃센터'에서 이루어지는 소셜다이닝에 참여할 수 있는 기회를 제공하고 있다.

우리나라에서 이루어지는 소셜다이닝의 경우, SNS와 소셜다이닝 사이트, 커뮤니티 등을 통해 확산되고 있으며, 그중 '집밥(zipbob.net)'은 2012년 5월부터 서비스를 시작해 국내 소셜다이닝 중계 사이트로서 주도적 역할을 담당하고 있다. 소셜다이닝은 '밥'을 함께 먹는 것에서 시작하여 사람들의 관심사를 바탕으로 뭔가를 함께 배우거나 취미활동을 하는 등의 모임까지 다양한 형태의 모임으로 발전해 나가고 있으며, 새로운 공동체 형성의 장이 될 것이라는 평가를 받고 있다.

본 연구에서는 신촌 지역에 적합한 사회적 모델로 소셜다이닝을 선택하여 신촌만의 소셜다이닝 모델을 구상해 보았다.

2. '맛있는 신촌' 프로젝트

'맛있는 신촌'은 신촌 지역에서 이루어지는 소셜다이닝을 뜻하는 말로, '밥'을 매개채로 하는 소셜다이닝을 통해 신촌 지역이 맛있어진다는 의미를 담고 있다. '맛있는 신촌'은 신촌 지역을 활동하는 20~30대를 주 타깃층으로 하고 있으며, 소셜다이닝을 통한 관계망 형성과 함께 밥을 먹는 행위를 통해 신촌의 취약계층에게 쌀을 기부하여 궁극적으로 지역과 개인을 연계하는 사회적 경제 모델을 형성하고자 한다.

1) 장소

맛있는 신촌이 기존의 소셜다이닝과 차이점을 지니는 부분은 공간을 '신촌'이라는 한 지역으로 한정 짓는다는 것에 있다. 소셜다이닝의 대표격인 '집밥'에서 운영하는 모임의 경우, '집밥' 모임이 전국구에서 이루어지기 때문에 결국 일회성 모임에 그치는 경우가 많다는 한계점을 지니고 있다. 즉, 관계의 지속성이 약하다. 본 프로젝트는 이러한 기존 소셜다이닝의 한계점을 보완하고 신촌을 향유하는 대학생들의 지속적인 관계망 형성을 위해 '신촌'이라는 지역으로 공간을 한정시켰다.

맛있는 신촌이 이루어지는 장소는 가상의 공간으로, 신촌의 1인 가구가 거주하는 환경을 고려하여 집으로 손님을 초대하는 것이 아닌 아예 가상의 오픈키친 공간을 맛있는 신촌 참여자들에게 대여하는 방식으로 설정하였다. 구체적으로는 신촌마을 창작센터에 오픈키친(나눔부엌)을 만들어 맛있는 신촌을 위한 공간을 마련하는 것을 구상해 보았다. 이처럼 고정된 장소를 마련함으로써 운영자는 프로젝트의 신뢰성을 확보할 수 있으며 지속적으로 프로젝트를 운영할 수 있을 것이다.

2) 참여 대상자

맛있는 신촌의 참여 대상자는 1차적으로 신촌의 3개 대학(연세대학교, 이화여자대학교, 서강대학교)의 대학생(원)으로 한정 지으며 2차적으로 신촌 지역 거주민을 포함한다. 참여 대상자를 신촌 3개 대학의 대학생으로 한정 지은 것은 현재 신촌 지역에만 3개의 대학이 몰려 있음에도 이 3개 대학 학생들 간의 연계망이 상당히 제한적이라 판단했기 때문이다. 기존에 존재하는 연계망은 연합동아리가 대부분이고, 이러한 동아리는 일반 학생들이 참여하기에 진입 장벽이 높아 3개 대학 학생들 간의 폭넓은 관계망를 형성하기에는 상당히 제한적이다.

본 프로젝트는 3개 대학생들이라면 누구나 참여할 수 있는 신촌 내 폭넓은 관계망 형성에 목적이 있으며, 궁극적으로 이들의 관계망 활성화를 통해 '신촌'이라는 지역에 대한 애정과 대학생들도 신촌의 주민이라는 인식 확립을 지향하고 있다. 따라서 맛있는 신촌의 참가자를 신촌 지역 대학생으로 한정 지어 보다 지역과의 *끈끈한* 관계를 형성하고자 한다.

3) 운영 방식

(1) 역할

맛있는 신촌 운영자	– 신촌 소셜다이닝 모임 플랫폼 운영(웹사이트 & 모바일 앱) – 소셜다이닝 모임 장소 대여
맛신지기	– 소셜다이닝 모임 주최자 – 맛있는 신촌에 자신의 주최하는 모임에 대해 접수(메뉴/가격/소개) – 모임 호스트로서 음식 준비 및 제공
참가자	– 맛있는 신촌(웹사이트 & 모바일 앱)을 통해 모임 정보를 획득 – 본인이 원하는 모임에 참가 접수 – 참가비 납부

(2) 수익 구조

① 맛있는 신촌 참가비

맛있는 신촌에 참가한 참가자들은 맛신지기를 비롯하여 모두 맛있는 신촌에게 이용 수수료를 납부한다. 맛신지기의 경우 식비를 제외한 맛신비용만을 납부하며, 참가자의 경우 식비와 함께 맛신비용을 납부한다. 맛신비용에는 장소 대여비가 함께 포함되며 기존 소셜다이닝 플랫폼 집밥의 경우, 수수료로 2,000원을 받고 있다.

즉, 맛신지기는 처음 모임을 등록할 때 식비와 맛신비용을 합산하여 참가자들에게 공지하여야 한다. 식사비용은 맛신지기가 자율적으로 측정하며, 모임이 끝난 후 맛신비용을 제외한 모든 참가비는 맛신지기에게 돌아간다.

② 플랫폼 활성화를 통한 광고 수익

'맛있는 신촌'은 소셜다이닝 모임에 대한 정보를 제공하고, 참가자들의 참가 신청 및 결제를 도와주는 웹사이트와 모바일 앱을 운영하게 된다. 이러한 플랫폼을 신촌 지역 이용자들에게 제공함으로써 '맛있는 신촌'은 '신촌 지역 이용자'라는 소비자 집단을 얻게 되는데, 웹사이트와 모바일 앱을 사용하는 소비자 집단을 대상으로 온라인 광고를 게재하여 광고 수익을 얻을 수 있다.

2012년 기준 국내 온라인 광고 시장 규모는 약 1.5조 원이며, 방송통신위원회를 비롯한 유관기관에서 분석한 모바일 광고 시장 전망에 따르면 2015년까지 국내 모바일 광고 시장은 연평균 80% 이상의 고성장을 기록할 것으로 추정하였다. 즉, 약 7,000억 원 규모로 성장할 것이라 예측한 것이다. 애플리케이션 사용자의 성향이 뚜렷할수록 광고효과가 큰 것으로 나타났는데, '맛있는 신촌'의 경우 주 타깃층이 신촌 지역에서 활동하는 20~30대로 명확하기 때문에 광고주를 유입하기에 유리한 조건을 지녔다고 분석할 수 있다. '맛있는 신촌'을 이용하고자 하는 광고주는 주로 신촌 지역과 관련된 사업주 또는 '식품'업체로 예상되며, 사용자를 기반으로 한 광고 수익은 '맛있는 신촌' 비용과 함께 '맛있는 신촌'을 운영하는 데 중요한 수익구조가 될 것이다.

4) 수익순환 구조

이처럼 '맛있는 신촌'은 크게 두 가지 수익 구조를 지니고 있다. '맛있는 신촌' 사용자들이 내는 참가비와 플랫폼 광고를 통한 광고 수익이다. '맛있는 신촌'은 두 가지 수익구조를 통해 얻은 수익을 1차적으로 기업 운영비용으로 사용한다. 기업 운영비용으로는 모임 장소 유지비용과 '맛있는 신촌' 인력비용, 홈페이지 및 모바일 앱 유지비용 등이 포함되며, 이를 제외한 나머지 비용은 신촌 취약계층을 위해 사용된다.

'맛있는 신촌'은 단순히 밥만 함께 먹는 것이 아니라 함께 밥을 먹는 행위를 통해 신촌 지역 취약계층에 도움을 줄 수 있다는 의미를 함께 지니고 있다. 이와 비슷한 사회적 경제 모델로 빅워크(Big Walk)를 들 수 있다. 빅워크는 기부를 희망하는 사용자가 스마트폰 앱을 다운로드한 후에 걷기만 하면 100m에 1원씩 기부금이 적립되고 축적된 기부금에 해당되는 금액과 광고를 통해 확보한 자금을 절단장애 아동들에게 지원하고 있다. 이처럼 '맛있는 신촌' 역시 '소셜다이닝'이라는 특성을 살려 신촌 취약계층에 쌀을 기증하는 기부 모델을 구상하였다.

'맛있는 신촌'의 기부 모델은 다음과 같다.

> *** 밥공기 기부**
> 맛있는 신촌의 참가자가 먹은 밥그릇 수만큼의 쌀을 신촌의 취약계층에게 제
> 공하는 것으로 대학생과 신촌 지역 취약계층의 연계를 도모하고, 이를 바탕
> 으로 새로운 사회적 경제를 창출하는 데 목적이 있다.

5) 예상 효과

'맛있는 신촌' 프로젝트의 예상 효과는 크게 두 가지 측면에서 접근해 볼 수 있
다. 첫째는 관계망 형성이다. 앞에서 언급했듯 관계망 형성에는 지역성과 주체
성이 중요한 요소인데, 먼저 지역성과 관련하여 '맛있는 신촌'은 신촌이라는 지
역에 한하여 운영되기에 관계의 지속가능성을 담보할 수 있으며, 주체성에 관
해서는 '맛신지기'라는 관계망 형성의 주체를 명확히 하여 관계를 형성하는 데
이점을 가질 수 있다. 따라서 본 프로젝트는 신촌이라는 지역을 공유하는 3개
대학의 학생들을 대상으로 하여 그들에게 지역에 대한 인식을 심어 주고, 새로
운 사람들과의 만남을 통해 관계망에 대한 결핍을 해소시킬 수 있다. 나아가 본
프로젝트는 그 수익을 다시 사회 취약계층(첫 프로젝트의 경우, 미혼모 지원단체
'애란원')에 기부함으로써 대학생 간의 관계망을 신촌 지역의 다양한 주체에까지
확장할 수 있다. 평소 소통의 기회가 적은 사회 취약계층과 대학생을 연결 짓는
것을 출발점으로 하여 신촌 지역 전체를 포괄하는 관계망 형성으로 나아갈 수
있는 것이다.

둘째는 신촌만의 문화 형성이다. 결핍 분석에서도 확인할 수 있듯이 지금의
신촌은 특색 있는 지역문화가 구축되어 있지 않다. 이에 본 연구팀은 지속적인
'맛있는 신촌' 프로젝트와 이로 인해 형성된 관계망을 통해 신촌의 지역문화가
형성될 것이라고 예측한다. 문화는 곧 삶의 양식을 의미하기 때문에 새로운 삶
의 양식을 형성한다는 것은 곧 기존과는 다른 새로운 문화를 설계한다는 것과

같다. 식사문화의 경우 개인의 삶에 가장 밀접해 있는 부분이기 때문에 자신과 친밀한 내집단을 통해서만 이루어지는 경우가 많다. 한편, 1인 가구의 비율이 높은 신촌에서는 이 때문에 홀로 밥을 먹는 양상이 나타난다. '맛있는 신촌'은 이런 삶의 양식에 대한 새로운 제안으로, 서로 유리되어 있던 개인들이 함께 밥을 먹으며 자신의 일상을 공유하는 새로운 삶의 양식을 만들어 내는 것이다. 또한 이곳에서 형성된 관계망은 단순히 식사문화뿐만 아니라, 기존의 소셜다이닝 프로젝트 '집밥'처럼 밥을 통해서만 만났던 사람들이 더 나아가 함께 새로운 것을 배우고 나누는 형태로 발전할 수 있다. 즉, '맛있는 신촌'에서 형성된 새로운 관계망은 개인의 취미 및 관심사를 바탕으로 한 여러 소모임, 문화행사 등으로 확장되어 개인의 생활양식을 보다 다채롭게 바꿔 나갈 것이다. 결정적으로 '맛있는 신촌'을 통해 형성되는 신촌의 문화는 기존의 관 주도적 문화행사와 달리 신촌 구성원들이 주체가 되어 직접 문화를 만들어 나간다는 점이 중요하다. 이는 진정한 의미의 지역 문화의 역량 강화를 뜻하며, 따라서 '맛있는 신촌'은 신촌 지역 문화 형성의 시발점으로서의 역할을 할 수 있을 것이다.

3. 시범운영-'제1회 맛있는 신촌'

위의 구상을 바탕으로 '제1회 맛있는 신촌'을 기획하고 진행해 보았다. 시범적 운영을 통해 얻고자 했던 것은 1) 실수요 파악 2) 수익구조 검증이었다. 그러나 첫 시행에서 '맛신지기'를 모집하는 것이 현실적으로 어렵다는 것을 감안하여 우리는 '맛신 운영자'와 '맛신지기'를 겸하여 주최하였다. 기획 및 진행 과정은 다음과 같다.

1) 홍보

맛있는 신촌은 연세대학교, 이화여자대학교, 서강대학교 3개 대학의 학생에 한정하여 진행하는 소셜다이닝이다. 따라서 3개 대학의 주요 매체(세연넷,

sogang univ., 이화이언)에 홍보 리플릿을 게시하고 5월 26일부터 29일까지 참가자를 모집했다. 또한 3개 대학에 다니는 지인에게 개인적으로 홍보 리플릿을 배포하기도 하였다. 이처럼 주로 온라인 매체를 통해 홍보를 진행했다.

2) 준비 및 실행

'맛있는 신촌' 프로젝트의 구상에서는 가상의 공간을 설정하고 진행하는 것이지만 현재 그러한 공간이 마련되어 있지 않은 한계를 고려하여 신촌 인근에서 취사가 가능한 공간인 카페 '체화당'을 대여했다. 장소를 대여한 후에는 요리 팀과 프로그램 팀으로 나누어 준비를 진행하였다. 요리 팀은 메뉴를 정하고 장을 본 후 '맛있는 신촌' 당일 요리를 준비하고 참가자에게 대접했다. 프로그램 팀은 참가자가 '맛있는 신촌'에서 '관계망'을 형성할 수 있도록 하는 것에 목표를 두고 질문을 마련하였으며, 참가자 간의 대화를 도울 수 있는 게임을 준비하였다.

이에 따라 '제1회 맛있는 신촌'은 5월 30일 카페 '체화당'에서 진행되었으며, 서강대학교 재학생 3명, 이화여자대학교 재학생 3명, 본 연구팀 10명이 참가했다. 참가비는 식재료비와 장소대여비, 수수료를 고려하여 7,000원으로 책정하였다. 맛있는 신촌 프로젝트 이후 수익금은 미혼모 지원단체 '애란원'에 기부했다.

3) 수익구조 점검

시범 운영의 목표 중 하나는 수익구조의 가능성을 알아보는 것이다. 따라서 준비과정에서의 비용과 전체 수익을 비교하여 본 프로젝트의 실현 가능성을 검증하였다.

준비비용	장보기 153,673원 + 장소대여 70,000원 (장보기 비용은 맛신 참가자뿐만 아니라 사회적 경제 팀 비용까지 합산한 금액이다. 장소대여비 역시 운영 모델에서의 장소대여비와 차이가 있을 수 있다. 기존 구상에서의 장소대여비는 '맛있는 신촌'의 운영자에게 지불하는 것이므로 카페 체화당의 장소대여비보다는 적을 것으로 예상된다.)
수익금	맛있는 신촌 참가비 112,000원 + (마을학개론 지원금 200,000원)
순이익금	이익금: 88,357원(쌀 40kg 구입 후 기부)

4) 평가 및 보완사항

짧은 홍보기간에 비해 비교적 많은 참가자가 참여한 것을 바탕으로 실수요가 존재한다는 것을 도출할 수 있었다. 더불어서 준비과정에서 우려와 달리 참가자들은 적극적인 태도로 임했고 관계망 형성에 긍정적 태도를 보였다. 또한 프로그램 진행 후 본 연구팀을 제외한 6명 참가자에게 실시한 설문조사에 따르면 전원이 '맛있는 신촌'이 장기적으로 지속될 경우 참여할 것이라는 의사를 밝혔다. 따라서 프로젝트의 지속가능성을 담보하는 것이 중요한 과제가 될 것이다. 대안 중 하나는 기수제를 도입하고 일정 기간(1~3개월) 참가비를 받아 '맛있는 신촌'을 진행하는 것이다. 일정기간 동안 고정적으로 같은 사람들과 소셜다이닝을 진행하는 것이 관계망 형성에 유리할 것이기 때문이다. 한편 비용에 있어서는 실질적인 검증이 어려웠다. 기존 구상과 달리 '체화당'을 대여하였고 맛신 운영자와 맛신지기의 수익이 나누어지지 않았기 때문이다. 그러나 이는 '맛있는 신촌'을 위한 고정된 공간을 마련된다면 해결될 수 있는 문제일 것이다.

V. 결론

본고(本稿)는 신촌 지역에서의 사회적 경제를 도모하기 위하여 신촌 지역에 선재하던 사회적 경제와 신촌 지역 대학생들이 가지고 있는 결핍에 대한 연구를 진행해 왔다. 그 결과, 신촌 지역에서의 사회적 경제 자체가 비활성화되어 있음이 드러났다. 그뿐만 아니라 비정주인구로 분류되지만 신촌 지역의 절대적 다수를 이루고 있는 대학생이 참여할 수 있는 콘텐츠가 부재함을 알 수 있었다. 이에 따라 신촌 지역 대학생들을 대상으로 설문조사를 통해 드러난 사회적 및 문화적 요소의 결핍을 충족시킬 수 있는 방안의 일환으로, 사회적 경제를 기반으로 하는 소셜다이닝 '맛있는 신촌'을 기획했다.

기획단계에서 가장 우려되었던 대학생들의 무관심과 냉소는 기우에 불과했다. 홍보할 시간적 여유가 충분치 않았음에도 불구하고, 흩어져 있던 대학생들은 관계망에 대한 자신의 결핍을 채워 나가기 위하여 마련된 자리에 나왔다. 소셜다이닝 '맛있는 신촌'에서 본인들의 생각을 공유할 수 있는 관계망의 형성 가능성을 주체적으로 확인함으로써, 그들은 신촌 지역에서의 대학생들 간의 소통 창구를 발견한 것이다. 비록 실험적 형태이기는 했으나 이러한 경험이 주체적 참여로서의 첫걸음으로 발돋움할 수 있는 기회를 마련할 수 있다는 것이 '맛있는 신촌'에 대한 본 연구팀의 평가이다.

지금까지 지역사회에서 대학생의 역할은 과소평가되고는 했다. 최근 이슈화되었던 고려대학교와 경희대학교의 기숙사 신축 문제에서 발발한 주민 및 행정과 학교 및 학생 간의 첨예한 대립은, 대학생들이 지역사회의 일원으로서 얼마나 저평가받고 있는지를 극명하게 드러낸다. 대학생들의 입장을 전적으로 반영할 수 없는 관의 도시계획에서 대학생들의 입지는 뒷전으로 밀려나게 된다. 이때 대학생이 자신들의 권리에 대하여 방관하고 침묵한다면, 해결되어야 하는 문제에서 발생하는 피해는 고스란히 우리 대학생의 몫으로 남는다. 대학생의 스스로에 대한 방관은 적게는 3~4년, 길게는 10년 이상 생활하는 지역에서 자신이 주민이 아님을 내면화하기 때문이다.

그러나 일련의 조사를 통하여 알 수 있었듯 대학생들은 다만 각자 수요와 역량을 집단적인 것으로 격상시키지 못했을 뿐이다. 이미 대학생은 스스로의 잠재성과 주민으로서의 권리를 담지하는 주체자이며, 자신의 의견을 표현할 수 있는 관계를 지지하는 수요자이다. 대학생 스스로가 원자화된 객체에서 탈피하고 주민의식을 길러야만 이러한 관계망이 가능해질 것이다.

그리고 이때 사회적 경제 모델은 대학생들 간의 관계망 활성화를 통하여 그들을 재정치화시키는 데에 일조할 수 있다. 소셜다이닝의 가장 중요한 기능은 대학생들 간의 관계망을 조직함으로써, 목소리를 공유하고 하소연할 수 있는 자리를 마련하여 이들의 목소리가 독백에 그치지 않도록 하는 것이다. 곧 대학생들 간의 관계망을 활성화하는 것은 그들에게 기억의 원형을 제공하고, 주체라는 인식을 갖도록 의식을 변화시킬 수 있다. 더불어 소셜다이닝을 통한 수익을 단순히 개인적 이윤추구 행위에 국한시키는 것이 아니라, 지역사회에 공헌하도록 함으로써 대학생 본인이 지역사회의 발전을 도모하고 있음을 깨닫게 된다. 또한 이들의 공헌이 지역사회를 활성화하는 파급효과까지 기대해 볼 수 있다.

나아가 소셜다이닝의 주체가 대학생으로 한정되지 않고 신촌 지역의 직장인이나 현재 신촌에서 거주하는 직장인까지 포괄한다면, 보다 확장된 의미에서의 관계망 형성도 가능해진다. 신촌에서 관이나 상권 등에 비하여 현저하게 과소대표되고 있는 이들, 즉 대학생을 포함한 신촌 생활민들의 정치적 권리를 행사할 수 있도록 하는 것이다. 이러한 과정에서 소셜다이닝의 운영이 난관에 부딪히지 않도록 하는 관의 협력과 대학생들의 정치적 권리에 다소 무관심한 의식의 변화가 무엇보다 절실하다.

신촌 지역경제에서 과소평가되고 있는 소셜다이닝과 같은 사회적 경제가 지역사회에 공헌할 수 있도록 하기 위해 가장 중요한 것은 그 지속가능성이다. 즉, 관계망이 일회성의 행사에 그치지 않고 지속적인 흐름으로서 지역사회에 영향력을 미칠 수 있어야 한다는 점이다. 소셜다이닝과 같은 사회적 경제의 가시적 결과 및 효과는 매우 점진적으로 색을 드러낼 것이다. 그러므로 그 기획은 장기적 관점에서 진행되어야 할 것이며, 형성된 관계망이 단발성을 띠게 된다면 모든 기획은 수포로 돌아가게 될 위험에 처할 것이다. 따라서 앞서 말한 관의 노력과 동시에 소셜다이닝 운영 측에서의 장기적 노력은 사회적 경제의 필수불가결한 조건이다. 각 주체가 함께 지속가능성을 논의하고 이를 위하여 노력한다면, 그 효과는 대학생들의 권리 향상뿐만 아니라 이들의 잠재적인 역량을 통한 지역사회의 발전으로까지 이어질 수 있을 것이다.

제12장

1인 가구 사회적 경제:
대학생 유목민, 오손도손한 이웃이 되다

권승현 · 신석영 · 심평강 · 임성일 · 홍용우

Prologue. 대학생 유목민

유경은 지방에서 올라와 대학 근처에서 자취를 하고 있다. 그러던 어느 날, 문득 떡볶이가 먹고 싶어졌다. 하지만 유경의 집 근처에는 떡볶이를 파는 곳이 없다. 귀찮은 마음에 유경은 집을 나서려는 의지를 내려놓는다. 하지만 떡볶이는 이미 유경의 머릿속을 지배하고 있었다. '그래! 내가 떡볶이 해 먹으면 되는 거 아냐?' 유경은 결심을 하고 스마트폰으로 떡볶이 레시피를 검색한다. 떡과 어묵, 고추장, 물엿 정도만 있으면 될 것이라고 짐작했는데, 고춧가루, 간장, 설탕, 파, 양배추, 양파, 당근, 심지어 후춧가루까지 있어야 맛있게 만들 수 있다. 매운 것을 좋아하는 유경이기 때문에 청양고추도 필수지만, 집에 있는 식료품은 이사 온 날 구매했던 소금과 설탕 1kg가 전부다.

그래도 포기할 수 없었던 유경은 재료를 사러 동네 마트에 간다. 하지만 유경은 다시 한 번 좌절할 수밖에 없다. 포장단위가 너무 컸기 때문이다. 떡볶이를 하는 데 필요한 당근과 양파는 반 개씩이면 충분했다. 하지만 당근과 양파는 최소 판매단위가 2개씩이었다. 후춧가루도 1g 정도만 있어도 되고 고춧가루도 한 숟갈만 있으면 넉넉했다. 간장, 파, 양배추는 말할 것도 없었다. 유경은 한동안 서성이다가 라면을 사서 집으로 돌아갔다.

I. 자취는 로망이 아니라 현실이다

1. 나 혼자 산다!–1인 가구의 증가와 대학생

MBC 예능 프로그램 '나 혼자 산다', 요리에 취미가 없는 사람도 간단한 재료로 쉽게 혼자 할 수 있는 요리를 알려 주는 '집밥 백선생' 등 방송은 사회현상을 반영한다. 지금 우리 사회에서 가장 주목되는 현상은 1인 가구의 급속한 증가이다. 통계청 자료에 따르면 2015년 1인 가구 규모는 523만 202가구이며, 이는 2010년 인구주택 총조사 1인 가구 2019년 추계치인 404만 가구를 훨씬 뛰어넘은 규모이다. 이러한 추세라면 2035년에는 1인 가구가 전체의 34.3% 이상을 차지할 것으로 추정되고 있다. 이처럼 1인 가구는 대표적인 가구 형태 중 하나로 자리 잡고 있다.

1인 가구는 도심과 부도심, 역세권 중심으로 분포한다. 특히 대학가가 밀집한 지역의 경우, 1인 가구의 비율은 다른 지역보다 월등히 높다(서울연구원 2009). 2010년의 통계청 조사에 따르면, 연세대학교, 서강대학교, 이화여자대학교, 추계예술대학교 등 많은 대학교가 밀집한 서울시 서대문구에는 29,943명의 1인 가구가 살고 있다. 특히 연세대학교와 인접한 신촌동, 연희동은 1인 가구가 각각 약 5,225명, 5,655명이 밀집한 것으로 추정되며(통계청 2016), 이는 대표적인 1인 가구의 '대학가 유형'이라고 볼 수 있다.

1인 가구들은 말 그대로 '혼자' 산다. 유경의 이야기는 대학생 1인 가구가 겪을 수 있는 다양한 상황들 중 하나에 불과하다. 우선 1인 가구는 모든 생활의 부담들을 혼자 감당해야 한다. 물론 모든 1인 가구가 저마다의 고충을 지니고 있지만, 특히 대학생 1인 가구원들은 그중에서도 열악한 환경에서 생활하고 있다. 왜냐하면 대학생들의 본업은 경제활동이 아닌 학업이기 때문에 다른 형태의 1인 가구보다 경제적으로 궁핍할 수밖에 없기 때문이다. 또 학업을 마치면 대학에서 벗어나 새로운 주거지로 이동하기 때문에 마을에 대한 애착을 높이거나 이웃 주민과의 교류를 시도하기도 쉽지 않다. 그리고 전입신고를 미루는 대학생 1인 가구원들이 많아 지역 내 정치적 문제에 영향력을 행사하기 힘들다. 하지만 '혼자' 사는 1인 가구들이 자발적으로 모여 목소리를 내고 필요한 것을 충족시키기 위한 쉬운 과정 혹은 계기는 부재하다.

그래서 혼자 사는 대학생들에게 무엇보다도 필요한 것은 1인 가구 간의 사회적 자본을 형성할 수 있는 네트워크라고 볼 수 있다. 사회적 자본이란 '사람들 사이의 협력을 가능하게 하는 구성원들의 공유된 제도, 규범, 네트워크, 신뢰 등

일체의 사회적 자산을 포괄하여 지칭'하는 것이다. 특히 이 중에서 사회적 신뢰가 사회적 자본의 핵심이다. 사회적 자본의 확충을 통해, 경제 중심의 운영이 아닌 인간 중심의 운영을 목표로 하는 사회적 경제의 실현이 가능할 것이다.

다음 절에서는 1인 가구가 처한 현실들을 여러 측면에서 살펴보려고 한다. 그리고 이러한 문제의식을 바탕으로 신촌의 대학생 1인 가구가 겪는 여러 문제들을 해결하기 위한 사회적 경제 모델인 오손도손은행을 제시하고자 한다.

2. 1인 가구의 특성

부모님의 울타리인 집을 떠나 학교 근처에서 독립적으로 살아가는 유경에게 자취생활은 마냥 자유롭고 행복하기만 할까? 1인 가구에 대한 사회적 관심은 높은 상태이지만 실제로 이들이 살면서 겪고 있는 문제점에 대한 인식은 부족하다. 이들이 겪고 있는 문제가 무엇인지 파악하고 해결책을 제시하기 위해 자체적인 설문조사(이하 자체조사)와 문헌연구를 선행하였다.

자체조사는 '사회적, 경제적, 환경적 맥락에서 1인 가구에 대한 실태 파악 및 인식 조사'를 내용으로 한 설문지를 가지고 2016년 5월 11일부터 2016년 5월 16일까지 진행되었다. '1인 가구로서 생활한 경험이 있는 대학생'을 대상으로 하였으며, 연세대학교 서문(연희동) 주변에서 실시한 오프라인 설문조사와 구글독스(Google Docs)를 이용한 온라인 설문조사를 실시하여 총 85명이 응답하였다.

1) 경제적 측면

사람이 혼자 산다면, 다인 가구에 비해 알뜰하게 살아갈 수 있다고 흔히 생각하기도 한다. 그러나 한국보건사회연구원의 통계에 따르면, 다인 가구의 가구원당 생활비는 115만 원 정도로 비슷한 수준인 반면에, 1인 가구의 생활비는 평균 135만 원으로 집계되었다(한국보건사회연구원 2014).[1] 예상 밖으로 오히려 1인 가구가 20만 원 정도 생활비가 더 드는 것이다. 게다가 1인 가구의 소득 또한 평균적으로 2인 가구보다 낮으며, 그 소득 격차는 점점 더 벌어지고 있다. 2012년 기준으로 1인 가구의 월별 실질 처분가능소득은 2인 가구 소득의 65.2%에 불과하다(이은미·삼성경제연구소 2013). 즉, 1인 가구는 소득은 적지만 지출은 많이 하는 소비 패턴을 가진 가구 형태이다.

이들의 지출 중 가장 큰 규모를 차지하는 것은 식비이다. 대학생이라면 주로 지출할 만한 항목(식비, 여가·문화생활, 생필품, 생필품 이외의 소비재)을 선정해서 자체조사한 결과, 압도적으로 많은 90.9%의 설문대상자들이 '식비를 가장 많이 지출한다'고 응답하였다. 이를 가중시키는 원인은 1인 가구가 경제적으로 소비하고 저축하기에 적합하지 않은 시장환경에 있다. 근래에 1인 가구를 위한 작은 단위의 제품이 주목을 받고 있으나, 아직은 보편화되어 있지 않은 상황이다. 휴지, 샴푸, 치약 등의 공산품은 개별로 구매하는 것보다 대형마트나 소셜 커머스에서 대용량으로 구매하는 것이 훨씬 저렴하다. 하지만 대용량의 제품들은 여전히 부담으로 다가온다. 특히 야채나 과일 같은 신선 식품은 본인이 먹을 양보다 많이 구입할 경우 금방 상하기 때문에 음식물 쓰레기를 배출하는 비용과 시간을 따로 들여야 한다. 그래서 자취생들은 비싼 가격이라도 개별 포장된 상품을 구매할 수 있는 가까운 편의점을 자주 이용하게 된다.

연세대학교의 경우, 자취생들이 밀집한 서문을 보면 프랜차이즈 편의점이 골목마다 즐비하지만, 다양한 식료품과 공산품을 일괄적으로 취급하는 중대형마트는 자취촌과 떨어진 연희동 부근에 있다. 편의점의 인접성과 편리함, 24시간 운영하는 장점 때문에 생수 하나를 사러 가더라도 편의점에 자주 들르게 되며, 결국 이는 1인 가구원이 더 큰 지출을 하는 원인이 된다. 자체조사 결과, 역시 생활비 절약에 가장 큰 방해요소가 무엇인지 묻는 질문에 '편의점의 잦은 이용'을 1순위(38.4%)로 꼽았다. 1인 가구에는 적합하지 않은 상품의 유통과 판매 구조가 그들을 편의점으로 향하게 하는 것이다.

---

1. 1인당 총 생활비: 1인 가구 135만 원, 2인 가구 115만 원, 3인 가구 116만 원.

2) 환경적 측면

연세대학교 서문 골목을 돌아다니다 보면, 함부로 버려진 수많은 쓰레기 봉투가 골목마다 즐비한 모습을 쉽게 포착할 수 있다. 다른 수많은 대학가 자취촌에서도 공통된 쓰레기 배출 문제를 공유하고 있다. 이화여자대학교의 학보에서 다룬 쓰레기 무단투기 관련 기사에 따르면, 대학생 1인 가구가 몰려 있는 곳은 불법 투기된 쓰레기로 몸살을 앓고 있다고 한다(신사임 2010). 심지어 이는 인근 주민들과 심각한 갈등으로 번지는 경우가 많아 문제가 되고 있다.

쓰레기를 함부로 버리는 것도 문제지만 더 큰 문제는 배출하는 쓰레기양 자체가 상당하다는 것이다. 환경부 조사에 따르면 1인당 생활폐기물 발생량은 2012년 940g으로 5년 전보다 8.2% 증가했는데, 그 주요 원인으로 급증하는 1인 가구를 꼽았다. 실제로 1인 가구에서 나오는 한 명분의 하루 쓰레기양이 5인 가구의 양보다 2.1배 많다는 조사 결과가 이를 뒷받침하고 있다(환경부 2013). 혼자 사는데도 불구하고 쓰레기를 더 많이 버리게 되는 이유는 무엇일까? 우선 1인 가구가 쓰기에 과도한 단위로 포장된 제품의 구입이 주원인이다. 식품의 경우 유통기한이 짧은 경우가 많아 부패하기 쉬워 단기간 내에 소비를 해야 한다. 그러나 혼자 사는 입장에서 과도한 양으로 포장된 식품을 단기간 내에 전부 소비하기에는 어려움이 있다. 이는 결국 쓸데없이 많은 양을 구매하게 됨으로써 생기는 경제적 손실을 야기할 뿐만 아니라 쓰레기를 증가시키는 결과를 낳는다. 자체조사 결과에서도 이러한 문제점을 확인할 수 있었는데, '대용량으로 포장되어 판매되는 탓에, 필요한 양보다 더 많이 구매한 경험이 있습니까?'라는 질문의 결과 필요한 양보다 그렇다고 응답한 비율은 전체의 63%가량에 육박한다. 또한 이 중 결국 다 쓰지 못하고 버린 경험이 있는 응답자 비율도 무려 79%에 달한다.

1인 가구의 구매패턴도 쓰레기 배출량을 증가시키는 주요 원인이다. 1인 가구원들은 한 번에 많은 양을 구입하여 보관하는 다인 가구와 달리 필요한 그 즉시 조금씩 구매하여 쓰는 경향이 있다. 이때 온라인으로 물건을 주문하는 일이 많아 택배상자와 같은 포장재, 포장용기 쓰레기를 많이 배출할 수밖에 없다. 이를 미루어 보면 1인 가구를 둘러싼 유통환경과 그들의 생활패턴이 더 많은 쓰레기를 버리게 한다는 것을 알 수 있다. 따라서 1인 가구의 쓰레기 문제를 개선하기 위해서는 1인 가구에 적합한 유통환경과 그들의 생활패턴을 개선할 수 있는 기제가 마련되어야 한다.

3) 사회적 측면

아무래도 혼자 살다 보니 1인 가구원들은 외로울 수밖에 없으며, 다인 가구에 비해 삶의 만족감도 현저히 낮다(강은택 외 2016). 1인 가구를 대상으로 실시된 한 설문조사에 의하면, 혼자 살면서 겪는 어려움을 10점 만점으로 환산하여 평가했을 때 '감성적인 측면'(6.21점)이 경제적 측면 다음으로 높게 집계되었다고 한다(서울연구원 2015). 많은 1인 가구원들이 정서적으로 심각한 고립감을 느끼고 있으며, 타인의 온기에 대한 그리움을 느끼고 있는 것이다. 그럼에도 불구하고 1인 가구원들은 서로 뭉치지 않는 경향을 보인다. 이는 대학가에 밀집하여 거주하고 있기에 이웃들과 비교적 친밀한 관계를 형성하고 있을 것으로 짐작되는 대학생 1인 가구원들에게도 해당된다. 자체조사에 따르면, 과반의 응답자(65.5%)는 옆집에 사는 사람이 누군지 전혀 모른다고 답하였으며, 누군지는 알고 있으나 친하지 않다는 답변도 16.7%에 달하였다. 그 원인으로 '만날 일이 없음'이 가장 많이(66.7%) 꼽혔다. 즉, 대학생 1인 가구원들은 그동안 교류할 기회가 마땅치 않았기에 주변 가구원들과의 관계 형성에 실패하고 있었다.

한편, 이들도 따뜻한 이웃의 정을 그리워하고 있었음을 조사 결과 확인할 수 있었다. 만약 옆집 사람과 교류할 기회가 있다면 교류할 용의가 있느냐는 물음에 16.7%에 해당되는 인원만이 교류할 용의가 없다는 의사를 밝힌 것이다. 이를 미루어 볼 때, 많은 1인 가구원들이 심각한 외로움을 느끼고 이웃의 정을 그리워하면서도 교류할 기회가 부족하여 이웃과 데면데면한 사이로 지내는 것을 알 수 있었다.

전체 가구에서 1인 가구가 차지하는 비율이 급속도로 증가하고 있는 현실을 비추어 볼 때, 1인 가구원의 고립과 단절은 전체 사회 측면에서 공동체적 질서의 균열을 의미한다. 이는 건강한 사회 발전에 심각한 위해요소로 이어질 수 있기에 이들의 고립에 이목을 집중할 필요가 있다. 또한 1인 가구원들의 전반적인 삶의 질 향상을 위해서도 이들의 고립은 해결되어야만 한다. 1인 가구원이 겪는 다양한 차원의 문제들은 이웃과의 교류가 활성화되어 있고 두터운 사회적 자본을 확보하고 있다면 충분히 쉽게 해결될 수 있는 경우가 많다. 예를 들어 많은 양이 포장된 제품을 사더라도 이웃과 공동으로 구매한다면 경제적 부담 해소와 쓰레기 배출량 경감에 도움이 된다. 하지만 이들이 자발적으로 관계를 형성하기에는 어려움이 많다. 따라서 1인 가구원들의 친밀도를 높이고 더 나아가 사회적 자본을 형성할 수 있도록 돕는 특정 기제에 대한 고민이 필요하다.

II. 대학생 1인 가구들을 위한 지침서 – 오손도손은행

혼자 사는 '유경'들은 마냥 자유롭고 행복하지만은 않다. 여러 문제점이 있지만 그중에서도 특히 피부에 와닿게 삶을 힘들게 하는 것은 경제적 어려움이다. 다른 차원의 문제들은 일상적이지 않지만 눈을 뜨고 수업을 듣고 잠드는 순간까지 소비와 맞닿아 있는 대학생들의 생활에서 줄어드는 통장잔고는 매일 하는 걱정일 수밖에 없다. 실제로 '서울특별시 1인 가구 대책 정책연구'에서 실시한 '혼자 사는 것의 고충'에 대한 설문 결과, '경제적 측면(6.77점)'이 가장 높게 나타났다(서울연구원 2015). 혼자 소비하고 그 비용을 혼자 책임져야 하는 1인 가구에게는 어쩌면 당연한 걱정거리이다.

1인 가구의 경제적 문제를 발생시키는 가장 큰 문제는 소비패턴이다. 혼자 구매하기 때문에 손해 볼 수밖에 없는 소비패턴에서 1인 가구이기 때문에 가능한 소비패턴으로의 긍정적 변화가 필요하다. 그런 방식을 가능하게 하는 제도 또는 조직의 형성으로 경제적 비용을 감소시키면서 동시에 다른 긍정적인 효과들을 발생시킬 수 있는 대안을 제시하려고 한다. 이를 위해 '공동구매' 실험을 진행해 보았다. '공동구매' 실험은 신촌에 위치한 쉐어하우스 '공상가'에서 약 2주에 걸쳐 진행되었다.

처음 한 주는 필요한 물건에 대한 수요조사와 가격조사가 이루어졌다. 이로부터 추려진 물건에 대해 공용게시판을 이용하여 구입 신청을 받았다. 30명의 거주자 중 총 7명이 참여하여 9개 품목, 10만 원가량의 물품을 신청했다. 이 물품들은 공상가 5층의 사무실에 배달되었고, 신청자 본인이 찾아가거나 매니저와 실험자가 배달하는 과정을 거쳤다. 많은 인원이 함께 구매하면서 시중가 약 15만 원어치의 물품을 약 10만 원에 구입할 수 있었으며 실험 전반은 몰랐던 이웃들과 소통할 수 있는 계기가 되었다.

한 참여자는 이 공동구매 실험에 대하여 "**건물 매니저님이나, 같은 수업을 듣는데 한 건물에 살고 있는지도 몰랐던 판매자님과 조금이라도 더 알게 되고 친해지는 계기가 되었던 것 같아요.**"라고 답하며 이번 기회를 통해 친밀감을 형성할 수 있어서 좋았다는 내용의 의견을 주었으며, "**집에 식용유만 5개가 있어요, 서로 좀 더 친하다면 함께 사서 쓰면 좋을 텐데 말이죠.**"라며 주변에 사는 사람들과의 친밀도의 필요성에 대해서도 다시 한 번 생각해 보는 계기가 되었다고 말했다. 또 다른 참여자는 "**그간 만날 기회가 없어 이웃들과 데면데면했지만 이번 실험에 참가하면서 다른 분들과 연락을 취해 볼 수 있어 기분이 좋았어요.**"라고 응답했다. 즉, 교류가 없었던 사람들이 이 실험을 통해 계기가 생기자 이웃과의 교류에 긍정적으로 나서는 모습을 보인 것이다. 이는 사회적 자본 축적의 시작점 역할을 했다는 점에서 의의가 있다.

실험 결과, 공동구매가 1인 가구원의 경제적 고충을 해소할 수 있을뿐더러 흩어진 1인 가구원들의 관계 형성에 기여할 수 있음을 알 수 있었다. 하지만 1인 가구원들은 다양한 형태의 공동구매가 외부에서 이루어지고 있음에도 좀처럼 참여하지 않는다. 이 공동구매 실험이 이례적으로 성공할 수 있었던 이유는 쉐

공상가 생필품 공동구매/ Gongsangga grocery cooperative-buying

① 동원샘물 2L (개당 500원) 2L*24개		② 페브리즈 다우니향 370ml (개당 4,700원)		③ 샴푸, 케라시스 러블리로맨틱 600ml (개당 2,900원)	
④ 두루마리 휴지 (개당 150원) 20m*30롤		⑤ 깨끗한나라 물티슈 (개당 1,300원) 70매*20팩		⑥ 액체세제, 액츠 드럼용 4,210ml (개당 9,500원)	
⑦ 리스테린, 그린티 250ml (개당 2,400원)		⑧ 2080 스마트 케어 190g (개당 1,200원)		⑨ 즉석밥, 오뚜기밥 (개당 600원)	
⑩ 신라면 (개당 550원) 120g*10개		⑪ 비빔면 (개당 700원) 130g*5개		⑫ 짜파게티 (개당 650원) 140g*5개	
⑬ 탄산수, 씨그램 (개당 500원) 350ml*24개		다음 번에 함께 구매했으면 하는 품목이 있다면 적어 주세요. If you want to buy any other products next time that do not exist here. Write it down here.			

그림 12.1 공동구매 실험 물품내용

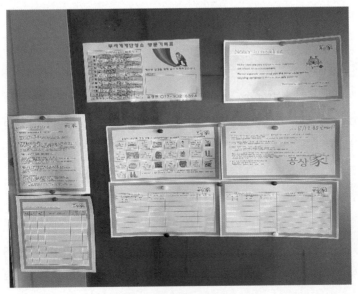

그림12.2 공용 게시판에 게시

어하우스 안에서만 진행되었기에 참가자들이 쉽게 정보를 접하고 비교적 경계심 없이 참가할 수 있었기 때문이다.

한편, 이는 1인 가구원들의 경제적 문제점을 해결할 수 있는 시스템이 이번 실험과 같은 일련의 조건을 갖춘다면, 이들의 문제 해결을 위한 훌륭한 수단이 될 수 있음을 시사한다. 그 조건은 신뢰할 수 있고 접근성이 보장되는 장치를 마련하는 것이다. 이는 1인 가구원들의 높은 이용률을 끌어올릴 수 있고, 결과적으로 1인 가구에게 이익이 되게 한다. 거기에 다양한 물품들을 취급할 수 있는 공간적 여건까지 갖춘다면 1인 가구원이 직면한 다양한 문제점 해결에 도움이 될 것이다. 공동구매 실험 결과와 같은 효과를 기대하며 1인 가구에 특화된 사회적 경제 모델인 오손도손은행을 제안한다.

1. 오손도손은행의 개념

오손도손은행은 1인 가구의 경제적·사회적·환경적·정치적 문제를 해결하고, 더 나아가 1인 가구 간 사회적 자본의 형성에 기여함으로써 이들의 삶의 질을 향상시키려는 서비스이다. 오손도손은행은 마일리지 기반 물품거래, 유상대여, 중고거래 서비스를 제공한다. 1인 가구가 필요로 하는 이런 다양한 기능들을 수행함으로써 1인 가구가 겪고 있는 여러 문제들을 해결할 뿐만 아니라 교류와 신뢰가 있는 1인 가구 사회를 형성하는 것을 목표로 한다.

2. 오손도손 은행의 기능

1) 마일리지 기반 물품거래 서비스

글의 첫머리에 소개된 유경의 사례는 마트에서의 판매량 단위가 너무 커서 구매를 결국 포기하게 되는 흔한 1인 가구의 이야기이다. 최근 들어 편의점에서 1인 가구를 위한 낱개 단위의 채소를 판매하지만, 단위당 가격이 많이 올라가 경제적으로 부담될 수밖에 없다. 오손도손은행은 1인 가구의 흔한 현실적 문제를 직접적으로 해소할 수 있는 기능인 마일리지 기반 물품거래 서비스를 제공한다.

마일리지 기반 물품거래 서비스는 다음의 과정을 거쳐 이루어진다. 먼저 1인 가구원이 구매했거나 소유하고 있는 물품을 오손도손은행에 맡기고, 시세에 비례하는 만큼 마일리지를 받는다. 1인 가구는 그 마일리지를 통해 다른 1인 가구가 제공한 다른 제품을 구매할 수 있다. 오손도손은행이 취급하는 품목은 크게 식료품과 생필품이 있다. 식료품에는 채소와 과일, 조미료, 과자 등이 해당되고, 생필품으로는 휴지, 물티슈, 세제 등이 있다. 물론 보관 품목은 은행 이용자의 요구와 합의에 따라 충분히 늘려 갈 수 있다. 그리고 오손도손은행은 이용자가 제공한 식료품의 유통기한과 생필품의 관리에 대한 철저한 위생 관리 및 보관 의무를 가진다.

예를 들어 당근 1개와 오이 1개가 필요한 A와 B가 있다고 가정하자. 오손도손은행이 없었다면 모르는 사이인 A와 B는 2개씩 포장되어 있는 제품이라도 구매할 수밖에 없었을 것이다. 하지만 오손도손은행을 통해 교환할 수 있다면 A와 B는 굳이 당근 2개와 오이 2개 모두를 구매할 필요가 없다. 왜냐하면 2개씩 포장된 당근을 산 A가 오손도손은행에 당근 1개를 제공하고 그 대가로 받은 마일리지를 이용하여 B가 제공한 오이 1개를 사면 되기 때문이다. 이처럼 오손도손은행을 통해 식료품 구매로 인한 과소비도 막을 수 있고 유통기한이 지나 구매한 것을 버리는 일도 줄일 수 있다.

2) 유상 대여 서비스

1인 가구로 살다 보면 혼자서 집안의 여러 부분들을 손봐야 하는 때가 생긴다. 그런 일을 처리하기 위해서는 잡다한 공구가 필요하지만 혼자 살아가는 입장에서 전부 마련해 놓기란 부담스럽다. 공구의 가격이 비싼 경우도 있지만, 혼자서 사용하고 이마저도 자주 사용하지 않기 때문이다. 이외에도 1인 가구원들은 친구들과 나들이나 여행을 갈 때 필요한 돗자리나 버너 등도 선뜻 구입하기 어렵다. 급한 경우에 주변에 사는 사람들에게 필요한 물건을 빌리려 해도 평소 교류가 없어 문을 두드리기가 꺼려지는 것이 현실이다. 결국 이 같은 문제는 이웃과 교류가 없으며 장기적인 관점보다는 당장 필요한 물건을 구입하여 살림을 꾸려 나가는 1인 가구의 특징 때문에 발생한다고 볼 수 있다.

그렇기 때문에 오손도손은행은 1인 가구가 쉽게 구입하기 어려운 공구나 여러 물품들을 비치하여 대여해 주는 서비스를 제공하려고 한다. 살면서 필요한 때가 있지만 자주 사용하지 않기 때문에 구입하기에는 꺼려지는 물건이나, 있으면 좋지만 보관하기 어려운 물건을 이용자들이 유상으로 대여할 수 있게 하는 것이다. 구비해야 할 물건으로 예상되는 것들은 집의 수리나 가구의 조립을 위한 기본 공구들(전동드라이버, 전동드릴, 펜치, 니퍼, 스패너 등)이 있고 피크닉용품으로 돗자리, 버너, 텐트 등이 있다. 그리고 생활용품으로는 배수관 청소용구(뚫어뻥, 머리카락 제거 솔 등) 등이 필요할 것으로 예상된다. 이용자는 필요한 물건이 있을 때 은행에 와서 일정 금액을 내고 물건을 빌려 간다. 그리고 약속한 시간 안에 반납하면 되는 간단한 시스템을 통해 이 서비스를 이용할 수 있다. 만약 반납기한을 지키지 못하게 될 경우 연체료를 물게 되며, 연체료는 연체기간과 비례하여 증가한다. 또한 대여한 물품을 분실하거나 고장 냈을 시에는 그에 해당하는 금액이나 동일한 물품으로 변상할 의무가 있으며, 이와 같은 사실은 이용자가 물품 대여 시 충분히 인지할 수 있도록 안내될 것이다.

이와 같은 서비스는 1인 가구 모두가 각 가정마다 공구나 물품 등을 구비하지 않아도 되기 때문에 물건 구매비용을 줄일 수 있고, 이용자의 은행 사용빈도를 높여 장기적으로 은행의 이익수단이 될 수 있다는 점에서 의미가 있다.

3) 중고거래 서비스

갓 입주한 자취생들이 가장 곤란할 때는 기기나 가구, 집기들이 구비되어 있지 않아 직접 구매하는 경우이다. 그렇다고 필요한 것을 모두 사자니 짐도 늘어나고, 또 짧은 기간 동안만 거주하기 때문에 가전제품이나 가구를 새로 사는 것은 비효율적인 소비가 된다. 이러한 문제는 갓 자취를 시작한 1인 가구원만의 것은 아니다. 이미 혼자 살고 있었던 1인 가구원도 물품 고장 및 파손 등의 이유로 급작스럽게 물품을 사야만 하는 때가 생긴다. 그러나 새 제품을 사기에는 여전히 부담스럽다. 한편, 거주지를 떠나는 사람의 입장에서도 쓰던 자취용품을 처리하는 것은 곤란한 문제이다. 자취용품을 버릴 경우 폐기비용을 부담해야 하며, 새롭게 이사 가는 곳으로 가져가는 데에도 만만치 않은 비용이 발생하기 때문이다.

오손도손은행은 자취용품 마련 비용을 줄이고, 쓸 수 있는 물건을 재활용하여 서로 주고받는 선순환 시스템을 확립하고자 한다. 더 이상 쓰지 않거나 이사를 간다는 이유로 처분해야 하는 물품을 은행에 증여 형태로 기부하면 은행은 물품창고에 이를 보관한다. 은행은 물품 중고 시세보다 저렴한 가격으로 다른 1인 가구에게 판매한다. 이때 회원과 비회원 간 판매가격에 차등을 둠으로써 회원을 위한 차별화 정책을 시행한다.

이와 같은 중고거래 서비스는 타인에게 물건을 양도하고 또 양도받는다는 점에서 타인에 대한 신뢰를 전제로 하고 있다. 중고거래 서비스를 통한 선순환의 반복은 1인 가구 사회에서 상호 신뢰를 높일 수 있을 것이다.

3. 기존 거래 형태와의 차별화 요소

1) 기존의 중고거래, 공동구매

개인 간 중고거래가 가능한 플랫폼은 이미 인터넷에 많다. 하지만 '중고거래를 이용한 적이 있는지' 묻는 자체조사에 응답자 중 71%가 '아니오'로 응답하였고, 그 원인으로 '제품의 품질을 신뢰하기 어려워서(30.7%)', '귀찮아서(23%)' 순으로 나타났다. 거래의 절차가 번거롭다는 점과, 제품의 품질을 직접 확인하기 어렵다는 점 때문에 차라리 신제품을 구매하게 된다.

공동구매는 대용량의 새 제품을 소분 판매하거나, 화장품, 생리대 같은 낱개 포장된 제품도 여러 명이 구매하여 가격 부담을 줄이는 거래이다. 공동구매가 실제로 얼마나 이뤄지는지에 대한 투명한 정보가 필요하며, 그 절차가 까다롭지 않아야 거래가 원활하게 이뤄질 수 있다. 또한 제품을 수령하는 장소가 편리한지, 손쉽게 믿을 만한 관리자로부터 수령할 수 있는지의 여부도 중요하다.

하지만 이상적 형태의 공동구매는 활발히 이루어지지 않고 있다. 공동구매를 하기 위해서는 동일한 필요를 가진 최소한의 인원이 모여 물품을 선정 및 구매하고 분배의 과정을 거쳐야 한다. 하지만 최소한의 인원이 모이는 것도 힘들 뿐더러, 물품을 수령한 후 직접 집으로 가져가는 것, 거래과정에도 번거로움이 있다. 실제로 자체조사 대상자들 중 71%가 공동구매를 이용해 보지 않았고, 이용해 보지 않은 이유로는 '하는지 몰라서(33.3%)', '귀찮아서(29.4%)'의 응답이 큰 비중을 차지했다.

2) 오손도손은행만의 차별화

기존의 중고거래는 제품의 질을 신뢰할 수 없는 경우가 많다. 기존의 중고거래가 인터넷을 통해 이루어지는 것이 대부분이기 때문에 사진만으로 물건을 확인하고 선택해야 하는 경우가 많고 익명의 개인 사이에서 거래가 이루어지기 때문에 판매자를 쉽게 믿기 어렵기 때문이다. 하지만 오손도손은행의 중고거래 서비스의 경우에는 구매자가 은행에 와서 직접 물건을 보고 고를 수 있다는 점에서 제품의 질을 신뢰할 수 있다. 또한 은행은 애초에 물품을 증여받을 때 물건의 상태를 충분히 검토하고 판매하기 전까지 지속적으로 관리한다. 따라서 구매자는 계속 사용되다가 바로 다른 사람에게 넘어가는 형태의 기존 중고거래 물품보다 상태가 좋은 중고물품을 구매할 수 있다.

그리고 증여받은 물건이기 때문에 구매자들은 시중의 중고거래가보다도 훨씬 저렴한 값으로 물건을 구할 수 있다. 만약 회원이 구매할 경우 추가로 할인을 받을 수 있으므로 더욱 저렴하게 구입할 수 있다. 익명의 판매자와 직접 만나 거래하는 것이 꺼려지는 구매자에게는 신뢰할 만한 관리자가 있는 오손도손은행이 훨씬 다가가기 편할 것이다.

신제품을 다른 사람들과 함께 구매하는 공동구매의 경우 제품의 질은 보장할수 있다. 하지만 구매 가능한 시기가 매우 제한적이며 절차도 번거롭고, 구매 정보 또한 잘 홍보되지 않는다. 조금이라도 저렴한 값에 사 보려고 알아보다가 포기하게 되는 경우가 많다. 하지만 오손도손은행은 은행에 오기만 하면 제품의좋은 질은 물론이고 그런 번거로운 과정 없이 공동구매 정도의 가격으로 제품을 구입할 수 있다.

또한 기존 공동구매의 경우는 자신이 필요한 물건이 공동구매 목록으로 나올때까지 기다려서 신청해야 하고, 그마저도 최소 인원이 채워지지 않으면 구입하지 못한다. 하지만 오손도손은행은 1인 가구가 생활하는 곳곳에 자리 잡고 있기 때문에, 1인 가구원이 주로 쓰는 제품들이 들어오기 마련이고 최소 인원 같은 조건 없이 물건만 있다면 언제든 저렴하게 구입할 수 있다.

1인 가구의 입맛에 맞는 실생활용품의 소분 판매, 믿을 수 있는 제품의 질, 더욱 저렴한 중고거래와 유상 대여 서비스 같은 1인 가구를 위한 맞춤서비스는 기존 서비스와 차별화된 오손도손은행만의 장점이다.

4. 운영방침

오손도손은행은 협동조합의 형태로 운영된다. 이를 통해 1인 가구 간의 사회적 경제가 이뤄지는 장을 형성하여 1인 가구 회원들의 이익을 도모하고 친밀감및 상호 신뢰를 극대화하는 것을 목표로 한다.

오손도손은행은 1인 가구만 이용 가능하기 때문에, 회원가입 시 본인이 1인가구임을 증명해야 한다. 은행 가입 시에 회원가입비를 납부해야 하는데, 가입비 중 일부는 오손도손은행 마일리지로 다시 지급받는다. 가입비를 냄으로써이용자들의 잦은 은행 이용 효과를 기대할 수 있다. 은행은 신규 회원에게 은행이용과 관련된 교육을 실시하여, 신규 회원이 유통기한이 지난 제품이나 고장

난 기기 등 다른 회원에게 양도하기 적절하지 못한 물품을 제공하는 것을 예방한다. 은행의 탈퇴는 자유로우나, 탈퇴한 회원에게 남은 마일리지는 환급해 주지 않는다. 절도나 사기 등 은행 이용 규칙에 어긋나는 행위를 하였을 경우, 은행은 해당 회원을 강제 탈퇴시킬 수 있다. 회원의 은행과 관련된 권리와 의무는 은행 운영규칙에 따른다.

비회원의 은행 이용도 허용되나 오손도손은행의 서비스 이용 시 가격에 차등이 부여된다. 이를 통해 비회원들에게는 회원가입을 유도하는 유인이 제공된다. 비회원도 은행 이용에 참여시키는 목적은 물품의 빠른 순환을 유도하고 보다 많은 수익을 확보하기 위해서이다. 그럼에도 불구하고 은행의 지속적인 유지와 안정적인 수익구조 창출을 위하여 회원제를 유지한다.

마지막으로 은행은 유통기한에 임박한 식재료와 물품을 활용하여 '자취생들의 식사 나눔', '요리대회' 등 친밀함과 참여를 도모하는 다양한 행사를 개최한다. 이를 통해 회원들간의 친목을 도모하고 더 나아가 은행의 활발한 이용뿐만 아니라 사회적 자본을 형성하는 데 도움을 준다.

5. 수익구조

오손도손은행의 수익은 은행에서 제공하는 서비스들에 의해 창출된다. 첫째로, 회원들이 납부하는 가입비가 있다. 또한 비회원의 경우, 마일리지 대신 현금으로 물품을 구매해야 하기 때문에 이로부터 발생하는 수익도 있다. 둘째로, 유상 대여 서비스에서 발생하는 소액의 대여료, 그리고 연체 시 부과하는 연체료에서도 수익 창출이 가능하다. 은행의 주된 수입원은 중고거래 서비스이다. 증여 형태로 받은 중고 물품에 대한 판매 수익이 전체 수익 중 상당 부분을 차지할 것으로 기대되기 때문이다.

기본적으로 오손도손은행은 사회적 기업의 수익구조를 모델로 삼아 최소한의 운영을 위한 수익을 창출하는 것을 목표로 한다. 은행의 수익을 극대화하기 위해 서비스를 높은 가격에 제공한다면, 이는 1인 가구의 다양한 필요를 해결하는 대신 도리어 이들에게 부담을 끼치는 결과를 낳을 것이기 때문이다.

6. 오손도손 은행의 기대효과

무엇보다 가장 큰 효과로는 생필품과 식료품에 대한 구매비용 절감으로 인해 생활비 감소가 가능하다는 것이다. 이는 조사한 설문조사에서 이용자들이 오손도손은행 이용 시 기대하는 효과로 가장 많은 부분을 차지하기도 하였다. 이와 동시에 자주 쓰지 않는 물품을 대여해 주는 서비스로 인한 경제효과도 있다. 1인 가구가 구비하기 어려운 공구 등을 은행에서 대여해 줌으로써 물품을 구매하지 않아도 되고, 대여비도 저렴하기 때문에 생활비를 아낄 수 있다. 또한 중고거래 서비스는 시중보다 저렴한 가격을 제공하여 1인 가구가 정착하는 데 발생하는 초기비용을 줄이는 효과가 있을 것이다. 그리고 1인 가구 생활을 마무리할 때 가구 등을 따로 버릴 필요 없이 은행에 가져다주는 것 만으로 처리할 수 있기 때문에 그 폐기비용 또한 절약할 수 있다.

환경적 측면에서는 1인 가구가 버리는 쓰레기양이 줄어드는 효과가 있을 것이다. 한 품종이 여러 개로 묶여 있을 때 사용되는 포장지의 감소부터, 작은 단위로 자주 시키면서 생기는 택배박스의 감소까지 다양한 부분에서 쓰레기가 감소될 것으로 예상된다. 또한 유통기한을 넘겨 아깝게 버리는 식료품들이 줄어들면서 음식물 쓰레기를 줄일 수 있다. 그리고 쓰레기 버리는 시간을 준수하지 않거나, 음식물 쓰레기와 일반쓰레기를 구분하여 버리지 않아 생기는 문제들, 아예 봉투에 담지 않고 버려서 불쾌한 냄새를 풍기는 등의 문제 또한 해결될 것이다. 오손도손은행을 통해 주변 사람들과 교류하고 서로를 더 잘 알게 되면서 쓰레기 무단 투기나 기타 환경을 저해하는 행위들을 쉽게 하지 못하게 될 것이기 때문이다. 그리고 이는 자연스럽게 1인 가구의 깨끗한 거주환경을 만들 것이다.

사회적 측면에서는 은행의 이용을 통한 친밀감, 규범, 공동체 형성과 외로움 극복 등이 기대된다. 주 고객인 1인 가구 역시 은행을 통해 사회적 자본을 축적하는 것이 가능하리라 생각된다. 또한 회원 등록이나 정기적인 모임이 거듭될 경우 더욱더 활발한 교류와 친밀감 형성이 이루어질 수 있기 때문에 더 높은 차원의 사회적 자본이 형성될 것이다.

1인 가구의 정치적 연약성은 실제 거주지역에 대한 투표권이 없다는 것이 주된 이유이다. 그러나 투표권이 없을지라도 1인 가구원들이 영향력 있는 공동체를 형성한다면 자치구에서 지역의 1인 가구와 대학생에게 보다 많은 관심을 갖게 될 것이다. 현재도 많은 1인 가구원들이 서대문구에서 살고 있지만 이들이 영향력을 행사하지 못하는 이유는 그러한 이해관계를 하나의 의견으로 모으는 공동체가 존재하지 않기 때문이다. 이는 대학생 1인 가구가 장기적으로 거주하지 않기 때문에 불편을 감수하는 사람들이 많아 빚어지는 현상이다. 이러한 점에서 볼 때 오손도손은행은 1인 가구들의 의견을 수합하는 구심점이 될 수 있다. 이러한 노력이 의미를 갖는 이유는 대학생 1인 가구원들이 단기적으로 거주했다가 떠날지라도 여전히 서대문구에는 끊임없이 학생들이 살 것이기 때문이다. 만약 오손도손은행이 활발히 운영되고 회원 수가 많아진다면, 단순히 의견을 모으는 것에서 그치지 않고 자치구의 이해관계자로 활동할 수 있으며 정책의 직접적인 수혜자가 될 가능성도 높아진다. 이 과정을 통해 대학생 1인 가구원들의 정치적 영향력이 확대될 것이며, 그 중심에 오손도손은행의 다양한 기능들이 핵심 역할을 하게 될 것이다.

III. 은행은 로망이자 현실이다

1. 한계점

오손도손은행은 민 주도의 협동조합 형태로 운영되는 사업으로서 1인 가구의 다양한 필요를 해결한다는 장점을 갖고 있지만, 여전히 관 차원의 지원이 없으면 심각한 한계점에 봉착할 수밖에 없다.

우선 수익성 및 지속성 차원의 문제가 있다. 앞서 제시한 회원 가입비, 유상 대여 서비스의 대여료와 연체료, 중고거래 서비스를 통한 판매 수익 등은 최소한의 수익 창출에 그친다. 애초에 은행이 자체적으로 발생하는 수익을 통해 운영되기 어려우므로 인건비 혹은 지대 등을 감당할 금전적 여력이 턱없이 부족하다. 그래서 관 혹은 기업에서의 경제적 지원이 없으면 은행의 안정된 운영은 사실상 불가능에 가깝다.

또한 1인 가구의 활발한 은행 이용이 지속되지 않으면 유지가 힘들다는 치명적 한계점이 존재한다. 왜냐하면 마일리지 기반 물품거래 서비스의 경우 식료품도 거래 대상으로 포함하고 있기에 신선도의 문제가 발생하기 때문이다. 빠른 시간 내에 공급된 물품이 소비되지 않으면 부패되고 결국 폐기 처분할 수밖에 없다. 물품의 공급은 1인 가구로부터 이루어지기 때문에 폐기 처분되는 물품들이 많아지면 회원이 마일리지를 사용하여 구매할 수 있는 제품이 줄어든다. 이러한 상황이 지속될 경우 회원들에 의한 물품의 공급과 구매의 순환이 멈출 수 있으며, 불가피한 경우 은행 운영비를 통해 물품을 공급해야 한다는 점에서 은행의 주 역할을 상실할 수 있다.

다음은 접근성 및 보관을 위한 공간 차원의 문제이다. 우선 오손도손은행은 물품 보관을 위한 장소와 시설 확보가 필수적이다. 특히 1인 가구가 접근성을 중시하는 만큼 자취, 하숙집이 밀집한 수요가 많은 곳에 자리를 잡아 편의점 프랜차이즈 수준의 접근성을 가져야 한다. 하지만 현실적으로 장애물이 많이 존재하는데, 여기에서 발생하는 지대를 은행의 수익만으로는 감당하기 어렵다. 물품 보관 자체도 문제가 될 수 있다. 생필품과 중고물품이 판매되지 못하고 계속해서 쌓이다 보면 보관할 공간이 부족해질 수 있다.

또한 범죄문제도 빼놓을 수 없다. 운영자금의 횡령이나 마일리지 조작 등 은행 운영에서 일어날 수 있는 범죄는 은행의 신뢰도에 큰 타격을 줄 수 있다. 오손도손 은행처럼 상호 신뢰를 통해 운영되는 공동체는 한 번의 범죄에도 공동체의 이미지에 큰 타격을 입게 되고, 은행의 기반이 흔들릴 수 있기 때문에 매우 유의해야 한다.

2. 보완책

앞에서 설명한 오손도손은행의 여러 서비스들이 제대로 작동하려면 장애물들을 극복해야 한다. 어쩔 수 없이 시설 확보에 대한 비용, 상주 직원을 고용했을 때 발생하는 인건비 등 운영 자금과 관련된 내용을 해결하기 위해서는 관 혹은 기업에 지원을 받아야 한다. 금전적인 부분에서는 외부의 지원이 분명히 필요하며, 이들의 지원이 끊길 경우 곧바로 운영이 어려워질 수 있다는 취약점이 있다. 하지만 이 또한 오손도손은행이 장기적으로 운영되고 회원들의 수가 증가한다면 극복할 수 있는 문제이다. 장기적으로 규모있게 운영될 경우 관이나 기업에서의 안정적인 지원을 기대할 수 있으며, 만약 지원이 예상치 못하게 끊기는 경우일지라도 많은 회원들이 있다면 이를 극복해 내기 더욱 수월할 것이다. 또한 현재 오손도손은행에서 제안하는 수익모델은 단기적으로는 수익이 크지 않지만 장기적으로 진행되어 규모가 커지고 그 순환이 빠르게 이루어진다면 수익 또한 비례하여 증가할 것으로 예상된다.

물품, 특히 중고가구 혹은 생필품이나 공산품의 증가로 인한 공간 부족은 정기적인 플리마켓, 세일 행사 같은 이벤트와 SNS를 통한 지속적인 홍보로 구매자를 최대한 확보하려는 노력을 해야 할 것이다. 혹은 더 이상 공간이 없어서 물건을 받기 어려울 때에는 가장 먼저 들어와 보관기간이 오래된 물품들을 복지시설에 기부하여 공간을 확보한다. 유통기간이 임박한 식료품 같은 경우는 정기적인 회원 모임을 통해 소비한다.

범죄의 문제는 은행에 가입할 때 가입 희망자에게 '은행 이용규칙' 교육을 확실히 하고, '은행 이용규칙에 대한 동의 서약서'를 작성하여 사전에 범죄를 예방할 수 있도록 한다. 물론 지속적이고 체계적인 회원 관리를 통해 계속해서 이를 방지하고, 이들의 꾸준한 은행 이용을 유도하는 것도 중요하다. 이외에도 정기적인 회원 회의와 모임으로 서로에 대한 믿음, 유대감과 같은 상호 신뢰와 친밀도를 형성하고, 이를 통해 은행 운영 시 생길 수 있는 현실적 문제를 극복함과 동시에 은행의 지속적 운영을 도모할 수 있어야 한다.

Epilogue. 오손도손한 이웃이 되다.

유경은 대학 근처 자취방이 밀집한 곳에서 3년 동안 자취생활을 하고 있다. 요리를 좋아하는 유경에게는 매일매일이 일요일이다. 오늘도 맛있는 음식을 먹을 생각에 오후부터 신이 났다. 오늘은 제육볶음을 먹으려 한다. 유경은 이미 발걸음을 달리고 있었다.

유경의 발걸음은 곧장 마트나 집으로 향하지 않았다. 대신 오손도손은행 어플리케이션을 통해 은행에서 보관하고 있는 물품을 확인했다. 때마침 집에서 30초 거리에 있는 오손도손은행 3호점에 유경이 필요로 하는 것이 있었다. 유경은 3호점으로 가며 필요한 물품을 다시 곱씹었다. 이미 집에 설탕과 돼지고기, 간장, 고추장, 참기름이 있기 때문에 필요한 것만 사면 된다. 필요한 것은 후추, 깨소금, 양파다. 유경은 집에서 왕창 보내 준 참기름과 고춧가루로 마일리지를 넉넉하게 얻었다. 얻은 마일리지를 통해 집에 필요했던 키친타월과 물티슈, 세제를 구매했다. 그리고 남은 마일리지로 요리할 때 필요한 식료품들을 구매하면 된다.

"안녕하세요!" 문을 열고 들어서자 매번 보던 남자 직원 하민이 있었다. 유경은 간단히 목례를 하고 바로 물품을 확인하러 갔다. 소금과 설탕이 작은 사이즈로 포장된 것은 가격 대비 비싸고 큰 사이즈로 포장된 것은 너무 많기 때문에, 이곳에서 틈틈이 구매한다. 다행히 오늘 오전에 들어온 양파가 있어서, 설탕 10g, 후추 3g, 소금10g, 양파 1개를 마일리지로 필요한 만큼만 구매했다. 양파 옆에 어제 늦게

들어온 파가 있어서 대파도 필요한 만큼만 샀다. 아, 그러고 보니 2주 전 정기모임 때 하민이 요리하던 모습이 떠올랐다. 그때 먹었던 된장찌개는 지금도 한 번씩 떠오른다.

"그때 보니까 요리 엄청 잘하시던데. 요리 좋아하세요?"

제13장

신촌 지역 열린 캠퍼스:
연세대학교와 신촌의 교육 파트너십

김청송 · 박지원 · 조현민

I. 연세대학교는 신촌에 교육을 왜 개방해야 할까?

1. 대학과 지역사회, 그리고 교육

인성교육, 대학교육, 부모교육, 평생교육. 우리 사회에서 교육은 다양한 방면에서 폭넓게 쓰이고 있다. 이제 교육은 우리가 태어나면서부터 죽을 때까지 경험하고, 삶과 뗄래야 뗄 수 없는 가장 중요한 개념이다. 그렇다면 교육이란 무엇일까? 교육의 의미는 시대와 사회에 따라 크게 변화해 왔다. 과거 교육은 소수 엘리트들이 지식을 습득하는 과정이었다. 그러나 시간이 흐름에 따라 교육은 일반 대중들에게 개방되기 시작했고 교육의 의미도 점차 확장되었다. 이렇게 교육은 단순히 정보를 얻거나 지식을 습득하는 차원을 넘어서 '인간의 가치를 높이고자 하는 행위 또는 그 과정이다'(두산백과 2010). 이와 함께 대학 또한 점차 일반 대중들에게 개방되기 시작하였다. 예전의 대학은 상아탑으로 비유되었다. 속세를 떠나 고매한 진리에 잠길 수 있는 곳이 대학이라 여겨졌다. 그러나 시대가 변함에 따라 대학의 역할도 바뀌었다. 대학은 단순히 엘리트를 위한 교육의 장소가 아니라 대중교육의 터전이 되었다. 지난날 대학은 '학술적 수도원'이라 불렸으나, 오늘의 대학은 '일반 대중의 주유소'의 구실을 하고 있다. 이러한 변화로 교육에 있어 대학의 사회적 역할 또한 강조되어 왔다(조요한 2012).

대학의 사회적 역할이 강조됨에 따라 대학이 지역사회를 위해 다양한 자원을 환원해야 한다는 인식 또한 확산되어 왔다. 그렇다면 이처럼 대학이 지역사회 발전에 적극적으로 참여해야 하는 책임의 소지가 있다고 말하는 이유는 무엇일까? 코넬 대학의 총장이었던 파킨슨은 『변천하는 대학(The University in transition)』에서 대학의 세 가지 사명으로 연구와 교육, 그리고 사회봉사를 들고 있다. 그는 대학이 단순히 학문의 발전과 인격도야를 추구하는 상아탑에서 나아가 사회를 위해 봉사하는 파수대로서의 대학으로 전환되어야 한다고 말하고 있다. 이러한 대학의 역할은 우리나라의 '고등교육법'에도 명시되어 있다. 대한

민국 '고등교육법' 제28조에 따르면 대학의 목적을 "국가와 인류사회의 발전에 필요한 학술의 심오한 이론과 그 응용방법을 교수, 연구하며 국가와 인류사회에 공헌하는 것을 목적으로 한다."라고 명시하고 있다.

또한 대학은 지역사회 속에 속해 있는 기관이다. 대학은 지역 내 대규모 토지 소유자이자 고급 인적 자원이 집중되어 있는 교육기관으로 지역사회와의 밀접하고 다양한 관계망 속에 자리하고 있다. 대학은 공공기관 못지않게 지역사회에 오랫동안 뿌리를 내리고 있는 거점기관이기도 하다(김지은 2010). 대학은 지역과 분리되어 발전할 수 없다. 지역의 발전 없이 대학이 발전하기 힘들고, 대학에 대한 지역사회의 협력이 없는 대학의 발전 역시 불가능하다. 그렇기에 대학은 지역사회의 문제를 함께 고민하고, 지역사회의 발전을 위해 노력해야 한다.

그렇기에 대학이 갖고 있는 가장 좋은 자원인 교육자원은 지역사회의 발전에 큰 역할을 할 수 있다. 교육을 통한 지역자원의 개발은 개인의 삶의 질을 향상시킬 뿐만 아니라 지역사회의 경제적 발전과 함께 공동체의 정체성을 확보함으로써 성숙한 민주주의의 정착을 가능하게 한다. 더 나아가 국가경쟁력 제고의 기반을 제공하는 영향력을 지닌다. 이런 이유로 많은 대학에서 대학생을 위한 정규교육 이외에 평생교육원에서 일반인을 대상으로 사회복지 과목이나, 외국어 그리고 골프나 취미생활에 이르기까지 다양한 형태의 과목을 가르치고, 지역 CEO 과정을 개설하여 지역 오피니언 리더들의 다양한 욕구를 충족시키고자 노력하고 있다.

대학 교육자원의 공유를 바탕으로 대학과 지역사회는 사회적 자산을 형성할 수 있다. 이러한 사회적 자산은 대학과 지역사회와의 갈등을 완화시킬 수도 있고, 대학과 지역사회 간의 공고한 협력의 구축을 도울 수도 있다. 교육을 통해 대학과 지역사회는 하나로 이어질 수 있다.

2. 신촌과 연세대학교

　신촌은 대학과 함께 발전해 왔다. 과거 산등성이 사이 골짜기로 냇물이 흐를 만큼 조용하던 이 지역에 연희전문학교, 이화전문학교 등의 고등교육기관들이 설립되면서 신촌은 새롭게 탄생되었다. 이후 신촌은 학생들이 나와 술을 마시고, 토론을 하며, 공연을 즐기는 장소인 '대학문화의 요람'으로 발전해 왔다. 이처럼 신촌은 대학과 함께 성장하는 장소이다. 특히 높은 교육인프라를 갖춘 대학들을 품고 있어 교육적 잠재력이 가장 높은 지역 중 하나이다. 실제 서대문구는 2013년 교육부로부터 '평생학습도시'로 지정되어 다양한 지역 교육프로그램을 진행하고 있다. 특히 서대문구는 아래의 〈그림 13.1〉에서 볼 수 있듯이 9개

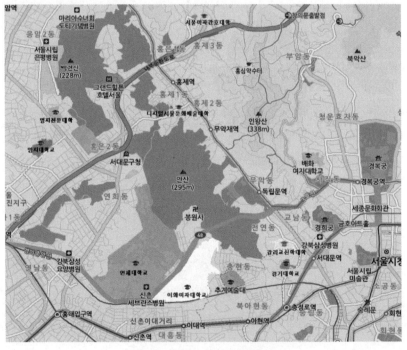

그림 13.1 서대문구 관내 대학 위치도
출처: 서울시 공간정보시스템 지도 가공

마을학개론

의 대학을 포함하고 있어 서울에서 가장 많은 대학을 보유하고 있는 지역이다. 서대문에 위치한 대학교는 감리교신학대학교, 경기대학교, 디지털서울문화예술대학교, 명지대학교, 명지전문대학교, 서울여자간호대학교, 연세대학교, 이화여자대학교, 추계예술대학교로 서대문구는 이러한 대학들과 협력하여 다양한 방식으로 지역주민들을 위한 교육사업을 실시하고 있다. 이러한 대학 연계사업 외에도 서대문구는 평생학습 플랫폼, 성인문해교육, 학습공동체 활성화 등 다양한 교육활동을 지원하고 있다. 또한 이러한 활동들을 바탕으로 서대문구는 유네스코 글로벌 학습도시 네트워크(UNESCO Global Network of Learning Cities)에 가입할 계획에 있다.

특히 연세대학교는 신촌의 성장에서 가장 중요한 역할을 하는 대학교이다. 명문 종합대학교인 연세대학교는 훌륭한 교육인프라와 자원을 바탕으로 신촌 지역사회의 발전에 기여해 왔다. 실제로 연세대학교는 '연세 건학이념'에서부터 대학의 교육을 통해 지역사회에 기여할 수 있음을 말하고 있다. "연세대학교는 기독교의 가르침을 바탕으로 진리와 자유의 정신에 따라 사회에 이바지할 지도자를 기르는 배움터이다. 연세인은 학문의 발전을 이끌어 가고, 열린 마음으로 이웃을 위해 봉사하며, 인류의 번영에 이바지한다."는 건학이념에서 볼 수 있듯이 연세대학교는 단순히 학문의 추구만을 목표로 하지 않고 사회봉사와 지역의 발전을 함께 고민하는 대학교라 볼 수 있다.

하지만 우리가 학생의 입장에서 바라본 연세대학교와 신촌 지역사회의 관계는 그다지 협력적이지 않아 보였다. 지역상인들은 언제나 연세대학교에 불만을 토로하고 있었고, 지역주민들이 학교에 와서 교육을 받는 것은 거의 보지 못했다. 대학은 지역사회와 구분된 별개의 존재가 아닌 지역사회의 한 구성요소로서, 지역사회의 발전을 위해 적극적으로 참여하는 주체가 되어야 한다. 특히 연세대학교는 훌륭한 교육시설과 교수진, 학생들과 같은 풍부한 자원을 갖추고 있어 신촌 지역사회의 발전에 큰 역할을 할 수 있다. 이에 우리는 '연세대학교와 신촌의 교육 파트너십이 실제로 잘 진행되고 있을까?'라는 궁금증이 들었다.

이에 본 연구에서는 '신촌 지역 열린캠퍼스: 연세대학교와 신촌의 교육 파트너십'이라는 큰 주제를 바탕으로 이론연구와 사례연구를 진행하였다. 이론연구에서는 주로 대학-지역사회 파트너십에 대한 선행연구가 이루어진 논문 및 문헌, 인터넷 홈페이지 등을 참고해 대학과 지역의 파트너십을 분석하는 데에 어떠한 요소들을 고려해야 하는지 알아보고 이를 통해 사례를 분석할 분석틀을 만들었다. 사례연구는 연구 목적에 따라 선정한 프로그램의 관계자, 참여자들을 만나 심층인터뷰 혹은 그룹인터뷰(FGI)를 진행하였고, 이론연구를 통해 만든 분석틀을 바탕으로 '연세대학교와 신촌의 교육 파트너십'에 대해서 분석해 보았다. 사례연구의 대상은 대학이 지역사회에 자원과 능력을 환원하고 있다고 평가받는 프로그램들의 주축이 되는 기관들을 대상으로 선정하였다. 따라서 연세대학교의 부속기관인 연세대학교의 미래교육원과 그리고 MOOC(Massive Online Open Course) 중심으로 운영하고 있는 연세대학교 OSE센터, 지역사회에 해당하는 서대문구의 평생학습센터 등이 적합한 연구 대상이 될 수 있다고 판단하였다. 더불어 연세대학교 미래교육원과 서대문구 평생학습센터가 협력하여 시행하는 프로그램인 '열린시민대학'과 연세대 학생들이 주축이 되어 서대문구의 중고생들을 대상으로 하는 '드림스타트' 멘토링 프로그램을 주의 깊게 살펴볼 것이다.

3. 분석틀-연세대학교와 지역사회의 파트너십은 어떻게 이루어지고 있을까?

우리는 사회적 자본이라는 개념에 착안하여 연세대학교가 운영 중인 여러 가지 프로그램들을 평가하고 연세대학교와 지역사회의 교육 파트너십을 살펴보고자 한다. 사회적 자본이란 사회구성원 혹은 집단 간의 '상호관계'의 '질'과 '특성'을 나타내는 개념으로(이재열 2006), 콜맨(Coleman 1988)에 의하면 사회적 자본은 "그 안에 속한 행위자들의 특정 행동을 가능케 하며 촉진시키는 사회구조의 몇 가지 측면들"이라고 포괄적으로 정의된다(한준 2015). 즉, 사회구성원이나 집단이 교류와 협력을 지속하며 얻는 협력의 구조와 신뢰가 형성되고 직접적으로 연관된 프로그램뿐만 아니라 구성원과 집단 사이에 전반적인 신뢰를 구축하여 다양한 계약비용을 감소시키고 협력의 효용을 극대화할 수 있다는 개념이다.

이에 본 연구에서는 사회적 자본의 구성요소를 바탕으로 현재 연세대학교가 진행하고 있는 프로그램 혹은 관련 기관에서 진행하고 있는 프로그램들이 학교, 학생, 관, 지역사회 주민들과 어떤 관계에서 진행되고 있고, 유대감을 형성하고 있는지, 또 궁극적으로 지속가능하여 장기적 관점에서 상호간의 신뢰라는 사회적 자본을 형성할 수 있는지를 확인하고자 한다. 연세대학교는 신촌에 위치해 있고, 주민들과 협력적 관계를 형성하여 사회적 자본을 쌓을 수 있다면 학생 혹은 학교가 연구 및 사업을 진행하기에도 수월해질 것이다.

사회적 자본을 연구한 학자마다 다르긴 하지만 대체적으로 네트워크, 상호 호혜성, 시민 관여를 사회적 자본의 기본요소로 정의하고 있다. 여기서 네트워크는 교류의 실체로 존재하며 이 네트워크를 중심으로 사회적 자본이 발생한다. 여기서 신뢰와 상호 호혜성은 네트워크를 움직이는 원리로 작용한다. 사회적 자본의 구성요소의 차원도 존재하는데 구성원들이 일정한 규범을 공유하는 인지적 차원, 구성원들의 구체적인 연계 형태에 대한 구조적 차원, 구성원 사이의 신뢰, 상호 호혜성, 참여 등에 관한 관계적 차원 등의 세 가지로 분류된다(고경훈 외 2012). 이를 종합해 보았을 때 사회적 자본의 지표로 네트워크, 신뢰, 참여, 상호 호혜성, 규범 등을 꼽을 수 있다.

이에 본 연구에서는 파트너십을 평가하기 위한 지표로 참여성과 상호성을 선택하였다. 교육의 파트너십에서 가장 중요한 것은 다양한 주체들의 참여와, 상호성을 통해 형성되는 협력적 네트워크라 볼 수 있다. 이에 우리는 참여성과 상호성에 대한 의미를 재규정하고 어떠한 측면을 살펴볼지 생각해 보았다

1) 참여성

먼저, 참여가 얼마나 관련 주체들에게 개방되어 있는지에 대한 개방성을 살펴

보려 한다. 이것은 각 주체에게 참여의 기회가 얼마나 보장되어 있는지에 대한 것으로, 여기서는 주로 교육의 대상인 지역주민들에 해당된다. 학교에서 진행하는 교육에 주민들이 어느 정도 참여할 수 있는지, 참여할 수는 있지만 제대로 홍보가 되지 않거나 제한적으로 진행되지는 않는지 등 참여의 장벽이 존재하는지를 확인할 것이다.

또한 주체들의 참여범위, 즉 단순하게 소극적이고 수동적인 참여에 불과한지, 아니면 프로그램의 기획 혹은 운영에 적극적이고 주체적으로 참여할 수 있는지를 살펴볼 것이다. 교육을 제공하는 행정기관 혹은 관공서에서 일방적으로 프로그램을 계획하고 집행하는 것으로 그치는 것이 아니라 참여 주체들의 피드백이 실질적으로 반영되거나 실제 프로그램의 계획과 운영에 참여할 수 있다면 강한 파트너십 형성이 가능할 것이다.

2) 상호성

상호성 지표 부분에서는 각 주체들의 교육 개방에 대한 참여가 협력적인 네트워크를 형성할 수 있는지, 각 프로그램을 진행하는 데 주체들 중 누가 운영의 주도권을 쥐고 있는지를 살펴보고, 마지막으로 이 프로그램이 각 주체 모두에게 이익이 되는지를 살펴봄으로써 현재 진행되고 있는 프로그램이 지속적으로 진행되어 지역사회와 학교 사이의 사회적 자본을 형성할 수 있는지를 확인할 것이다.

상호성에서는 먼저 주체들 간 협력의 균형이 어떻게 이루어지고 있는지를 확인할 것이다. 사회에서 어떤 네트워크의 구조 자체가 어느 한 주체를 중심으로 프로그램을 운영하고 제어하는 방향으로 이루어진다면 교류의 폭 자체가 제한될 것이다. 이 상황에서 교육 분야의 교육프로그램을 만드는 주체, 교육을 직접하는 주체, 교육을 받는 주체, 이 셋 사이에서 교육을 만드는 주체와 교육을 하는 주체가 이러한 프로그램을 만들고 운영하는 위치에 있기 때문에 일방적으로 운영될 가능성이 더 크다. 따라서 우리는 교육프로그램에 있어 프로그램을 만들고 운영하는 주체와 교육하는 주체가 어느 정도 주도권을 쥐고 프로그램을 운영하는지를 확인하고 교육을 받는 주체에게도 주도권이 있는지 보려고 한다.

끝으로 교육프로그램이 상호간에 모두 이익을 제공해야 프로그램을 지속할 유인이 모든 주체에게 발생하고 또한 지속가능하므로, 현재 교육프로그램들이 상호간에 호혜적인지를 확인할 것이다. 주체들 사이의 형평성과도 관계가 있는데, 프로그램에 참여하는 주체 중 한쪽에만 이득이 돌아가고 다른 쪽에는 그렇지 않다면 그렇지 않은 쪽에서 교류를 지속할 유인이 없기 때문에 이러한 교육프로그램은 장기적 관점에서 지속가능하다고 볼 수 없기 때문이다.

표 13.1 사회적 자본 분석 지표

분석 지표	구체적 척도
참여성	참여의 개방성 참여의 주체성
상호성	협력의 균형 상호 호혜성

본 연구에서는 앞의 분석 지표를 바탕으로 연세대학교와 신촌의 교육 파트너십을 분석해 보고자 한다. 이에 실제로 진행되고 있는 교육프로그램들이 참여성과 상호성 측면에서 어떻게 사회적 자본을 형성하고 있는지 살펴본다.

II. 학교에서 마을로, 마을에서 학교로-사례 연구

1. 서대문구 평생학습센터-서대문구 지역교육의 중심

평생학습도시는 "언제, 어디서나, 누구나 원하는 학습을 배우고 즐길 수 있는 학습사회를 만들어 개인의 자아실현을 도모하고 삶의 질을 높여 도시 전체의 경쟁력을 향상시키고 도시와 도시주민이 함께 성장·발전하는 도시"를 말한다. 한국 평생학습도시 조성사업은 1990년대 개별 도시의 자발적 탐색으로부터 시작하여, 2001년부터 교육부가 해마다 평생학습도시를 지정하고 지원하는 식의 본격적인 국가 차원의 사업으로 추진하게 되었다. 이에 2015년 6월을 기준으로 총 136개 기본 자치단체가 평생학습도시로 지정되어 있다(임효봉 2016).

서대문구는 학습형 일자리가 많은 도시를 구현하고 대학과 연계한 평생교육 사업을 체계화한 점을 인정받아 2013년 7월 교육부로부터 평생학습도시로 선정되었다. 특히 서대문구에는 감리교신학대학교, 경기대학교, 디지털서울문화예술대학교, 명지대학교, 명지전문대학교, 서울여자간호대학교, 연세대학교, 이화여자대학교, 추계예술대학교 등 총 9개의 대학이 있기 때문에 이와 관련하여 '미래형 대학 연계 평생학습도시 서대문구'라는 비전을 갖고 대학들과 협력하여 다양한 프로그램을 진행하고 있다.

> "평생교육팀에서는 5년마다 중장기 계획을 세워요. 5년마다 계획을 세울 때 25개 자치구 중 우리 구의 특징은 무엇인지 잡아 보았는데, 서울에 대학이 40개 정도 있는데 그중 9개가 서대문구에 있어요. 이렇게 대학이 많으니까 대학과 연계해서 대학의 자원을 활용할 수 있는 것이 무엇일지 생각해 보게 되었어요."
>
> – 서대문구 평생학습센터 직원(2016. 5. 30)

서대문구는 특히 지역의 명문 대학교인 연세대학교와 연계하여 다양한 프로그램을 진행 중이다. 평생학습센터에서 연세대학교와 연계한 사업으로 지역주민들에게 강좌를 제공하는 '연세–서대문 열린시민대학', 지역을 브랜드화하는 교육인 '브랜드 전문과정' 프로그램, 지역주민들을 위해 자격증 교육 등을 여는 '자격증 및 전문가 과정' 프로그램이 주요 사업으로 진행되고 있다. 이러한 프로그램은 연세대학교에서 평생교육을 담당하는 부속교육기관인 미래교육원과 주로 협력하여 운영되는데, 미래교육원과는 정기적으로 회의를 진행하면서, 의견 교류도 활발하게 이루어지며 좋은 파트너십을 형성하고 있다. 한편 평생학습센터는 연세대학교 미래교육원뿐만 아니라 연세대학교의 다양한 기관들과도 협력하여 다양한 활동을 진행해 왔다. 예를 들어 지역주민들을 위해 연세대학교의 공간을 제공하거나, 지역주민들의 교육을 위한 연구활동을 연세대학교 및 서대문구와 협력하여 함께 진행한 사례도 있다. 또한 서대문구 평생학습센터가 교육 정책을 만드는 데에도 연세대학교 교수들이 참여하여 자문 역할을 해 오고 있다.

이처럼 이루어지는 서대문구 평생학습센터와 연세대학교의 협력은 지역주민들의 학습을 도와주는 데 큰 역할을 하고 있다. 하지만 여전히 아쉬운 부분도 있다. 우선 대학 연계 프로그램을 진행하는 데 관이 프로그램을 주도하는 경향을 볼 수 있다. 또한 대학이 주로 예산을 고려하여 사업을 진행하다 보니, 서대문구가 예산이 없을 경우 대학에 선뜻 사업을 제안하기 어려운 부분이 있었다. 이러한 이유들로 연세대학교가 지닌 대학생, 교수, 공간 등의 다양한 교육자원이 충분히 활용되고 있다고 보기는 어려웠다.

"일단 대학은 지식자원이 굉장히 많은 곳이잖아요. 그러니까 자문이나 참여와 같은 것들을 같이 나누어 주시면 좋죠. 지금은 극히 일부분만 연계를 하고 있다는 생각이 들었어요. 예산이 없으면 선뜻 나서서 대학에 무엇을 제안하기가 어려워요."
– 서대문구 평생학습센터 직원(2016. 5. 30)

연세대학교는 지역주민들에게 매우 긍정적인 이미지로 인식되고 있고, 훌륭한 교육환경과 자원을 지니고 있기 때문에 지금보다 더 큰 역할을 할 수 있을 것으로 기대된다. 그렇기에 대학 차원에서 적극적인 자세로 교육자원을 개방하려는 노력이 진행되어야 할 것이다.

2. 연세대학교 미래교육원-서대문구의 평생교육은 우리가 책임진다!

연세대학교 미래교육원은 일반인을 교육 대상으로 하는 평생교육기관이다. "연세 정신을 바탕으로 주민들의 삶과 사회의 건강한 발전을 위하여 미래지향적이고 창의적인 교육을 지속적으로 제공한다."는 목적을 바탕으로 1993년 설립되었다. 궁극적으로 연세대학교가 보유한 우수한 인적 자원과 시설 및 축적된 지적·기술적 자원들을 활용하여 일반 시민들에게 미래지향적이고 창의적인 평생교육을 지속적으로 제공하는 것을 목표로 하고 있다. 미래교육원에는 주민들을 대상으로 하는 100여 개의 일반과정뿐만 아니라 관청과 함께하는 관학과정과 일반 기업과 함께하는 산학과정, 학점은행제 등 다양한 교육프로그램들이 활성화되어 있다(연세대학교 미래교육원 2017). 또한 세브란스 메디컬 아카데미, 연세골프CEO 과정 등과 같은 최고전문가과정을 운영하고 있어 국내 오피니언 리더들로부터 큰 인기를 얻고 있다. 미래교육원은 '연세 정신'을 바탕으로 교육 전문가 양성, 비즈니스 교육, 음악전문 교육, 심리상담 등 다양한 방식으로 지역 주민들의 교육과 자기계발에 힘써 왔다. 설립부터 지금까지 연세대학교 미래교육원과 함께해 온 회원 수는 약 7만 명에 이른다. 그중 80%는 서대문구 주민으로, 이유는 쉽게 말해 가깝게 배우러 다닐 수 있는 접근성이 좋기 때문이다.

연세대학교 미래교육원에서 서대문구와 함께 진행하는 지역 교육프로그램인 '연세-서대문 열린시민대학'(이하 열린시민대학) 사업은 2005년도부터 시행되었다. 서대문구의 요청을 받아 지역주민의 시민의식 향상을 위해 미래교육원이 위탁교육 협약을 맺고 교육을 진행하고 있다. 교육기간은 보통 1년에 한 번 6주이고 인문, 철학, 과학, 예술 등에 대한 심도 있는 강의들로 이루어져 있다. 열린시민대학은 서대문구 주민들의 소질계발과 사회참여 활성화에 많은 도움을 주고 있는데, 교육비는 교육을 희망하는 구민들 중 서대문구가 지원하는 교육프로그램을 수강한 적이 없는 구민을 우선 선발하여 구청이 전액 부담한다. 이외에도 서대문구 주민들을 대상으로 연세대학교 교수들이 주축이 되어 대학 강의실 내에서 단기 특강 형식으로 교양강의가 이루어지고 있다. 2016년에는 서대문구에 거주하는 실버세대를 대상으로 한 교양강의를 개설하기도 했다.

"열린시민대학의 연령대가 보통 젊으면 40대부터 60대, 70대 할머니분들까지 계세요. … 학교의 이름을 달고 주관하는 프로그램이니까 커리큘럼에서는 실제로 연세대학교 교수님들이 인문학부터 분야별로 강의를 하고 계시죠. 교수님들이 열린시민대학 수강생들을 위해서 과정 개발도 하시고, 수강생들에 맞춰서 강의를 진행하세요. 그리고 교수님들을 중심으로 해야 과정이 잘 돌아가고, 또 솔직히 사람들이 교수님 이름을 보고 오는 것도 있어요."

– 김서은, 연세대학교 미래교육원 직원(2016. 5. 31)

미래교육원에서는 열린시민대학 사업을 긍정적으로 평가하고 있었다. 실제 수업을 제공받는 사람들을 직접 인터뷰하지는 못했지만, 미래교육원에서 관련 부분을 담당하는 김서은 씨와의 인터뷰를 통해 간접적으로나마 주민들이 전반적으로 만족하고 있으며, 대부분 모든 강좌가 마감되고 추가 요청이 들어온다는 말을 통해 강의 수요도 꽤 높은 편임을 알 수 있었다. 또한 미래교육원에서는 지역주민들의 만족도와 참여를 높이기 위해 매 학기, 매 수업마다 설문조사를 바탕으로 피드백을 받는 등 지속적인 노력을 하고 있었다. 그러나 강의실, 강의 자체의 특성상 많은 사람들을 수용할 수는 없기 때문에 수강 인원을 일정 규모로 제한할 수밖에 없어 모든 지역주민이 열린시민대학에 참여하는 것에는 어려움이 있다.

열린시민대학은 주로 연세대학교 미래교육원의 주도 아래 운영되고 있다. 주로 서대문구청이 미래교육원에 프로그램 요청을 하는 편이다. 미래교육원이 가지고 있는 프로그램이나 시스템, 인프라 등이 잘 갖춰져 있기 때문이다. 서대문구청에서 요청이 들어오면 '열린시민대학' 담당자가 커리큘럼을 짜고 교수들과 함께 시민역량을 키우기 위한 주제와 강의를 연구한다. 호혜성의 측면에서도 '열린시민대학'은 대학과 지역사회 모두에게 이익이 되고 있다. 서대문구는 우수한 연세대학교의 자원인 교수들을 통해 지역주민들에게 양질의 교육을 제공할 수 있다. 연세대학교는 서대문구와의 꾸준한 협력을 바탕으로 안정적이고 지속적으로 '열린시민대학'과 같은 사업을 진행하여 지역사회에 많은 공헌을 할 수 있다. 하지만 대부분의 사업이 그러하듯 행정적인 면이나 예산에 있어서는 논의되어야 할 부분도 존재한다.

> "(서대문구에서는) 저희가 좀 더 많은 프로그램을 제공하고, 예산문제 같은 것에 있어서도 지원을 많이 해 주거나 도움을 주기를 원하는데 저희도 그렇게까지 하기는 힘들어서… 그런 부분에서 서대문구청에서 저희한테 예산을 좀 더 지원해 주는 방향으로 되었으면 좋겠어요. 저희는 서대문구청 관할에 있는 대학이니까 최대한 저희가 할 수 있는 선에서 협조를 하고 있는 편이에요."
>
>   – 김선덕, 연세대학교 미래교육원 '열린시민대학' 담당자(2016. 5. 31)

'열린시민대학'을 담당하고 있는 김선덕 선생님은 연세대학교와 서대문구의 교육 파트너십 지속가능성을 희망적으로 바라보았다. 가장 근접한 지역의 서대문구청과 10년 이상 '열린시민대학' 사업을 지속하고 있는 점과 계속해서 관련 사업들이 새롭게 진행되고 있는 점을 그 근거로 들었다. 실제로 연세대학교 미래교육원은 다른 구청과도 협력하여 사업을 진행하고 있지만, 서대문구청만큼 꾸준히 교육프로그램이 시행되고 있는 것은 아니다. 연세대학교와 서대문구가 서로의 장점을 살리면서 두 기관 사이에서 지속적인 협력이 이루어진다면 앞으로도 서로에게 도움이 될 것이라고 평가했다.

> "정부기관에서 가지고 있는 장점하고 학교가 가지고 있는 장점이 서로 달라요. 열린시민대학은 지금 서로의 장점을 윈윈하면서 프로그램을 운영하고 있는 거예요. 저희는 어찌 되었건 연세대학교 교수님이라는 풀(pool)을 가지고 있잖아요. 교육을 할 수 있는 책들과 사무실, 행정력을 가지고 있는데요. 또 서대문구청은 우리 관할 내의 주민들이라는 풀을 가지고 있는 거잖아요. 그래서 서로가 갖고 있는 장점을 윈윈할 수 있는 프로그램을 하다 보면 시너지 효과가 발휘되고, 앞으로가 희망적이라고 볼 수 있는 거죠."
>
>   – 김선덕, 연세대학교 미래교육원 '열린시민대학' 담당자(2016. 5. 31)

3. 연세대학교 OSE센터-너희가 MOOC를 아니?

연세대학교는 MOOC(Massive Open Online Course-온라인 대중공개강의)라는 고등교육의 패러다임의 변화에 선제적으로 대응하고 첨단 ICT를 기반으로 한 열린 고등교육 체계로의 혁신을 선도하고자 2014년 9월, 국내 대학 최초 MOOC 전담 조직으로 오픈 스마트 에듀케이션 센터(Open and Smart Education, 이하 OSE)를 신설하였다. OSE센터는 크게 MOOC, LMS(Learning Management System-학습관리시스템, 교내에서 일명 YSCEC), OCX(Open Campus eXperience-교내 학술·문화 행사 정보 통합 플랫폼 및 콘텐츠 제6공서비스), Flipped Learning(온라인 선행학습)의 4가지 파트의 업무를 담당하고 있다.

이 중 가장 중점을 두는 업무는 MOOC파트로, 연세대학교의 강의를 국내외의 플랫폼에 무료로 개방 중이다. 연세대학교는 국내 대학으로는 최초로 '글로벌 빅 3MOOC' 중 코세라(Coursera), 퓨처런(FutureLearn)에 동시 가입 협정을 체결해 학교의 강의를 국제적으로 개방하고, 한국에서는 교육부에서 운영하는 무료 대학강의 수강 플랫폼인 'K-MOOC'에 선정되어 국내에서 온라인으로 연세대학교의 4~5개 강의를 무료로 제공하고 있다. 이렇게 강의를 국내외로 개방함으로써, 연세대학교의 국제적 인지도를 높이고 국내적으로는 교육을 무료로 개방함으로써 사회에 교육적으로 기여한다는 목표를 가지고 있으며, 이는 연세대학교의 건학이념인 '세상(世)을 이끄는(延) 섬김의 리더십'이라는 교육목표의 수행과 관련 있다(연세대학교 홍보팀 2014).

MOOC강좌가 지역사회와 직접적으로 연관된 것은 아니지만, 연세대학교의 고등교육 역량을 폐쇄적으로 두지 않고 사회에 공개한다는 측면에서 우리의 연구주제인 학교교육 인프라의 개방과 직접적으로 맞닿아 있고, 지역사회도 더 큰 사회의 일부라는 측면에서 지역사회에 간접적으로 교육적 기여를 하고 있다고 볼 수 있다. 따라서 우리는 OSE센터가 MOOC강좌를 어떻게 운영하고 있고 주체들은 어떻게 참여하고 있는지를 살펴보기로 했다.

MOOC의 경우 실제 강의를 담당하는 교수진과 이를 수강하는 수강생들이 직접적인 교류주체가 되고, MOOC강의의 개발·평가·성과 관리·홍보 및 피드백 체계 구성 등을 담당하고 있는 OSE센터는 둘 사이를 조정하는 등의 전반적인 운영을 하는 간접적 주체로 분류할 수 있다. MOOC체계를 간략히 살펴보면, 현재 연세대학교의 MOOC강의는 국내외의 모든 플랫폼은 무료이며, 인터넷 사용자라면 누구나 접근하여 수강이 가능하다. 온라인 플랫폼이기 때문에 시간적·물리적 한계를 모두 뛰어넘은 것으로 간단히 회원가입 절차만 거치면 누구나 언제 어디서든지 수강할 수 있다는 점에서 지금까지 살펴본 모든 프로그램 중 개방성이 가장 크다.

개방성 다음으로 참여의 양 또한 시간에 비해 압도적으로 많은데, 다른 프로그램들이 물리적 시공간을 바탕으로 면대면으로 진행한 것에 비해 MOOC는 온라인 교육이라는 측면에서 같은 강의를 수천, 수만 명이 동시에 수강할 수 있다. 실례로 현재 글로벌 MOOC파트에서 연세대학교 정종문 교수님의 강의의 경우 수강생이 10만 명을 웃돌고 있으며 연세대학교의 글로벌 MOOC를 수강하고 있는 학생들의 국적이 총 153개국으로 집계되었다(연세대학교 홍보팀 2016). 이렇게 MOOC는 참여의 양 또한 다른 프로그램에 비해 압도적으로 많다.

그러나 MOOC의 경우 온라인으로 진행되다 보니 매우 많은 수강생들이 존재하고 교수진들이 이들을 마주하지 못한다는 점에서 서로 실제로 만났을 때의 만족감이나 기여감을 실질적으로 느끼기 어려울 수 있다. 하지만 플랫폼마다 조금씩 상이하긴 하지만 실제 수강생들의 실시간 반응을 확인할 수 있거나 수강생들이 교수진에게 궁금한 점을 묻거나 수강 후기를 남길 수 있게 되어 있다. 이러한 수강 후기에서 수강자는 대부분 만족감을 드러냈다. 그렇다면 교수진의 만족감 혹은 기여감은 어떨까? 교수진이 어떻게 강의를 운영할 것인지에 따라 진행방식이 상이하지만 대부분 수강생들이 만족하는 것을 확인할 때 보람을 느낀다고 전했다. 글로벌 K-MOOC에서 한국어 강의를 개설하고 있는 강승혜 교수님의 경우 강의를 수강한 외국 학생이 수업에 만족하고 감사함을 드러내는

마을학개론

손편지를 국제 우편으로 보냈던 사례를 통해 보람과 기여감을 느낀다고 했다.

"… 한국학 같은 경우는 대부분 감동의 물결 … 강승혜 교수님은 완전히 강좌 개발할 땐 고생 많이 하셨지만, 오픈하고 운영하면서는 너무나 큰 보람을 느끼고 계세요…. 교수님 수강생 중 한 학생은 직접 손글씨로 카드를 써서 해외에서 우편물을 보냈어요…."

"… 실제로 오프라인 특강을 했어요. 100명 정도 참석해서 너무 좋았고, 우주의 이해 같은 경우는 손영종 교수님 특강 한 시간 하고 관측소에 올라가서 천체망원경으로 직접 관측하고… 그래서 여섯 시 반부터 열 시 반까지 했는데도 지칠 줄도 모르고 너무 좋아하셨어요…. 11살부터 70대 이상까지 굉장히 연령대가 다양했고… 한 번은 조선대학교 부속여고인가 광주에서부터 여고생 두 명이 올라와서 다 듣고 가서 전공 이걸 하고 싶다고, 고등학생 같은 경우는 전공 탐색의 기회가 될 수도 있겠다고…."

　　　　　　　　　　　　　　　　　　　　　　－ 김미정, OSE센터 팀장(2016. 6. 2)

참여성에서 마지막으로 주체 간의 피드백이 가능하고 그 피드백이 영향력이 있는지를 살펴보면, K-MOOC의 경우 교수님에게 바로 피드백이 가능한 문의 게시판이 있고 이를 교수님이 직접 체크하며 강의방식 혹은 강좌이수 과제를 변경하는 등의 피드백이 이루어진다. 즉, 단순 온라인 강의 제공에서 그치는 것이 아니라 실제로 교수진과 수강생들의 상호 작용성을 중시하고 있다.

앞서 언급한 것과 같이 MOOC프로그램은 상호 작용성을 중요시하는 교육 플랫폼이다. 강좌를 운영함에 있어서는 상호간 참여하고 교류하는 것을 중요시하지만 이를 통해 협력적 네트워크가 형성 가능할 때 적극적인 의미의 사회적 자본이 형성된다. K-MOOC의 경우 단순히 강의 전달만 하던 과거 MIT의 온라인 강좌 플랫폼인 OCW(Open Course Ware)를 개선한 것으로 교수진과 수강생이 서로 소통하고 또 수강생끼리의 소통도 가능하게 했다. 강의종료 시점은 같으나 강의이수 시작 시점은 수강생마다 다르므로 수강생의 시점별 커뮤니티를 형성해 수강 상황 및 과제에 대한 정보를 교환하고 서로 교류할 수 있게 했다. 플랫폼상에서 강좌를 이수하는 중에만 형성되는 온라인 커뮤니티이기 때문에 지속적인 협력 네트워크를 형성한다고 보기는 어려웠으나 온라인 강좌라는 한 계점을 극복하려는 시도라고 볼 수 있다.

어떤 MOOC강의를 올릴지, 어떤 교수님을 모실지 등은 OSE센터에서 담당하는데, 강의를 온라인에 게시하는 방향이기 때문에 프로그램 진행에서 운영의 주도권은 OSE센터와 교수진이 갖고 있을 수밖에 없다. 그러나 수강생의 피드백이 가능하고 이것이 교수마다 다르긴 하지만 반영이 되며, 이수 날짜와 시간 등은 개인적인 시간 운용에 따라 개인이 조정 가능하므로 운영의 주도권이 편중되긴 했으나 지나치게 편중된 것은 아니다.

마지막으로 이 MOOC프로그램이 상호 호혜성, 즉 이 프로그램에 참여함으로써 참여한 모든 이에게 이익이 되는지를 살펴보면, 수강생은 무료로 대학의 고등교육을 들을 수 있을 뿐더러 이수할 경우 이수 증명서를 발급받을 수 있다. 교수의 경우 교육의 본질에서 보람을 얻을 수 있고, 나아가 수익으로까지 연결될 수 있다. 이러한 실질적인 이익의 차원에서 프로그램의 지속성을 보장받을 수 있다.

III. 연세대학교와 신촌의 교육 파트너십은 잘 이루어지고 있는 걸까? – 인터뷰 결과 분석

연세대학교가 지역사회에 열고 있는 교육활동에 대한 현황을 알아보고 이를 진단하기 위해 학교 및 지역 관계자들과 심층인터뷰를 진행했다. 인터뷰 대상을 정하기 전에 먼저 연세대학교가 지역사회에 환원하고 있는 교육프로그램들이 무엇이 있는지 조사해 보았다. 사실 우리는 대학과 지역사회 사이에, 즉 연세대학교와 서대문구 간에 교육 관련 프로그램이 많이 진행되지 못하고 있을 것이라 예상했다. 그러나 조사가 이루어질수록 우리가 알지 못했을 뿐, 연세대학교는 다양한 방면으로 지역사회를 위한 교육프로그램을 개방하고 있었다.

연세대학교가 서대문구 지역사회와 함께 협력하고 있는 주요 교육활동은 다음과 같다. 첫째, '연세−서대문 열린시민대학' 사업으로, 이는 연세대학교 미래교육원과 서대문구 평생학습센터가 함께 진행하는 지역 교육프로그램이다. 두 번째로는 연세대 학생들이 주체가 된 중·고교생 교육멘토링 프로그램인 '드림스타트' 사업이다.[1] 세 번째로는, 대상의 범위를 지역사회로 한정하기에는 무리가 있지만, MOOC 중심으로 다양한 온라인 공개강의를 운영하고 있는 '연세대학교 OSE센터'가 있다. 우리는 이러한 교육활동들이 어떻게 진행되는지, 참여나 상호협력이 잘 이루어지고 있는지, 우리가 파트너십을 제대로 구축하고 앞으로 지속시킬 수 있는 기반이 있는지 인터뷰를 통해 알아보았다.

약 한 달간 학교 및 지역 관계자, 학생들을 만나 인터뷰를 진행하였다. 그 결과, 현재까지 대학과 지역사회가 연계된 다양한 프로그램들이 진행되고는 있지만, 학교와 지역사회 간의 파트너십이 잘 구축되었다고 보기에는 어려움이 있다고 판단했다. 그러나 대학과 지역사회 간 협력 네트워크 기반이 일정 정도 잡혀 가고 있다는 점을 통해 파트너십의 수준이 아주 미약하지는 않다는 것을 알게 되었다. 따라서 현재 이루어지고 있는 기존 프로그램들을 지역주민들에게 더 홍보할 필요성이 있다고 본다. 또 프로그램에 대해서 객관적으로 점검하고 판단할 수 있는 부서와 인력이 마련되면 협력의 구조가 더욱 탄탄해질 수 있을 것이다. 구체적으로 '참여성'와 '상호성'이라는 분석틀을 바탕으로 연세대학교와 서대문구의 교육 파트너십이 얼마나 잘 이루어지고 있는지 분석해 보고자 한다.

---

1. 서대문구 드림스타트 홈페이지, https://sdm.dreamstart.go.kr. '드림스타트'는 서대문구에서 진행하는 교육멘토링 사업 중 하나로 연세대학교 학생들이 교육 소외계층 청소년들에게 도움을 주는 재능나눔 교육복지 사업이다.

1. 참여성

참여의 개방성 측면에서 보자면 '서대문구 평생학습센터', '연세대학교 미래교육원', '연세대학교 OSE센터' 세 기관 모두 참여의 기회가 잘 보장되어 있었다. 프로그램마다 인원이 정해져 있기 때문에 모두에게 그 기회가 제공되는 것은 아니지만, 프로그램에 관심이 있고 배우고자 하는 사람이면 제약이나 조건 없이 누구나 자유롭게 참여할 수 있다. 따라서 현재 어떤 프로그램들이 이루어지고 있는지 지역주민들이 잘 알 수 있도록 이전보다 많은 홍보가 이루어진다면 주민 참여가 더욱 활발해지고 확장될 수 있다고 본다. 그렇게 된다면 참여 측면에서 긍정적인 효과를 얻을 수 있으리라 기대된다.

현재 교육프로그램의 개발 및 시행에 있어 대부분의 기관들이 적극적·능동적으로 참여하고 있다. 관·학 위주의 참여를 넘어 주민들의 적극적인 참여가 더해진다면 지역사회 교육에서 민·관·학이 모두 함께 참여하는 진정한 마을공동체가 될 수 있을 것이다. 또한 '열린시민대학 사업'의 경우 강의가 개설될 때마다 빠르게 마감되는 것을 미루어 본다면, 지역주민에게 보다 다양한 대학─지역사회 연계프로그램이 공급되면 좋을 것이라고 판단된다. 대학 내 기관들이 지역사회에 더 많은 관심을 갖고, 신촌에 대한 이해를 바탕으로 지역주민의 요구에 부응하는 교육프로그램을 만드는 것이 필요하다.

참여성에서 마지막으로 각 기관별 피드백의 반영 상황을 살펴보면 다음과 같다. '열린시민대학'은 대학과 지역사회의 원활한 피드백을 바탕으로 10년 동안 지속되고 있다. 교육멘토링인 '드림스타트'의 경우에는 서대문구와 학교가 주체가 되어 진행하고 있는 프로그램이지만, 실제로 교육을 행하고 있는 것은 연세대학교 학생들이다. 학생들과의 인터뷰[2]를 통해 확인한 바로는 슈퍼바이저(supervisor)가 소수의 멘토들을 담당하여 한 달에 한 번씩 간담회를 가짐으로써

---

2. 인터뷰 일자: 2016. 5. 20. 교육멘토링 드림스타트 멘토 FGI

멘토링 진행 상황을 공유하는 등 슈퍼바이저를 중심으로 학생–학교 간 소통은 잘 이루어지고 있는 편임을 알 수 있었다. 그러나 교육멘토링의 대상인 참여 학생들의 목소리를 담아내지 못하는 한계도 발견되었다.[3] 따라서 프로그램에 대한 보다 객관적인 점검과 판단이 이루어질 수 있는 피드백 시스템이 정비될 필요가 있다고 본다.

2. 상호성

상호협력이 얼마나 잘 이루어지고 있는지, 더 잘 이루어지기 위한 방법이 무엇인지 파악하기 위해 우리는 크게 세 가지 질문을 통해 상호성을 확인해 보았다. 첫째는 상호 호혜성 측면으로 프로그램이 이해관계자 모두에게 이익이 될 수 있는가의 문제이다. 인터뷰에 응답한 사람들은 교육을 통한 협력프로그램이 모두에게 단기적·장기적으로 이익이 될 수 있다고 대답했다. 대부분의 인터뷰 대상자들은 진행 중인 프로그램에 큰 불만을 드러내지 않았고, 긍정적으로 생각하고 있음을 확인할 수 있었다.

두 번째는 프로그램 진행에 있어 균형 있는 협력이 이루어지는가의 문제이다. 이에 대해서는 미흡하다는 의견이 많았다. 즉, 각 프로그램에서 균형적인 협력이 이루어진다기보다 어느 한편이 주도권을 쥔 채 운영되는 경우가 많았다. 교육 대상자들은 프로그램 진행에 있어 대부분 수동적으로 참여하고 있었다. 가령 '열린시민대학'을 수강하는 지역주민들은 프로그램 설문조사는 시행하지만 프로그램 설계 단계에 직접적으로 참여하고 있지는 못하는 실정이다. 마찬가지로 '드림스타트'에서도 서대문구, 연세대학교 외에 멘토, 멘티와 같은 실질적으로 참여하는 학생들의 의견이 프로그램에 중요하게 반영되어야 한다는 의견이

---

3. "멘토링할 때 멘토의 사정은 절대 봐주지 않는 것 같아요. 수업변경도 '멘토의 사정에 의한 변경은 절대 불가합니다.'라고 되어 있어요. 제약이 정말 많아요. 건의를 해도 바로바로 의견도 잘 전달이 안 되고. 소통면에서 학생들의 요구사항, 목소리를 담아 주면 좋겠어요." (드림스타트 멘토 FGI 중)

제시되었다.

세 번째는 각 기관들이 협력네트워크를 구축할 수 있는 기반이 마련되어 있는가의 문제이다. 주도권과 관련해서 대학과 지역사회가 연계하고 있는 프로그램들은 주로 관이 주도하는 경향을 보였다. 이 경우 구청의 예산이 부족한 경우 대학에 사업을 제안하기 어려운 부분이 있어, 협력네트워크를 구축하기 위한 기반으로 예산이 많은 비중을 차지한다는 점을 발견하게 되었다. 현재는 연세대학교와 서대문구 사이의 형평성 있고 균형적인 진행이 이루어지고 있지는 않지만, 지역 교육프로그램 사업이 일회성에 그치지 않고 지속되고 있으며, 새로운 프로그램들도 계속해서 개발되고 있음을 확인했다. 따라서 대학과 지역사회가 구조와 인력을 갖춘 네트워크를 만들 필요가 있으며, 그 과정에서 다양한 소통이 이루어져야 할 것이다. 즉, 장기적으로 신뢰를 바탕으로 한 사회적 자본을 쌓아갈 수 있는 제도가 마련된다면 더욱 탄탄한 협력네트워크가 구축될 수 있으리라 판단된다.

추가적으로 MOOC의 경우 참여성과 상호성에서 분석지표를 만족시키고 있으나 우리의 연구 범위인 연세대학교와 서대문구라는 지역사회의 관계로 한정해 보았을 때는 직접적으로 도움을 준다고 보기에는 어려움이 있다. 물리적 지역에 기반하지 않았기 때문에 온라인상에서 사람들을 묶어 준다는 장점이 있기는 하지만 실질적으로 좁은 범위에서 영향을 측정하기는 힘들다. 온라인이라는 특성이 참여성과 상호성의 증대를 가져왔지만 지역사회와의 직접적인 접점이 없으므로 지역사회에 한정한 네트워크 및 협력의 구축은 힘들다는 한계가 존재한다. 그럼에도 불구하고 학생에 한정하지 않고 전국 및 전 세계로 교육을 개방하고 있는 것은 지역사회를 넘어 연세대학교에 대한 인지도와 신뢰를 상승시킬 수 있고, 이를 기반으로 지역적 한계를 넘는 실체가 있는 네트워크를 형성할 수도 있다는 가능성을 보여 준다.

IV. 제언 및 결론 – 연세대학교와 신촌의 교육 파트너십은 어떻게 나아가야 할까?

우리는 '대학이 교육의 자원을 지역사회에 개방하는 것이 왜 중요하고 필요할까?', '연세대학교와 신촌의 교육 파트너십이 실제로 잘 진행되고 있는 걸까?'라는 질문을 두고 항상 토의하였다. 그리고 '앞으로 어떻게 해야 지속적인 파트너십을 구축하고 사회적 자본을 쌓아 갈 수 있을까?'를 연구를 진행하는 내내 고민하였다. 연세대학교와 신촌이 실질적인 교육 협력네트워크를 구축하기 위해서 어떠한 조건이 갖춰져야 할지 또 어떤 점이 보완되면 좋을지 방안을 강구해 보았다.

우리가 꿈꾸는 열린 캠퍼스, 대학과 지역사회의 진정한 교육 파트너십은 대학, 마을, 주민이 함께 교육의 한 주체가 되는 것이다. 이를 바탕으로 함께 신촌을 만들어 나갈 때 대학과 지역이 상생할 수 있는 튼튼한 협력네트워크가 구축될 것이라고 생각했다. 대학과 지역사회의 더 나은 연계를 위해, 협력네트워크를 구축하기 위해 우리가 고심한 몇 가지를 제언하고자 한다.

1. 제언–조금 더 노력할 수 있는 방안들

첫째, 프로그램들에 대한 적극적 홍보가 필요하다. 단순히 알리는 홍보의 차원을 넘어서 지역주민들과 공감대를 형성할 수 있고, 프로그램에 대한 긍정적인 분위기가 확산될 수 있도록 하는 것이 필요하다. 주민들 역시 수동적 참여가 아닌 대학과 지역사회의 협력, 교육공동체에 대해 책임의식을 갖고 참여할 수 있도록 유도해야 한다.

두 번째로 지역특성에 맞춘 다양한 프로그램들을 개발하는 것이 필요하다. 신촌 지역의 사회경제적 특성과 문화환경에 맞는 개성과 독특성을 가진 다양한 교육프로그램들이 공급되어야 한다. 연세대학교는 지역주민들의 요구를 충족시킬 수 있는 풍부한 교육, 문화, 인적 자원들을 갖추고 있다. 이와 더불어 대학에서 지역사회에 대한 관심과 이해를 바탕으로 한 교육프로그램이 운영된다면 대학과 지역사회 교육 파트너십에 대한 주민들의 관심을 높일 수 있을 것이다. 또한 교육을 제공받은 주민들의 삶의 질을 높임으로써 지역사회에도 기여하는 긍정적인 효과도 기대해 볼 수 있다.

세 번째로는 기존의 프로그램 혹은 앞으로 새롭게 시행될 프로그램들에 대한 대한 객관적인 점검과 평가가 이루어질 수 있는 피드백 시스템을 갖출 필요가 있다. 이러한 피드백 시스템은 단발적으로 그쳤던 프로그램에서 나아가 연세대학교와 신촌의 교육 파트너십을 지속시키는 역할을 해 줄 것이다. 기관들 사이의 연계를 통해서 업무가 중복되는 것을 피하고 전담인력을 통해 업무를 명확히 해야 할 것이다. 상호 균형 있는 협력이 이루어지기 위해서는 소통과 협력의 구조를 함께 만들어 나가는 것이 필요하다. 즉, 각 주체들이 각자의 일만을 진행해 나가면 업무가 중복될 뿐만 아니라 지속적인 파트너십을 구축하는 데도 한계가 생긴다. 보다 안정적인 협력과 소통이 이루어질 수 있는 구조가 마련된다면 이를 통해 다양한 지역 교육프로그램들을 제안하고 수행할 수 있는 기회가 확대될 것으로 보인다.

마지막으로는 연세대학교와 신촌의 교육 파트너십을 구축하는 데 있어서 관 차원의 재정적·행정적 지원이 확대되어야 한다. 대학 입장에서는 안정된 재정 지원이 바탕이 되어야 보다 다양한 프로그램을 개발하고 시도해 볼 수 있다. 관 차원에서 재정을 지원하고 방향을 제시해 준다면, 대학에서는 더욱 적극적으로 지역사회를 위한 프로그램에 참여할 수 있다. 실제로 앞서 살펴본 드림스타트의 경우 서대문구에서 교육 멘토링을 하는 대학생들에게 장학금을 지원해 준다. 이러한 장학금은 학생들이 멘토링에 참가하는 주된 동기가 되고 프로그램의 활발한 진행을 돕는 역할을 한다. 이처럼 공공의 재정적 지원은 대학의 참여를 늘릴 뿐만 아니라 학생들의 참여도 늘려 연세대학교와 신촌의 교육 파트너십을 강화시켜줄 수 있다.

2. 결론—신촌 동네 교육대장, 연세대학교

대학의 교육이 지역사회를 통해 공유될 때 대학과 지역사회의 네트워크, 규범 그리고 신뢰가 강화되고 대학과 지역의 사회적 자본이 성공적으로 축적되는 결과를 얻을 수 있다. 이에 대학은 지역사회와의 파트너십을 이루기 위해 적극적으로 노력해야 한다. 특히 연세대학교는 신촌과 함께 성장해 온 존재로서 지역사회에서 면적뿐만 아니라 위상의 측면에서도 상당한 위치를 차지하고 있다. 그런 면에서 연세대학교는 신촌 지역사회를 위해 적극적으로 교육을 공유할 필요가 있다. 연세대학교는 신촌 지역과 교육 파트너십을 구축하여 지역사회 활성화를 도모하는 것뿐만 아니라, 상호 신뢰를 통한 사회적 자본을 쌓는 데도 기여하는 존재가 되어야 할 것이다. 또한 연구의 초반에서 살펴보았듯이 대학이 지닌 사회적 기능을 실천하기 위해서도 연세대학교는 신촌 지역과의 교육 파트너십을 갖춰 나가야 한다. 이러한 교육 파트너십은 단순히 대학이 일방적으로 지역사회의 욕구를 채워 주는 역할만을 수행하는 것이 아니라, 대학이 지역사회 구성원으로서 지역사회 발전에 적극적으로 참여하는 것이다. 마찬가지로 지역사회도 대학을 지역사회 발전의 주체이자 자원으로 인식하고 적극적으로 대학과 협력하려는 자세가 필요하다.

우리가 인터뷰 현장에서 만난 사람들은 연세대학교와 신촌의 교육 파트너십을 희망적으로 바라보고 있었다. 우리 또한 연구를 진행하면서 교육 파트너십이 발전할 희망의 실마리를 찾을 수 있었다. 학교 측 관계자들은 학생들의 질문에 귀를 기울여 답해 주었고, 지역사회 관계자들은 우리의 연구를 흥미롭게 바라보고 응원해 주었다. 이러한 작은 관심들은 연세대학교와 신촌의 교육 파트너십이 발전하는 데에 귀중한 밑거름이 된다. 변화는 언제나 작은 것에서부터 시작된다. 학생들과 학교 지역사회의 관심이 모이는 것에서부터 대학과 마을 그리고 주민 모두가 참여하는 교육 파트너십이 형성될 수 있을 것이다.

제14장

신촌의 학생조직 만들기

김이레·김찬주·이혜랑·임성호

I. 신촌의 학생조직, 한 번이라도 생각해 봤어?

누구나 한 번쯤은 들어 봤을 그곳, 신촌(新村). 이 이름을 들으면 사람들의 머릿속에 무엇이 떠오를까? 포털사이트 '네이버(Naver)'에 신촌을 검색해 보면 연관 검색어로 '신촌 맛집', '신촌 놀거리', '신촌 축제'가 등장한다. 사람들은 신촌에 대해 많은 음식점들과 술집들이 모여 있는 서울의 대표적인 번화가이자, 젊은이들이 모이는 유흥의 공간이라는 이미지를 종종 떠올린다. 이에 더해 '연세대학교', '신촌 영어학원' 등의 연관 검색어도 보인다. 실제로 신촌과 그 주변에는 여러 대학교들이 있고, 대형 어학원들과 입시학원들이 있어 거리에는 학생들로 넘쳐 난다. 신촌은 청년층, 특히 학생들이 많은 공간이라는 이미지가 강하다. 실제 통계자료에 의하면, 신촌과 그 주변에 있는 대학교들인 연세대학교, 이화여자대학교, 서강대학교, 추계예술대학교에 재학 중인 학생 수를 모두 합하면 2015년 기준으로 5만 명이 넘는다(대학알리미 2015). 2015년 신촌에 방문한 사람들의 수가 하루에 평균 12만 명 정도인데, 이 중에서 상당 부분이 학생들이다(서울통계 2017). 결국 신촌의 유동인구, 소비자, 주거인구에서 학생들이 큰 부분을 차지하고 있다고 볼 수 있다.

위와 같은 결과들은 신촌이라는 지역의 특성상 학생들이 매우 중요한 구성원이라는 것을 알려 준다. 그런데 생각해 보니 이상하다. 이렇게 중요한 구성원이자 신촌 지역의 주체인 학생들은 왜 신촌 지역에서 일어나는 일들을 모르고, 그에 대해 목소리를 내지 않았을까? 왜 우리는 신촌에 대한 목소리를 내는 학생들의 모습을 단 한 번도 생각해 보지 않았을까? 신촌의 지역정치에 학생들이 참여하는 것은 너무나도 당연하고 중요한 일인데 말이다! 우리는 학생들이 신촌의 지역정치에 참여할 수 있어야 한다고 생각했다. 신촌의 지역정치에 참여하는 것은 우리가 일반적으로 생각하는 것처럼 선거에 출마하고 당선을 위해 운동을 하는 등 거창한 것이 아니라, 신촌 지역에서 일어나는 일들을 알고 거기에 문제가 있다면 그것을 개선해 나가는 일에 목소리를 내며 참여하는 것을 주로 이

마을학개론

야기한다. 마치 학교에서 학생들이 학생회를 통해 건의사항을 학교에 전달하고 학교의 문제 해결에 함께 참여하는 것처럼 당연히 이루어져야 할 일이다.

실제 신촌 지역정치는 어떤 방식으로 이루어지고 있을까? 지금으로는 신촌 지역에서 학생들의 목소리를 찾을 수 없었다. 2016년 6월 현재 신촌에서 목소리를 내고 있는 지역공동체들은 〈그림 14.1〉과 같이 크게 세 종류가 있다. 민, 관, 그리고 민과 관의 연결고리 역할을 하는 신촌도시재생센터가 있다. 민을 대표하는 주민협의체는 문화, 경제, 주거, 청년분과 총 4가지 부서로 구성이 되며 신촌의 상인들이 모인 신촌번영회 등 여러 지역공동체와 활동단체들을 지원한다. 관으로서는 서대문구청 안에 있는 신촌동 주민센터가 있다. 신촌도시재생센터는 이 두 조직 사이에서 2015년부터 2018년까지 진행되고 있는 신촌 도시재생사업이 원활히 이루어질 수 있도록 돕고 있다. 하지만 이 중 학생이 적극적으로 참여할 수 있는 곳은 없었다. 그나마 주민협의체에 청년분과가 있기는 했지만, 신분과는 상관없이 20대부터 30대까지의 넓은 연령층을 대상으로 해서 학생만을 위한다고 하기는 어려웠다. 또 실제로 청년분과의 활동에 참여하는 사람도 거의 없어서 실질적인 운영이 잘 되지 않고 있었다(옥현영 2016).

이렇듯이 신촌 지역에서는 학생들이 주체가 되어 목소리를 내고 있는 조직이

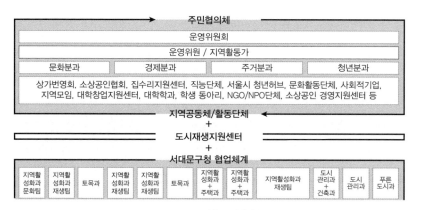

그림 14.1 신촌조직 현황

출처: 신촌 도시재생센터 사업 설명회 자료집(2016)

없고, 행정기관에서도 따로 학생들을 위한 부서가 존재하지 않는다는 것을 알수 있었다. 바로 이러한 점에서 그동안 신촌에서 학생들이 주체보다는 수동적인 소비자나 주변인으로만 느껴졌던 이유를 짐작할 수 있었다. 그리고 우리는 학생들이 신촌 지역정치에 참여하고 있지 못한 이유가 궁금했고, 설문조사를 통해 학생들의 목소리를 직접 들어 보기로 했다. 신촌에서 가까운 연세대학교, 서강대학교, 이화여자대학교, 추계예술대학교를 다니고 있는 102명의 학생을 표본으로 삼아 의견을 물었다.[1] 조사는 온라인 설문조사 도구 '구글 닥스(Google Docs)'를 이용해 2016년 5월 31일과 6월 1일 이틀간 실시되었다.

먼저 우리는 학생으로서 신촌에서 문제사항을 찾고 지역에 반영하고 싶은 의견이 있었는지 여부를 물었다(표 14.1). 그러자 60%가 넘는 68명의 학생들이 '그렇다'고 대답했다. 하지만 '그렇다'고 답변한 학생 중 90%에 육박하는 60명이 막상 의견을 신촌 지역사회에 전달한 적은 없다고 말했다(표 14.2). 그 이유를 묻자 상당수가 '어떻게 의견을 반영해야 할지 몰라서', '혼자서 의견을 말하면 반영이 안 될 것 같아서'라고 대답했다. 추가 질문을 통해 학생들은 우리가 제시한 역할을 수행하는 학생조직의 필요성을 느끼고 있었다는 것을 알 수 있었다(표 14.3). '공론장 형성, 의사소통 창구, 학생 관련 사업과 정책 제시 등의 역할을 하는 학생조직이 신촌 지역에 필요하다고 생각하십니까?'라는 질문에서 100명의 응답자 중 88명이 '그렇다'라고 대답하였다.

위의 결과를 통해 신촌에 있는 학생들 대다수는 신촌에 의견을 전달하고 지역의 문제를 해결하는 데 동참하기를 원하는 것을 알 수 있었다. 하지만 실제로 그런 일이 잘 일어나지 못했던 이유는 목소리를 낼 창구도 알지 못했고, 개인으로서 의견이 반영될 수 있을 것이라는 기대가 없었기 때문이었다. 학생들은 이러한 모순을 해결하기 위해 공론장 형성, 의사소통 창구, 학생 관련 사업과 정책 제시 등의 역할을 하는 학생조직의 필요성을 절감하고 있었다.

---

1. 신촌 지역정치 참여와 학생조직에 대한 설문조사, 2016.6.1.

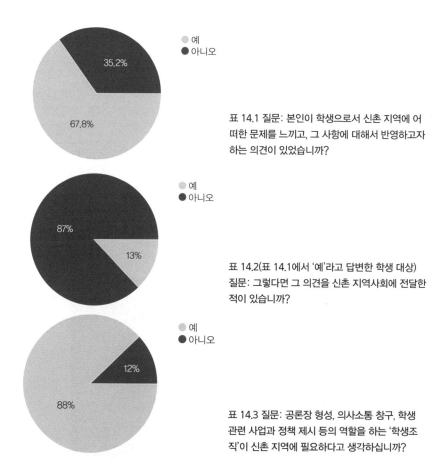

● 예
● 아니오

35.2%

67.8%

표 14.1 질문: 본인이 학생으로서 신촌 지역에 어떠한 문제를 느끼고, 그 사항에 대해서 반영하고자 하는 의견이 있었습니까?

● 예
● 아니오

87%

13%

표 14.2(표 14.1에서 '예'라고 답변한 학생 대상) 질문: 그렇다면 그 의견을 신촌 지역사회에 전달한 적이 있습니까?

● 예
● 아니오

12%

88%

표 14.3 질문: 공론장 형성, 의사소통 창구, 학생 관련 사업과 정책 제시 등의 역할을 하는 '학생조직'이 신촌 지역에 필요하다고 생각하십니까?

이러한 배경을 바탕으로 우리는 신촌이 단순히 학생들이 많은 지역이 아닌, 학생들의 목소리를 자유롭게 내면서 지역정치에 참여할 수 있는 지역으로 탈바꿈하려면 학생조직이 반드시 있어야 한다고 생각했다. 현재 신촌의 학생조직이 없다면, 우리가 만들면 되지 않는가? 그렇다면 어떤 학생조직을 만들어야 할까? 만들어졌지만 참여도 저조하고 제대로 활동하지 못하는 조직은 없는 것만 못하다. 바람직한 신촌의 학생조직에 필요한 것들은 무엇인지, 어떻게 운영되어야 효과적이고 지속적으로 활동할 수 있는지를 조목조목 생각해 보았다.

II. 신촌? 학생? 프리즘!

구체적으로 조직의 역할과 구성을 정하기 앞서 조직의 이름을 정해 보기로 했다. 우리는 신촌 지역 학생들의 다양한 목소리를 한데 '모으고', 이를 '전달하는' 역할을 특징으로 살려 학생조직을 '프리즘(Prism)'이라고 명명했다. 이는 프리즘이 다양한 광선을 하나의 빛으로 모아 주는 도구라는 데서 착안했다.

프리즘은 '신촌에 학생들의 빛을 더한다.'라는 비전을 가지고 나아간다. 프리즘의 가장 큰 목적은 신촌에 이전까지는 들리지 않았던 다양한 학생들의 목소리, 즉 그들의 권리와 이익이 지역사회에 반영되도록 돕는 것이다.

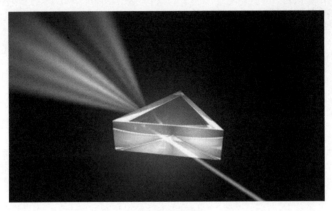

그림 14.2 프리즘

III. 학생조직은 어떠해야 할까?: 학생조직에 필요한 3가지

프리즘이 계속 생존하고 원활히 활동할 수 있기 위해서는 조직의 '정당성'을 확보함과 동시에 '제도화'함으로써 '지속가능성'을 높여야 할 것이다. 다음의 3가지 요소는 조직에 관한 여러 논문들을 살펴본 후, 조직이 살아남고 제대로 운영되기 위해서 가장 필요하다고 여겨지는 것들을 선택한 것이다. 이론적으로

마을학개론

학생조직이 어떠한 공동체 및 결사체의 성격을 가지고 있는지 먼저 살펴본 후, 정당성, 제도화, 지속가능성이라는 학생조직에 필요한 3가지 요소에 대해 알아보려고 한다.

1. 신촌 지역을 기반으로 학생들이 자발적으로 만드는 학생조직

우리가 구성하고자 하는 신촌의 학생조직인 프리즘은 자발적 결사체(voluntary association)인 동시에 지역 공동체(local community)의 성격을 가지고 있다. 자발적 결사체란 '공동의 목적과 상호이익의 기초 위에서 다른 사람의 권위나 영향력에 의한 것이 아니라 초기 구성원들 스스로의 의지에 의해 만들어지는 집단'을 말하며, 지역공동체는 '지리적으로 한정된 지역 안에서 생활을 하며 그 지역에 대한 사회적·심리적 유대를 가지고 있는 사람들의 집단'으로 볼 수 있다 (전대욱 외 2012).

우선, 미국의 정치학자 퍼트넘(Putnam)은 자발적 결사체의 세 가지 유형으로 친목단체, 이익단체, 시민단체를 제시하는데 신촌의 지역 기반 학생조직은 이 세 가지 유형을 고루 가지고 있다(Putnam 1993). 신촌이라는 지역에서 나타나는 원초적 이해관계를 기초로 하여 형성된 '친목단체'의 성격, 구성원인 학생들의 권익을 강조하는 '이익단체'의 성격, 그리고 신촌 거주민 및 신촌의 상점 이용자 다수의 권익을 이야기하는 '시민단체'의 성격이 중첩되어 나타난다.

그리고 프리즘은 서울특별시 서대문구 창천동 일대의 '신촌'이라 불리는 지역 단위를 기반으로 한 지역 공동체이다. 프리즘의 구성원들은 신촌 지역에 거주하는 학생, 신촌으로 통학을 하며 일상생활을 하고 신촌 지역에 대한 사회적·심리적 연결고리를 가지고 있는 학생들을 폭넓게 포함한다.

2. 정당성: 필요하고 옳고 당연한, 학생조직

신촌 학생조직의 원활한 운영을 위해 필요한 세 가지 요소 중 첫 번째 요소는 '정당성(legitimacy)'이다. 학생조직을 '정당성'이라는 기준을 가지고 보려고 하는 이유는 다음의 3가지다. 첫째, 정당성을 갖추는 것이 조직이 살아남고 효과적으로 운영되는 데 매우 중요하기 때문이다. 미국의 사회학자 슈먼(Suchman)은 정당성을 통해 조직이 지속될 수 있고, 신뢰를 받을 수 있으며 지지를 받을 수 있다고 말한다.[2] 둘째, 프리즘은 '학생'들이 주체이자 구성원이 되는 조직이기 때문이다. 신촌 지역의 공동체들은 대부분 연령, 경험 측면에서 성숙한 중·장년층 이상의 세대들이 이해관계를 가지고 형성해 활동해 왔다. 이러한 조직들과 함께 활동하기 위해서는 정당성을 갖추는 것이 필요하다. 셋째, 학생조직은 신촌뿐만 아니라 다른 지역에서도 존재하지 않았던 개념이기 때문이다.

슈먼은 정당성을 '일반화된 지각이나 가정으로서, 하나의 실체의 행동들이 사회적으로 구성된 어떤 규범들, 가치들, 신념들, 정의들의 체계 안에서 바람직하고, 적당하며(proper), 또는 적절한(appropriate) 것이라고 지각되거나 가정된 것'이라고 정의하였다. 그리고 그는 세 개의 정당성 유형, 즉 청중(audience)의 이익에 기초한 '실용적 정당성', 규범적 승인에 기초한 '도덕적 정당성', 이해가능성(comprehensibility)과 당연성(taken-for-grantedness)에 기초한 '인지적 정당성'을 제시하였다.

우선 '실용적 정당성'은 조직의 이해관계자들의 자기이해에 따른 계산에 바탕을 둔다. 그 이해는 관련 당사자들의 즉각적인 이해이기도 하지만 정치적·경제적·사회적으로 조직과 관련을 맺고 그 조직의 영향을 받는 자들의 복리와도 관련된다. 따라서 실용적 정당성에서는 조직의 활동이 이들 이해관계자에게 가져오는 실용적 결과를 중요시한다.

---

2. 조직이 자신의 청중으로 두는 특정 청중의 범위가 넓고, 그들로부터 받는 지지를 '능동적' 지지라고 한다. '수동적' 지지는 이에 비해 좁은 범위의 청중들로부터 획득하는 지지를 일컫는다.

둘째, '도덕적 정당성'은 조직과 그 활동에 대해 긍정적인 규범적 평가를 반영하는 개념이다. 도덕적 정당성은 평가자의 이익에 기초하지 않고, 조직의 활동이 옳은 일을 하는 것인가에 관한 판단에 기초한다. 그리고 그 판단은 조직의 활동이 사회적으로 구성된 바람직한 가치 체계로 정의된 사회복지를 증진하는지에 관한 것이다. 따라서 도덕적 정당성은 좁은 범위의 자기이익보다는 사회전체의 이익논리에 가깝다.

셋째, '인지적 정당성'은 어떤 특정한 이해관계나 사회규범적인 평가에 의해서가 아니라, 자연스럽고 당연한 것으로 인지됨으로써 형성되는 정당성이다. 즉, '상식적이고 이해 가능함'이라고 하는 인지적 접근으로 정의된다(최세경·현선해 2011).

3. 제도화: 학생조직이 제도가 되다

두 번째 요소는 '제도화'(institutionalization)이다. 학생조직을 '제도'라는 기준을 가지고 보려고 하는 이유는 조직이 제도로 존재할 때, 그것이 시장에 모든 것을 맡겨 버리는 등의 다른 방법에 비하여 거래비용이 낮은 효율적인 수단이 되기 때문이다(Coase 1937; Williamson 1975; 1991). 따라서 조직이 제도화될수록 그 조직은 사회구성원들의 다양한 요구를 충족시켜 주고 사회를 조직화하는 수단이 될 수 있다(사공영호 2008).

신촌에서 학생들이 자신의 의견을 지역 정책에 반영시키기 위해서는 비용이 발생한다. 신촌 지역의 정책결정 과정에 관여하는 이해관계자들이 누구인지 직접 찾아내는 과정뿐만 아니라, 그들을 찾아가 의견을 조율하는 과정도 필요하다. 예를 들면 어떤 한 학생이 '신촌 길거리의 쓰레기 문제'를 해결하기 위해 제안하고 싶은 정책이 있다고 하자. 이 주제와 밀접한 신촌의 관계자로는 길거리에 쓰레기봉투를 버리는 상인이나 신촌에서 활동하는 환경단체들, 신촌 전체의 환경미화를 책임지는 구청이 있을 것이다. 이 학생은 이러한 관계자들의 대표는 누구인지, 어떻게 연락을 취할 수 있는지, 이 문제에 대한 그들의 생각은 어떠한지 스스로 시간과 노력을 들여 찾아내야 한다. 그리고 이 정책을 공식적으로 신촌 지역의 정책으로 반영하기 위한 창구를 스스로 찾아내야 한다. 하지만 그 창구는 존재하지 않을 수도 있으며, 존재한다고 해도 그 학생이 의견을 제기하기를 원하는 방향과 일치하지 않을 수 있다. 예를 들면 '주민사업 공모전'은 학생들의 아이디어를 정책화시키기에 좋은 창구이지만 주민사업 공모전이 그 해에 실시되지 않거나, 실행하는 주민사업 공모전의 주제가 신촌의 환경문제가 아닌 문화예술과 관련된 것이라면 그 학생의 아이디어는 반영될 수 없다. 설령 학생의 아이디어를 공모전 등의 창구를 통해 반영했다고 하더라도, 그 의견이 공식적인 정책으로 실현되는 것은 또 다른 이야기일 것이다. 이러한 문제를 프리즘이 하나의 제도가 되어, 학생들이 정보를 얻고 실행과정에 참여하는 데 필요한 비용을 절감시키며 원활하게 지역정치에 참여할 수 있게 도울 수 있다.

　이러한 조직의 제도화를 위해서는 조직 내부가 제도로서의 기능을 해야 하고, 조직의 제도적 기능을 뒷받침하는 외부의 제도가 존재해야 한다. 우선 조직 내부 구성원들 간의 신뢰도가 낮고 조직이 구성원 전체가 아닌 개인의 이익을 추구하는 사적 수단이 된다면, 조직이 신촌 지역 관계자들이 협력하는 데 드는 비용을 줄여 주는 제도로서의 기능을 수행할 수 없다. 따라서 이러한 위험요인들을 차단해야 조직은 생존할 수 있을 것이다. 이를 위해서는 조직 내부의 감시체제를 수립한다든지, 위와 같은 위험을 초래하는 구성원들에게 벌금을 부과하는 등의 공식적인 통제를 가할 수 있다. 이에 더해 조직 내의 신뢰성을 견고히 하는 방법도 있다. 조직 구성원뿐만 아니라 조직과 관계를 맺고 있는 사람들이 모두 조직의 목표에 동의하며, 이를 위해 공정하게 조직이 운영되어야 한다는 공통된 신념을 가지고 있는 것이다. 이런 경우, 조직은 조직원들의 기회주의적 행동이나 도덕적 해이에 따른 위험을 피할 수 있다.

　둘째로, 조직의 제도화를 뒷받침할 자원을 공급할 수 있는 사회 제도들이 존재해야 한다. 이러한 제도들이 풍부하게 발전되어 있다면 조직 역시 안정적인 제도로 발전할 수 있다(North 2006: 37). 조직이 필요로 하는 능력과 도덕성을 갖춘 경영인과 근로자 등 인적 자원들을 안정적 지속적으로 공급할 수 있는 능력(Weber 1976; Huntington 2006; Beinhocker 2006), 조직이 필요로 하는 기술의 개발과 각종 자원의 원활한 거래를 뒷받침할 수 있는 능력(North 1990; North&Thomas 1973) 등이 갖춰져야 한다. 또한 조직의 목표에 대해 사회구성원들의 공유된 합의가 있다면 이는 그 사회에서 해당 조직의 역할 및 활동이 요구된다는 점을 말해 준다. 한 사회 내에서 다수의 사회 구성원들이 공통적으로 요구하는 사안은 지역 정치인들이 관심을 가질 수밖에 없으며, 이는 곧 조직의 활동을 지원하는 제도가 만들어질 수 있는 초석을 마련한다.

4. 지속가능성: 조직의 지속은 개인과 조직에 달려 있다

세 번째 요소는 '지속가능성'이다. 우리가 구성하고자 하는 학생조직은 조직 중에서도 '자발적 결사체'에 속하기에 '무엇이 조직이 지속적으로 생존하는 것을 담보하는가'에 대한 고민이 특히나 중요하다. 왜냐하면 자발적 결사체의 경우 조직에 대한 가입과 탈퇴가 상대적으로 쉽고, 이에 따라 조직의 해체와 생성 역시 빈번하다는 특징을 가지고 있기 때문이다. 이는 조직이 경제적인 이익으로 운영되지 않고 개개인의 자발적인 의사에 의해 가입하고 탈퇴하는 구조를 갖는 데에 기인한다.

조직의 지속가능성은 조직이 일회성의 활동으로 끝나지 않고, 지속적으로 기능을 유지하는 것을 의미한다. 최애연(2012)의 논문에서는 지속성을 '일정한 목표를 지향하는 행동을 유지하려는 의지'라고 정의하였다. 자발적 조직에서 지속가능성은 조직이 예측 가능한 형태로 유지되며, 정기적 또는 지속적으로 본연의 목적 달성을 위한 활동들을 할 수 있도록 하기에 강조된다. 조직 내 지속가능성은 개인 특성론적 관점과 조직 특성론적 관점이라는 두 가지 측면이 만족되어야 한다(Gordon 1999). 그중 조직 특성론적 관점은 활동이 이루어지는 조직의 상황, 특성과 연관된다. 즉, 개인과 개인, 개인과 조직, 조직과 조직 간의 상호작용이 이루어지는 것과 조직 내 활동이 체계를 갖추는 방식이 조직이 자발적 활동을 지속하는 데 영향을 미친다. 추가적으로 조직 내 물질적, 비물질적 보상 역시 주요한 요인이다.[3]

표 14.4 '프리즘'에 대한 이론적 분석 정리

자발적 결사체 + 지역공동체						
정당성			제도화		지속가능성	
실용적 정당성	도덕적 정당성	인지적 정당성	조직내부의 제도화	외부의 제도 존재	조직특성론적 관점	개인특성론적 관점

IV. 프리즘의 정체

학생조직에 대한 필요성을 느낀 우리들은 지역 기반 학생조직의 선례를 찾아보았지만 전혀 찾을 수 없었다. 각 대학별 학생회나 동아리들은 존재했지만 지역을 기반으로 한 학생조직은 참고할 예시가 없었기 때문에 직접 우리가 지역 기반 학생조직을 구상해 보기로 하였다.

우리는 '지역 기반 학생조직'을 조금 더 일반화하여 '지역 기반 자치단체', '지역 기반 자발적 결사체' 등과 '학생조직'으로 나누어 조사를 진행했다. 수없이 많은 학생조직과 자치단체, 결사체들이 새롭게 탄생하고, 시간이 지남에 따라 그 방향성이 변하거나 지향점을 잃고 표류하기도 한다. 조직 일반론과 실제 조직들을 검토하여 우리가 내린 첫 결론은 하나의 단체가 오랜 기간 지속되기 위해

---

3. 개인 특성론적 관점은 조직 자체의 구성보다는 개인이 조직에 대해 혹은 스스로의 능력에 대해 어떤 평가를 내리는가에 의해 결정된다. 개인적 만족 여부가 지속가능성에 영향을 미치는 것은 분명하지만, 이는 만족도와 활동에 대한 자의적 판단에 의해 결정된다. 따라서 본 연구에서는 개인 특성론적 관점은 다루지 않기로 하였다.

서 반드시 앞서 밝힌 정당성, 제도화, 지속가능성이 기본이 되어야 한다는 점이다. 우리는 이러한 요소를 바탕으로 지역 기반 학생조직을 구성하였고, 이것이 바로 '프리즘'이다. 이번 장에서는 우리가 구상해 본 프리즘의 형태와 운영방식에 대해 이야기 해 보겠다.

1. 프리즘의 역할과 구성

프리즘은 대표, 부대표, 그리고 '소통부서'와 '활동부서'로 구성된다. 각 부서에는 또 그 부서를 총괄하는 부장이 있다. 대표는 폭넓은 역할을 담당한다. 가장 중요한 역할은 각 부서가 잘 진행되고 있는지를 직접 혹은 부장을 통해 감독하는 역할이다. 부대표는 대표의 역할을 보좌한다. 프리즘은 '소통부서'를 통해 공론장 형성, 의사소통 창구, 사업과 정책 제시의 역할을 하고, '활동부서'를 통해 실제 사업에 참여하고 사업을 진행하는 역할을 한다.

1) 소통 부서
'소통부서'의 역할은 신촌 지역과 학생들 간의 소통을 원활히 하는 것이다. 신촌 지역에서 살거나 다양한 활동을 하면서도, 사실상 신촌과 분리되어 있던 학생들을 신촌 지역과 연결시켜 준다. 또한 신촌 지역 학생들을 대표하여 그들의 문제가 실제적으로 해결될 수 있도록 노력한다. 소통부서의 구성원은 신촌 지역의 복지와 발전을 위해 다양한 의견이 논의되는 것이 중요하다는 것에 공감

그림 14.3 신촌 지역 기반 학생조직 '프리즘'의 조직도

을 표하며, 신촌 지역에서 학교를 다니는 대학(원)생을 포함하여 신촌에 관심을 가지고 지역을 위해 자발적으로 활동할 의사를 가진 학생 개인들이다. 소통부서의 구체적인 역할은 다음과 같다.

우선, 학생들이 가지고 있는 신촌 지역에 대한 필요와 요구에 대해 논의하고 하나의 공론을 형성할 수 있는 '학생들 간의 공론장'을 형성한다. 이제까지는 개인적인 생각이나 신촌 지역에서 열리는 행사와 정책에 대한 의견을 이야기할 공간이 없었다. 이제는 소통부서가 그 역할을 할 것이다. '신촌에 학생들이 공부를 하거나 동아리 활동을 할 수 있는 자유로운 공간이 있으면 좋겠다'라는 의견, 현재 서대문구에서 실시하고 있는 '차 없는 거리'[4]에서 주말에 열리는 행사에 대한 불편함 등은 프리즘의 소통부서를 통해 표출될 수 있다.

둘째, 학생들을 비롯한 신촌 지역의 다양한 구성원들이 생각을 공유할 수 있는 공론장을 형성한다. 이를 통해 구성원 간의 네트워크를 형성할 것이다. 이 공론장에서 학생들은 자신이 의견을 공유하고 싶은 대상과 대화하게 된다. 예를 들어, 신촌 상권의 가격대가 너무 비싸서 이용하는 데 불편한 점이 있다면, 이를 상인들과 공론장에서 논의해 볼 수 있다. 상인들과 학생은 서로의 입장과 의견을 공유하고, 궁극적으로 학생조직의 비전대로 학생들도 신촌을 함께 만들어 나갈 수 있게 되는 것이다.

셋째, 학생들을 비롯한 신촌 지역의 다른 구성원들의 필요와 요구를 듣고 반응하는 의사소통 창구의 역할을 한다. 위에서 말한 공론장을 여는 것에는 시간적, 물질적 한계가 존재할 것이다. 따라서 평상시에 학생조직은 신촌 지역에서 학생과 관련해서 학생들과 다른 이해당사자들이 가지고 있는 의견들을 페이스북 메세지를 통하거나 학생조직의 사무실로 직접 전달하는 방식 등을 통해 신촌 지역사회나 학생들에게 전달할 수 있다. 이러한 의견을 바탕으로 학생조직은 신촌 지역에서 학생들이 현재 겪고 있는 문제가 무엇인지 파악하고, 필요한

---

4. 2014년 1월부터 신촌 연세로는 일반 승용차의 통행이 금지된 대중교통 전용지구로 재탄생했으며, 토요일 오후 2시부터 일요일 오후 10시까지는 모든 차량의 통행이 금지된 '차 없는 거리'로 운영된다.

이해당사자들을 효과적으로 파악하여 의사소통 창구의 역할을 할 수 있다.

넷째, 공론장을 통해 모인 의견들을 바탕으로 신촌 지역에서 학생들에게 필요한 사업과 정책들을 제시한다. 공론장을 통해 활발하게 문제가 논의되는 것에 더해, 학생조직은 그 문제를 실제적으로 해결할 수 있는 사업과 정책을 제시하는 것이다. 예를 들어, 현재 진행되는 '차 없는 거리'에서의 행사들이 학생들의 의견이 반영되지 않은 일방적인 정책이라는 문제가 공론으로 형성되었다면, 학생조직은 학생들이 직접 참여할 수 있는 예술 활동, 혹은 신촌 지역대학연합 체육대회 등에 대한 다양한 아이디어를 신촌 주민협의체에서 제시할 수 있다.

2) 활동부서

'활동부서'는 신촌 지역에서 이루어지는 사업에 실제 '참여'하고 '모니터링'하는 역할을 한다. 활동부서는 실제 정책사업의 진행과정에 참여함으로써 신촌 지역에서 보다 적극적인 역할을 하고 싶은 조직원들로 구성된다. 한편, 활동부서의 구성원들은 소통부서와 다르게 학생 개인뿐만 아니라 기존에 신촌에서 활동하고 있는 학생 단체(예: 동아리, 학회, 학생 단체 등)까지도 그 조직원이 될 수 있다.

> "학생들이다 보니 졸업하면 빠질 수도 있고 개인 사정으로 빠질 수도 있고 그러니까 하나의 큰 조직에 학생 단체들이 계속 플러그 인되었다가 플러그 아웃될 수 있는 학생 단체들 간의 네트워크를 만들고 싶어요."
>
> – 최중철, 신촌 도시재생센터 소장(2016. 5. 12)

위의 인터뷰에서 알 수 있듯이 학생조직의 구성원들은 학생이라는 신분상 학교를 졸업하면 신촌을 떠나는 경우가 대다수이고 졸업과 동시에 '학생'이라는 신분도 벗어나기 때문에 학생조직의 구성원으로서 활동을 지속하기 힘들다. 또한 취업 준비로 학력, 학점, 토익 점수 따위를 합한 소위 '스펙(speculation)'을 쌓는 것에 바쁜 요즘 학생들에게 학생조직의 활동과 학업은 병행되기 어려울 수 있다. 이는 학생조직에서 조직원들의 탈퇴가 빈번한 반면 그만큼의 조직원 충원은 어려울 수 있다는 점을 시사한다. 이러한 문제를 해결하기 위해 이미 체계적으로 활동을 해 와서 지속성이 보장되어 있는 학생단체들을 활동부서의 부서원으로 받음으로써 조직의 지속가능성을 높이고자 하였다. 예를 들면 활동부서에는 신촌의 문화예술 분야에서 활동하는 학생 단체 '잔치'[5]나 신촌의 환경 분야에서 활동하는 연세대학교 동아리 '연그린'[6] 같은 단체들이 구성원으로서 참여할 수 있다. 이러한 특성을 바탕으로 활동부서의 구체적인 역할은 다음과 같다.

첫째, 신촌과 관련된 구청의 정책사업 중 조직원의 관심 분야에 맞는 사업을 스스로 연결하여 사업에 직접 참여한다.

"다양한 학생조직들은 자신이 속한 조직의 활동 분야와 현재 진행되고 있는 신촌 도시재생사업이 연계된 부분을 찾을 수 있을 거예요. 그럼 그 사업들에 참여하면 돼요. 저희는 그걸 팔레트 시스템이라고 불러요. 여러 가지 사업이라는 팔레트를 만들어 놓고, 조직의 특성을 해치지 않으면서 조직과 잘 맞는 사업에 필요한 조직을 연결해 주는 거죠." — 최중철, 신촌 도시재생센터 소장(2016. 5. 12)

구청에서 새로운 사업 진행을 위해 사업 참여자들을 구할 때 학생조직은 해당 사업을 관심 있는 조직원에게 빠르게 알려 줄 수 있다. 예를 들어 앞서 언급한 '잔치'는 활동부서에 속해 있음으로써 '잔치'의 활동 분야와 연계될 수 있는 신촌의 문화예술 사업 진행에 대해 손쉽게 알림을 받을 수 있다. 그리고 그러한 문화

---

5. '잔치'는 학생들로 이루어진 신촌의 문화예술을 담는 웹진(인터넷 잡지)이다. '잔치'는 신촌에서 활동하는 연세대학교, 이화여자대학교, 추계예술대학교 학생들로 구성되어 있으며 신촌의 예술, 공간, 사람들의 이야기를 담고 있다.
6. '연그린(Yongreen)'은 연세대학교 환경동아리로, 연세인 모두가 함께 그리는 그린캠퍼스를 비전으로 삼는다. 방향제 역할을 하는 커피찌꺼기를 화장실에 배치하는 '재찌향 프로젝트'와 화분을 화장실에 설치하여 손에 묻은 물을 털게 하는 '손 톡톡 프로젝트' 등 각종 교내 환경 개선을 위한 활동들을 하고 있다.

예술 사업에 활동 주체로서 참여할 수 있다.

둘째, 관에서 추진하는 정책사업이 있을 때, 사업의 진행 과정에 학생들의 의견이 반영되도록 한다. 사업에 직접 참여하지는 않아도, 사업을 계획하는 단계에서 사업을 진행할 때 학생의 권리가 침해되는 부분이나 학생들과 시너지를 낼 수 있는 방향으로 개선할 부분 등에 관한 피드백을 할 수 있다.

마지막으로 앞서 말한 소통부서에서 제안한 정책사업이 실제로 관에서 진행될 때 본래 제시한 방향으로 진행되는지 모니터링하는 역할을 하게 된다. 학생들의 아이디어가 정책사업으로 채택되어도 실제로 진행되는 과정에서 기존의 방향성과 달라지는 부분이 생길 수 있다. 이때, 활동부서는 진행 과정에서 본래의 의도에 위배되는 부분이 없도록 통제하는 역할을 한다.

2. 프리즘 속 정당성, 제도화, 지속가능성

우리는 프리즘을 구상하면서 어떻게 하면 정당성, 제도화, 지속가능성을 보장할 수 있을까를 고민했다. 앞서 프리즘 내 소통부서와 활동부서의 기능과 그 목적을 살펴보았다면, 지금부터는 프리즘의 구성과 활동방식에 있어서 정당성, 제도화, 지속가능성을 담보하기 위해 생각한 여러 가지 장치들을 이야기해 보고자 한다.

1) 정당성

앞서 제시된 3가지 정당성 유형인 실용적 정당성, 도덕적 정당성, 인지적 정당성에 비추어 프리즘을 설명할 수 있다. 우선, 신촌 지역에 이해를 두고 있는 다양한 사람들이 학생조직의 역할로부터 실용적 이익을 기대하고 획득하여 '실용적 정당성'을 부여할 수 있을 것이다. 현재 신촌은 다양한 이해관계자들 간의 원활한 소통이 부족한 상황이다.

"연세대학교 안에서도 학생들 안에서도 소통이 안 되고, 마찬가지로 상인연합도 이해관계가 모두 달라(서 소통이 잘 이루어지고 있지 않아요). 진정성 있는 사람들이 모이면, 대중이 따라가는 거지…. 구심점이 존재하는 순간 거기에서 소통이 되는 사람들이 같이 모인다고 봐요. 그 창구가 있게 되면 훨씬 더 빨라지겠고…."

— 임천재, 오컬트, 바플라이(Bar Fly) 사장(2016. 5. 17)

17년 동안 신촌에서 가게를 운영해 온 사장의 말에서 알 수 있듯, 신촌에서 주로 활동하는 학생 간 혹은 상인 간의 소통, 나아가 학생과 상인과의 소통이 이루어질 수 있는 구심점이 현재 신촌에 없다는 것을 알 수 있다. 따라서 학생조직을 통해 이러한 신촌 지역의 이해관계자들 간에 의견을 나눌 수 있는 공론장이 형성되고 학생들의 의사가 전달될 수 있는 공식적인 창구가 생기면, 행위자들 간의 소통이 원활해지고, 그에 따라 실용적 이익을 얻을 수 있을 것이다. 프리즘의 활동은 학생들이 지역사회에 더욱 활발히 참여한다는 것을 의미하기에, 관에게 실용적 이익을 가져올 것이다. 예를 들어, 신촌에서 환경 관련 사업이 진행될 때 이전에는 관 수준에서만 기획을 했다면, 이제는 프리즘의 활동부서를 통해 학생들이 사업의 주제에 대해 의견을 제시하여 참신한 사업을 구상할 수 있게 될 것이다. 서대문구에서 진행하는 사업들은 많은 수가 젊은 층을 대상으로 하기에 학생들의 의견이 사업정책의 기획에 반영될수록, 더 좋은 반응과 결과를 가져올 것이라 예상된다.

둘째, 프리즘은 조직 자체와 그 활동에 대해 긍정적인 규범적 평가를 받아서 '도덕적 정당성'을 획득할 수 있을 것이다. 오랫동안 문제로 있던 사안들이 조직에 의해 형성된 공론장 속에서 적극적으로 공론화되고, 대표되지 못하던 학생들의 입장이 적극적으로 대표 되면, '신촌'이라는 지역의 사회 복지가 여러 측면에서 증진될 것이기 때문이다. 신촌 지역의 주요 이해당사자인 상인, 학생, 그리고 학교 간의 대화 단절로 인해 쌓여 왔던 서로에 대한 불신을 공론장에서 각자의 입장을 이야기하고 듣는 과정을 통해 어느 정도 해결하여 신뢰를 바탕으로 한 신촌 공동체가 형성될 수 있을 것이다. 학생들이 공론을 바탕으로 학생들에게 필요한 정책사업들을 제시하고, 관에서 추진하는 정책사업에 참여하여 목소리를 내어 적극적으로 참여하는 '활동부서'의 활동 또한 옳은 일이며, 신촌 지역사회 전체의 이익 논리에 부합한다는 평가를 받을 것이다.

반면, 프리즘이 세 번째 유형인 '인지적 정당성'을 획득하기 위해서는 비교적 오랜 시간이 걸릴 것으로 보인다. 앞서 말했듯이 지역 기반 학생조직은 전례가 없고, 조직이 제도화되고 문화적 지지를 받는 과정이 필요하므로 조직을 인지적으로 당연한 것으로 사람들이 수용하기 위해 시간이 필요하다. 인지적 정당성을 획득하기 위해 학생조직이 어떠한 노력을 전개해 가야 좋을지는 다음의 인터뷰에서 그 답을 엿볼 수 있다.

"신촌에서 학생조직은 신촌만의 독특한 문화를 만들어 내는 역할의 중심이 되어야 한다고 생각합니다. 신촌만의 문화를 키우고 자리 잡아가는 데에는 단기간의 노력이 아니라 장기적인 활동과 지속적인 관심과 애정이 필요합니다. … 잔치를 비롯한 신촌 기반 학생조직의 역할은 꾸준히 신촌에 애정을 갖고 있는 사람들을 모으고 또 그 사람들이 모여 신촌 관련 이야기를 풀어내고 문화를 만들어 내는 것이라고 생각합니다. "
– 김윤지, '잔치' 대표(2016. 5. 20)

현재 웹진 '잔치'의 대표를 맡고 있는 김윤지 학생(25)의 말처럼, 신촌에 애정을 가진 사람들이 학생조직을 이끌고, 신촌의 이야기들을 공론장에서 논의하거나 사업과 정책의 형태로 풀어 나간다면 신촌만의 문화가 생길 수 있을 것이다. 학생조직의 활동 자체가 문화가 되거나 활동을 하면서 생겨나는 부차적인 것이 또 다른 문화로 창출될 수 있다.

결론적으로, '실용적 정당성'과 '도덕적 정당성'은 학생조직의 목적과 역할을 고려할 때 단기간 내에 획득할 수 있으나, '인지적 정당성'의 경우 획득하는 데 오랜 기간이 걸릴 것으로 예상된다. 그러나 '인지적 정당성' 또한 다양한 구성원들의 꾸준한 노력이 바탕이 된다면 획득할 수 있을 것이다.

2) 제도화

조직을 만들기는 쉽지만 실제로 그 조직이 제도로서의 가치를 지니게 하는 일은 또 다른 문제이다. 위에서 말했듯이 조직의 제도화는 조직 내부가 제도로 기능함과 동시에 조직의 제도적 기능을 뒷받침하는 외부의 사회 제도들이 있을 때 실현된다.

먼저, 조직의 내부가 제도로 기능하기 위해서는 조직원들의 조직에 대한 충성도가 높아야 한다. 그리고 사적 이익을 위한 배타적이고 기회주의적인 수단으로 조직이 변질되어서는 안 된다. 또한 구성원들 사이에 공통된 목표를 가지고 상호간에 신뢰가 견고히 해야 한다. 조직이 사적 수단화되는 것을 막기 위해서 조직 내외부에 모니터링 체제를 수립할 수 있다. 프리즘은 회계 내역과 활동 내역을 향후 프리즘이 이용하게 될 채널(SNS나 홈페이지 등)을 통해 주기적으로 보고하는 것을 의무화하고 신촌 지역의 조직들 간 상호 피드백을 하도록 한다. 또한 정기적인 회의를 통해 조직원들의 의견 제시를 쉽게 하고, 목표의식을 공유하는 등 구성원 간의 신뢰를 공고히 할 수 있을 것이다.

둘째, 조직이 안정적인 제도로 발전하기 위해서는 조직 외부의 사회제도적 지원도 필요하다. 이에 관해서는 관과 학교 차원의 적극적인 관심과 지원이 요구된다. 관 주도의 지역사업 공모전을 실시하는 것이 그 예가 될 수 있다. 신촌 도시재생센터의 최중철 소장님 역시 학생들이 신촌 지역정치에 참여할 수 있는 방안으로 공모사업을 언급하셨다.

"공모사업이 지금까지는 2차례 있었는데 앞으로는 더 다각화될 거예요. 주제공모전, UCC공모전, 기획사업에 대한 아이디어 공모전 등에 참여하면 그 아이디어가 반영이 되고 사업들에 대한 베이스가 될 수 있어요."
– 최중철, 신촌 도시재생센터 소장(2016. 5. 12)

340

프리즘의 구성원들은 사업 공모전을 통해 자신이 제시한 사업들이 실제로 지역의 사업으로 시행되는 것을 경험할 수 있다. 이는 조직 구성원들에게 생활에 영향을 주는 정책결정에 개인이 영향을 미칠 수 있다고 느끼는 것을 뜻하는 '정치적 효능감(political efficacy)'을 증가시키고 조직에서 활동할 동기를 부여하는 효과를 가져온다. 또한 관과 학교 차원에서 학생조직의 활동을 홍보해 주는 역할 또한 필요하다. 관과 학교는 다수의 신촌 지역의 사람들에게 정보를 공식적으로 전달할 수 있는 채널을 갖고 있다. 특히 학교는 신촌 지역의 학생들과 가장 밀접하게 닿아 있는 기관이기 때문에 사람들이 학생조직의 활동에 관심을 갖게 하고 이를 알리기에 좋은 홍보 채널이 된다. 결과적으로 관과 학교 차원의 홍보는 학생조직에 대한 신촌 지역 사람들의 관심을 촉구함으로써 학생조직의 구성원들을 안정적·지속적으로 공급하는 데 도움이 될 것이다.

이에 더해 관 차원의 인센티브를 부여하는 방식이 있을 수 있다. 프리즘은 앞서 말했듯이 학생들이 자발적으로 모여 활동하는 것을 기본으로 하기 때문에 적당한 유인이 없다면 조직이 제도로서 자리 잡기 힘들 것이 예상된다. 이러한 한계를 극복하기 위해 관 차원의 봉사활동 시간이나 활동 인증서 발급 등의 유형 인센티브를 제공할 수 있다. 또한 학생조직의 구성원들이 지역정치에서 공식적인 주체로 협상 테이블이나 포럼의 발제자로서 참석할 기회를 제공하는 것 등의 무형 인센티브도 제공할 수 있다. 이는 뒤에서 다룰 지속가능성 측면에서도 중요하다. 프리즘의 구성과 실제로 그 조직이 제도로서의 가치를 지니게 하는 일은 또 다른 문제이다. 앞서 말했듯이 프리즘의 제도화는 조직 내부가 제도로서 기능함과 동시에 조직의 제도적 기능을 뒷받침하는 외부의 사회 제도들이 있을 때 실현된다.

3) 지속가능성

우리는 쉽게 사라질 수 있는 자발적 조직의 특성과 오랜 활동이 어려운 학생 신분의 특성에 대비하고자 프리즘이 유지되기 위한 다양한 장치들을 미리 구성하려고 노력했다. 프리즘의 중요한 요소 중 하나인 지속가능성은 다시 크게 3가지 요인으로 구성된다. 조직과 조직, 조직과 개인, 개인과 개인 간의 상호작용 보장, 조직이 활동을 체계화하는 방식 그리고 조직원에 대한 인센티브이다.

우리는 프리즘을 큰 제한 없이 학생들에게 개방함으로써 개인과 개인 그리고 개인과 조직 간의 상호작용을 가능하게 하려 한다. 프리즘은 소통부서를 통해 학생들의 이야기를 듣는다. 이때 소통부서는 자발적으로 참여를 원하는 학생들 모두에게 그 참여의 기회가 열려 있으며, 학생 당사자뿐 아니라 신촌 지역의 다른 구성원들의 필요와 요구를 듣는 창구 역할을 한다. 즉, 개방성을 보장함으로써 조직과 개인, 개인과 개인 간의 소통을 가능하게끔 하고, 조직과 개인을 직접 매개하는 것이다. 또한 개인 간의 자유로운 의견 교환과 조직에 대한 구성원의 피드백은 민주적인 절차가 더욱 보장되게 한다.

또한 프리즘은 학생들 간의 유기적 연계를 만들어 내며 결과적으로 기존에 존재해 오던 학생조직을 다른 조직 혹은 관과 연결시키는 효과를 냄으로써 조직과 조직 간의 상호작용을 보장한다.

"예를 들어 스타트업(start-up)에 관심 있는 청년이 있다면, 이 친구들과 나라에서 받을 수 있는 후원 등을 연결시켜 줬습니다. 이를 테면, 서포팅, 사업/공모에 대한 안내를 주로 하는 겁니다. 청년들이 직접 찾아오는 경우도 있고 대부분 개인적으로 이루어집니다. 이런 이런 사업이 있는 데 참가해 볼래? 주로 이런 식이지요. 대학생들의 이야기를 어떻게 듣느냐? 나 같은 경우에는 센터에서 사업하면서 청년들 만나고, 가게 단골로부터 이야기를 많이 듣는 편입니다. 인맥이 또 다른 인맥과 이어지더라고요." — 김봉수, 달팽이 사장(2016. 5. 18)[7]

7. 김봉수 사장님은 신촌동 주민자치위원회 위원, 축제분과위 사무국장, 도시재생사업 주민협의체 간사, 서대문구 사단법인 수상공인회 기획이사, 신촌 상인 마을학교 대표, 신촌 어벤저스, 가게 달팽이 운영 등 신촌 내에서 다양한 활동을 하고 있다.

달팽이 김봉수 사장과의 인터뷰에 따르면 기존에 조직과 조직 간의 연결, 관과 학생들 간의 연결은 대부분 개인적인 차원에서 진행되었다. 그러나 프리즘을 통해서는 이러한 조직 간의 연계가 체계적인 루트를 통해 가능해질 수 있다.

더 나아가 프리즘의 활동부서는 실제로 신촌 지역을 배경으로 활발하게 활동하고 있던 다양한 조직들이 그 구성원이 된다. 우리는 기존에 신촌을 바탕으로 하는 다양한 학생자치단체, 동아리, 학회 등이 이미 존재함을 인식하고 이들 간의 상호작용을 돕는 것 역시 프리즘의 중요한 역할이라고 생각했다. 앞서 말했듯이 프리즘의 활동부서의 구성원은 한 명의 개인이 될 수도 있고 단체가 될 수도 있다. 예를 들어 A는 기존에 활동하던 신촌 기반 자치단체에서의 활동을 지속하면서, 동시에 프리즘의 구성원으로서 프리즘 내의 다른 사람들과 공모사업에 참가할 수 있다. 즉, 활동부서는 기존에 각자 활동하던 단체에서의 활동을 지속하면서, 특정 사업에 대해서 자유롭게 모이고 흩어지는 구조를 취한다. 새로운 사업에 대해서는 새로운 사람들이 모이는 구조를 통해 조직 자체가 한 명, 한 명의 조직원에게 지나치게 의존해 조직원 중 한 명이 탈퇴하는 경우 조직 자체가 흔들리는 위험을 막고자 했다. 또한 부서원들이 고정되어 있으면 자신의 관심사와 관련이 없는 정책사업이더라도 부서원으로서 의무적으로 참여해야 하기 때문에 활동 동기가 떨어져 이탈이 일어날 수 있다. 하지만 프리즘의 활동부서는 사업의 주제에 맞춰 관심 있는 구성원들이 모이기 때문에 이러한 문제에 있어서 지속가능성을 높일 수 있다.

마지막으로 프리즘 운영을 위해 조직원들에게 일정한 인센티브를 제공하는 것이 지속가능성을 유지하기 위한 하나의 방법이 될 수 있다. 실제로 조직 내에 물질적/비물질적 인센티브는 조직이 유지될 수 있도록 하는 요인 중 하나이다.

"학교 기관에서 일하는 정식기자로, 수습기간이 지나면 대학봉사장학금이 들어온다. 장학금만이라기보다는 신문사 일 자체에 보람이 느끼는 사람이 더 많다. 그러나 돈을 받는다는 것은 큰 인센티브다. 학생들이 그만큼 해당 일에 더 많은 시간과 노력을 쏟을 수 있기 때문이다."

– 이혜진, 고려대학교 영자신문 『The Granite Tower』 편집국장(2016. 5. 20)

물질적 지원이 힘들다면, 봉사활동시간이나 인증서 등을 제공하는 것도 조직의 유지에 도움이 될 수 있다. 개인이 시간과 노력을 쏟는 활동에 대해 공적으로 인정을 받도록 하는 것은 중요하다. 특히, 자발적 결사체는 개인의 선호에 의해 활동을 지속하는 경우가 많다. 이때 인센티브를 제공하는 것은 활동에 대한 인정과, 개인이 시간과 노력을 쏟는 것에 대한 부담을 줄일 수 있으며 개인의 활동을 유인하는 요소로 작용할 수 있다.

V. 신촌에 학생의 빛을 더하자

학생은 신촌 지역을 가장 많이 이용하는 행위자 중 하나이자, 많은 시간을 신촌에서 보내고 소비하는 소비자임에도 불구하고 학생의 목소리를 모으고 전달할 창구가 없었다. 이에 대해 신촌의 학생들도 이러한 창구의 역할을 하는 조직의 필요성을 절감하고 있었다. 그 배경에서 우리는 정당성, 제도화, 지속가능성을 갖춘 '프리즘'이라는 가상의 학생조직을 소개했다. '프리즘'이 현실화되어 나타난다면 학생들이 자신들의 의사를 공적으로 표출하고, 그것이 관이나 다른 신촌 지역의 이해당사자들에게 전달될 수 있는 통로를 갖게 될 것이다.

또한 학생들이 신촌 지역변화에 적극적인 주체로 성장할 수 있다. 신촌 지역 사업에 관해 실제로 피드백을 하거나, 의견을 낼 수 있으며, 학생들의 의견을 지역사업으로 실제화함으로써 그들이 원하는 신촌을 만드는 데 기여할 수 있을 것이다.

다음으로, 기존에 신촌을 기반으로 존재했던 다양한 학생자치단체, 학회, 동아리들 간의 유기적 연계를 가능하게 할 것이다. 프리즘의 활동부서는 사업에

344

참여할 때, 관심 있는 다양한 학생단체들로부터 사람을 모으고 함께 활동해 나가기 때문에 신촌의 학생단체들 간의 소통과 연계를 돕게 된다. 이들은 사업이 끝난 후 다시 흩어지지만 사업 진행을 통해 형성했던 관계를 바탕으로, 다양한 분야에서 협력하여 활동들을 진행할 수도 있고 서로가 부족한 부분을 채워 나가며 성장할 수도 있을 것이다.

마지막으로 학생들의 의견을 정치화할 수 있다. 정치화란 하나의 의제를 두고 행위자들 간의 이해관계를 조정하는 과정이다. 학생들 한 명 한 명의 목소리는 큰 힘을 발휘하기 힘들지만, 학생조직을 통해 목소리가 집결되고 공론화됨으로써 영향력을 발휘할 수 있다. 따라서 관과의 대화의 장에서도 학생들의 의견이 반영될 가능성이 더 높아진다. 또 역으로 관과 같은 공기관 또는 상인회와 같은 이익집단에서 학생들의 의견을 먼저 듣고자 하는 움직임도 기대해 볼 수 있다.

"청춘포럼이 있고 많은 사람들이 같이 참여해. 그러면 거기에 구청장도 와서 약속하고 싶고, 시장도 와서 약속하고 싶고, 때로는 대권후보도 때로는 국회의원도. 그들한테 약속을 받아 내면서 우리는 정책을 바꿔 나가는 거지. 진지하게 논의하고, 때로는 그걸 정보로, 공유해야 할 지식으로 만들어서 공유가 되면 그것이 파워가 되는 거야. 그것을 묶는 작업을 하게 되면. 사람도, 조직도 모두 다 따라오게 된다."
– 임천재, 오컬트, 바플라이(Bar Fly) 사장(2016. 5. 17)

이러한 기대효과를 따라 읽다 보면 '프리즘이 담으려는 학생들의 의견이 과연 학생 전체의 의견일까?'라는 질문에 봉착할 수 있다. 프리즘이 신촌 지역을 기반으로 하는 유일한 학생자치단체일지라도, 프리즘에서 도출된 의견이 모든 대학생들의 의견을 반영한 결과는 아닐 수 있다는 것이다. 학생조직 자체는 누구에게나 열려있는 조직이며 원하는 사람은 조건 없이 참여가 가능하다. 그러나 동아리 활동이나 학업 등으로 바쁜 요즘 대학생들의 특성상, 프리즘의 활동에 참여하고자 하는 학생들은 일반적으로 신촌 문제에 더 적극적인 관심을 보이는 소수의 학생들일 확률이 높다. 이에 비해 소극적인 다수 학생들의 의견을 반영하기에는 무리가 있을 수 있다. 따라서 신촌 지역에 대한 통일된 의견을 도출하는 것은 굉장히 어려울 수 있다는 문제가 있다.

"아마 백 명에게 신촌 지역에 대해 질문하면 백 명 다 다른 대답을 할 겁니다. 3년 전에 비해 신촌이 많이 좋아졌어, 나빠졌어 등 일반적인 사항에 대한 공통 의견은 있을 수 있겠지요. 그러나 세부 사항에 대한 일반적 의견은 도출하기 어려울 거라 생각합니다. 학생조직이 생긴다면 이런 점은 이해하고 수용할 수 있어야겠지요."
– 김봉수, 달팽이 사장(2016. 5. 18)

또한 프리즘이 학생들로 구성된 조직이라는 특성 자체에서 오는 한계가 있을 것으로 예상된다. 학생들은 고학년이 될수록 취업이라는 현실적인 장벽에 부딪히고, 학업과 직접적인 관계가 없는 자치단체 활동보다 '스펙'을 쌓기 위한 활동에 치중함으로써 프리즘 활동의 참여가 저조할 수 있다. 또한 학생들은 학교를 졸업하고 나면 신촌을 떠나는 경우가 대부분이기 때문에 조직이 새로운 구성원을 계속해서 공급받지 못한다면 무너져 버릴 수 있다.

이상의 한계들은 학업 이외의 것에 신경 쓸 여유가 부족한 학생이라는 신분 때문에 발생한다. 따라서 그러한 한계를 뛰어넘을 만큼의 활동 동기가 학생들에게 주어지는 것이 프리즘의 가장 중요한 해결 과제일 것이다. 따라서 학생조직을 실제로 만들 때, 봉사활동 시간 인증과 같은 외적인 동기와 정치적 효능감(political efficacy)과 같은 내적인 동기를 모두 충족 시킬 수 있도록 하는 방안에 대한 고민이 과제로 남는다.

이러한 한계에도 불구하고 신촌 기반의 학생조직, 프리즘은 신촌에서 처음으로 학생들의 조직적인 움직임이 될 것이라는 점에서 여전히 의미가 있다. 프리즘은 다양한 색의 빛을 한데 모아 하나의 빛으로 비춘다. 우리의 학생조직 프리즘도 다양한 학생들의 의견을 한데 모아 하나의 의견으로 신촌에 전달하여, 신촌에 학생이라는 빛을 더할 것이다. 신촌에 다양한 빛이 모아지고 더해져 무지갯빛의 신촌이 되는 날을 기대해 본다.

교육, 연구, 삶이 함께하는 마을학개론

이태동

시민정치교육은 "학생들이 공동체 구성원으로서의 삶(Civil life)에 효과적으로 참여하고, 사회 문제와 이슈에 대하여 잘 알고 있으며(stay informed), 정치과정을 이해하기(understand governmental process)를 기대해야 한다. 또한 정치적 결정 도출 및 시행을 위한 절차와 과정을 이해하며, 그러한 정치적 결정에 영향을 미치기를 기대하는" 교육이다(김태한 2013). 지역에 기반한 시민정치교육은 지역이라는 손에 잡히는 구체적인 대상이 있다. 멀리 떨어져서 자신과 무관하게 벌어지는 문제가 아니라, 관심을 가졌을 때 달라질 수 있는 심적으로 물리적으로 가까운 장소이자 대상이다. 지역에서 우리가 상상할 수 있는 다양한 정치활동이 벌어지고 있다. 이 책의 각 장들은 지역에서 벌어지고 있거나 벌어질 수 있는 다양한 활동을 보여 주고 있다. 이 지역을 교육과 연구의 대상으로 삼을 때, 연구자는 교육-연구-봉사의 교집합을 찾을 수 있다. 학생들 또한 교육의 객체에서 주체로 지역의 정치적 문제를 바라보고 이해할 수 있다. 이를 위해서 강의

실 수업과 현장 필드 수업의 조화가 필요하다. 팀 동료들과 함께 문제를 확인하고, 질문을 던지며, 멘토들의 도움을 받는 것도 배움을 향상시킬 수 있다. 이 과정에서 민−관−학의 협력구조와 내·외부의 소통구조를 만들어 간다면, 수업이 수업으로만 끝나지 않고 지역사회에 영향을 끼칠 수 있고 수업의 내용과 결과를 더 큰 청중들과 공유할 수 있다.

지역사회에 기반한 시민정치교육은 민주시민교육과 맥락을 함께한다(장동진 2005). 이에 정치학과나 사회과학 관련 학과라면 어디에서나 시민정치교육을 제공할 수 있다. 한 대학이나 지역, 학과, 교수에 전유된 수업은 아닐 것이다. 그 정도와 관심은 다르겠지만, 정치학의 기존 주제들—정당·선거, 국제관계, 비교정치, 정치경제 등—도 결국 지역사회와 영향을 주고받기 때문이다.[1] 다양한 분야에서 지역사회에 기반한 시민정치교육을 진행한다면, 수업 간의 연계 등을 통하여 서로 배울 점이 많을 것이다.

또한 대학에서뿐만 아니라 초·중·고 교육에서도 수준과 주제를 달리하여 수업을 진행할 수 있을 것이다. 노원구의 경우, 노원구 전체의 '마을학교화'를 목표로 다양한 주제의 200여 개 마을학교의 개설을 지원하고 있다.[2]

경기도교육청의 '꿈의 학교'라는 마을학교 프로그램도 한 예이다. 대학교육과 초·중·고 교육에서 시도 교육청, 지방자치단체와 함께 지역사회에 기반한 시민 교육의 접점을 찾을 수 있을 것이다. 아울러 지역에 기반한 시민정치교육 수업을 들은 정치학도들이 각자 자신의 지역에서 초·중·고 마을학교를 이끄는 지도자가 된다면, 위기의 정치학 교육,[3] 특히 지방대학 정치학 교육의 새로운

---

1. 정치학의 다양한 하위 분야(예를 들어, 도시/주정부 정치, 공공정책, 선거, 정치이론, 비교정치, 국제정치)에서 어떻게 시민정치교육과 연구를 진행해 왔는지 Thomson et al.(2011)의 관련된 장들을 참고할 수 있다.
2. 자세한 내용은 노원구의 '마을이 학교다' 홈페이지에서 확인할 수 있다. https://nest2.nowon.kr/nest/main /login(2016. 4. 6 접속).
3. 2015년 한국정치학회 추계대회에서는 "정치학 연구와 교육의 실용성: 과제와 방향"이라는 주제로 기획 패널이 열렸다. 이 학술발표에서 정상호(2015)는 초·중·고 교육에서 정치학 관련 비중의 축소와 내용의 빈약함을 지적하였다. 또한 수학능력평가에서 정치학 선택 응시자의 수도 2013년 82,766명에서 2015년 31,056명으로 현격하게 줄었고, 참여하고 토론하는 민주시민교육 과정도 약화되었음을 보여 주었다. 진시

활로를 모색할 수 있을 것이다. 이를 위해서는 민–관–학 협력의 제도화와 예산의 확보 등이 필수적이다. 대학의 시민정치교육이 활성화되면 이를 통한 일자리 창출과 지역정치의 민주화를 이룰 수 있을 것이다. 정치학 교육은 시민정치교육의 저변 확대를 통해 배움과 활동의 주체가 되는 학생 양성, 지역에 기반한 연구와 교육, 손에 잡히는 다양한 대안 제공의 역할을 할 수 있다.

원(2015) 또한 대학교 정치교육이 서서히 감소하는 추세이며, 정치학과에 대한 구조조정으로 인해 입학정원이 줄고, 정치학 교양수업도 감소되는 현상을 지적하였다. 공무원 시험에서도 정치학 시험은 상당히 적은 비중을 차지하고 있음을 보여 주었다. 이러한 정치학의 위기를 타개하기 위해, 진시원은 선거관리위원회의 정치교육원 추진과 정치교육진흥법의 법제화가 필요함을 역설하고 있다.

참고문헌

제1장

경향신문. "우리가 살고 싶은 마을을 상상했더니 그게 바로 '생활정치'네요." 2015. 6. 17.

권효림. 2015. "결사체주의 관점에서 본 마을공동체 만들기의 민주주의적 의의: 마포파티 사례를 중심으로." 『한국사회학』 49(5). 151-80.

김민호. 2014. "학습사회와 시민사회의 결합." 『교육연구논총』 35(1). 169-188.

김상현·김회용. 2014. "상상력과 공감으로서의 공공성: 존 듀이의 사회적 지성과 민주주의론을 중심으로." 『교양교육연구』 12(8). 615-646.

김영·정규식·천성봉. 2013. "도심재생사업을 위한 로컬 거버넌스가 사회적 자본에 미치는 영향." 『한국지역개발학회지』 25(2). 43-70.

김의영. 2015. 『동네 안의 시민정치』. 서울: 푸른길.

김진경·황기원. 2011. "도시대학 교육프로그램의 주민역량강화 효과성 분석: 푸른 경기 21 도시대학 교육프로그램을 중심으로." 『한국도시설계학회지』 12(5). 5-18.

김태한. 2013. "한국 청소년의 시민지식 및 내적 정치효능감 발달에 대한 연구." 『시민교육연구』 45(4). 1-37.

마이클 마쿼트 저. 봉현철·김종근 역. 2000. 『액션 러닝』. 서울: 21세기북스.

서울경제신문. 2015. "'포기', '달관'은 어울리지 않는 말 … 대학생들이 새로운 신촌 공동체를 꿈꾼다." 2015. 6. 21.

심익섭. 2001. "시민참여와 민주시민교육." 『한독사회과학논총』 11(2). 51-79.

양민석. 2014. "독일 여성의 정치적 대표성과 여성정치교육: 멘토링 프로그램을 중심으로." 『인문연구』 (71). 407-436.

엘리너 오스트롬 저. 윤홍근·안도경 역. 2010. 『공유의 비극을 넘어서』. 서울: 랜덤하우스.

오수웅. 2015. "루소의 시민교육: 개념, 역량 그리고 교육." 『한국정치연구』 24(1). 277-301.

이원재. 2014. 『소셜 픽션: 지금 세계는 무엇을 상상하고 있는가』. 서울: 어크로스.

이재열. 2006. "지역사회 공동체와 사회적 자본." 『지역사회학』 8(1). 33-67.

이태동. 2016. "공허한 '민생타령' 말고 '생활정치'를." 경향신문. 2016. 4. 8.

장동진. 2005. "한국민주정치와 민주시민교육: 적극적 시민육성을 위한 자유주의적 논의." 『사회과학논집』 36(1). 147-169.

정건화. 2012. "민주주의, 지역 그리고 사회적 경제." 『동향과 전망』 86.

정상호. 2015. "'정치학'위기의 원인과 실태, 그리고 개선방향: '좋은 시민'과 '효과적인 민주주의'를 위한 제언." 2015 한국정치학회 추계학술대회 논문집.

진시원. 2015. "정치교육 활성화 방안 연구: 정치교육진흥법을 중심으로." 『2015 한국정치학회 추계학술대회 논문집』.

최명민·김승용. 2005. "사회복지교육에서 액션러닝 활용에 관한 탐색적 연구." 『한국사회복지교육』 11(1). 81-103.

Bennion, Elizabeth A. and Hannah M. Dill. 2013. "Civic Engagement Research in Political Science Journals: An Overview of Assessment Techniques" In *Teaching Civic Engagement: From Student to Active Citizen*, eds. Alison R. McCartney, Elizabeth A. Bennion, Dick Simpson. American Political Science Association. http://community.apsanet.org/teachingcivicengagement/readnow.

Dahl, Robert A. 2005. *Who Governs?*. New Haven: Yale University Press.

Ehrlich, Thomas. 1999. "Civic Education: Lessons Learned." *PS: Political Science*. 32 (2): 245-250.

Kahne, Joseph and Joel Westheimer. 2006. "The Limits of Political Efficacy: Educating Citizens for a Democratic Society." *PS: Political Science*. 39(2): 289-296.

Lee, Taehwa, Taedong Lee, and Yujin Lee. 2014. "An Experiment for Urban Energy Autonomy in Seoul: The One Less Nuclear Power Plant Policy." *Energy Policy* 74: 311-318.

McCartney, Alison R. 2013. "Teaching Civic Engagement: Debates, Definitions, Benefits, and Challenges." In *Teaching Civic Engagement: From Student to Active Citizen*, eds. Alison R. McCartney, Elizabeth A. Bennion, Dick Simpson. American Political Science Association.

Pasek, Josh, Lauren Feldman, Daniel Romer, and Kathleen Jamieson. 2008. "Schools as Incubators of Democratic Participation: Building Long-term Political Efficacy with Civic Education." *Developmental Studies* 12(1): 26-37.

Thomson, Ann Marie Thomson, Antoinette R. Smith-Tolken, Anthony V. Naidoo, Robert G. Bringle. 2011. "Service Learning and Community Engagement: A Comparison of Three National Contexts." *Voluntas* 22: 214-237.

제2장

권효림. 2015. "결사체주의 관점에서 본 '마을공동체 만들기'의 민주주의적 의의: 마포파티 사례를 중심으로." 『한국사회학』 49(1). 151-180.

김도균. 2010. "환경재난에 의한 어촌마을의 주민갈등과 사회자본." 『환경사회학연구 ECO』 14(1). 125-65.

김동규. 2010. 『개성은 왜 사회를 발전시키는가: 하버마스 규범철학』. 파주: 도서출판 한울.

김미영. 2015. "현대사회에 존재하는 공동체의 여러 형식." 『사회와 이론』 27. 181-218.

김수영 외. 2014. "마을공동체 형성의 인과구조 분석." 『한국지역사회복지학』 49. 337-81.

김의영. 2005. "결사체 민주주의에 대한 소고." 『한국정치학회보』 39(3). 433-455.

김의영. 2006. 『미국의 결사체 민주주의』. 서울: 아르케.

김의영·한주희. 2008. "결사체 민주주의의 실험." 『한국정치학회보』 42(3). 143-166.

김이준수 외. 2013. 『서울 마을공동체 사업 활용설명서: 서울에서 함께 마을하기』. 서울: 서울특별시

김형용. 2016. "복지와 마을, 접합시도에 대한 시론." 『비판사회정책』 (50). 38-75.

나종석. 2013. "마을 공동체에 대한 철학적 성찰." 『사회와 철학』 (26). 1-32.

로버트 퍼트넘 저. 정승현 역. 2009. 『나 홀로 볼링』. 서울: 페이퍼로드.

로버트 퍼트넘 저. 안청시 외 역. 2000. 『사회적 자본과 민주주의: 이탈리아의 지방자치와 시민적 전통』. 서울: 박영사.

박재동·김이준수. 2015. 『마을을 상상하는 20가지 방법』. 서울: 샨티

서울특별시 마을공동체담당관실. 2014. 『서울, 사람, 삶: ~2013 서울시 마을공동체 백서』.

서울특별시 사회적경제과. 2015. 『서울시 마을기업, 1056일의 기록』.

안승국. 1997. "결사체 민주주의와 정치공동체." 『한국정치학회보』. 31(3). 69-88.

알렉시스 토크빌 저. 박지동 역. 1983. 『미국의 민주주의』. 서울: 한길사.

여관현. 2013. "마을 만들기를 통한 공동체 성장과정 연구." 『도시행정학보』 26(1). 53-87.

우기동. 2014. "논문: 마을과 시민." 『시대와 철학』 25(4). 311-38.

위르겐 하버마스 저. 장춘익 역. 2006. 『의사소통행위이론 1: 행위합리성과 사회합리화』. 파주: 나남.

위르겐 하버마스 저. 한상진·박영도 역. 2007. 『사실성과 타당성: 담론적 법이론과 민주주의적 법치국가 이론』. 파주: 나남.

위성남. 2013. "도시 속에서 함께 살아남기." 『황해문화』. 61-78.

유정민. 2016. "에너지 전환을 위한 소통적 전력 계획의 모색." 『공간과 사회』 55. 12-47.

유창복. 2010. 『우린 마을에서 논다』. 서울: 또하나의문화.

유창복. 2014. 『도시에서 행복한 마을은 가능한가』. 서울: 휴머니스트.

이종수. 2015. 『공동체: 유토피아에서 마을만들기까지』. 서울: 박영사.

엘리너 오스트롬 저. 윤홍근 역. 1999. 『집합행동과 자치제도』. 서울: 자유기업센터.

전병재. 2002. "[특집: 공동체와 사회이론] 공동체와 결사체." 『사회와 이론』. 49–78.

제3장

강준모·박정민. 2008. "도심재생의 정책 및 제도에 관한 연구." 『대한토목학회논문집 D』 28(1D). 137–145.

계기석. 2003. "대도시 도심지역재생의 기본방향 - 기능 활성화와 쾌적성(어메니티) 제고." 『국토정책 Brief』 (41). 1–6.

김영·서익진·이필용. 2008. "마산시 도시재생사업 거버넌스의 특성과 평가에 관한 연구." 『한국지역개발학회지』 20(4). 89–110.

김영환·백기영·오덕성. 2003. "영국 쉐필드(Sheffield) 시 도심재생계획의 특징에 관한 연구." 『대한건축학회 논문집-계획계』 19(9). 69–78.

김지은. 2010. "대학-지역사회 파트너십을 통한 지역재생 사례연구 - 일리노이 주립대학교 시카고 캠퍼스 지역협력 프로그램을 중심으로." 『서울도시연구』 11(3). 69–86.

박천보·오덕성. 2004. "해외 도심재생의 정책 및 제도에 관한 연구." 『국토계획』 39(5). 25–38.

서대문구청. 2014. "연세로 대중전용교통지구 시행." 서대문구. http://www.sdm.go.kr/admininfo/public/realnametarget.do?mode=view&sdmBoardSeq=153593(검색일: 2017년 3월 12일).

서울시. 2013. 『지역과 상생하는 대학가(캠퍼스타운) 조성 기본계획』. 2013. 2.

안정배·이태동. 2016. "도시의 에너지 전환 분석: 서울시의 원전하나줄이기 정책을 중심으로." 『ECO』 20(1). 105–141.

오덕성·김영환. 2004. "지속가능한 도시형태 모형의 특성에 관한 연구." 『국토계획』 39(2). 63–76.

이창호·이영환. 2009. "대학시설의 주변지역 전개에 의한 대학마을 재정비 일본 와세다대학교의 대학시설 주변지역 전개 사례를 중심으로." 『한국도시설계학회지』 10(2). 43–56.

임양빈. 2006. "국내 도심재생사업 및 관련 제도 연구." 『대한건축학회논문집-계획계』 22(12). 231–238.

Benson, L., I. Harkavy, and J. Puckett. 2000. "An Implementation Revolution as a Strategy for Fulfilling the Democratic Promise of University-Community Partnerships:

Penn-West Philadelphia as an Experiment in Progress." *Nonprofit and Voluntary Sector Quarterly* 29(1): 24-45.

Bringle, Robert and J. Hatcher. 2002. "Campus-Community Partnership: The Terms of Engagement." *Journal of Social Issues* 58(3): 503-516.

Gumprecht, Blake. 2007. "The Campus as a Public Space in the American College Town." *Journal of Historical Geography* 33(1): 72–103.

Heurkens, Erwin, Tom Daamen, and Alexandra den Heijer. 2015. "City Tour Delft: The Making of a Knowledge City." *disP-The Planning Review* 51(2): 6–15.

Kinsale, Further Education College. 2005. *Kinsale 2021: An Energy Descent Action Plan – Version.1.* ed. Rob Hopkins. Kinsale Further Education College.

Milner, Peter and M. Hafner. 2008. "Moving Toward Dialogical Collaboration: A Critical Examination of a University– School–Community Partnership." *Educational Administration Quarterly* 44(1): 66-110.

Pierre, Jon. 1999. "Models of Urban Governance: The Institutional Dimension of Urban Politics." *Urban affairs review* 34(3): 372–96.

Roorda, Chris, and Julia Wittmayer. 2014. *Transition Management in Five European Cities-an Evaluation.* DRIFT.

Transition Town Totnes. 2010. *Transition in Action: Totnes and District 2030, an Energy Descent Action Plan.* ed. Rob Hopkins Jacqi Hodgson. UIT Cambridge.

UDCK. 2016. "UDCK (Urban Design Center Kashiwa-No-Ha)." http://www.udck.jp/en/ (Access: 2017. 3. 17).

UN ESCAP. 2009. "What Is Good Governance?" http://www.unescap.org/resources/what-good-governance (March 12, 2017).

Voß, Jan-Peter, Bernhard Truffer, and Kornelia Konrad. 2006. "Sustainability Foresight: Reflexive Governance in the Transformation of Utility Systems." In *Reflexive Governance for Sustainable Development*, eds. Jan-Peter Voß, D. Bauknecht, and René Kemp. Cheltenham: Edward Elgar.

WSIS. 2005. "Tunis Agenda for the Information Society."

제4장

김승남 외. 2011. "택지개발이 지역주민의 사회자본에 미치는 영향–근린수준 사회자본과 일반적 사회자본에 대한 차이를 중심으로." 『국토연구』(71). 47–68.

김현주. 2012. "독일 도시재생프로그램 'Soziale Stadt'의 특성 연구—지역자산을 활용하는 지속가능한 통합적 도시재생." 『대한건축학회지』 28(10). 93–104.

난 린. 2008. 『사회자본: 사회자본 이론의 배경과 발전 과정, 연구 의제 총정리』. 서울: 커뮤니케이션 북스.

뉴시스. "[인터뷰] 문석진 서대문구청장 "9월에는 신촌 연세로 전면 차 없는 거리." 2015. 2. 18.

딸기나무 홈페이지. 2016. http://senergy.rs/proizvodi/strawberry-drvo/?lang=en.

민현석 외. 2012. "차 없는 거리 사업의 평가 및 개선방안." 『정책리포트』. (131). 1–18.

민현석·여혜진. 2012. 『서울시 차 없는 거리 개선 및 확대방안 연구』. 서울시정개발연구원.

서대문구청. 신촌 대중교통전용지구 활성화 TF 회의 자료. 2015. 4. 29.

서대문구청. 연세로 대중교통전용지구 시행 보도자료. (http://www.sdm.go.kr/admin info/public/realnametarget.do?mode=view&sdmBoardSeq=153593)

서울특별시. 2013. 『지역과 상생하는 대학가(캠퍼스타운) 조성 기본계획』.

이원재 외. 2014. 『모이고, 나누고, 바꾸다—소셜 픽션: 지금 세계는 무엇을 상상하고 있는가』. 서울: 어크로스.

이해진. 2011. "기획특집: 대학 캠퍼스를 활용한 미국 도시재생 사례." 『도시문제』 46(515). 29–32.

일본 UDCK 공식 홈페이지. http://www.udck.jp/en/

전강은. 2012. "대학 캠퍼스의 확장을 통한 도시재생전략에 관한 연구; 지역사회 만들기형을 중심으로." 고려대학교 대학원 건축학과 석사학위 논문.

진양교. 2013. 『건축의 바깥』. 도서출판 조경.

퍼트넘 저. 안청시 역. 2000. 『사회적 자본과 민주주의: 이탈리아의 지방자치와 시민적 전통』. 박영사.

City of Fort Collins. 2011. "Fort Collins Pedistrian Plan." http://www.fcgov.com/planfortcollins/pdf/ped-plan.pdf (Access: 2017. 3. 24.).

Associated Press. 2005. "Alumni return to college towns for retirement." NBC news. March 17 2005. http://www.nbcnews.com/id/7193144/ns/business-your_retirement/t/alumni-return-college-towns-retirement/#.VXgn7fntmko.

Oakville News. 2015. "Downtown Oakville plan moves into engineering design phase for Lakeshore Road East." April 15 2015. http://oakvillenews.org/downtown-oakville-plan-moves-into-engineering-design-phase-for-lakeshore-road-east/.

제5장

곽수정. 2007. "유휴공간의 문화공간화를 위한 콘텐츠 연구." 국민대학교 대학원 박사학위논문.

김선아. 2012. "유휴공간 재생을 활용한 커뮤니티 아트 활성화 방안 연구: 한강교량 하부를 대상으로." 한양대학교 대학원 박사학위논문.

김연진. 2009. "유휴공간 문화적 활용의 의의와 방향." 『문화정책논총』 2. 185-207.

김자은·최재필. 2013. "공간, 커뮤니티 네트워크를 이용한 우체국 유휴공간 및 유휴시설 활용 방안에 대한 연구." 『대한건축학회 학술발표대회 논문집』 33(2). 1-2.

김종찬·정진우. 2013. "서울시 대형경기장 외부 유휴공간의 공공성 확보를 위한 공공성 평가 연구." 『한국공간디자인학회 논문집』 9(1). 83-90.

김현주·이상호. 2011. "유휴공간 재활용 계획에 나타나는 도시재생개념의 영향 분석." 『대한건축학회 논문집 계획계』 27(6). 103-112.

민철기. 2010. "매개공간 개념을 적용한 도심 속 유휴부지 내 공공 공간 계획:경춘선 폐선부지를 중심으로." 홍익대학교 대학원 석사학위논문.

양병일. 2001. "지역내 공공유휴시설을 이용한 주민 문화복지시설군 계획안: 성동구 도선동 지역을 중심으로." 경기대학교 건축전문대학원 석사학위논문.

오준걸. 2011. "유휴 입체공간의 개념과 '공간재생' 계획측성 연구." 『대한건축학회 논문집 계획계』 27(1). 87-95.

오준걸. 2013. "공공주체에 의한 국내 유휴공간의 공공적 재생방향에 관한 연구." 『한국산학기술학회논문지』 14(6). 3005-3012.

오준걸. 2012. "도시재생을 위한 브라운필드의 건축기획 특성에 관한 연구." 『한국생태환경건축학회 논문집』 12(3). 61-67.

오준걸·최순섭. 2012. "'European Prize for Urban Public Space'의 참가작에서 나타나는 유휴지 활용 공공 공간 재생방식." 『한국생태환경건축학회 논문집』 12(6). 55-62.

이덕진. 2014. "유휴공간을 재활용한 문화공간 구축에 관한 연구." 경성대학교 이론학과 박사학위논문.

임유경. 2015. 『근린 재생을 위한 도시 내 유휴공간 활용 정책방안 연구』. 건축도시공간연구소.

정성희·최희랑·이상홍. "유휴공간의 Instant space 활용방안에 관한 연구." 『대한건축학회 학술발표대회 논문집』 35(1). 15-24.

조한상. 2009. 『공공성이란 무엇인가』. 서울: 책세상.

최순섭·오준걸. 2015. "공공적 유휴공간 재생 계획과정의 특성에 관한 연구." 『한국산학기술

　　학회논문지』14(6). 3005-3012.

제6장

강연주·박종완·임승빈. 2009. "공동주택 중앙광장의 개방 구조에 따른 지역 공동체의식의
　　차이."『한국조경학회지』37(3). 21-32.

김사리. 2014. "대중교통전용지구 조성이 기성시가지 활성화에 미친 영향." 홍익대학교 대학
　　원 도시계획학과 석사학위논문.

김선영. 2009. "공공 공간으로 본 도시형 오픈 스페이스와 광장디자인."『한국디자인포럼』
　　22. 47-58.

김현주. 2004. "가로공간 인지도 향상을 위한 결절점 계획방법에 관한 연구." 연세대학교 석사
　　학위논문.

성동규·김성희. 2005. "서울광장 이용에 대한 시민 만족도 및 이미지에 관한 연구."『서울도
　　시연구』6(4). 191-214.

신현돈·조경진. 2013. "광화문광장 조성과정 및 설계 연구."『한국조경학회지』41(4). 24-41.

오지운. 2013. "'장소'로서의 도시 결절점 활용사례 연구." 경희대학교 대학원 환경조경학과
　　석사학위논문.

이승헌. 2014. "승효상의 건축에서 '비움'의 의미와 형식에 관한 연구."『디지털디자인학연구』
　　13(3). 165-174.

이우상. 2005. "가로 결절점(Node) 광장 개념을 적용한 대학 문화공간 계획안." 홍익대학교
　　대학원 건축학과 석사학위논문.

이재옥. 2011. "도시 집합주거단지의 개방성 평가지표 개발." 중앙대학교 대학원 건축학과 박
　　사학위논문.

이종욱. 2013. "Kevin Lynch의 이론을 통한 한국 도시의 공공성 확보에 관한 연구." 국민대학
　　교 대학원 건축학과 석사학위논문.

이현택. 2016. "도시재생을 통한 도시정체성과 장소성에 관한 연구." 영남대학교 대학원 건축
　　학과 석사학위논문.

전병준. 2014. "지하광장의 공공성 향상을 위한 설계요소 도출 및 IPA 분석." 연세대학교 대학
　　원 도시공학과 석사학위논문.

정자영. 2013. "지하광장의 공공성 분석과 개선방안 제안: 지하철역과 건물 간 연결통로를 중
　　심으로." 중앙대학교 대학원 석사학위 논문.

제임스 스프래들리 저. 신재영 역. 2006.『참여관찰법』. 서울: 시그마프레스.

진준영. 2015. "사적영역의 공적공간 활용 및 활성화에 대한 연구." 한양대학교 대학원 석사학

위논문.

최영준·윤철중·목진요·박남희·신지영. 2008. "공적 공간으로서의 서울역 광장을 위한 제안."『디자인학연구』21(1). 63-72.

최우석. 2013. "행태의 장으로서 광장의 이용 및 기능에 대한 연구." 서울시립대학교 대학원 도시공학과 석사학위논문.

프랑코 만쿠조 저. 장택수 역.『광장』. 서울: 생각의나무.

Carmona, Mathew. 2010. *Public places urban spaces: the dimensions of urban design*. Oxford: Architectural Press.

Lynch, Kevin. 1960. *The image of the city*. Cambridge: M.I.T. Press.

제7장

김종진·신강원·이영주. 2012. "배리어프리 환경 조성을 위한 정책 및 환경요소의 중요도 평가."『대한교통학회 학술대회지』(66). 169-174.

서왕우. 2010. "문화재의 배리어프리의 정비에 관한 일본의 사례 연구."『대한건축학회 학술발표대회 논문집』30(1). 307-308.

이준호. 2011. "도시공공환경의 유니버설디자인 적용 시스템에 관한 연구."『한국기초조형학연구』12(2). 391-398.

이태진. 2006. "일본 치바현의 배리어프리 현황과 시사점."『국제사회보장동향』여름호. 138-144.

정윤남 외. 2014. "무장애(Barrier-Free) 보행환경 조성을 위한 가로개선사업의 평가 및 개선방향 도출-서울특별시 걷고싶은거리 사업대상지 중심으로."『대한건축학회 논문집』30(3). 11-22.

제8장

김걸·남영우. 1998. "젠트리피케이션의 쟁점과 연구동향."『국토계획』33(5). 83-97.

김민정. 2016. "서울 경리단길 젠트리피케이션 과정에서 물리적 환경변화에 관한 연구." 서울시립대학교 도시공학과 석사논문.

김병윤. 2008. "네덜란드의 '에너지전환'."『STEPI Working Paper』. 1-38.

김봉원·권니아·길지혜. 2010. "삼청동길의 젠트리피케이션 현상에 대한 상업화 특성분석."『한국 지역경제연구』15. 83-102.

김수아. 2015. "신개발주의와 젠트리피케이션."『황해문화』86. 43-59.

부동산 114. 상업부동산 분기 리포트. http://www.r114.com (검색일: 2017. 3. 24).

서울데이터광장. 서울시 서대문구 전체 식품위생업소 현황. http://data.seoul.go.kr (검색일: 2017. 3. 24).

서울시. 2016. 서울시 정보소통광장. http://opengov.seoul.go.kr/sanction/6878659?from=mayor (검색일: 2017. 3. 24).

신정엽·김감영. 2014. "도시 공간 구조에서 젠트리피케이션의 비판적 재고찰과 향후 연구 방향 모색." 『한국지리학회지』 3(1). 67-87.

신촌대학교. 2016. '신촌대학교' 페이스북 페이지 https://www.facebook.com/Sinchon Univ (검색일: 2017. 3. 24).

잔치. 2016. 잔치 홈페이지 http://welcometozanchi.com/ (검색일: 2017. 3. 24).

캠퍼스잡앤조이. ""축제로 먹고 사는 사람이 많아졌으면" 물총축제, 맥주축제 만든 축제기획사 '무언가'." 2016. 5. 3. http://www.jobnjoy.com/portal/jobstory/my_dream_view.jsp?nidx=150345&depth1=1&depth2=2&depth3=4 (검색일: 2017. 3. 24).

Zukin, Sharon, et al. 2009. "New retail capital and neighborhood change: boutiques and gentrification in New York City." *City & Community* 8(1): 47-64.

제9장

시사인. "잘나가던 이대 상권 이대로는 어렵지." 2016. 1. 13., http://www.sisain.co.kr/?mod=news&act=articleView&idxno=25185.

Ansell, Chris, and Alison Gash. 2008. "Collaborative governance in theory and practice." *Journal of public administration research and theory* 18(4): 543-571.

제10장

강지윤·이태동. 2016. "중간지원조직과 에너지 레짐 전환: 한국 에너지자립마을의 사례 비교." 『공간과 사회』 55. 139-76.

고재경·주정현. 2014. "유럽 에너지자립마을 중간지원조직의 역할과 특징 연구." 『환경정책』 22. 101-35.

김상구. 2003. "정부와 NGO 간의 관계유형에 관한 실증적 연구." 『지방정부연구』 7. 75-91.

김형양. 2006. "로컬 거버넌스 (Local Governance) 형성의 영향요인에 관한 연구." 『지방정부연구』 10. 181-203.

박종문·윤순진. 2016. "서울시 성대골 사례를 통해 본 도시 지역공동체 에너지 전환운동에서의 에너지 시민성 형성 과정." 『공간과 사회』 55. 79-138.

서울특별시. 2012. 『에너지 수요절감과 신재생에너지 생산확대를 통한 원전 하나 줄이기 종합대책』.

윤순진·심혜영. 2015. "에너지 전환을 위한 전략적 틈새로서 시민햇빛발전협동조합의 가능
성과 제도적 한계 −서울시 사례를 중심으로." 『공간과 사회』 51. 140−78.

안정배·이태동. 2016. "도시의 에너지 전환 분석−서울시의 원전하나줄이기 정책을 중심으
로." 『환경사회학연구』 ECO 20−1. 105−140.

이유진·진상현. 2015. "에너지자립마을의 사회적 자본에 관한 연구." 『지방정부연구』 19.
153−76.

이재완. 2014. "서울시 마을공동체 사업의 주민참여 결정요인에 관한 연구: 정책인지도를 중
심으로." 『지방정부연구』 17. 409−37.

이정필·한재각. 2014. "영국 에너지전환에서의 공동체에너지와 에너지시티즌십의 함의."
『환경사회학연구』 ECO 18. 73−112.

이태화. 2016. "에너지 전환−다양한 차원에서의 실험적 모색." 『공간과 사회』 55. 5−11.

한국로하스협회. 2014a. "신촌, 원전하나줄이기 공간확대 프로젝트." 로하스A플렉스 대강당.

_____. 2014b. "에누리 사업 (에너지 거리, 공간 프로젝트)."

한상연·김순영. 2012. "사례분석을 통한 도시개발사업의 네트워크 거버넌스 연구." 『국토계
획』 47. 133−58.

서울특별시청홈페이지. http://www.seoul.go.kr/main/index.html.

에너지 살림도시 서울 홈페이지. http://energy.seoul.go.kr/seoul/energy/city.

한국로하스협회 홈페이지. http://www.lohaskorea.or.kr.

Alyett, Alex. 2013. "Networked Urban Climate Governance: Neighborhood-Scale Resi-
dential Solar Energy Systems and the Example of Solarize Portland." *Environment
and Planning C: Government and Policy* 31: 858-75.

Bäckstrand, Karin. 2006. "Multi-Stakeholder Partnerships for Sustainable Development:
Rethinking Legitimacy, Accountability and Effectiveness." *European Environment*
16: 290-306.

Beinhocker, Eric D. 2006. *The origin of wealth: Evolution, complexity, and the radical remak-
ing of economics.* Harvard Business Press.

Bulkeley, Harriet, and Arthur PJ Mol. 2003. "Participation and Environmental Gover-
nance: Consensus, Ambivalence and Debate." *Environmental Values* 12: 143-154.

Carley, Sanya. 2012. "Energy Demand-Side Management: New Perspectives for a New
Era." *Journal of Policy Analysis and Management* 31: 6-32.

Hemmati, Minu. 2002. *Multi-Stakeholder Processes for Governance and Sustainability: Be-*

yond Deadlock and Conflict. Routledge.

Hoppe, T., and E. van Bueren. 2015. "Guest Editorial: Governing the Challenges of Climate Change and Energy Transition in Cities." *Energy, Sustainability and Society* 5.

Hyman, James B. 2002. "Exploring Social Capital and Civic Engagement to Create a Framework for Community Building." *Developmental Science* 6: 196-202.

Kim, Hoseok, Eui-soon Shin, and Woo-jin Chung. 2011. "Energy Demand and Supply, Energy Policies, and Energy Security in the Republic of Korea." *Energy Policy* 39: 6882-6897.

Lee, Taehwa, Taedong Lee, and Yujin Lee. 2014. "An Experiment for Urban Energy Autonomy in Seoul: The One 'Less' Nuclear Power Plant Policy." *Energy Policy* 74: 311-318.

Loorbach, Derk. 2007. *Transition Management: New Mode of Governance for Sustainable Development: Dutch Research Institute for Transitions.* DRIFT.

Mattes, Jannika, Andreas Huber, and Jens Koehrsen. 2015. "Energy Transitions in Small-Scale Regions-What We Can Learn from a Regional Innovation Systems Perspective." *Energy Policy* 78: 255-64.

McConnell, Allan. 2010. "Policy Success, Policy Failure and Grey Areas in-Between." *Journal of Public Policy* 30: 345-62.

McKenzie-Mohr, Doug. 2000. "Promoting Sustainable Behavior: An Introduction to Community-Based Social Marketing." *Journal of social issues* 56: 543-54.

McMakin, Andrea H, Elizabeth L Malone, and Regina E Lundgren. 2002. "Motivating Residents to Conserve Energy without Financial Incentives." *Environment and Behavior* 34: 848-63.

Meadowcroft, James. 2004. "Participation and Sustainable Development: Modes of Citizen, Community and Organisational Involvement." In *Governance for Sustainable Development: The Challenge of Adapting Form to Function*, eds. William Lafferty. 162-190.

_____. 2009. "What About the Politics? Sustainable Development, Transition Management, and Long Term Energy Transitions." *Policy Sciences* 42: 323-40.

Provan, Keith G, and Patrick Kenis. 2008. "Modes of Network Governance: Structure, Management, and Effectiveness." *Journal of public administration research and theory* 18: 229-252.

Rutherford, Jonathan, and Olivier Coutard. 2014. "Urban Energy Transitions: Places, Processes and Politics of Socio-Technical Change." *Urban Studies* 51: 1353-1377.

UNDP. 2011. "Practitioner's Guide: Capacity Development for Environmental Sustainability." In Secondary *Practitioner's Guide: Capacity Development for Environmental Sustainability,* Reprint.

Vallejo, Nancy, and Pierre Hauselmann. 2004. *Governance and Multi-Stakeholder Processes.* International Institute for Sustainable Development.

Xu, Qingwen. 2007. "Community Participation in Urban China: Identifying Mobilization Factor." *Nonprofit and Voluntary Sector Quarterly* 36: 622-42.

제11장

국무조정실. 2016. "140개 국정과제." 국무조정실 정보마당. http://www.mof.go.kr/htm l/content/government_admin.html (검색일: 2017. 3. 24).

뉴스핌. 2015. "6월 임시국회, 가장 '핫'한 경제관련 법안은." 2015. 6. 1. http://www.newspim.com/news/view/20150601000297.

네이버. 2013. "기관단체사전: 대학, 서강대학교." http://terms.naver.com/entry.nhn?docId=870367&mobile&cid=43142&categoryId=43142.

네이버. 2013. "기관단체사전: 대학, 연세대학교." http://terms.naver.com/entry.nhn?docId=871193&mobile&cid=43142&categoryId=43142.

네이버. 2013. "기관단체사전: 대학, 이화여대." http://terms.naver.com/entry.nhn?docId=870646&mobile&cid=43142&categoryId=43142.

서대문사회적경제하모니센터. 2014. 『서대문구 사회적 경제 지도』.

서울특별시 사회적경제지원센터. 2014. 서울의 사회적 경제 인포그라픽 자료. 2014. 10.

EBN. 2015. "임차가구 중 월세비율 2년만에 4.5%↑, 평균 3.5년 거주." 2015. 4. 15. http: //www.ebn.co.kr/news/view/753077.

WOW 한국경제TV. "대학입학생 내년부터 '부족'." 2014. 11. 17. http://www.wowtv.co.kr/newscenter/news/view.asp?bcode=T30001000&artid=A201411160086.

제12장

강은택·강정구·마강래. 2016. "1인 가구의 주관적 삶의 만족감에 관한 연구." 『사회과학연구』 27(1). 3-23.

서울연구원. 2009. "1인 가구, 서울을 변화시킨다." 『정책리포트』 30.

서울연구원. 2015. "서울특별시 1인 가구 대책 정책연구."

이대학보. 2010. "본교 인근 자취촌, 쓰레기 투기 빈번." 2010. 9. 13.

이은미·삼성경제연구소. 2013. "SERI 경제 포커스." 제422호.

통계청. 2016. 통계정보조회 - 가구원수별 가구수(동별). (검색일: 2017. 3. 24)

한국보건사회연구원. 2014. "2013년 서울복지실태조사."

환경부. 2013. "제4차 전국 (2011~2012) 폐기물 통계조사."

제13장

고경훈·안영훈·김건위. 2012. 『지방자치단체의 사회적 자본 측정 및 증진방안』. 한국지방행
    정연구원 연구보고서 (462).

김지은. 2010. "대학-지역사회 파트너십을 통한 지역재생 사례연구-일리노이 주립대학교 시
    카고 캠퍼스 지역협력프로그램을 중심으로." 『서울도시연구』 11(3). 69-86.

김철영. 2013. "대학과 지역의 협력을 통한 지역사회 활성화 방향에 관한 연구." 『한국도시설
    계학회지』 14(5). 65-78.

김홍일. 2008. 『대학캠퍼스와 지역사회』. 서울: 상상디자인.

박보식·사득환. 2008. "지역사회의 발전과 대학의 역할." 『한국행정과 정책연구』 6(1). 103-
    121.

두산백과. 2010. "교육" 『두산백과』.

손승남. 2015. "지역사회 평생교육기관으로서 대학의 역할과 개혁과제." 『한국교양교육학회
    학술대회 자료집』. 299-311.

여혜진. 김광중. 2008. "대학-지역사회 간 협력적 파트너십 연구." 『국토계획』 43(1). 267-
    268.

연세대학교 미래교육원 홈페이지. http://go.yonsei.ac.kr/yonsei/main/ (검색일: 2017. 3.
    24).

연세대학교 홍보팀. 2014. "연세 스마트 교육을 선도할 Open & Smart Education 센터 오픈."
    『연세소식』 571. 2014. 12. 16.

연세대학교 홍보팀. 2016. "연세 MOOC, 한국학의 세계화에 앞장서다." 『연세소식』 597.
    2016. 5.

이수정. 2011. "학교와 지역사회의 파트너십(partnership)을 위한 제언." 『인하대학교 교육연
    구소 심포지움』.

이재열. 2006. "지역사회 공동체와 사회적 자본." 『지역사회학』 8(1). 33-67.

임효봉. 2016. "한,중 평생학습도시 네트워크 구축 비교연구." 원광대학교 일반대학원 박사학

위 논문.

조요한. 2012. 『아름다운 영혼의 잔영』. 숭실대학교 출판국.

한준. 2015. "시민사회의 성숙과 사회적 자본." 『한국사회』 16(2). 223-254.

Coleman, James S. 1988. "Social capital in the creation of human capital." *American journal of sociology* 94:S95-S120.

제14장

고영복. 2000. 『사회학사전』. 서울: 사회문화연구소.

대학알리미. 2015. 2015년 서울지역 통계자료.

사공영호. 2008. "조직의 제도화 메커니즘." 『한국행정학회 2008년도 하계발표논문집』. 273-301.

서울통계. 2017. 서대문구 유동인구. http://stat.seoul.go.kr/jsp3/stat.map.jsp?link=1 (검색일: 2017. 3. 24).

서대문 사람들. 2016. "신촌 도시재생 분과 구성회의 주민참여 저조." 2016. 2. 26. http://www.esdmnews.com/board_view_info.php?idx=66772.

위키백과. 2017. "프리즘." https://ko.wikipedia.org/wiki/%ED%94%84%EB%A6%AC%EC%A6%98.

전대욱·박승규·최인수. 2012. 『지역공동체 주도의 발전전략 연구』. 한국지방행정연구원연구보고서.

최세경·현선해. 2011. "제도적 동형화와 조직 정당성: 자원의존이론과 제도론의 결합." 『대한경영학회지』 24(2). 1029-1050.

최애연. 2012. "소비자단체 여성자원봉사자의 지속가능성에 관한 결정요인: 만족도, 대인관계, 인정 및 보상 요인." 한양대학교 공공정책대학원.

Berry, M. Jeffrey, Portney, E. Kent & Thomson, Ken. 1993. *The Rebirth of Urban Democracy*. Washington D.C.: The Brookings Institution.

Coase, Ronald H. 1937. "The nature of the firm." *Economica* 4(16): 386-405.

Huntington, Samuel P. 2006. *Political order in changing societies*. Yale University Press.

North, Douglass C. 1990. *Institutions, institutional change and economic performance*. Cambridge university press.

North, Douglass C. 2006. *Understanding the process of economic change*. Academic foundation.

North, Douglass C., and Robert Paul Thomas. 1973. *The rise of the western world: A new economic history*. Cambridge University Press.

Suchman, Mark C. 1995. "Managing Legitimacy: Strategic and Institutional Approaches." *Academy of Management Review* 20(3): 571-610.

Weber, Eugen. 1976. *Peasants into Frenchmen: The modernization of rural France, 1870-1914*. Stanford University Press.

Williamson, Oliver E. 1975. *Markets and hierarchies: analysis and antitrust implications: a study in the economics of internal organization*. Free Press.

Williamson, Oliver E. 1991. "Comparative economic organization: The analysis of discrete structural alternatives." *Administrative science quarterly:* 269-29.

Putnam, Robert. 1993. *Making democracy work: civic tradition in modern Italy*. Princeton: Princeton University Press.

에필로그

김태한. 2013. "한국 청소년의 시민지식 및 내적 정치효능감 발달에 대한 연구." 『시민교육연구』 45(4). 1-37.

노원구. 2016. '마을이 학교다' 홈페이지 https://nest2.nowon.kr/nest/main/login (2016. 4. 6 검색).

장동진. 2005. "한국민주정치와 민주시민교육: 적극적 시민육성을 위한 자유주의적 논의." 『사회과학논집』 36(1). 147-169.

정상호. 2015. "'정치학' 위기의 원인과 실태, 그리고 개선방향: '좋은 시민'과 '효과적인 민주주의'를 위한 제언." 『2015 한국정치학회 추계학술대회 논문집』.

진시원. 2015. "정치교육 활성화 방안 연구: 정치교육진흥법을 중심으로." 『2015 한국정치학회 추계학술대회 논문집』.

Thomson, Ann Marie Thomson, Antoinette R. Smith-Tolken, Anthony V. Naidoo, Robert G. Bringle. 2011. "Service Learning and Community Engagement: A Comparison of Three National Contexts". *Voluntas* 22: 214-237.

마을학개론

대학과 지역을 잇는 시민정치교육

초판 1쇄 발행 2017년 9월 8일
초판 2쇄 발행 2019년 3월 25일

지은이   이태동 외

펴낸이   김선기
펴낸곳   (주)푸른길
출판등록 1996년 4월 12일 제16-1292호
주소   (08377) 서울시 구로구 디지털로 33길 48 대륭포스트타워 7차 1008호
전화   02-523-2907, 6942-9570~2
팩스   02-523-2951
이메일   purungilbook@naver.com
홈페이지 www.purungil.co.kr
ISBN   978-89-6291-425-2 93340